"十三五"普通高等教育
金融学科规划系列教材

公司金融学

CORPORATE FINANCE

李光洲　黄鑫／编著

立信会计出版社
LIXIN ACCOUNTING PUBLISHING HOUSE

图书在版编目(CIP)数据

公司金融学 / 李光洲,黄鑫编著. —上海:立信
会计出版社,2019.3 (2020.9 重印)
"十三五"普通高等教育金融学科规划系列教材
ISBN 978 - 7 - 5429 - 6049 - 8

Ⅰ.①公… Ⅱ.①李… ②黄… Ⅲ.①公司—金融学
—高等学校—教材 Ⅳ.①F276.6

中国版本图书馆 CIP 数据核字(2019)第 015045 号

策划编辑	方士华
责任编辑	方士华
封面设计	南房间

公司金融学

Gongsi Jinrongxue

出版发行	立信会计出版社		
地　　址	上海市中山西路 2230 号	邮政编码	200235
电　　话	(021)64411389	传　　真	(021)64411325
网　　址	www.lixinaph.com	电子邮箱	lixinaph2019@126.com
网上书店	http://lixin.jd.com		http://lxkjcbs.tmall.com
经　　销	各地新华书店		

印　　刷	上海天地海设计印刷有限公司	
开　　本	787 毫米×1092 毫米	1/16
印　　张	27	
字　　数	600 千字	
版　　次	2019 年 3 月第 1 版	
印　　次	2020 年 9 月第 2 次	
印　　数	2 101—4 200	
书　　号	ISBN 978 - 7 - 5429 - 6049 - 8/F	
定　　价	63.00 元	

编写委员会

总　序

自 20 世纪 50 年代诞生以来,以投资学和公司金融为主要内容,以资产定价、风险管理和时间价值为核心的现代金融学,取得了长足的发展。不少金融学研究者获得了诺贝尔经济学奖。例如,现代货币主义理论的创始者米尔顿·弗里德曼(1976),金融经济学的集大成者詹姆士·托宾(1981),创立 MM 定理的弗兰克·莫迪利阿尼(1985)和默顿·米勒(1990),现代资产组合理论之父哈里·马科维茨(1990),现代公司金融理论大师、资本资产定价模型的创立者威廉·夏普(1990),被称为现代金融学理论领域的牛顿、共建 B-S-M 期权定价模型的罗伯特·默顿(1997)和现代期权理论之父迈伦·斯科尔斯(1997),欧元之父罗伯特·蒙代尔(1999),因对资产价格的实证分析而获奖的尤金·法马、拉尔斯·彼得·汉森和罗伯特·席勒(2013),行为金融学奠基者理查德·塞勒(2017)等,都对金融学的发展作出了突出贡献。这些诺贝尔奖获得者及其成果在货币需求、企业融资、投资组合、市场有效性、资产定价、市场理性等宏观、微观领域进行了分析,不断创新金融学科体系,扩展研究边界,深化学术内涵,创新研究方法,显示了金融学在社会科学中的独特地位,对金融学的发展起到了巨大的促进作用,也激励着一代代学者在金融学领域不断探索。高山仰止,正本清源,追根问底,知其所然,这些诺贝尔奖获得者及其成果,必将成为金融学科发展过程中的一座座丰碑,引导后来者去追攀金融学科的高峰,也必然对金融学科体系的构建、金融学科系列教材的编写和金融专业人才的培养具有重要的指导意义。

上海立信会计金融学院金融学院,具有 67 年的悠久办学历史,培养了一大批活跃在各大金融机构的高素质人才,被誉为"未来金融家的摇篮"。其金融学、国际金融专业均为全国最早创设的专业之一。1994 年,国际金融专业被命名为"中国人民银行总行重点专业";2001 年,国际金融专业被命名为"教育部教改示范专业";2005 年,国际金融保险学院成为"上海金融保险教育高地重点建设单位";2008 年,金融学科成为"上海市教委重点学科(第五期)建设学科",金融学成为"国家级特色专业""上海市教育高地",国际金融教学团队被评为"上海市优秀教学团队";2010 年,金融理财实验教学团队被评为"上海市优秀教学团队";2012 年,金融学成为"上海市综合改革试点专业",以金融学为核心的应用经济学成为"上海市高校一流学科培育学科";2015 年,金融学成为首批上海市属高校应用型本科试点专业;2018 年,"服务上海国际金融中心的金融学一流本科专业群建设"入选首批上海高等学校一流本科建设引领计划建设项目,"新金融及其风险管理"入选上海市高原学科 II 类。这些学科、专业、团队、平台的建设成就,对于提升金融学院的海内外声誉,促进其金融学科各专业的可持续发展,起到了重要作用。

为了进一步全面落实 2018 年全国教育大会精神,以立德树人为宗旨,坚持以本为本,促进"四个回归",为上海建设"五个中心"(特别是国际金融中心)、打造"四大品牌"培养高水平、应用型金融人才,我们组织编写了"十三五"普通高等教育金融学科规划系列教材。该套教材在金融学、国际金融学、金融市场学、信用管理学、公司金融、金融伦理、商业银行经营、金融合规与反洗钱、金融投资分析、大宗商品价格分析、金融实验等领域试图系统、集中地体现金融学科发展趋势,结合专业课程开发、知识模块构建和能力素质塑造,将学生培养成为应用型、创新型、复合型、国际化的高层次金融人才。通过此套教材,试图让学生具备以下能力和素质:

(1)掌握金融学原理与基础知识,熟悉金融业运作规律,涉猎商业银行学、国际金融学、金融市场学、投资学、公司金融、信用管理学等金融学主要领域,培养金融学基本素养,构建金融学知识框架体系。

(2)掌握投资分析、信用分析、财务分析、金融创新、风险管理、合规监管、反洗钱、银行管理等实践手段与分析技能,实现知识的吸收转化与融合创新。

(3)追踪金融学前沿、动态的知识演进轨迹,客观看待现实世界中经济金融事件的货币运行特征与信用活动规律,掌握经济金融的内在逻辑与本质特征。

(4)形成良好的职业道德和素养,具有良好的业务素质和品德规范。

为达到以上目的,该套教材具有以下几方面特点。

1. 体现了最新的金融业发展趋势

互联网、信息技术、大数据、区块链、人工智能等新兴技术,促进了金融业的技术革新与飞速发展;科技金融、普惠金融、绿色金融等,赋予了金融业新的业务模式与服务内涵;金融创新、混业经营、宏观审慎监管、人民币国际化、金融风险防范、金融业改革与开放等,为金融业发展带来新的机遇与挑战;中国作为世界第二大经济体,改革开放进入深水区,金融业发展受到各种外来冲击,金融产品有待开发,金融机构尚不发达,金融市场亟需完善,金融体制机制尚未理顺,金融制度建设仍显滞后,金融人才结构性缺口巨大。这些都为金融学科发展提出了新的命题,也为金融理论发展提供了千载难逢的试验、锤炼、验证和创新的机会。出版本套教材,有利于系统总结金融领域发展的最新成果,为系统构建金融知识体系、创新金融知识内涵、总结金融发展规律提供可能。

2. 反映了金融学科发展的必然要求

金融学科是整个社会科学中的热门学科之一,被誉为社会科学皇冠上的钻石,学科体系庞大,涉及面广,发展速度快,理论和应用成果丰硕,对金融业及经济发展具有非常重要的指导意义。特别是近年来,有关资产管理、审慎监管、风险管理、危机预警、金融科技、金融创新、现代支付、普惠金融、绿色金融、科技金融、行为金融、大数据征信等相关问题的研究,深化了金融学科内涵,促进了学科的不断发展。因此,在此丛书中,必然要体现金融学科的发展趋势,面向金融业发展的现状和未来提供有价值的学术引领和知识规范。

3. 体现了应用型、创新型、复合型、国际化金融人才培养的需要

教材是育人之本,其根本目的是通过对知识的系统梳理与更新,实现高标准、全方位育人。一本好的教材使学生受益终身。本套教材以立德树人为宗旨,以培养应用型、创新型、复合型、国际化的高层次金融人才为根本任务,力求简洁高效、深入浅出,通过对金融学基本原理、方法、体系的介绍,以及基本能力素质的培养,使学生系统掌握金融学基础知识、分析方法和运用能力。同时在教材中贯穿课程思政的内容,加强职业道德修养的培养,体现课程育人、思想育人、文化育人的本质内涵。

4. 是长期一线教学经验、资源与信息的积淀与升华

该套教材的各位主编、副主编和参编人员均为金融学院骨干教师,长期从事本科一线教学,绝大部分为名校博士毕业,有着丰富的教学经验,深谙金融人才培养之道,也积累了大量的教学资源、案例和素材,许多作者曾在金融实务部门工作,或多年承担专业建设、课程开发、人才培养方案制定、教学管理等任务。编撰此套教材,是金融学院骨干教师教学经验、资源与信息积淀及升华的集中反映,对于夯实课程基础、理顺知识结构、促进专业建设、创新人才培养具有重要意义。

5. 反映了高水平、应用型高校开展专业建设与学科发展的需要

按照上海市教委的统一部署,上海立信会计金融学院正全力开展高水平、应用型地方高校试点建设,并取得了初步成效。金融学作为学校的核心专业,理应在专业建设和学科发展中起到主导作用。人才培养是高校的第一使命,也是高水平、应用型高校最核心的功能。人才培养的基础是课程与教材建设。一套为高水平、应用型财经类高校金融学类专业精心打磨、量身定做的好教材,能使学生深受其益。

6. 集中体现了高校课程建设与教学改革的需要

课程建设是高校人才培养的重要基础。教学改革是高校人才培养的不竭动力。这套教材既是课程建设的成果升华与集中体现,又是为师为学者授业传道的载体工具。教材中的新内容,反映了教学改革重思想引领、重学科逻辑、重知识模块、重消化吸收、重产教结合、重教学相长的特点,适应了人才培养的根本需要,适应了高水平、应用型财经类高校教学改革的基本趋势。

这套教材的编写,是众多主编、副主编和参编人员辛勤付出的结果,得到了上海立信会计金融学院校领导的亲切指导,得到了立信会计出版社窦瀚修社长、戎其玉副社长、王斯龙编辑等人员的大力支持。在此深表谢意!

许文新　刘晓明

2019 年 3 月

前　言

改革开放 40 多年来，我国金融学科专业建设取得了辉煌成就，各专业课程建设和教材建设也获得了巨大成绩。不过在金融学科专业课程建设上，依然存在着宏观金融与微观金融之别、经济学属性与管理学属性之争。"公司金融"正是一门在此夹缝中成长、发展的课程。

我国传统的金融学与西方国家的金融学在研究范围上存在着显著的不同。我国传统的金融学是针对金融机构的，包含从中央银行学、商业银行学到证券投资学、保险学和信托等内容；而西方国家的金融学是针对金融业务的，尤其是以企业为核心的金融业务。"Corporate Finance"是西方国家商学院模式的金融学高等教育各课程的核心。而在国内，"Corporate Finance"一向被译为公司财务，是会计学的核心课程之一。我国的金融学正在与国际接轨中，"公司金融"和"金融工程"课程的建设，就是一个很好的说明。从 2011 年开始招生的金融硕士（FM）的综合考试内容即被确定为"货币银行学"和"公司财务"两部分，后者即属于公司金融的研究范畴。2018 年，教育部《普通高等学校本科专业类教学质量国家标准》中，"公司金融"与"商业银行经营管理""证券投资""国际金融""金融风险管理"一起列入金融学专业五门专业必修课。

公司金融与公司财务的差异绝非仅仅是翻译的名称不同的问题。虽然两者都涵盖了投资、筹资、资金管理和股利政策等几大领域，但是两者还是存在显著的不同。公司财务属于管理学科，在内容上更注重应用和实务操作；而公司金融属于经济学科，在内容上更注重经济学、金融学理论与实践的结合，在范围上也涵盖到了价值评估、公司治理、保险和资产经营等公司财务并未重视或涵盖的领域，省略了财务会计也会介绍的会计报表分析等内容。

本教材以企业为核心，金融市场为平台，以价值管理和风险管理为主线，以实现企业价值最大化为目标，以利用各类金融商品和金融工具为手段，以经济学、金融学理论为背景，内容涉及"经济学""金融学""货币银行学""国际金融学""国际金融管理学""投资项目分析""资产组合""资产定价""企业价值评估""资产经营""保险学""公司治理""金融工程"甚至"计算机应用"等多门课程的内容。

本书在写作过程中非常重视理论与实践的结合,对利息理论、风险理论、信息经济学、制度经济学等的相关理论都给予了介绍,并且通过专栏的形式对这些理论在实践中的应用给予了展示。这对于读者或者学生提高经济学理论水平、开阔视野、活跃思维、拓展思路都有很好的帮助。为了增强一些金融模型的可操作性,本书特为此编写了"Excel 在公司金融中的应用"一章,这为解决一些实际工作中复杂的运算问题和为一些复杂模型的直观的、动态的表述提供了帮助。本书结合我国当前实际情况,编写了"证券业公司业务""银行业公司业务"和"保险业公司业务"三章,介绍了三大金融业的公司金融业务。同时也考虑到非专业学生和读者的要求,本书在编写过程中注意使用通俗的语言,对专业术语进行了详细的解释。本书虽然涉及大量的计算,但是我们尽量不涉及高等数学的内容。在计算机运用上也是选择了普及率最高、通用性最强的 Excel 软件。因此,不需要专业的知识基础也可以读懂本书。

本书可以作为大专院校金融学及相关专业的教材,也可以用于各类相关业务培训和继续教育,还可为从事经济管理实务工作的人士提供帮助。

本书编写得到了上海立信会计金融学院资助。本书在编写过程中,参考了近年来出版发行的相关书籍和文章,包括参考文献中列示出的和未列示出的,在此对各位作者表示感谢。

由于作者水平有限,书中不当之处欢迎读者批评指正。

李光洲 黄 鑫

2019 年 3 月

目 录

第一章 公司金融导论

🌱 **学习 目标**

1. 了解企业组织形式,掌握公司制及其特征
2. 公司治理中的代理问题、道德风险、逆向选择及其表现
3. 了解公司金融的目标及原则
4. 了解货币市场、资本市场及其主要金融工具
5. 了解主要金融机构及其功能

🌱 **能力 目标**

1. 能够采取恰当措施降低公司代理成本
2. 能够避免选择不恰当的目标而带来损失
3. 能够根据需要正确选择金融工具
4. 能够根据需要正确选择金融业务

🌱 **案例 导入**

母 鸡 喻

张维迎教授在《产权、信誉与政府》这本书中,将企业比喻成一只会下蛋的母鸡来说明委托代理问题。一只鸡在你的手里一天只下一个蛋,在人家手中一天能下两个蛋,那么最好把鸡交给别人养,但是委托别人养鸡又要防范这个人会偷偷地炒鸡蛋吃,若难以避免他要炒鸡蛋吃,那么一天也不要超过一个,否则不如自己去养。

如果是你,你会怎样养你的这只鸡呢?

公司制的最大特点之一就是两权分离,分离的结果是专业分工——比较优势的发挥和代理成本的产生。

本章将介绍个人独资企业、合伙企业和公司制企业三种企业组织形式的特点,比较它们之间的优点和缺点;公司金融的整体目标、分步目标和原则;与公司金融密切相关的金

融工具和金融机构,包括各类货币市场金融工具、资本市场金融工具和衍生金融工具;各类银行金融机构、非银行金融机构及国际金融机构。通过本章的学习可以掌握公司金融的一些基本知识。

第一节 企业的组织形式

所谓企业是指以营利为目的、从事商品或劳务生产和经营的经济组织。企业的组织形式多种多样,其中最常见的有个人独资企业、合伙企业和公司制企业三种组织形式。

一、个人独资企业

个人独资企业(sole proprietorship)是归个人(业主)所有的企业,也称业主制企业。个人独资企业没有自己的组织机构。因此,个人独资企业的财产与企业所有者(业主)的个人财产无法相分离。

个人独资企业具有以下特征:

(1) 开业简便,法律适用简单。

(2) 组织形式简单,企业的所有权与经营权是统一的,企业的业主既是企业的所有者,又是企业的经营者。

(3) 企业不承担企业所得税,只有企业业主承担个人所得税,故不存在双重征税问题。

(4) 由于企业的财产无法与企业业主的个人财产相分离,故法律规定企业业主以个人的全部财产对企业债务承担无限责任。

(5) 企业寿命受到业主的寿命和变动的制约,故不能够长久存在。

(6) 企业的建立、关闭、经营和管理受内部和外部因素的制约比较小,比较灵活,自主权充分且财务不公开。

(7) 企业资金来源有限,所以一般个人独资企业规模较小、发展缓慢。

二、合伙企业

所谓合伙企业(partnership)是指由两个或两个以上的合伙人共同出资组建的企业。与个人独资企业相比,合伙企业的基本特征是业主多于一人;合伙人的出资形式可以是投入货币、有形资产、无形资产或劳务等多种形式。合伙企业又分为一般合伙企业和有限合伙企业。合伙企业的特征类似于个人独资企业。在一般合伙企业中,各个合伙人都以个人的全部财产对企业的债务承担无限连带责任,每个合伙人的行为都代表合伙企业而不是个人。在有限合伙企业中,至少有一个合伙人只以自己投入企业的资本对合伙企业承担有限责任,其他合伙人则仍然承担无限连带责任。有限合伙企业要求必须至少有一个一般合伙人对合伙企业承担无限连带责任;有限合伙人的名字不能在合伙企业名称中出现;有限合伙人不能参与企业的经营管理。

合伙企业除有类似于个人独资企业的特征外,还有一个显著的特征,即所有一般合伙人都对企业的债务承担无限连带责任,这一规定使合伙人对风险控制格外关心,对自己的行为非常负责。因此,在一些对信誉要求比较高的行业中常常存在合伙企业,而且规模可以很大,如一些著名的会计师事务所、律师事务所、保险企业及医生的诊所等常采用这种形式。

三、公司制企业

(一)公司的概念

公司(corporation)是依据一国公司法组建的、以营利为目的的、具有法人地位的企业组织形式,在法律上称为"法人"。法人是指具有民事权利能力和民事行为能力,能依法独立享有民事权利和承担民事义务的组织。法人应当具备以下四个条件。

1. 依法成立

法人必须依法成立,法人组织成立的目的和宗旨,须符合国家和社会公共利益的要求,并且法人成立的审核和登记程序,须符合法律、法规的要求。

2. 有必要的财产和经费

必要的财产和经费是法人赖以存在并承担民事责任的基础。公司属于企业法人,必须有公司自己所有或经营管理的财产。

3. 有自己的名称、组织机构和场所

法人的名称是法人特定化的标志;法人的组织机构是管理法人的事务、代表法人从事民事活动的机构;法人的场所是法人从事生产经营及其他活动的地方。法人以它的主要办事机构所在地为住所。

4. 能够独立承担民事责任

法人必须以其自己的意志从事活动,并且以其支配的财产承担民事责任。

(二)公司的特点

公司具有以下特点。

1. 公司是资合企业

个人独资企业依附于业主,合伙企业依附于合伙人,当业主或合伙人发生变动时,这两类企业就要发生变动,因此,其组织常常是不稳定的,这类企业称为人合企业。公司是独立的法人,股东或所有者完成出资,公司一经成立,就独立于所有者和股东而单独存在,股东和所有者的变动并不会影响公司的存在,因此称为资合企业。公司的组织形式因而更稳定,存续期间更长。

2. 股东承担有限责任

个人独资企业和合伙企业的业主、合伙人以自己所拥有的全部私人财产对企业的债务承担无限或者无限连带责任。公司的出资人仅以自己的出资或所持有的股份对公司承担有限责任,公司以自己的全部财产对公司的债务承担无限责任。

3. 公司的所有权与经营权相分离

公司的终极所有权属于股东,法人财产所有权属于公司法人。公司资产变动处置与股东转让股权的活动分离,所有权属于股东,而经营权则委托董事会和经营者来行使。

4. 易于筹集资金

公司的所有权体现为数额众多的股份或股票,不但使投资者可以以自己的名义分享公司所有权,而且有利于公司通过发行股票的形式筹集资金,并无须股东承担无限责任。股份有限公司要求公司的财务公开,因此有利于公司公开发行股票或债券募集资金。

5. 所有权具有流动性

公司的产权可以转让,即公司所有权的转移可以通过股票或股份的转让来实现。这一点显然基于公司所有权与经营权的分离以及股票市场的高度发达,使投资者在随时变现其所持有的股票的同时,不会对公司正常生产经营活动产生影响。

6. 具有永恒存续期

公司除非破产或被兼并或依照公司章程自动终止外,具有无限生命。这是公司作为资合企业的优点。这种存在的连续性使得公司具有很好的经营稳定性,这对公司的投资,尤其是筹资活动是十分有利的。

7. 专家经营

公司所有权与经营权的分离客观上决定了公司经营的专业性。股东委托专业的经营者——经理层对公司经营进行管理,这有利于专业分工和公司经营业绩的提高。

8. 双重征税

公司作为法人要缴纳公司所得税(企业所得税),股东从公司税后可分配利润中取得的股息、红利收入,还要缴纳个人所得税,因此存在双重课税问题,而个人独资企业和合伙企业只缴纳个人所得税,不存在这个问题。

9. 代理问题

公司所有权与经营权相分离,一方面因为专业分工和专家经营可以为公司带来利益;另一方面也易产生代理问题,即公司中高层经理人员可能为了自身利益而在某种程度上牺牲股东的利益,存在道德风险(moral hazard)和逆向选择(reverse selection)行为,如借口工作乱花股东的钱,为了维护自己的利益而不求进取,甚至利用自己的信息优势来欺诈股东。股东用来监督和激励管理者的成本被称为"代理成本"(agency costs)。本书将用专门章节对公司治理(corporate governance)问题进行探讨。

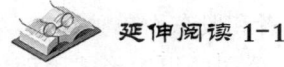 延伸阅读 1-1

股东付出的可怕的代理成本
——安然事件

美国安然(Enron)公司曾是世界上最大的能源、商品和服务公司之一,曾名列《财富》杂志"美国500强"的第七名,资产总额达498亿美元,总市值约700亿美元,自称全球领先企业。然而,2001年12月2日,安然公司由于虚报近6亿美元的盈余和掩盖10亿多美元巨额债务的问题彻底暴露,安然公司不得不根据《美国破产法》第十一章规定,向纽约南区联邦破产法院申请破产保护,该案成为美国历史上最大的一宗破产案。

安然公司股价在1997年时只有每股17美元,2000年8月最高时曾达到每股90美元,在美国证交会(SEC)开始调查该公司做假账行为的消息公布后,安然的股价一度跌至每股 25 美分,变成了无人问津的"垃圾股",使得全球范围内的投资者及公司员工损失了数百亿美元。

然而,在此之前,安然公司 29 名高级主管偷偷抛售股票却获得了 11 亿美元巨额利润。安然公司向美国纽约南区联邦破产法院递交的一份财务文件显示,在 2001 年 12 月 2 日申请破产保护前的一年时间里,安然公司向其 144 位高层管理人士发放了约 7.44 亿美元的现金和股票,其中公司前董事长肯尼思·莱一人就拿走了 1.526 亿美元。这些为"挽留"公司头面人物而"牺牲"的巨额资金在美国金融史上空前绝后。

最早站出来揭露安然财务问题的安然公司副总裁沃特金斯说,该公司前董事长肯尼思·莱和董事会都受到了该公司高级主管的蒙骗。

沃特金斯作为证人出席了众议院能源和商务委员会负责调查和监督的小组委员会举行的听证会。她说,前安然首席执行官斯基林、前首席财务官员法斯托、负责审计的安达信公司和负责法律的文森·埃尔公司在财务问题上合伙欺骗了莱和董事会,使莱当时无法了解公司问题的严重程度。

 职业判断 1-1

道 德 风 险

由于股东聘请的经营者的目标与股东的目标往往不一致,由此常常产生一些损害股东权益的行为。经营者的目标常常包括增长报酬、增加闲暇时间、避免风险和权力扩张等,因此会导致在公司经营中出现贡献不足、过度投资(热炒项目)、采取防御性战略避免被董事会罢免或者被别人取代,甚至出现谋私或寻租行为,这些行为损害了公司股东的利益。

10. 财务公开

针对公司股份流动性特征,特别是对上市公司(public company),要求必须按规定公开财务报表并且对经营状况做更多的披露。

(三)有限责任公司与股份有限公司

1. 有限责任公司

有限责任公司(liability limited company)又称有限公司,是指由两个或两个以上股东共同出资,每个股东以其认缴的出资额,对公司承担有限责任,公司以其全部资产对其债务承担责任的公司。有限责任公司的特点如下:

(1) 股东以其出资额为限对公司债务承担有限责任,是典型的资合公司(相对于以个人信用为基础的人合公司)。按照《中华人民共和国公司法》(以下简称《公司法》)第二十四条规定:有限责任公司由 50 个以下股东共同出资设立。

(2) 不公开发行股票,由股东协商确定各自的出资额。《公司法》第三十一条规定:有限责任公司成立后,应当向股东签发出资证明书。出资证明书应当载明公司名称、公司成立日期、公司注册资本、股东的姓名或者名称、缴纳的出资额和出资日期、出资证明书的编号和核发日期等事项。

《公司法》第三十五条规定：股东在公司登记后，不得抽逃出资。

（3）公司股份不能随意转让。《公司法》第七十一条规定：股东之间可以相互转让其全部或者部分股权。股东向股东以外的人转让股权，应当经其他股东过半数同意。不同意转让的股东应当购买该转让的股权，不购买的，视为同意转让。经股东同意转让的股权，在同等条件下，其他股东有优先购买权。

（4）公司股东通常直接参与公司经营管理。

2. 股份有限公司

股份有限公司（stock limited company）又称股份公司，是指注册资本由等额股份构成，并通过发行股票筹集资本，股东以其所认购的股份，对公司承担有限责任，公司以其全部资产对公司债务承担责任的公司。股份有限公司又分为上市公司和非上市公司。股份有限公司的特点如下：

（1）股东的债务责任仅限于其投入的资本额。与有限责任公司一样，也属典型的资合公司。我国《公司法》第七十七条规定：股份有限公司的设立，可以采取发起设立或者募集设立的方式。发起设立，是指由发起人认购公司发行的全部股份而设立公司。募集设立，是指由发起人认购公司应发行股份的一部分，其余部分向社会公开募集而设立公司。《公司法》第七十八条规定：设立股份有限公司，应当有二人以上二百人以下为发起人，其中须有半数以上的发起人在中国境内有住所。但是由于我国现行股票发行制度要求公司成立一段时间后才能公开上市发行股票，这事实上否定了募集设立上市股份有限公司的方式。

（2）公司所有权与经营权相分离，法人治理结构健全。由公司全体股东组成的股东大会是公司的最高权力机构，股东大会选举产生公司的管理决策机构——董事会，董事会任命的经理人员执行董事会决议，并负责公司日常事务。股东虽然不直接参与公司的经营管理，但通过董事会对公司进行间接控制。

（3）只要符合一国制定的上市条件和法律规定，股份公司可以在证券市场上发行股票，且发行的股票可以在证券市场上自由转让。我国《公司法》第五章第一百二十五条至第一百四十五条详细规定了股份有限公司股份发行和股份转让条款。

股份流动性的特征使得股份有限公司具有股东人数众多、资本来源广泛、经营规模庞大等特点，并极大地提高了股份有限公司筹集资金的能力。

除有限责任公司和股份有限公司外，还有无限责任公司和两合公司两种形式。对于无限责任公司，股东对债务负有无限责任。对于两合公司，其由对公司债务承担无限责任的股东和部分对公司债务承担有限责任的股东共同组成，而我国《公司法》对公司的界定是指在中国境内设立的有限责任公司和股份有限公司两种，因此，无限责任公司、两合公司均不适用我国的《公司法》。

（四）母公司和子公司

公司可以按照一个公司对另一个公司的控制与依附关系，分为母公司和子公司。在一个公司拥有另一个公司的股份已经达到控股程度时，无论其是否直接掌握被控股公司的经营活动,均为母公司;而资本大部分受到母公司控制的公司,则为子公司。无论母公司与子公司之间的控制与依附程度如何,母公司与子公司均为独立法人,依法独立承担民事责任。当母公司所控制的子公司较多时,则可能形成所谓的集团公司或者企业集团。

(五)总公司和分公司

在一个公司内部,可以按照组织机构的地位,划分为总公司和分公司。总公司也称为本公司,是管辖该公司全部组织的总机构,公司的业务经营、资金调度、人事安排等,均由总公司统一决定。总公司在法律上具有法人资格,为独立法人,对外承担民事责任。分公司则是总公司所管辖的分支机构,在业务、资金、人事等方面均受总公司管辖,分公司不具有法人资格,不是独立法人,因而,其业务活动结果由总公司承受,而其债务也由总公司以自己的全部财产承担责任。目前在我国的个别公司的名称上,虽使用了分公司的字样,但并非法律意义上的分公司,实际上具有子公司的性质,为独立法人,这一点是值得注意的。

(六)本国公司、外国公司和跨国公司

公司可以依照其国籍,分为本国公司、外国公司和跨国公司。本国公司是国籍隶属于本国的公司,根据我国法律规定,凡依我国法律、在我国批准登记设立的公司,即为我国的本国公司,亦即中国公司,而无论其是否为外资公司或者外国投资比例多少。外国公司是国籍隶属于外国的公司,根据我国《公司法》规定,凡依外国法律在中国境外登记设立的公司,即为外国公司。跨国公司是指以本国为基地或者中心,在不同国家或地区设立分公司、子公司或者投资企业,从事国际性生产经营活动的经济组织。实际上,跨国公司并非严格的公司法上的概念,其性质与企业集团或集团公司基本相同。

 **延伸阅读 1-2**

安达信组织形式的防范风险作用

2001 年 10 月安然公司财务丑闻爆发,美国证交会宣布对安然公司进行调查。可就在同时,安达信(Arthur Andersen)的休斯敦事务所从 2001 年 10 月 23 日开始的两个星期中销毁了数千页安然公司的文件。美国司法部于 2002 年 3 月 14 日对 Arthur Andersen 提起刑事诉讼,罪名是妨碍司法公正,理由是该公司在安然财务丑闻事发后毁掉了相关文件和电脑记录。

注册在瑞士的 Andersen World Wide 是安达信全球范围内所有业务的母公司。行政总部设在芝加哥的安达信美国成员所通过一系列复杂的法律协议安排,和世界各地的安达信成员所建立了复杂的合伙关系。通过这种精密安排,美国成员所和世界各地的成员所共享资源、分配利润、承担风险。安达信美国成员所的赔偿责任主要落在美国成员所和美国合伙人的身上,其他地区的业务虽有波及,但相比之下损失应该非常小。

第二节　公司金融的目标和原则

公司的目标是生存、发展和获利。公司金融的目标是服务于公司的生存、发展和获利

这三个目标的。公司金融的目标按层次可以分为整体目标和分步目标。

一、公司金融的整体目标

公司金融的整体目标的综合表达,主要有以下几种观点。

(一)利润最大化

这种观点认为:利润代表了公司新创造的财富,利润越多则说明公司的财富增加得越多,越接近公司的目标。

这种观点存在如下问题。

1. 没有考虑利润的取得时间和货币时间价值

例如,某公司今年获利100万元或明年获利110万元,哪一种情况更符合公司的目标? 若不考虑货币的时间价值,就难以作出正确判断,而且这种目标会导致公司的管理者采取短期行为。短期行为是指为了短期利益而损害长期利益的行为,具有很大的危害,承包制曾经为推进我国国有企业改革作出了很大的贡献,但是也因为其短期行为而产生了巨大的危害。

 职业判断 1-2

追求利润最大化的恶果之一
——承包制导致的可怕的短期行为

20世纪80年代,在我国国有企业改革过程中,对一部分国营企业采取了承包经营的方式。当承包制刚刚在工厂、矿山、农场采用的时候,效果似乎是非常明显的,因为采用了承包制的工厂、矿山、农场的生产效率、经济效益和职工的收入等都获得了非常明显的改善。但是,这种制度的缺陷在几年后就非常明显地显现出来了。由于承包人的收入是和企业的当期经济效益直接联系的,因此,承包人采取了很多短期行为。所谓短期行为是指为了短期利益而不惜舍弃长期利益的行为。

承包制下出现的短期行为包括:少提甚至不提折旧,导致企业固定资产更新缺乏资金;破坏性地使用固定资产,为节约当期的成本费用,不对固定资产进行最基本的日常维护,以致固定资产的使用寿命大大缩短;掠夺性地开采矿产资源,为提高当期的效益,在矿产资源开采中采富矿弃贫矿,导致矿产资源遭到极大的破坏;过度放牧导致草场退化、沙漠化;过度采伐林木导致水土流失;过多地使用化肥提高当期农作物产量,不注重对土壤的养护,导致土壤板结;过度地捕捞导致渔业资源枯竭;等等。

 职业判断 1-3

什么是好习惯? 坏习惯?

1992年,诺贝尔经济学奖获得者、著名经济学家贝克尔(Gary Stanley Becker)给好习惯和坏习惯的定义是:凡是为了短期利益牺牲长期利益的活动都是坏习惯,如赌博、游手好闲、不求进取、过度饮食、酗酒、抽烟、吸毒、拒绝锻炼等;凡是保障长期利益的都是好习惯,如坚持锻炼、坚持刷牙、早起、勤奋学习。

换句话说,坏习惯就是生活中的短期行为。

2. 没有考虑所获利润和投入资本额的关系

例如,两公司同样获得 100 万元利润,一个公司投入资本 500 万元,另一个公司投入资本 600 万元,哪一种情况更符合公司的目标? 若不与投入的资本额联系起来,就难以作出正确判断。不考虑利润和投入资本的关系,也会使决策优先选择高投入的项目,而不利于高效率项目的选择。这会导致外延的扩大再生产,外延的扩大再生产是指以不断地增加投入的方式来增加产出,而不是提高效率,运用先进的技术和管理方法提高生产经营管理水平。

3. 没有考虑获取利润和所承担风险的大小

例如,两个公司同样投入 500 万元,本年一个公司获利 100 万元,获利已全部转化为现金,另一个公司获利 120 万元,但大部分是应收账款,并可能发生坏账损失,哪一种情况更符合企业的目标? 若不考虑风险大小,就难以作出正确判断。一般而言,高风险伴随着高收益,不考虑风险,会使决策优先选择高风险、高收益的项目,一旦不利的事实出现,公司将陷入困境,甚至可能破产。

 职业判断 1-4

追求利润最大化的恶果之二
——不顾风险导致巴林银行破产

1995 年 2 月 27 日,英国中央银行突然宣布:巴林银行不得继续从事交易活动并将申请资产清理。这消息让全球震惊,因为这意味着具有 233 年历史、在全球范围内掌管 270 多亿英镑的英国巴林银行宣告破产。具有悠久历史的巴林银行曾创造了无数令人瞠目的业绩,其雄厚的资产实力使它在世界证券史上具有特殊的地位。可以这样说:巴林银行是金融市场上一座耀眼的"金字塔"。

然而,就是这座百年"金字塔",竟会葬身于一个"期货与期权结算方面的专家"尼克·里森之手。究其原因,这还得从 1992 年说起,当时担任巴林银行新加坡期货公司执行经理的里森,同时一人身兼首席交易员和清算主管两职。有一次,他手下的一个交易员,因操作失误亏损了 6 万英镑,当里森知道后,却因害怕事情暴露影响他的前程,便决定动用 88888"错误账户"。而所谓"错误账户",是指银行对代理客户交易过程中可能发生的经纪业务错误进行核算的账户(作备用)。以后,他为了其私利,一再动用"错误账户",造成银行账户上显示的均是盈利交易。为了赚回足够的钱来补偿损失,里森承担越来越大的风险,他当时从事大量跨式部位交易,因为当时日经指数稳定,里森从此交易中赚取期权权利金。若运气不好,日经指数变动剧烈,此交易将使巴林银行遭受极大损失。里森在一段时日内做得还极顺手。到 1993 年 7 月,他已将"88888"号账户亏损的 600 万英镑转为略有盈余,当时他的年薪为 5 万英镑,年终奖金则将近 10 万英镑。随着时间推移,备用账号使用后的恶性循环使公司的损失越来越大。此时的里森为了挽回损失,竟不惜做最后的一搏。1995 年 1 月 18 日,日本神户发生大地震,其后数日日经指数大幅度下跌,里森一方面遭受更大的损失,另一方面购买更庞大数量的日经指数期货合约,希望日经指数会上涨到理想的价格范围,最后造成损失超过 10 亿美元。这个数字是巴林银行全部资本及储备金的 1.2 倍。233 年历史的老店顷刻崩溃了,最后只得被荷兰某集团以 1 英镑象征性地收购了。

(二)每股盈余最大化

这种观点认为:应当把公司的利润和股东投入的资本联系起来考察,用每股盈余(或权益资本净利率)来概括企业的财务目标,可以避免"利润最大化目标"的缺点。这种观点的问题在于:

(1)仍然没有考虑每股盈余取得的时间性和货币时间价值。

(2)仍然没有考虑每股盈余所承担的风险。

(三)股东财富最大化

股东创办公司的目的是扩大财富,他们是企业的所有者,股东财富的多少在于公司能给所有者带来多少未来报酬,包括获得股利和出售其股权换取现金。如同商品的价值一样,股东的财富只有投入市场才能通过价格表现出来。这种说法的缺点在于仅仅强调了股东的利益,而且也只适用于上市公司。

(四)公司价值最大化

应充分考虑时间价值和风险报酬的关系,在保持公司长期稳定的基础上使其价值最大化。公司价值是指公司能够在市场上实现的价值,理论上应该是公司实现的现金流入的现值。对于一般公司而言,公司价值的确认必须通过公司转让、变卖或者资产评估来完成,但是对于上市公司而言则比较简单,公司股票的市场价值越大,则这个公司的价值越大。

这个指标的缺陷是概念比较抽象,不易被理解和接受;上市公司的股票价格是一种直观的表现,但是股价是受到多种因素综合作用的结果,在某一时点上股价可能并不反映公司的价值。

二、公司金融的分步目标

公司金融的分步目标包括筹资管理的目标、投资管理的目标、营运资金管理的目标、利润管理的目标、风险管理的目标等。

1. 筹资管理的目标

在市场经济条件下,公司要从事经营活动,必须先从金融市场上,运用恰当的金融工具筹集到所需的资金。这些资金不仅要满足公司正常经营和特定投资计划的要求,而且要能够满足公司支付利息股息、归还到期债务等方面的资金要求。

公司筹资管理的目标应该在满足公司生产经营、支付利息股息和归还债务对资金需要的基础上,降低资本成本,控制财务风险并且实现最优的资本结构。

2. 投资管理的目标

筹资的目的是为了投资,投资是为了实现最大化的收益。投资包括固定资产投资和证券投资。

投资管理的目标应该是公司在支配现有资源的基础上,合理配置各类资产并对有关投资项目进行可行性研究和深入分析,使各种资金有效组合,在控制投资风险的基础上不断提高投资报酬率,并且获得最大的投资收益。

3. 营运资金管理的目标

营运资金是指维持公司正常运转所必需的各类流动资产所占用的资金,它们以原材料、在产品、产成品、应收账款、现金和有价证券等各种形式存在。占用资金是有成本的,包括支付股息、利息等显性成本,也包括丧失其他投资机会所能带来的收益的机会成本。因此,营运资金管理目标是在维持公司正常运行的基础上,合理使用资金,降低资金的占用量,加速资金的周转,提高资金的利用效率。

4. 利润管理的目标

利润管理的目标是根据企业的具体经营状况和未来发展的要求,制定合理的分配政策,处理好企业发展的资金需求和股东要求分配股息红利的资金需求之间的矛盾,制定既要保持和提高公司的长远盈利能力,又要维护股东目前利益、保持股东信心的股利分配政策。

5. 风险管理的目标

公司的经营、投资和筹资活动面临各种各样的不确定性和风险,如利率、汇率的变动,经济周期的影响等。风险管理的目标是保持公司收益水平既定的前提下,通过科学有效的项目评估及金融市场,运用各种金融工具和交易手段,来锁定公司的未来收益,将风险和不确定性降到最低。

三、公司金融的原则

所谓公司金融的原则,是指为确保公司金融目标的实现,公司金融活动应遵循的行为准则。公司金融的原则包括安全性原则、流动性原则、盈利性原则、风险与收益均衡原则、资源合理配置原则、利益关系协调原则等。

(一)安全性原则

由于公司金融活动包括公司融资、投资和资金运营方面的内容,因此,安全性也包括在这几个方面:一是融资安全性;二是投资安全性;三是资金运营安全性。融资安全性是指公司融资对股东和债权人支付能力的可靠程度;投资安全性是指公司资产投资免遭损失的可靠程度;资金运营安全性是指公司资金投资及时收回的可靠程度及确保正常生产经营的可靠程度。

安全性原则的必要性体现在以下几个方面。

1. 有助于公司确保对股东和债权人的支付能力

公司对股东和债权人的支付能力,特别是对债权人的支付能力,是非常重要的。因为,在市场经济条件下,公司融资是以信用方式进行的,对于向股东的融资,虽然不需要偿还本金,但要支付令股东满意的股利,否则股东将行使"用脚投票"的权利——抛售公司的股票,会导致股价下跌;对于向债权人的融资,不仅要偿还本金,还要支付利息。如果公司不能向债权人按期、足额地还本付息，债权人就要行使其拥有的权利，公司将遭受经济损失，甚至承受破产的严重后果。因此，公司融资活动必须遵循安全性原则。

2. 有助于减少资产损失，增加预期收益的可靠性

公司投资的一个重要目的是提高资产的盈利能力，如果投资的安全性低，资产遭受损失，不仅预期收益实现不了，而且还有可能失去一部分本金，这将妨碍公司盈利目标的实现。

3. 有助于保证公司经营活动的良性循环

作为一种社会经济组织，经营活动是公司的主体活动，而经营活动的本质是资金运动，体现为资金投入、产出、再投入、再产出的不断循环周转。资金运动正常进行从而使经营活动良性循环的前提条件是投入的资金能够及时、足额收回。因此，经营投资遵循安全性原则能够保证资金运动的循环周转，进而保证经营活动的良性循环。

4. 有助于保证公司融资活动的良性运转

公司的融资活动与经营活动是密不可分的有机体，经营活动过程中的资金运动是融资活动过程中资金运动的依托，因此，要保证公司融资活动的良性运转，经营活动的良性循环是关键。如果经营活动做不到良性循环，融资后的支付就会失去资金来源，公司就会陷入支付危机。可见，经营投资遵循安全性原则，是实现融资活动良性运转、保持支付能力的重要保障。

安全性原则的具体要求如下。

1. 在融资方面

一是要保持合理的资产负债率。融资风险的大小与资产负债率的高低成正比，即资产负债率越高，融资风险也越大；反之亦然。因此，融资活动遵循安全性原则，首先是融资活动要保持在一个合理的资产负债率之下，将融资风险限定在可承受的范围之内。

二是要合理安排负债支付日和支付方式。在其他条件不变的情况下，如果负债期限结构不合理或支付方式不合理，使负债的支付日集中，也会加剧公司的偿债压力和支付压力，甚至会酿成支付危机，使现金流量出现困难。因此，合理安排负债到期日和支付方式是安全性原则的又一要求。

2. 在投资方面

一是要选择证券投资的品种和做好项目投资的可行性研究，保证投资的盈利性和流动性，保证投资能够足额、及时收回。

二是要选择好投资的时机。

三是采取组合投资策略，以分散投资风险，避免"将鸡蛋都放在一个篮子里"。

四是要合理控制营运资本，减少营运资本占用，加速营运资本周转。

（二）流动性原则

流动性包括资产流动性和负债流动性。资产流动性又包括经营性资产流动性和金融资产流动性。经营性资产流动性是指经营性资产由实物形态向货币形态转化的能力，也称为经营性资产的周转性，即实物形态的经营性资产转化为已知金额现金的难易程度。一般而言，通用性强的资产流动性强，通用性弱的专用资产变现能力弱。金融资产流动性

是指资产在无损失的状态下迅速变为确定金额现金的能力。负债流动性是指公司以合理的成本随时借入资金以满足资金需要的能力,这取决于公司的信誉、资本实力和与金融机构的关系等。

流动性原则的意义体现在以下三个方面:

(1) 有利于提高公司的支付能力,保证到期债务和应付股利、红利的及时支付。

(2) 有利于在紧急情况下及时变现流动资产或借入资金用于对外支付,避免支付危机的发生。

(3) 有利于提升公司信誉。

流动性原则的具体要求如下。

1. 在资产管理方面

一是要合理配置生产经营各环节的资金占用,加速生产经营各环节资金的周转;做好固定资产投资的可行性研究,保证固定资产投资的及时收回。

二是要在资产结构中保持适当的流动性二级准备,以提高资产的变现能力。在资产结构中,现金资产是流动性最强的资产,是流动性的一级准备。但是,由于现金不仅不具有盈利性,而且还要承担成本或机会成本,保有的现金持有量过多,将不利于公司经营目标的实现。因此,出于协调流动性和盈利性之间矛盾的考虑,在资产结构中保持一定比例的变现能力强且具有收益能力的短期有价证券资产,如国库券等,作为流动性的二级准备是必要的和有益的。

2. 在负债方面

一是要拓宽融资渠道,保持和金融机构的良好关系,为公司融资以及在紧急情况下的筹资提供可操作空间。

二是要保证到期债务的及时、足额偿还,维护公司信誉,为公司今后融资创造良好的社会基础。

(三)盈利性原则

盈利是公司的基本要求和首要目标。盈利性原则要求公司在融资方面应尽量降低融资成本,提高盈利水平;在投资方面应尽量降低生产消耗和管理费用支出,增加经营收益;在金融资产方面应尽量选择高收益率的证券组合,增加投资收益。

(四)风险与收益均衡原则

市场经济环境下,无处不存在着风险,没有不存在风险的收益机会,关键是如何把握和处理好风险与收益的均衡关系。高风险一般伴随着高收益,比如,国债、企业债券、股票和期货交易,就是风险和预期收益逐步递增的。选择什么样风险的投资取决于投资者个人的风险偏好,能够获得多高的风险收益则取决于整个社会的风险偏好。但是,公司金融必须做到在风险一定的情况下,使收益最大化;在收益一定的情况下,使风险最小化。公司不承担不会带来预期收益的风险,即额外的风险。

从经济角度来讲,风险是指企业某一经济事项未来现金流量的不确定性。在现代市场经济条件下,公司面临许多的不确定因素,有宏观的也有微观的,有内部的也有外部的,有经营的也有金融的……因此,在企业的各项金融活动中,都要十分慎重地对各种可能对企业造成损失的风险因素作深入研究和仔细分析,过分乐观的决策方法,会给企业带来不可预料的严重后果。例如,在财务筹资方面,既要尽可能地满足企业经营和投资发展的要求,筹集到最大量的资金,又要充分考虑由于资金成本、资金结构和债权人限制性条款的变化等因素,对企业财务和经营风险所造成的影响及未来的后果,应在充分考虑其利害关系后,再作出最合理的选择。又如,在企业的投资决策中,要对企业投资项目的可行性作深入研究,一方面追求最大的投资报酬,另一方面又必须充分考虑到投资项目可能具有的潜在风险以及企业对风险的承受能力。

(五)资源合理配置原则

公司的资源一定是有限的、稀缺的,因此,公司必须十分重视如何使其财力、物力资源得到最优化的合理组合,最大限度地发挥其整体的效用功能,既要防止资源供应不足而影响企业的整体规模效益,又要避免各个环节上的资源相对过剩和浪费,做好资源在公司内部的合理配置工作。将有限的资源用到最有效率的地方,"好钢用到刀刃上"。

要做到资源合理配置,一般应注意以下两方面的问题。

1. 时间问题

公司的资金或资产资源是有限的,可能使公司现时和长久发展需求产生矛盾,所以公司应根据其短期经营目标与长久发展战略的要求,在资源的配置和资金的供求关系上,寻找到一个合理的平衡点,既不能过于冒进,也不能过于保守,确保企业良性发展;同时,由于公司资源的可动用性是有时间限制的,所以在资源配置时应注意其时效性要求,注意资金在用于长期和短期目标方面的合理调配和妥善安排,不轻易改变资源配置的时序,确保长短期资金和经营资金与投资资金之间合理有效的组合。

2. 资源总量

在公司资源配置方面,必须充分发挥其有效的控制职能,公司的生产发展和投资规模必须适当,不能一味追求规模效应,而不考虑公司实际拥有的资源和能力,如果到时出现半途而废,将会给公司造成很大损失。

(六)利益关系协调原则

公司的投资人、债权人、经营者和内部员工及外部合作者之间有着不同的利益,因此,在处理公司金融问题时要考虑到各有关方面的利益,照顾其积极性和期望收益的满足程度,这也直接关系到能否最大限度地实现企业价值最大化这一目标。

公司在处理经济利益关系时,首先要最大限度地满足公司投资人(权益者)的经济利益,但保障投资人的利益不能以损害其他方面人员的利益为代价。其实,想要从根本上保障和提高投资人的利益,就必须处理好企业与其他各方面的利益关系,只有当各个方面的经济利益得到充分协调和相对最大满足时,公司投资人的利益才能从根本上得以保证。譬如,在处理投资者与经营者的利益关系时,要建立一定的激励机制和约束机制,确保经营者的利益与公司的利益相一致;在处理公司与国家利益关系时,企业首先应做到依法纳税,同时也应在不违反税法的前提下尽可能地节税以维护企业利益;在处理企业与员工的利益关系时,应充分关心职工的利益,确保员工的工薪收入和各项福利,但也不能任意提薪和滥发奖金,直接造成对投资者利益的伤害;在处理投资者之间权益和利益关系时,要恰当地处理好新、老投资者之间的利益关系,处理好投资者目前利益与长远利益之间的关系,处理好大股东与中小股东的利益关系。

第三节　金融工具和金融市场

金融市场是资金融通的场所,在金融市场上通过货币借贷、各种金融工具的交易,最终实现资金的盈余方借出资金,获得利息收益,资金的短缺方以支付利息为代价获得资金使用权,从而实现资金的融通。

广义的金融市场包括货币市场、资本市场、黄金市场和外汇市场;狭义的金融市场只包括货币市场和资本市场。与公司金融密切相关的有货币市场、资本市场和外汇市场。

金融工具也称为金融商品,是指金融市场上交易的对象。广义的金融工具不仅包括股票、债券等有价证券,而且包括存款、贷款等各类金融资产。根据这个定义,任何资金融通的过程都可以看作资金与金融工具之间的交换过程。狭义的金融工具则是指那些已经标准化了的、在金融市场上被普遍接受和交易的金融资产。与公司金融相关的主要是各种狭义的金融工具。

一、货币市场金融工具

货币市场是短期资金融通的场所,经营 1 年以下短期资金的融通业务,在我国称作短期资金市场。货币市场由银行的短期存贷款市场、票据承兑贴现市场、国库券和大额可转让定期存单(CDs)市场、同业拆借市场等组成。因为短期资金市场交易的金融工具,如票据、存单和国库券等,期限短、变现能力强,近似于货币(即准货币),故称为货币市场。

货币市场的特点如下:

(1)市场参与者众多。

(2)市场的经济功能在于为参与者调节资金的流动性提供便利,而不是自有资本和长期资金的融通和筹集。

(3)融资期限短,一般在 3～6 个月,最长不超过 1 年。

(4)金融工具的流动性、变现能力强。

(5)利率多变。由于市场容易受到各种经济、政治、投机等因素的影响,市场交易频繁,资金供求多变,因而造成利率多变。

货币市场的常用金融工具有国库券、大额可转让定期存单、票据、回购协议等。

(一)国库券

国库券(treasury bill, T-bill)是由中央政府或财政部发行的期限在 1 年以下的政府债券。国库券的期限通常为 3 个月、6 个月或 1 年。

国库券的最大特点是安全性,由于它是凭中央政府的信用发行的,所以几乎不存在违约风险;期限较短,不超过 1 年,因此利率风险也很小;并且在二级市场上的交易也极为活跃,变现非常方便。此外,与其他货币市场工具相比,国库券的起购点低,面额种类齐全,适合暂时游离于生产经营之外的资金购买,以增强其盈利性。国库券的这些特点使其成为一种普及率很高的货币市场工具。

（二）大额可转让定期存单

大额可转让定期存单（negotiable certificates of deposits，CDs）是由银行发行的一种大面额存款凭证。它与一般定期存单的不同之处有以下几个方面：

（1）面额比较大，即存款起点较高，相比较而言，面向个人发行的较低，面向单位发行的较高。

（2）利率高于同期普通定期存款的利率。

（3）不可提前支取，但是可以在二级市场上进行流通，通过在发行银行进行过户转让。

由于大额可转让定期存单解决了定期存款缺乏流动性的缺陷，所以受到投资者的普遍好评。大额可转让定期存单最早于1961年由美国花旗银行（Citibank）推出，并且很快为别的银行所仿效。我国交通银行最早于1986年下半年开始发行大额可转让定期存单，在1997年，由于宏观经济形势的变化，中国人民银行暂停了这一金融工具的发行。

（三）票据

狭义的票据包括本票、汇票和支票。《中华人民共和国票据法》（以下简称《票据法》）所称的票据就是这三种票据。

1. 汇票

汇票（bill of exchange）是由出票人签发的，委托付款人在见票时或者在可以确定的将来某一时间无条件支付确定金额给收款人或持票人的一种票据。

汇票分为银行汇票和商业汇票两类。

银行汇票是银行应汇款人的请求，在汇款人按规定履行手续并交足保证金后，签发给汇款人自带或寄给收款人的一种票据。由于银行汇票中出票人和付款人都是银行，而且基本上是见票即付，所以风险非常小，银行汇票在我国的票据使用中占有相当比重。

商业汇票是由企事业单位签发，委托付款人在指定日期无条件支付确定金额给收款人或持票人的一种票据。按照商业汇票承兑人的不同，又可分为商业承兑汇票和银行承兑汇票。由银行等金融机构承兑的汇票称作银行承兑汇票；由银行等金融机构以外的企事业单位承兑的汇票称作商业承兑汇票。汇票经承兑后，承兑人即为汇票的主债务人，承担到期无条件支付汇票金额的票据责任。一般而言，银行承兑汇票风险较小，商业承兑汇票的风险取决于出票人和承兑人的信誉。

2. 本票

本票（promisery note）是由出票人签发的，承诺自己在见票时或可以确定的将来某一时间无条件支付确定金额给收款人或持票人的一种票据。

按出票人不同，本票可分为商业本票和银行本票，前者出票人为非金融机构的企事业单位，后者出票人为银行等金融机构。由于签发商业本票的企事业单位必须具有较高的商业信誉，有时还须由银行等金融机构提供担保，因此世界各国都较少采用。我国目前仅使用银行本票，且为记名式和即期本票。这些规定主要是为了防止银行本票和人民币一起流通，从而扰乱货币的供给和流通。

3. 支票

支票(cheque)是由出票人签发的,委托自己的开户银行在见票时无条件支付确定金额给收款人或持票人的一种票据。支票实质上是一种特殊的汇票,它与汇票相比,具有两个特点:一是付款人为银行;二是见票即付,即不存在远期支票。我国在同城结算中,支票的使用已达到 70% 以上。根据我国的《票据法》,支票按不同的支付方式,可分为普通支票、现金支票和转账支票三种。普通支票既可转账又可支取现金,而现金支票和转账支票只能按各自的规定,分别作提现和转账之用。

以上我们介绍的三种票据,属于狭义票据的范畴。未到期的票据经背书后,均可以转让给他人或向银行贴现,但是限制性抬头的票据不可转让,即注明仅付(pay only)某人或不可转让(not transferable)的票据是不得转让的。背书是持票人在票据背面签上自己的名字。倘若持票人只是简单地签上自己的名字,那么,这种背书称作空白背书,即任何持票人都能得到支付。如果持票人背书指定票据收款人,称作特别背书(记名背书),付款人只能向票据指定收款人付款;如果持票人背书指定限制票据收款人,即在票据上面使用"仅付"字样,称作限制性背书,限制性背书取消了票据的流通性。

出票人和背书人都承担票据偿付责任,而票据是否能顺利贴现或转让流通则取决于出票人、背书人和付款人的信誉。

票据不仅能用于结算,而且还具有抵销债务、融通资金之功效。

票据承兑是汇票付款人统一按照出票人的指令,在汇票上签名并写上"承兑"(accepted)字样,表示承诺到期付款的一种货币市场业务方式。支票和本票不需要承兑。汇票一经承兑,承兑人即成为汇票的主债务人。

票据贴现是指远期票据的持票人将未到期的票据转让给银行或者贴现公司以兑取现金的一种货币市场业务方式。我国《票据法》规定,凡需贴现的票据,必须事先办好承兑手续,否则,银行不予贴现。票据贴现从形式上看,是银行或者贴现公司买入未到期的票据,但是,实质上是债权的转移,即银行或者贴现公司的一种放款业务。通过票据贴息,使持票人的票据债权提前转化为货币资金,从而有利于商品经济的发展和资金的加速周转。

$$贴现值=票据到期价值-贴现息 \tag{1-1}$$

$$贴现息=票据到期价值×贴现率×贴现天数÷360 \tag{1-2}$$

$$贴现天数=贴现日至票据到期日实际天数-1 \tag{1-3}$$

【例 1-1】 某企业持有一张期限为 3 个月的无息票据,票面金额为 2 500 元,在持票 30 天后对其进行贴现,银行贴现率为 7.2%,则这张票据的贴现值为:

$$贴现值=2\,500×(1-7.2\%×60÷360)=2\,470(元)$$

未到期带息票据与无息票据的区别在于前者的到期价值等于票面金额加上利息。

【例 1-2】 某公司收到期限为 120 天的票据一张,票面金额为 50 000 元,年利率为 9%,持票 30 天时进行贴现,银行贴现率为 7.2%,则这张票据的贴现值为:

到期价值＝50 000×(1＋9‰×120÷360)＝51 500(元)

贴现值＝51 500×(1－7.2‰×90÷360)＝50 573(元)

（四）回购协议

回购协议(repurchase agreement，REPO)是产生于 20 世纪 60 年代末的短期资金融通方式。它实际上是一种以证券为抵押的短期贷款。具体操作过程如下：借款者向贷款者暂时出售一笔证券，同时约定在一定时间内以稍高的价格重新购回；或者，借款者以原价购回原先所出售的证券，但是向证券购买者支付一笔利息。这样证券的出售者便暂时获得了一笔可支配的资金，证券的购买者则从证券的买卖差价或者利息支付中获得一笔收入。回购协议的出售方大多数为银行或者证券公司，买方则主要是一些大企业，后者往往以这种方式来使自己在银行账户上出现的暂时闲置资金得到有效的利用。回购协议的期限大多数很短。

二、资本市场金融工具

资本市场是中长期资金融通的场所，经营 1 年以上中长期资金的借贷业务，在我国称为长期资金市场。它由中长期存贷款市场、股票市场和债券市场共同组成，股票市场和债券市场又统称为证券市场。资本市场交易的对象是期限较长的金融工具，如公债、股票、中长期企业债券、抵押契约等。此类市场的功能是沟通资金供需，将储蓄转化为投资，将生产、生活领域中游离出来的短期、小额资金积聚转化为长期大额的资本，其特点是经营的资金借贷业务期限长，与货币市场相比，风险和收益也相应增大。

资本市场的金融工具有股票、债券和抵押贷款等。

（一）股票

股票(stock)是所有权凭证，它代表的是对股份公司净收入和净资产的要求权，根据股东拥有权利的不同，股票分为普通股和优先股。普通股的股东具有分红、投票等基本权利，其股息随公司经营状况和股利政策的变化而变化。公司利用普通股进行融资，具有突出的优点。

1. 股票没有偿还期

在企业存续期内，股票的持有者只能在二级市场上进行转让，而不能要求偿还，这样股份公司就获得了发行股票所获收入的长期使用权。

2. 股息可以随股份公司的经营状况和股利政策而波动

股息不像债券的利息那样是固定的，因此当股份公司遇到暂时的经营困难时，可以通过减少股息支付来渡过难关，而不必担心遭到破产清算的威胁。对于投资者来说，购买普通股的好处是可以分享企业的净收入，并且从股票的升值中获得资本利得。

优先股的股东在利润分配和公司剩余财产的分配方面比普通股股东具有一定的优先权，但一般没有表决权。优先股股东每年享有固定的股利收入，但是其只有在连续两年没有得到分红的情况下才有行使表决权的权利。优先股又可以分为累积型优先股和非累积型优先股、参与型优先股和非参与型优先股等类型。累积型优先股是指当公司当期可供分配的利润不足以支付事先规定的优先股股息时,未支付的部分应累计到以后的年份补足,而非累积型优先股的股息如果没有达到事先规定的水平,以后就不再补发。当公司可供分配的利润较多时,参与型优先股的股东除可按定额或定率获得规定的优先股股息外,在普通股也分配到和优先股相同的股息后,优先股股东还可以和普通股股东一起参加当年额外股利的分配,而非参与型优先股的股东则没有这种权利。

此外,还有可赎回优先股和可转换优先股。所谓可赎回优先股是指可以在一定期限后由发行公司按事先约定的价格赎回的优先股。所谓可转换优先股是指可以在一定期限后按规定的比率转换为普通股的优先股。

(二)债券

债券(bond)是债券发行者的债务凭证,证明持有人具有按期可以获得固定的利息,到期能够收回本金的权利。债券是一种使用非常广泛的债务融资工具。债券可以从多个不同的角度进行划分。

1. 根据债券发行者的不同分类

根据债券发行者的不同,可以分为政府债券、金融债券和公司债券。

政府债券又可分为中央政府债券和地方政府债券。中央政府债券简称国债,是政府为弥补财政赤字而发行的债券,一般由财政部发行。由于它是直接以中央政府的信用为担保,所以通常被认为是没有信用风险的。地方政府发行的债券又被称为市政债券,它主要是用于为某些大型基础设施和市政工程筹集资金。在美国购买市政债券的一个好处是可以享有一定的税收优惠。我国目前不允许地方政府发行债券。

金融债券是指由银行等金融机构发行的债券。银行等金融机构除通过吸收存款、发行大额可转让定期存单等方式吸收资金外,经特别批准,也可以发行债券的方式来获得资金。我国政策性银行(国家开发银行、中国进出口银行和中国农业发展银行)发行的金融债券比较多。

公司债券有广义和狭义之分,广义的公司债券泛指一般企业和股份公司发行的债券(我国一般叫企业债券),狭义的公司债券则专指由股份公司发行的债券。公司债券是企业融资的重要手段,其期限一般都较长。公司债券的流动性和安全性都不及政府债券和金融债券,因而利率较高。根据债券发行公司的资信情况,可以将公司债券分为不同的信用等级。

2. 按照债券的偿还期限分类

按照债券的偿还期限,可以分为短期债券、中期债券和长期债券。虽然各国划分的具体年限有所不同,但是较为通行的划分是期限在 1 年以下的为短期债券,在 1~10 年的为中期债券,在 10 年以上的为长期债券。例如,美国的短期国债或称财政部债券(treasury bill)期限多为 3 个月或 6 个月,最长不超过 52 周,中期国债(treasury note)期限在 1~10 年,长期国债(treasury bond)的期限则达 10~30 年。我国也发行了期限长达 20 年或 30 年的长期国债。

3. 按照债券是否有担保分类

按照债券是否有担保,可以分为担保债券(secured bond)和信用债券(debenture)。

担保债券是以某种抵押品为担保而发行的,当发行人不能按期支付利息和本金时,债券持有人为满足清偿要求可以将抵押品出售。信用债券则完全是凭发行人信用发行的,没有任何担保。信用债券的发行人要有很高的资信。

4. 按照债券的利率是否固定分类

按照债券的利率是否固定,可以分为固定利率债券和浮动利率债券。前者的利率在整个期限内都是固定不变的。因此,当市场利率上升时,债券的持有者要蒙受损失;当市场利率下降时,则债券的发行人要遭受损失,因为他本来可以更低的利率在市场上获得资金。期限越长的债券受到利率变动的影响越大,而且面临发生利率变动的可能性也越大。浮动利率债券则可以避免这一缺点,因为它的利率会定期随市场利率的变化而进行相应的调整。

5. 按照债券利息的支付方式分类

按照债券利息的支付方式,可以分为带息债券和折扣债券。带息债券约定了票面利率和付息方式,分为每期付息到期还本和到期一次还本付息两种。折扣债券则不附利息率,也不按规定的利率支付利息,而是采取折价出售的方式发行,到期再按票面金额偿还,其利息体现在债券面值与其出售价格的差额。许多国家的国库券都采取折扣债券的形式,例如美国的短期国债就是一种折扣债券。

(三)抵押贷款

抵押贷款是指以土地使用权、建筑等不动产为担保的贷款。如果借款人不能按时偿还债务,贷款人可以将作为抵押品的财产出售以抵偿其债务。抵押贷款有每期付息到期还本、到期一次还本付息、等额还本法和等额还款法四种还款方式。长期的抵押贷款主要是后两种还款方式。等额还本法是每期偿还本期的利息和各期金额都相等的本金,因为各期的本金都相等,而利息逐渐减少,因此还款总额逐年减少。等额还款法是指每期的总还款额(利息和本金之和)相等的一种还款方法。

抵押贷款的特点如下。

1. 期限长

抵押贷款的期限通常可达二三十年。由于这一点,抵押贷款的借款者往往要有稳定的现金流量作为还款的保障。

2. 利率风险较大

如果贷款方发放的抵押贷款利率是固定的,那么当市场利率下降时,借款方就要蒙受损失。遇到这种情况,借款人可以提前还清借款,抵押贷款往往允许借款人提前还清款项,所以当市场利率下降时,他会提前将贷款还清,转而寻求利率更低的贷款。为了规避利率风险,可以采用浮动利率抵押贷款。

3. 可债务重组

如果抵押贷款的借款人遇到经营困难,可以与贷款人协商进行债务重组,延长还款时间以减轻每期的还款压力。

(四)可转换债券

可转换债券是一种在一定情况下可以转换成公司普通股的特殊债券。可转换债券是公司债券的特殊形式,是一种混合型的金融产品,它兼有债权性和期权性的特点。可转换债券的债权性体现在其转换成公司普通股之前,可转换债券的持有者是发行可转换债券公司的债权人,享有定期获得固定利息和到期收回本金的权利,即可转换债券在到期后如果仍未被转换成普通股,投资者有权收回债券的本金。可转换债券的期权性表现在它赋予持有者一种选择的权利,即在规定的时期内,投资者具有选择是否将债券转换成发行公司普通股的权利。这样的选择权实质上是一种买入期权,在规定的转换期内,投资者既可以行使转换权,也可以放弃转换权。

可转换债券的利息率一般都要比同等级、同期限的公司债券的利息率低,因为它还具有期权价值,即当发行公司的股票市场表现良好,股价持续上涨时,可转换债券的持有者可以按照低于当时股价的转换价格将可转换债券转换成公司的普通股,可以获得转换利得——公司股票的市场价格与转换价格之间的差额部分。

由于可转换债券的利息率比较低,因此可转换债券对于发行公司而言带来的现金流出量显然是小于发行普通公司债券的,因此财务压力较小。这一现金流出量可以像普通公司债券一样通过贴现求出。

可转换债券的价值由普通债券的价值和期权价值两部分组成,普通债券的价值确定比较容易,但是期权的价值确定是比较困难的,这也是可转换债券定价中最重要的部分。

三、衍生金融工具

衍生金融工具是一种合约,它的价值取决于作为合约标的物的某一金融工具、指数或其他投资工具的变动状况。衍生金融工具主要包括远期合约、期货合约、期权合约、互换协议等。近年来,衍生金融工具的交易变得越来越活跃,各种新的衍生金融工具不断被开发出来。

(一)远期合约

远期合约(forward contract)是一种最为简单的衍生金融工具。它是在确定的未来某一日期,按照确定的价格买卖一定数量的某种资产的协议。在远期合约中,双方约定买卖的资产称作标的资产,约定的成交价格称作协议价格,同意以约定的价格卖出标的资产的一方称作空头,同意以约定的价格买入标的资产的一方称作多头。远期合约在外汇市场上十分普遍,因为它能够有效防范汇率波动的风险。例如,一家外贸公司预计将在3个月后收到100万美元货款,为了避免外币贬值即人民币升值的风险,它就可以同银行签订一个3个月的远期合约,约定在3个月后以某一既定的价格向银行出售这笔外汇。这样,无论3个月后该种外汇的汇率如何变动,外贸公司都可以得到既定的本币收入。显然,若3个月后该种外汇在现汇市场上的汇率等于远期合约中规定的汇率,则该外贸公司是否进行这笔远期交易都一样,换句话说,该远期合约的价值为零;若前者小于后者,则外贸公司就可以从这笔远期合约中获益,或者说该远期合约对它有正的价值(相应地,对银行有负的价值);反之,若前者大于后者,则外贸公司如果不签订远期合约,直接在现汇市场卖出外汇就更为有利,也就是说,该合约对它有负的价值。这就是为什么我们说衍生金融工具的价值取决于其标的资产价格变动状况的原因。但是,不论如何,这可以将面临汇率变动的风险——不确定性变为确定的了。

（二）期货合约

期货合约（future contract）是在远期合约的基础上发展起来的一种标准化的买卖合约。和远期合约一样，期货合约的双方也是约定在未来某一日期以确定的价格买卖一定数量的某种资产。但是期货合约和远期合约还是有很大的不同。

1. 合约的性质不同

期货合约是由交易所推出的标准化的合约，同种类型的每张合约所包含标的资产的种类、数量、质量、交货地点、交货时间都是一样的，而远期合约则是由买卖双方自行协商制定的，其标的物的种类、数量、质量、交货地点和时间均由双方自行决定，因而标准化的期货合约更具有流动性。

2. 交易的方式不同

期货合约的交易在交易所内集中进行，由交易所负责制定交易规则，维持交易秩序，并由交易所保证合约的履行；而远期合约则是由交易双方私下进行的。

3. 交易的参与者不同

由于远期合约的交易是在私下进行，所以合约的履行完全依赖于双方的信用，因此只在一些大银行、金融机构以及大企业之间进行；而期货合约的履行是由交易所保证的，因此一些中小企业也能够参与其中。

4. 实际交割的比例不同

绝大多数的期货合约在到期日之前就被相互冲销，也就是原先买入（或卖出）合约的一方通过在合约到期之前卖出（或买入）同等数量的同种合约来消除自己的多头（或空头）位置，从而不必真正进行合约标的资产的收付，而只需进行差额结算。只有很少的一部分（大约 1%～2%）期货合约会进行实际的交割，但是 90% 以上的远期合约到期后都会进行实际的交割。因此，远期合约的交易主要还是一种销售活动，而期货合约的交易则主要是一种投资（机）活动。期货合约避险的原理在于期货价格和现货价格将同步变化，相互弥补亏损。

（三）期权合约

期权（option contract）的理论依据是比较优势。期权合约赋予其持有者（即期权的购买者）一种权利，也就是使他可以（但不必须）在未来一定时期内以议定的价格向期权合约的出售者买入（看涨期权）或卖出（看跌期权）一定数量的商品或金融资产。当然，持约人为获得这一权利必须支付一定的代价，那就是他必须向期权的出售者支付一笔费用，即期权费。和前两种衍生金融工具不一样的地方是，期权合约交易双方的权利和义务是不对称的：期权的购买者只有交易的权利，而没有交易的义务；而期权的出售者则只有应期权购买者的要求进行交易的义务，而没有要求期权购买者进行交易的权利。期权购买者可以根据价格变动的情况决定是否进行交易。当价格变化对他有利时，他可以要求对方进行交易；在价格变动不利的情况下，他则可以放弃行使其期权，但此时他便白白损失了购买期权的费用。

 **延伸阅读 1-3**

默顿讲的故事

2002 年 12 月,1997 年诺贝尔经济学奖获得者罗伯特·默顿在瑞士的一次重要风险管理会议上讲了一个故事。一家大型证券公司的股票销售员试图说服一名投资组合经理将投资重点从固定收益证券转移到股票上来。"在你的基金 40 年的寿命里,有 99% 的概率是全股票组合的收益高于债券组合的收益。在 40 年后,你所拥有的财富绝对不会少于你所拥有债券的当前价值。""嗯,如果你是正确的话,那么我愿意从你们公司购买一份 40 年期的看跌期权,有了它,我将可以在 40 年后,以我现在所拥有的证券的价值,将你想让我购买的股票组合卖给你们公司。既然你的论述如此有说服力,我相信,这个看跌期权一定非常便宜。"

(四)互换协议

互换协议(swap agreement)主要分为货币互换和利率互换两种。货币互换又可以分为外汇市场互换和资本市场互换。外汇市场互换是指交易双方按照既定的汇率交换两种货币,并约定在将来一定期限内按照该汇率相互购回原来的货币。外汇市场互换一般期限较短,不涉及利息的支付,不过出售看跌货币的一方应向出售看涨货币的一方支付一定的手续费。资本市场互换的操作过程和外汇市场互换基本相同,也是双方按照一个相同的汇率相互出售和回购两种货币,不过其期限一般较长,通常为 5~10 年,而且在协议期间内,交易双方要向对方支付自己所购入币种的利息(换句话说,货币互换的双方实际上是相互借贷了两种不同的货币)。

利率互换是指交易双方将自己所拥有的债权(务)的利息收入(支付)同对方所拥有的债权(务)的利息收入(支付)相交换。这两笔债权(务)的本金价值是相同的,但利息支付条款却是不同的,从而通过交换,可以满足交易双方的不同需要(例如,某银行拥有的浮动利率资产大于浮动利率负债,为使这两者相互匹配,以消除利率变动所可能带来的不利影响,该银行可能希望将它的一部分浮动利率资产的利息收入换成固定利率的利息收入)。和货币互换不同的是,利率互换涉及的仅仅是利息支付的互换,而不涉及本金的互换。它又可以分为息票互换和基准利率互换。

息票互换(coupon swap)是同种货币的固定利息收入(支付)与浮动利息收入(支付)的互换。两笔债权(务)的本金名义价值、到期日与付息日都相同,所不同的只是一笔债权(务)的利率是浮动的,另一笔的利率则是固定的。这是最常见的一种利率互换。基准利率互换(basis swap)是币值相同,但基准利率不同的两笔浮动利息收入(支付)之间的互换。

互换交易通常以银行为中介。银行凭借其信息灵通、客户面广的优势,寻找具有互补性的交易双方,促成它们之间的交易,并从中收取手续费。当然,银行自己也常常作为交易的一方进行互换交易,以调整自己资产负债结构,规避汇率和利率风险。

第四节 金融机构

一般意义上说,凡是从事各种金融活动的组织,均可以称为金融机构。一般将金融机构分为银行金融机构、非银行金融机构和国际金融机构。

一、银行金融机构

在现代经济中,银行是社会资金融通的枢纽,是金融机构的主体。按照银行的职能分类,可以分为中央银行、商业银行、各种专业银行和政策性银行。

(一)中央银行

中央银行是指在一国金融体系中占主导地位,负责制定和执行国家的货币信用政策,实行金融管理和监督,控制货币流通与信用活动的金融管理机构。中央银行是一国金融体系的心脏。

中央银行与公司金融的关系在于中央银行制定的货币金融政策会对宏观经济形势产生影响,从而影响公司的金融活动。因此,公司要关注中央银行的货币金融政策及其变化,中央银行的主要货币政策工具(法定存款准备金比率、再贴现率和公开的市场业务)的运用及道义劝告、窗口指导等措施。

(二)商业银行

商业银行是一种综合性的银行,具有"金融百货公司"式的多种职能,其业务范围除了商业性存款贷款外,还广泛开展中长期信贷和多种金融服务,形成了业务经营上的全能化、多样化格局。商业银行机构数量多、资产总额比重大、业务覆盖面广等特点,使其占据了一国金融体系的主体地位。

商业银行与公司金融的关系最密切。公司开立基本账户、存款、贷款、转账、结算、票据贴现等业务无不是由商业银行来办理的。

(三)专业银行

专业银行是指集中经营指定范围内的金融业务,提供专门性金融服务的银行机构。专业银行具有服务对象的特定性、资金运用的倾向性等特点,主要包括投资银行、储蓄银行和不动产银行等,与公司金融密切的主要是投资银行。

投资银行也称金融公司,其主要作用是为工商企业发行或销售债券和股票,参与公司创建或改组活动,安排中长期贷款,经营外币存放和买卖等。在我国,这些业务多由证券公司完成。

公司的股票和债券的发行、上市、辅导和证券投资等业务都要由投资银行来完成。

(四)政策性银行

政策性银行是政府组建、参股或保证,专门在某一领域从事政策性金融业务的国家银行。政策性银行也称政府金融或公共金融。政策性银行的任务主要是执行国家产业政策,对某些行业和企业发行低息优惠贷款,支持重点产业部门、基础产业部门和支柱产业部门的发展。

1. 政策性贷款的种类

（1）按照运用的过程不同，政策性贷款可以分为直接贷款和间接贷款。直接贷款是由政策性银行直接与客户发生债权债务关系，由政策性银行自己选择客户并直接与其签订借款合同，然后将资金划拨到客户在代理行开设的存款账户上，并委托代理行监督支付。这种贷款多为从事产业和地区振兴的开发银行采用。此类项目需要逐一进行评估选择，直接贷款形式较为适合。间接贷款是政策性银行不与客户直接发生债权债务关系，而是通过选择代理行间接地与客户建立借贷关系，由代理行根据确立的贷款用途、对象和条件，向符合条件的对象发放贷款。对于这种贷款，政策性银行不用逐一选择贷款对象，同时还对发放贷款的代理行进行有条件的融资。代理行要对政策性银行的资金负安全责任。

（2）按照从事的专业领域不同，政策性贷款可以分为进出口信贷、产业开发贷款、高新技术贷款和农业贷款等。

（3）按利息多少，政策性贷款可以分为低息贷款、无息贷款和贴息贷款。

（4）按贷款运用方式，政策性贷款可以分为信用贷款、抵押贷款和贴现贷款。

2. 政策性投资和担保

投资是政策性银行资产业务中的一种基本业务方式，包括股权投资和证券投资两种。股权投资是为贯彻政府社会经济发展意图而对有必要进行控制的行业或企业进行直接投资，并拥有企业的控股权，对企业的决策及发展起一定的操纵作用。证券投资是政策性银行认购那些符合政府的产业和地区政策的企业所发行的中长期债券。证券投资的目的只在于增加或实现对需要扶持企业的资金投入，而不是对其进行控制。

担保是指金融机构向客户提供一种信用保证业务。政策性银行与其他金融机构相比，在担保业务上更具有其独特的优势。政策性银行本身属于政府或由政府支持，几乎不存在信用风险问题。它的一切债务都是由政府保障的。这种地位和势力决定了它更适合于从事担保业务，而且它的担保业务更容易被融资者接受，效益也更高。

（1）筹资担保。筹资担保是政策性银行应其所支持的行业或部门筹资人的要求，向贷款人或出资人出具书面保证，保证在借款人无力偿还贷款或证券本息时，由政策性银行无条件履行付款责任。筹资担保的实质是为政策性银行所支持的行业或企业部门提供融资的便利条件。

（2）对外工程担保。对外工程担保是指政策性银行为对外工程的投标、履约及在外国银行透支等活动提供担保，具体包括投标担保、承包担保和透支担保等形式。投标担保是在对外工程投标或招商招标中，为招标人提供的防止投标人得标后不签合同或提出其他变更要求的担保。承包担保是在对外工程承包中，应承包人的要求为国外项目业主提供的承包人按质、按量履行合同的保证。透支担保是为对外工程承包公司和在外国的派出机构在当地开立银行透支账户而进行的担保。

（3）进出口担保。进出口担保是政策性银行为进出口领域的付款、延期付款、补偿贸易、加工贸易等各项活动提供的担保，具体可分为付款担保、延期付款担保、补偿贸易担保和加工装配进口担保。付款担保是应进口方要求，为外国出口方提供的在出口方按规定交运有关货物和技术资料后,保证进口方按规定履行部分或全部付款义务的保证。延期付款担保是在进出口贸易中采取延期付款,包括分期付款时,为出口方提供的进口方按合同规定履约支付的保证。补偿贸易担保是应设备或技术进口方要求,为外国出口商提供进口方按期保质保量返销产品的保证。加工装配进口担保是在进口来料加工再出口中,为外国出口商提供的进口加工方按要求履约的保证。

此外,政策性银行的担保业务还有在进出口和对外承包工程中,为国外进口商或项目业主提供的在得到部分定金或预付款后按要求履行合同的预付款担保;在对外租赁中,应承租人的要求为出租人提供的保证承租人按规定支付租金的租赁担保等。

3. 我国的政策性银行

按照我国国民经济发展的实际需要,我国设立了三种类型的政策性银行,即国家开发银行、中国农业发展银行和中国进出口银行。它们分别承担着对基础产业及设施投融资、扶植农业发展、鼓励和扩大进出口等政策性业务。

(1)国家开发银行。国家开发银行是国务院直属的政策性金融机构,是具有独立法人地位的经济实体。

国家开发银行的主要任务是集中资金支持国家扶植的基础设施、基础产业的政策性基本建设和技术改造项目以及达不到社会平均利润的其他政策性项目和国务院决策的重大建设项目,经营和管理政策性资金、经营性建设基金以及各类自筹资金,开展重点建设项目贷款及投资业务,办理建设项目有关的评估、咨询和担保业务。

对基础产业及设施的政策性贷款是国家开发银行的主要业务,主要是办理政策性国家重点建设(包括基建和技改)贷款及贴息业务。这类贷款主要用于社会基础产业和设施,包括能源、交通、通信、重要原材料等产业和设施,以及高科技产业的振兴与开发。这类贷款项目,要根据国家开发银行筹资能力和项目风险情况来确定。这类贷款体现了贷款利率低、贷款期限长(一般为 5 年以上)、投资社会效益大等特点。

国家开发银行自 1994 年成立以来,认真贯彻国家宏观调控政策、产业政策和区域发展政策,支持国家基础设施、基础产业和支柱产业项目建设,在国家经济中发挥了重要作用。1999 年 4 月,国家开发银行设立了 20 家分行。

(2)中国农业发展银行。中国农业发展银行是国务院直属的政策性金融机构,是具有独立法人地位的经济实体。

中国农业发展银行的任务是多方筹集支持农业生产和农村市场经济发展的资金,承担国家粮、棉、油等重要农产品的储备、农产品的合同收购、农业经济开发以及扶持贫困等农业政策性贷款,管理财政部门提供的支农资金。

扶植农业发展的政策性贷款是中国农业发展银行的主要业务。其具体种类有:国家粮棉油储备贷款、农副产品合同收购贷款、农业开发贷款等。

国家粮棉油储备贷款就是由中国农业发展银行设置的、用于解决国家下达的粮棉油储备计划的资金需要而发放的贷款。农副产品合同收购贷款是中国农业发展银行对收购部门在收购农副产品时,完成国家下达的计划合同定购任务的合理资金需要而发放的贷款。这是对农产品价格给予政策支持的具体形式。农副产品合同收购贷款只能用于国家计划合同定购内的农副产品在购进、销售、存储、运输过程中的合理资金需要。农业开发贷款是中国农业发展银行对农业生产提供的长期低息贷款,它是贯彻农业发展政策、扶贫开发政策的重要手段,主要用于兴修农田水利工程、农业生产技术开发和利用、农业机械化和良种化的推广、农业社区发展、农业新区开创、土壤改良、封山育林,以及其他金融机构不愿意或不能提供的旨在改善农业生产条件和保护生态环境的资金需要。

(3) 中国进出口银行。中国进出口银行是国务院直属的政策性金融机构,是具有独立法人地位的经济实体。

中国进出口银行的主要任务是为大型成套设备进出口提供买方信贷和卖方信贷,为中国银行的成套机电产品出口信贷贴息及提供出口信用担保。

进出口信贷的政策性贷款是中国进出口银行的主要内容。设置这类贷款的目的是鼓励和扩大进出口,尤其是本国产品出口,特别是机电产品和大型成套设备的出口,所需资金量大,资金回收期长,各国政府均给予优惠政策,并设立专门机构即进出口银行来贯彻和实施政府的政策意图。进出口银行以信贷手段,鼓励和扶持本国出口商和外国进口商及相应的商业性金融机构,可达到多出口,增加本国外汇收入,提高国际支付能力,实现国际收支平衡的目的。

进出口信贷分为卖方信贷和买方信贷两种。卖方信贷,是银行为国内出口商提供出口大型成套设备所需要的资金而发放的贷款。这是国际上通行的一种信贷方式。其具体操作过程为:进出口银行将款项贷给本国出口商,使出口商能够在出口商品时及时得到融资,保持生产的继续进行;出口商向进口商提供延期付款的便利,进口商以远期付款或分期付款的方式支付货款。其目的是支持本国产品打开销路,开拓和占领国际市场。买方信贷,是出口方银行为外国进口商或进口方银行购买本国商品而发放的贷款。这种贷款的主要特点是:贷款指定用途,直接联系进出口项目;贷款利率低于市场利率,利差由政府补贴;贷款风险由买方政府信贷机构担保。

二、非银行金融机构

非银行金融机构是指那些经营各种金融业务,但又不称为银行的金融中介机构。这类金融机构种类很多,虽然不是银行,但是却以各种方式动员资金和运用资金,成为一国金融机构的重要组成部分。非银行金融机构主要有保险公司、储蓄贷款协会、信用合作社、货币市场互助基金、养老基金、证券公司和信托公司等。

与公司金融相关的非银行金融机构主要有保险公司、证券公司和信托公司。

保险公司主要有人寿保险公司和财产与灾害保险公司。人寿保险公司是为人们因意外事故受到伤害或死亡而造成经济损失提供保险的金融机构;财产与灾害保险公司主要是为各种自然灾害造成的财产损失、各种运输工具的意外事故等造成的损失提供保险的金融机构。保险公司的资金来源于投保人缴纳的保险费,资金主要投放到各种有价证券上。另外,中国出口信用保险公司对企业的应收账款信用风险提供保险。

信托公司是接受委托,代为管理和经营委托人指定财产的金融机构。信托公司在开展信托业务过程中,实际上充当了委托人的代理人,而不是一般意义上的信用中介,其业务具有特殊性。

证券公司是专门从事有价证券及与其相关业务的金融机构,如有价证券的自营买卖、委托买卖、代理证券发行和认购包销股票等。现在它也可以开展集合理财业务。

三、国际金融机构

随着世界经济的发展,出现了生产国际化,国际贸易和国际投资日益活跃和发达,它同时促进了各国银行业的国际化;随之而来的是各国银行间竞争和合作日益增多,国际金融机构也不断发展和增加。

(一)国际货币基金组织

国际货币基金组织(International Monetary Fund,IMF)是联合国所属专门从事国际金融业务的机构,成立于1945年12月27日,总部设在华盛顿。第二次世界大战期间,由于各国币制混乱,国际货币金融动荡不安,世界货币金融体系混乱,各国货币汇率波动很大。为克服这些问题,经各有关国家协商,于1944年7月在美国布雷顿森林召开了联合和联盟国家国际货币金融会议。在这个会议上,根据美国财政部长怀特所提的方案,通过了建立国际货币基金组织和世界银行的协定。

国际货币基金组织的宗旨是:促进国际货币合作,便利国际贸易的扩大和平衡发展,稳定国际汇兑,避免各国币值竞争性贬值,消除外汇管制,通过贷款调整成员国国际收支的暂时失衡等。

国际货币基金组织的主要活动如下:

(1)向成员国政府提供短期普通贷款。

(2)通过组织培训或派出专家顾问等形式向成员国提供有关财政、货币、国际收支政策以及银行、外汇、外贸制度和统计方面的技术援助。

(3)通过理事会和执行董事会会议定期或不定期磋商有关国际货币金融问题。

(4)设立地区或专业机构,收集和交流各地货币金融情报,对世界经济和国际货币金融事务进行经常性研究并定期出版多种刊物。

国际货币基金组织的资金主要来源于成员国缴纳的基金份额以及向成员国或国际金融市场的借款和"信托基金"。1998年3月,国际货币基金组织的基金份额为1 462亿特别提款权。

我国是该基金组织的创始国之一,1980年4月17日恢复了我国在国际货币基金组织的合法席位。我国政府决定由中国人民银行行长出任基金组织的理事,副行长出任基金组织的副理事。

(二)世界银行集团

世界银行又称国际复兴开发银行,根据布雷顿森林会议的协定成立于1945年12月,是政府间的国际金融组织,下设国际开发协会、国际金融公司和多边投资担保机构,因此称为集团。行址在华盛顿。

世界银行的宗旨是:通过提供长期贷款和投资,帮助解决成员国战后恢复和发展经济所需的长期建设资金。世界银行最初以西欧国家为主要业务对象,1948年后转向发展中国家;贷款对象限于成员国政府或经政府担保的私人企业,贷款期限可长达30年;利率随国际市场的变动而做定期调整,一般较低。按规定,要成为世界银行的成员,首先必须是国际货币基金组织的成员。

我国是该行的创始国之一,1980年5月恢复了我国在该行的代表权。我国财政部长任中国理事,副部长任中国副理事。世界银行对我国一些基础设施建设、基础工业建设和教育提供了贷款,同时对我国经济进行深入考察,提出了有益的建议。目前,世界银行每年对我国的贷款大约在300亿美元。

(三)国际开发协会

国际开发协会是世界银行三大附属机构之一,成立于1960年9月。其主要是对较低收入的发展中国家提供优惠条件的长期性贷款,以促进其经济发展及生产和生活水平的提高。它作为世界银行贷款的补充,促进其目标的实现。

国际开发协会的资金来源有:成员国认缴的资本;成员国的补充资金;世界银行从净收入中拨给协会的款项。其贷款对象限于成员国政府,主要用于发展农业、交通运输、电子、教育等方面;贷款不计利息,只收一定量的手续费,期限可长达50年;贷款可以用借款国的货币归还。该协会成员已达150个国家和地区,经理由世界银行行长兼任。

(四)国际金融公司

国际金融公司是世界银行三大附属机构之一,成立于1956年7月。该公司的宗旨是鼓励成员国,特别是不发达国家私人企业的发展,帮助筹集国外资金,以补充世界银行的活动。它主要对成员国的私人企业的新建、扩建和改建项目提供资金,促进私人资本向发展中国家投资,促进发展中国家资本市场的发展。其贷款期限一般为7～15年,利率较低。

国际金融公司的资金来源主要是靠会员国认缴的资本额,其次是从世界银行及某些国家取得贷款。同时,会员国在公司的投票权与其认缴的资本额有关。

巩固 训练与提高

概 念

个人独资企业　合伙企业　公司制　无限责任　有限责任　普通合伙　有限合伙代理问题　道德风险　逆向选择　股份有限公司　有限责任公司　上市公司　母公司子公司　跨国公司　外国公司　安全性　流动性　盈利性　风险与收益均衡原则　货币市场　资本市场　衍生金融工具　中央银行　商业银行　专业银行　政策性银行　保险公司　证券公司　信托公司　世界银行　国际开发协会　国际金融公司

课后练习题

1. 请举例说明什么是道德风险,应该如何防范?

2. 请举例说明什么是逆向选择,应该如何防范?

3. 什么是代理成本? 如何控制公司的代理成本?

4. 相对于个人独资企业和业主制企业,公司制企业有哪些特征?

5. 为什么说利润最大化目标在公司金融上是错误的?

6. 如何理解风险与收益均衡原则?

7. 什么是货币市场? 货币市场金融工具有哪些?

8. 什么是资本市场? 资本市场金融工具有哪些?

9. 我国政策性银行有哪些政策性业务?

10. 衍生金融工具有哪些用途?

第二章　货币时间价值与传统投资理论

学习 目标

1. 掌握货币时间价值的概念,能运用货币时间价值的相关计算
2. 掌握投资项目现金流量计算方法
3. 能够运用项目评估的基本方法和决策准则选择投资项目
4. 掌握债券估价和股权估价的基本方法

能力 目标

1. 能够运用货币时间价值等值运算方法结算银行贷款、债券估值等
2. 能够识别机会成本和沉没成本
3. 能够核算出投资项目现金流量
4. 能够计算出净现值等指标,并且利用其进行项目选择

案例 导入

时 间 威 力

据说,美国房地产价格最高的曼哈顿是当初欧洲移民花费大约相当于 28 美元的小东西从印第安人手中交换得到的。如果按照 10% 的年利率计算,这笔钱现在要相当于美国几年的国内生产总值之和,远远大于整个曼哈顿的所有房地产价值之和。苏联解体以后,法国向俄罗斯政府提出偿还第一次世界大战时沙皇借款的要求,虽然只有 90 年左右,但是那笔借款的本息之和足以让俄罗斯破产。大家也许还记得,一个聪明的大臣讨要的奖赏仅仅是在围棋盘的第一个格子中放一粒米,第二个格子放二粒米,第三个格子放四粒米,以此类推,最终可是要将整个王国的粮库掏空的! 他要求的年利率可是相当于百分之百,而且连续了 324 年!

货币时间价值和风险价值是贯穿公司金融的两个基本概念,公司金融的很多理论、方法和模型都是建立在这两者基础上的。本章主要介绍货币的时间价值及其等值运算以及

以此为基础的传统投资理论。

在货币时间价值及其等值运算中，除了介绍常见的现值、终值和年金的相互换算外，还将介绍递增模型、递减模型、分段式模型和用于随机现金流量的年金资本化模型。

投资是一定的经济主体以获取投资收益为目的的资金投入及其运动过程。投资是公司金融的重要组成部分，可以分为项目投资和证券投资。本章将介绍项目投资的全部内容。盈利是公司金融的基本目标，而盈利主要是通过投资取得的。如何选择盈利能力强、承担风险小的投资项目，是公司增强其收益能力并使之实现最大化的保证。本章将介绍投资、投资项目、项目现金流量的确定、项目投资价值的确定、独立项目可行性研究和互斥项目的优化等问题，将介绍一个有若干指标组成的严密指标体系，每个指标都具有一定的特点，如何恰当运用这些指标是项目优化的关键。

证券投资是公司金融活动的一个重要领域。不同的证券在收益性、流动性和风险性方面具有不同的特征。不同的证券资产进行组合后，更可以起到提高收益、控制风险的功效。本章将介绍债券、股权性资产的定价方法。

第一节　货币的时间价值及其等值运算

货币的时间价值是公司金融的最基本的理论基础。货币的时间价值揭示了金额相同的货币在不同的时点上具有不同的价值。

一、货币时间价值的概念

由于利息的存在，一定量的货币在不同的时点上具有不同的价值。因为公司的生产经营活动是一个不断创造新价值的过程，所以货币投入生产和经营之后，随着资金的循环和周转不断地增值。公司的资金循环可以分为固定资产资金循环和流动资金循环。固定资产资金循环为公司购入和建造机器设备和厂房等固定资产，然后开始生产经营，通过折旧回收固定资产投资并且获得投资的增值——利润，这个资金循环要经过很长时间，几年甚至几十年才能彻底完成。流动资金循环为企业投入流动资金，购买原材料和雇佣生产工人，生产出在产品、产成品，形成存货，销售存货形成应收账款，收回应收账款后又成为现金形式的资产，在这个资金循环过程中形成销售利润，获得资金的增值。最简单的形式是将资金存入银行，随着时间的推移，存款人将获得利息。随着时间的延续，资金在不停地循环、不断地增值，因此，我们将货币资金在周转使用中由于时间因素形成的价值差额，称为货币的时间价值。

货币的时间价值是指在没有风险和通货膨胀的条件下社会平均资金利润率。在市场经济条件下，由于竞争的存在，资金往往从利润低的行业撤出，进入利润高的行业，从而使利润低的行业的商品或服务供给减少，从而导致商品或服务价格上升，企业的利润率增加；利润率高的行业则由于商品或服务的供给增加，导致商品或服务的价格降低，利润率降低。在这种资金流动作用下，市场经济中各部门的投资利润率趋于一致。因此，每个公司在进行项目投资时，都要尽可能地投资收益率高的项目，至少都要求取得社会平均的利润水平。

货币的时间价值来源于金融学上的利息理论。威廉·配第认为,货币持有者借出货币就等于放弃了用这笔货币购置土地而能获得的地租,所以他应该获得相应的补偿,即取得利息。巴本认为,利息是资本的租金。亚当·斯密认为,利息是出借人因放弃产业资本获利的机会所得到的一种报酬,它是企业家所获利润的一部分,是一种由利润派生出来的收入。庞巴维克认为,现在物品的价值通常要高于同种同量的将来物品的价值,因此,利息产生于现在物品与将来物品的时差价值。马歇尔认为,资本本身就是一种生产要素,利息则是借用资本这一生产要素所应支付的报酬,也就是资本的价格。欧文·费雪认为,利息是对"人性不耐"(human impatience)的报酬,它产生于现在物品与将来物品相交换时的贴水,是由主观因素和客观因素所共同决定的。所谓主观因素就是社会公众对现在物品的时间偏好,又称"人性不耐",而所谓客观因素则指投资机会。凯恩斯的流动性偏好理论我们将在后面加以论述。马克思的劳动价值论认为,货币投入生产流通后,随着时间的推移劳动者创造的剩余价值不断增加,这是产生货币时间价值的原动力。劳动价值论阐述的货币的时间价值更容易被大家接受,货币的时间价值产生于资金在生产经营活动中的运用,如果资金闲置不用,窖藏现金是不会产生利息的。

二、现值与终值

所谓现值(present value),是指一笔货币在现在这个时点上的价值,本书用字母"P"来表示现值;所谓终值也称将来值(future value or final value),是指一笔货币在将来的某个时点上的价值,本书用字母"F"来表示将来值(终值)。由于货币时间价值的存在,不同时点上的货币金额是不能够直接比较大小的,更不能直接相加减。要使在不同时点上的货币金额能够比较大小,必须首先将它们折算到同一时点上。理论上,将它们折算到过去、现在、将来的任意一个时点上都可以比较大小,但是通常为了简便和易于理解,大都折算到现在,即比较现值的大小。

利息的计算有两种方式,即单利计息和复利计息。在单利计息方式下,本金产生利息,但是利息并不产生利息;在复利计息方式下,不仅本金产生利息,而且前期的利息要并入本金一起计算后期的利息,即通常所说的"利滚利"(interest-on-interest)。没有特别的说明,货币的时间价值都是按照复利计息的方式进行计算的。

(一)单利计息

在单利计息方式下,本金产生利息,但是利息并不产生利息。

【例2-1】 假设某人将10 000元存入银行,存期为3年,年利息率为10%,单利计息,那么,到期能够得到多少本息呢?

解:

(1)每年的利息为:

$$10\ 000 \times 10\% = 1\ 000(元)$$

(2)3年的利息共计为:

$$1\,000 \times 3 = 3\,000(元)$$

（3）3 年后的本息合计为：

$$10\,000 + 3\,000 = 13\,000(元)$$

所以，到期能够得到 13 000 元本息。

由此可见，单利的终值计算公式为：

$$F = P \times (1 + n \cdot r) \tag{2-1}$$

式中：F——终值；

$\quad\quad P$——现值；

$\quad\quad n$——期限；

$\quad\quad r$——利息率。

由单利的终值计算公式（2-1）可得单利的现值计算公式为：

$$P = \frac{F}{1 + n \cdot r} \tag{2-2}$$

公式中各字母的含义同上。

【例 2-2】 假设某人将于 3 年后支付 10 000 元，银行存款条件为 3 年期定期存款，年利息率为 10%，单利计息，他现在需将多少钱存入银行，到期才能够得到 10 000 元本息呢？

$$P = \frac{F}{1 + n \times r} = \frac{10\,000}{1 + 3 \times 10\%} = 7\,692.31(元)$$

因此，他现在需将 7 692.31 元存入银行，到期才能够得到 10 000 元本息。

（二）复利计息

在复利计息方式下，不仅本金产生利息，而且前期的利息要并入本金一起计算后期的利息。没有特别说明，货币的时间价值都是按照复利计息的方式进行计算的。

【例 2-3】 假设某人将 10 000 元存入银行，存期为 3 年，年利息率为 10%，复利计息，到期能够得到多少本息呢？

解：

（1）在第 1 年年末，将得到第 1 年的利息，本息合计为：

$$10\,000 + 10\,000 \times 10\% = 10\,000 \times (1 + 10\%) = 11\,000(元)$$

（2）在第 2 年年末，将得到第 2 年的利息，本息合计为：

$$11\,000 + 11\,000 \times 10\% = 11\,000 \times (1 + 10\%) = 12\,100(元)$$

（3）在第 3 年年末，将得到第 3 年的利息，本息合计为：

$$12\,100 + 12\,100 \times 10\% = 12\,100 \times (1 + 10\%) = 13\,310(元)$$

所以，3 年后他可以得到 13 310 元。

由此可见,复利的终值计算公式为:

$$F = P \times (1+r)^n \tag{2-3}$$

公式中各字母的含义同公式(2-1)。

由复利的终值计算公式(2-3)可得复利的现值计算公式为:

$$P = \frac{F}{(1+r)^n} \tag{2-4}$$

公式中各字母的含义同公式(2-1)。

【例2-4】 假设某人将于3年后支付10 000元,银行存款条件为存期3年,年利息率为10%,复利计息,他现在需将多少钱存入银行,到期才能够得到10 000元本息呢?

解:

$$P = \frac{F}{(1+r)^n} = \frac{10\,000}{(1+10\%)^3} = \frac{10\,000}{1.331} = 7\,513.15(元)$$

因此,他现在需将7 513.15元存入银行,到期才能够得到10 000元本息。

 **职业判断 2-1**

时 间 的 威 力
——可怕的"利滚利"

如果以10%为年利率,单利和复利的差异会随着时间的推移而不断增大,按照复利计息,达到50年时将接近极限,其终值会令人望而生畏。表2-1比较单利和复利的差异。

表2-1 10%各年单利、复利计算的终值比较

年 限	1	2	3	5	10	20	30	50
单利终值	1.1	1.2	1.3	1.5	2.0	3.0	4.0	6.0
复利终值	1.1	1.21	1.331	1.610 5	2.593 7	6.727 5	17.449 4	117.390 9

从表2-1中可以看到,单利和复利的差异会随着时间的推移而不断增大。

时间的威力如此巨大啊! 所以有人说,我们可以不富有,但是我们的后代都应该富有。这种计算方法采用的是一种套利定价模型,问题是当时间足够长的时候,比如50年,就会使它接近极限。因此,在这种方法下,50年及其以上的长期决策是无法解释的。套利(arbitrage)定价模型开始被一些学者翻译为武断定价模型。期权定价模型的出现,为这个问题的解释提供了一个新思路。我们找不到一项可以连续稳定的保持如此长时间收益的投资项目。

(三) 时间轴

由于终值是将来的某个时点的价值,为了确切表示是将来的哪个时点,我们引入时间轴的概念。所谓时间轴,是一条如图2-1的射线坐标。其中0表示现在或者今天,也称期

初;数字 n 所在的点表示第 n 期(年)的期末,也是第 $n+1$ 期(年)的期初;点 $n-1$~n 的线段表示第 n 期(年)。

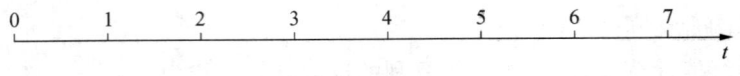

图 2-1   时间轴

如图 2-1 所示,0 表示现在,现值就标在这里,点 0~1 的线段表示第 1 期,点 0 是第 1 期的期初,点 1 是第 1 期的期末;点 1~2 的线段表示第 2 期,点 1 表示第 2 期的期初,点 2 表示第 2 期的期末。注意:点 1 既表示第 1 期的期末,同时也表示第 2 期的期初;点 n 既表示第 n 期的期末,同时也表示第 $n+1$ 期的期初。

【例 2-5】   某 3 年期债券面值 100 元,折扣发行,发行时市场利率为 10%。请问发行价为多少是恰当的?

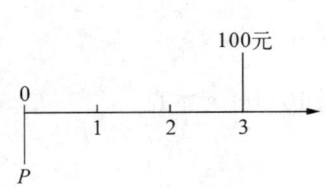

图 2-2   现金流量图

解:

3 年后,债券持有者持有的每张债券将得到 100 元,相当于 3 年后的终值是 100 元,今天购买债券的价格则是现值。如图 2-2 所示。

$$P = \frac{F}{(1+r)^n} = \frac{100}{(1+10\%)^3} = \frac{100}{1.331} = 75.13(元)$$

因此,该债券的发行价格为 75.13 元是恰当的。

（四）复利现值系数和复利终值系数

复利现值的计算公式为:

$$P = \frac{F}{(1+r)^n}$$

我们将系数 $\frac{1}{(1+r)^n}$ 称为折现率为 r 的、n 年期的复利现值系数,表示为 $(P/F, r, n)$,其值可以通过公式计算,也可以通过复利系数表查到。如 $(P/F, 10\%, 5) = \frac{1}{(1+0.1)^5} = 0.620\,9$。

$(P/F, r, n)$ 的含义是折现率为 r 的、n 年期的、已知分母值 F 求分子值 P 的系数,即复利现值系数。

复利终值的计算公式为:

$$F = P \times (1+r)^n$$

我们将系数 $(1+r)^n$ 称为折现率为 r 的、n 年期的复利终值系数,表示为 $(F/P, r, n)$,其值可以通过公式计算,也可以通过复利系数表查到。如 $(F/P, 10\%, 5) = (1+10\%)^5 = 1.610\,5$。

$(F/P, r, n)$ 的含义是折现率为 r 的、n 年期的、已知分母值 P 求分子值 F 的系数,即复利终值系数。

（五）连续复利

以上分析我们都假定收入或者支出发生在年末,复利的计算以年为计息周期。但是,在实际生活和工作中,复利可以在1年之中发生多次,如可以以半年、季度、月、周、日等为计息周期,最常见的房产按揭贷款就是以月为复利周期进行计算的。这样就出现了不同计息周期的利息率需要相互换算的问题。

1. 名义利率

名义利率(SAIR)等于每一计息周期的利率与每年的计算周期数的乘积。它采用的是单利计算的办法,把各种不同的计算周期的利息率换算为以年为计算周期的利息率。如现在房产按揭贷款就是以月为复利周期的,月利率为0.42%,则银行公布的年利率为5.04%(0.42%×12)。

2. 实际利率

实际利率(EAIR),也称有效利率,是按照复利计息的方式把各种不同计息周期的利率换算为以年为计算周期的利率。在资金的时间价值计算公式中,所用的年利息率都是有效的年利息率。因此,实际利率本身就有明确的意义,不需要给出计息周期。比如,实际利率10.25%可以认为是名义利率10.25%,1年复利周期得到的,也可以认为是名义利率10%,半年复利周期得到的,也可以是其他。

3. 名义利率与实际利率的换算

设r_0为实际利率,r为名义利率,m为每年的计息周期数,则每一计息周期数的利率为r/m,实际利率与名义利率的换算公式为:

$$r_0 = \left(1 + \frac{r}{m}\right)^m - 1 \tag{2-5}$$

如年名义利率为12%,在不同的计息周期下的实际利率如表2-2所示。

表2-2 实际利率计算表

计 息 周 期	计 息 期 利 率	实 际 利 率
1年	12%	12.00%
半年	6%	12.36%
1季度	3%	12.55%
2个月	2%	12.62%
1个月	1%	12.68%

4. 连续复利计息

1年中复利次数越多,实际年利率越大。当每年的复利次数增加至无穷大,即每期复利的时间间隔无穷小时,就产生了连续复利计息。其计算公式为:

$$r_0 = \lim_{m \to \infty}\left(1 + \frac{r}{m}\right)^m - 1 = \lim_{m \to \infty}\left\{\left[\left(1 + \frac{r}{m}\right)^{m/r}\right]^r - 1\right\} = e^r - 1 \tag{2-6}$$

其中,e 为一个常数,约等于 2.718。

名义利率 12% 的连续复利后实际利率为:$2.718^{0.12}-1=12.75\%$。

 **延伸阅读 2-1**

"72 定理"

一笔资金如果按照一定的利率计息,按期复利,那么需要多少时间本息可以翻一番呢? 在这里有一个简单的估算方法,虽然不是非常精确,但是误差也不大,即"72 定理"。

"72 定理"讲的是,一笔资金翻一番所需要的时间,大约是年利率的 100 倍,去除 72。即,如果年利率为 4%,则大约 18 年翻一番;如果年利率为 6%,则大约 12 年翻一番,以此类推。

如果两笔投资金额相同,一个年收益率为 2%,另一个年收益率为 4%,经过 72 年,也就是两三代人的时间,会怎么样呢? 后者的本息金额会是前者的多少倍呢? 答案是令人吃惊的 4 倍!

三、年金

所谓年金(annuity)是指在某一确定的期间内,每期都有一笔相同金额的系列收付款项。年金实际上是一组金额相等、每相邻两笔时间间隔都相等的现金流序列,通常用字母"A"来表示。年金是一组收入或者支出,它具有以下两个特点:

(1) 每一笔收入或者支出的金额都是相等的。

(2) 每相邻两笔收入或者支出的时间间隔都是相等的。

一般来说,折旧、租金、利息、保险金、分期付款等都会构成年金。根据年金的不同特点,年金又可以分为普通年金、预付年金(先付年金)、递延年金和永续年金等。

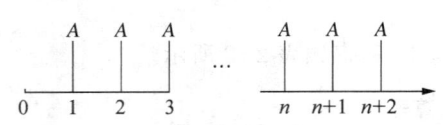

图 2-3　普通年金示意图

(一) 普通年金

普通年金(ordinary annuity)又称为后付年金,是指每期的等额收入或者支出发生在该期期末的年金。普通年金的图形表示如图 2-3 所示。

如图 2-3 所示金额为 A 的、期限为 $n+2$ 的普通年金,每期的等额收入或者支出 A 都发生在该期的期末。

以后本书讲到的年金,凡没有特别说明的,均指普通年金。

(二) 预付年金

预付年金(annuity due)又称为先付年金,是指每期的等额收入或者支出发生在该期期初的年金。普通年金是发生在每期的期末的,预付年金是发生在每期的期初的。预付年金的图形表示如图 2-4 所示。

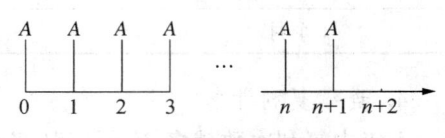

图 2-4　预付年金示意图

如图 2-4 所示金额为 A 的、期限为 $n+2$ 的预付年金,每期的等额收入或者支出 A 都发生在该期的期初。

（三）递延年金

递延年金（deferred annuity）是指最初若干期不发生收入和支出，若干期以后每期的等额收入或者支出发生在该期期末的年金。递延年金的图形表示如图 2-5 所示。

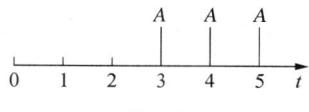

图 2-5　递延年金示意图

图 2-5 表示金额为 A 的、递延 2 期的、支付或者收入 3（5－2）期的递延年金。

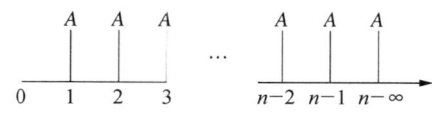

图 2-6　永续年金示意图

（四）永续年金

永续年金（perpetuity annuity）是指无限期的，每期的等额收入或者支出发生在本期的期末的年金。永续年金没有终止的时间。永续年金的图形表示如图 2-6 所示。

如图 2-6 所示金额为 A 的、期限为无限期的永续年金，每期的等额收入或者支出 A 都发生在该期的期末。

四、年金现值和年金终值的计算

年金实际上是一组金额相等、每相邻两笔时间间隔相等的现金流序列，将这一序列现金流量的价值折算到期初（0 点）的价值称为年金现值，折算到期末（几年期的年金折算到第几年年末）的价值称为年金终值。

（一）普通年金现值的计算

【例 2-6】　某 3 年期债券，每年期末支付 100 元，连续支付 3 年。发行时市场利率为 10%，请问发行价为多少是恰当的？

分析：3 年中债券持有者持有的每张债券每年将得到 100 元，价格应相当于 3 个 100 元终值在今天的现值。如图 2-7 所示。

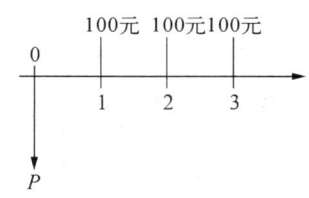

图 2-7　债券现值图

解：

$$P = \frac{100}{(1+0.1)^1} + \frac{100}{(1+0.1)^2} + \frac{100}{(1+0.1)^3} = 90.91 + 82.64 + 75.13 = 248.68(元)$$

所以，发行时每张债券的价格为 248.68 元是恰当的。

由此可得，序列现金流量的现值可用以下公式计算：

$$P = \sum_{t=1}^{\infty} \frac{R_t}{(1+r)^t} \tag{2-7}$$

式中：P——现值；

R_t——第 t 年的现金流量；

r——折现率；

t——年份。

在年金中，$R_1 = R_2 = R_3 = \cdots = R_n = A$，将其代入公式(2-7)得：

$$P = \sum_{t=1}^{n} \frac{A}{(1+r)^t} = A \sum_{t=1}^{n} \frac{1}{(1+r)^t}$$

令：

$$\sum_{t=1}^{n} \frac{1}{(1+r)^t} = B \qquad\qquad (2-8)$$

则：

$$B \frac{1}{1+r} = \sum_{t=1}^{n} \frac{1}{(1+r)^{t+1}} \qquad\qquad (2-9)$$

将式(2-8)减去式(2-9)得：

$$B \times \left(1 - \frac{1}{1+r}\right) = \frac{1}{1+r} - \left(\frac{1}{1+r}\right)^{n+1} \Rightarrow B \times \frac{r}{1+r} = \frac{1}{1+r} - \left(\frac{1}{1+r}\right)^{n+1}$$

$$\Rightarrow B = \frac{1}{r} - \frac{1}{(1+r)^n r}$$

$$\Rightarrow B = \frac{1}{r} \times \left[1 - \frac{1}{(1+r)^n}\right] \qquad\qquad (2-10)$$

所以得到普通年金现值公式为：

$$P = A \frac{1}{r} \times \left[1 - \frac{1}{(1+r)^n}\right] \qquad\qquad (2-11)$$

我们将系数 $\frac{1}{r} \times \left[1 - \frac{1}{(1+r)^n}\right]$ 称为折现率为 r 的、n 年期的年金现值系数，表示为 $(P/A, r, n)$，其值可以通过公式计算，也可以通过复利系数表查到。如 $(P/A, 10\%, 5) = \frac{1}{0.1} \times \left[1 - \frac{1}{(1+0.1)^5}\right] = 3.7908$。

$(P/A, r, n)$ 的含义是折现率为 r 的、n 年期的、已知分母值 A 求分子值 P 的系数，即年金现值系数。

【例 2-7】 某房产可以使用 50 年，每年可以获得纯租金收益 10 万元，购买时市场利率为 10%，请问购买价为多少是恰当的？

解：

$$10 \times (P/A, 10\%, 50) = 10 \times \frac{1}{0.1} \times \left[1 - \frac{1}{(1+0.1)^{50}}\right] = 10 \times 9.9148 = 99.148（万元）$$

所以，购买价为 99.148 万元是恰当的。

（二）普通年金终值的计算

我们已知年金现值系数为 $\frac{1}{r} \times \left[1 - \frac{1}{(1+r)^n}\right]$，复利终值系数为 $(1+r)^n$，将两者相

乘可以得到年金终值系数 $\dfrac{(1+r)^n-1}{r}$，用 $(F/A, r, n)$ 来表示，其值可以通过公式计算，也可以通过复利系数表查到。如 $(F/A, 10\%, 5) = \dfrac{(1+0.1)^5-1}{0.1} = 6.1051$。

$(F/A, r, n)$ 的含义是折现率为 r 的、n 年期的，已知分母值 A 求分子值 F 的系数，即年金终值系数。

年金终值公式为：

$$F = A \times \frac{(1+r)^n-1}{r} \tag{2-12}$$

【例 2-8】　某人从现在起，每年从工资收入中拿出 20 000 元在每年的年底存入银行，银行利率为 10%，请问当他工作 5 年后，可以拥有多少银行存款？

解：

$$20\,000 \times (F/A, 0.1, 5) = 20\,000 \times \frac{(1+0.1)^5-1}{0.1} = 20\,000 \times 6.1051 = 122\,102（元）$$

所以，他工作 5 年后可以有 122 102 元的银行存款。

（三）递延年金现值和终值的计算

递延年金是前若干期不发生收入和支出的年金。

1. 递延年金现值的计算

【例 2-9】　某人从现在参加工作，预计从工作后的第 3 年开始，可以每年从工资收入中拿出 20 000 元在该年的年底存入银行，银行利率为 10%，请问当他工作 5 年后，可以拥有的银行存款相当于今天的多少钱？

解：

如图 2-8 所示，当我们在"0"点看年金时，它是一个递延年金；当我们在"1"点看年金时，它也是一个递延年金；但是当我们在"2"点看年金时，它就是一个普通年金了。因此，该年金是金额为 20 000 元的、递延 2 期的、收入 3（5－2）期的递延年金，其现值为：

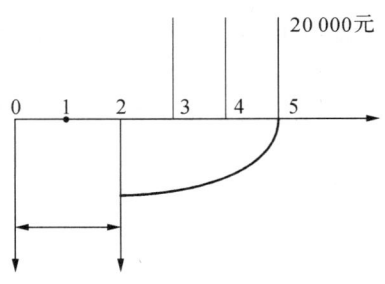

图 2-8　折现示意图

$$\begin{aligned} P &= 20\,000 \times (P/A, 0.1, 3)(P/F, 0.1, 2) \\ &= 20\,000 \times 2.4869 \times 0.8264 \\ &= 41\,103.48（元） \end{aligned}$$

所以，当他工作 5 年后，可以拥有的银行存款相当于今天的 41 103.48 元。

从［例 2-9］可以看出，递延年金的现值计算分为两段，第一段先用普通年金现值系数，注意，这时解出的所谓"现值"并非现在或"0"点的值，而是递延期期末（即普通年金的期初）的值；第二段要把这个值再乘以递延期的复利现值系数才能解得现在或"0"点的现值。递延年金的现值可以用以下公式解得：

$$P = A \frac{1}{r} \times \left[1 - \frac{1}{(1+r)^n}\right] \times \frac{1}{(1+r)^m} \tag{2-13}$$

式中：P——递延年金现值；

$\quad\quad A$——递延年金金额；

$\quad\quad r$——折现率；

$\quad\quad n$——年金的期限；

$\quad\quad m$——递延年金递延的期限。

2. 递延年金终值的计算

【例 2-10】 某人现在参加工作，预计从参加工作后的第 3 年开始，可以每年从工资收入中拿出 20 000 元在该年的年底存入银行，银行利率为 10%，请问当他工作 5 年后，可以拥有多少银行存款？

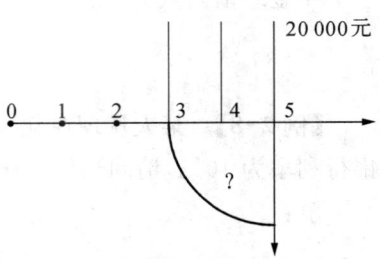

解：

如图 2-9 所示，该年金是金额为 20 000 元的、递延 2 期的、收入 3（5－2）期的递延年金，其终值为第 5 年年末的值，最简单的计算方法为：

图 2-9　递延年金终值示意图

$$20\,000+20\,000\times(1+0.1)^1+20\,000\times(1+0.1)^2=20\,000+22\,000+24\,200=66\,200（元）$$

也可以直接用普通年金终值计算：

$$20\,000\times(F/A,0.1,3)=20\,000\times3.310\,0=66\,200（元）$$

所以，当他工作 5 年后，可以拥有 66 200 元银行存款。

结论：递延年金的终值计算与普通年金的终值计算相同，换句话说，递延年金的终值与它的递延期数无关。

（四）预付年金现值和终值的计算

预付年金是每一期的收入或支出都发生在各期期初的年金。预付年金与同期限的普通年金相比，每一期的收入和支出都提前一期发生。

1. 预付年金现值和终值的计算方法一

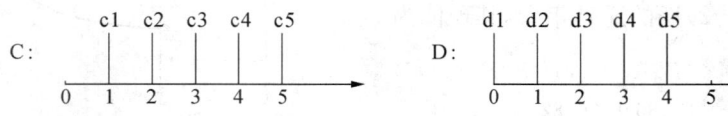

图 2-10　预付年金与普通年金比较图

如图 2-10 所示，在现金流量图中，金额 $c1=c2=c3=c4=c5=d1=d2=d3=d4=d5$，C 是普通年金，c1 属于第 1 年，c2 属于第 2 年……D 是预付年金，d1 属于第 1 年，d2 属于第 2 年……设折现率为 10%，虽然在金额上 $c1=c2=c3=c4=c5=d1=d2=d3=d4=d5$，但是，由于现金流量 D 领先于现金流量 C 1 年，即 d1 领先于 c1 1 年，d2 领先于 c2 1 年……设折现率为 10%，则 d1 的价值是 c1 的 1＋10%＝1.1 倍，d2 的价值是 c2 的 1.1 倍……以此类推，d5 的价值是 c5 的 1.1 倍。因为，每一笔 D 的价值都是相应的 C 的价值的 1.1 倍，所以，D 的整体价值也是 C 的整体价值的 1.1 倍。由此可得以下结论：

(1) 预付年金的现值是同期限普通年金现值的$(1+r)$倍。

(2) 预付年金的终值也是同期限普通年金终值的$(1+r)$倍。

所以,预付年金现值和终值分别用以下公式计算:

$$P = A \times (P/A, r, n) \times (1+r) \qquad (2\text{-}14)$$

$$F = A \times (F/A, r, n) \times (1+r) \qquad (2\text{-}15)$$

2. 预付年金现值和终值的计算方法二

预付年金现值和终值的计算也可按下列规则:

(1) 预付年金的现值系数等于同期限减一期的普通年金现值系数加 1 的值。

(2) 预付年金的终值系数等于同期限加一期的普通年金终值系数减 1 的值。

即:

n 年期的折现率为 r 的预付年金的现值系数为 $[(P/A, r, n-1)+1]$;

n 年期的折现率为 r 的预付年金的终值系数为 $[(F/A, r, n+1)-1]$。

$$P = A \times [(P/A, r, n-1)+1] \qquad (2\text{-}16)$$

$$F = A \times [(F/A, r, n+1)-1] \qquad (2\text{-}17)$$

【例 2-11】 某种教育保险,从学生上初中一年级开始,每年 9 月份缴保费 1 000 元,一直缴到高中三年级。在考取大学时,可以一次性从保险公司获得一笔费用。目前商业银行的存款利率为 10%,请问,只有当从保险公司获得的费用不低于多少时,购买该保险才是有利的?

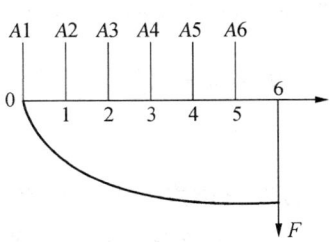

图 2-11　预付年金终值示意图

解:

分析:如图 2-11 所示,可以将每年 9 月份看作期初,从初一到高三的连续 6 期的每期期初缴 1 000 元保费,在第六期期末高三毕业考大学后可以获得返还,因此,这是一个预付年金计算终值的问题。

方法一:

$$F = A \times (F/A, r, n) \times (1+r) = 1\,000 \times (F/A, 0.1, 6) \times (1+0.1)$$
$$= 1\,000 \times 7.715\,6 \times 1.1 = 8\,487.16(元)$$

方法二:

$$F = A \times [(F/A, r, n+1)-1] = 1\,000 \times [(F/A, 0.1, 6+1)-1]$$
$$= 1\,000 \times [(F/A, 0.1, 7)-1] = 1\,000 \times (9.487\,2-1)$$
$$= 1\,000 \times 8.487\,2 = 8\,487.2(元)$$

所以,只有当从保险公司获得的费用不低于 8 487.16 元时,购买该保险才是有利的。

【例 2-12】 某人购置一处房产,有三个付款方案:

方案一:从现在起,每年年初支付 17 万元,连续支付 10 年;

方案二:从第 5 年起,每年年初支付 25 万元,连续支付 10 次;

方案三：现在一次性付款110万元。

目前利率为10%，请计算哪个方案最经济合理。

解：

（1）方案一的现值为：

$$P = A \times (P/A, r, n)(1+r) = 17 \times (P/A, 0.1, 10) \times (1+0.1)$$
$$= 17 \times 6.144\ 6 \times 1.1 = 114.9(万元)$$

（2）方案二的现值为：

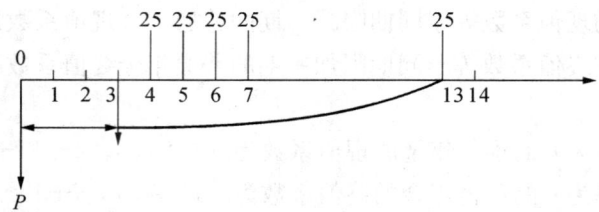

图2-12　现值计算示意图

分析：如图2-12所示，第5年年初即第4年年末，开始付款，连续付10年，到第14年年初即第13年年末，付款结束，故将其视为递延3期的普通年金。

$$P = A\frac{1}{r} \times \left[1 - \frac{1}{(1+r)^n}\right] \times \frac{1}{(1+r)^m} = 25 \times \frac{1}{0.1} \times \left[1 - \frac{1}{(1+0.1)^{10}}\right] \times \frac{1}{(1+0.1)^3}$$
$$= 25 \times 6.144\ 6 \times 0.751\ 3 = 115.41(万元)$$

方案三付款110万元，在三个方案中付款最少，所以方案三最经济合理。

（五）永续年金现值计算

永续年金是收入或支出永续发生、没有结束的普通年金，它的每一期的收入或支出发生在该期期末。

永续年金的现值计算公式可以通过普通年金的现值计算公式推导出来。由于永续年金没有期限，所以它没有将来值（终值），或者说，所有的永续年金的终值都是无穷大的。

普通年金的现值计算公式前文已经推导过了，结果如下：

$$P = A\frac{1}{r} \times \left[1 - \frac{1}{(1+r)^n}\right]$$

当n趋于无穷大时，$\frac{1}{(1+r)^n}$的值趋于0，$\left[1 - \frac{1}{(1+r)^n}\right]$的值趋于1，故永续年金的现值计算公式为：

$$P = A\frac{1}{r} = \frac{A}{r} \qquad (2\text{-}18)$$

【例2-13】　英国在战争期间，由于财政支出扩张，发行了大量的国债，同时，由于不知道战争何时结束，也就不知道何时可以有资金偿还这些国债，于是发行了每期付息，永不还本的国债,这些债券即永续债券。假设一张永续债券的面值是 100 英镑,票面利率为 10%,即持有者每年都可以获得 10 英镑的利息。目前,市场利率为 8%。请问,以多少价格买卖这张永续债券是合理的?

分析:购买债券者愿意为一张债券付出的价格不会超过这张债券以后带来的现金收入的现值之和。永续债券由于不还本,故其带来的现金收入就是每年支付的利息,每年利息是相等的,且是永远支付下去的,构成一个永续年金,即永续债券的价格就是利息的现值之和。

解:

$$P = A \frac{1}{r} = \frac{A}{r} = 10 \div 0.08 = 125(\text{英镑})$$

每张债券的价格为 125 英镑是合理的。

【例 2-14】　承[例 2-13],如果这张永续债券是每年 12 月 1 日付息,现在是 11 月 30 日,请问这张债券现在的价格应该是多少?

分析:这是一个预付的永续年金求解现值的问题,处理方式仍然符合预付年金求解现值的规则。

解:

$$P = A \frac{1}{r} + A = \frac{A}{r} + A = 10 \div 0.08 + 10 = 135(\text{英镑})$$

或者:

$$P = A \frac{1}{r} \times (1+r) = \frac{A}{r} \times (1+r) = 10 \div 0.08 \times 1.08 = 135(\text{英镑})$$

这张债券现在的价格应该是 135 英镑。

延伸阅读 2-2

货币时间价值的换算汇总

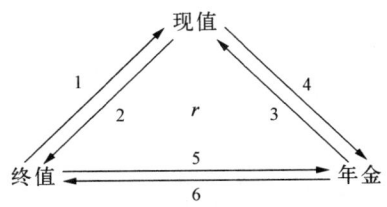

1——复利现值系数;
2——复利终值系数;
3——年金现值系数;
4——投资回收系数;
5——偿债基金系数;
6——年金终值系数。

图 2-13　货币时间价值换算示意图

在图 2-13 中的现值、终值、年金和折现率四个值中,我们已知任意两个,都可以解出另外两个的值。

表 2-3　复利系数公式

复利系数名称	符　号	条　件	公　式
复利终值系数	$(F/P, i, n)$	已知现值求终值	$(1+i)^n$
复利现值系数	$(P/F, i, n)$	已知终值求现值	$\dfrac{1}{(1+i)^n}$
年金现值系数	$(P/A, i, n)$	已知年金求现值	$\dfrac{(1+i)^n-1}{i \times (1+i)^n}$ $\dfrac{1}{i} \times \left[1-\dfrac{1}{(1+i)^n}\right]$
年金终值系数	$(F/A, i, n)$	已知年金求终值	$\dfrac{(1+i)^n-1}{i}$
投资回收系数	$(A/P, i, n)$	已知现值求年金	$\dfrac{i \times (1+i)^n}{(1+i)^n-1}$
偿债基金系数	$(A/F, i, n)$	已知终值求年金	$\dfrac{i}{(1+i)^n-1}$

 职业判断 2-2

银行收罚息了吗?

某女士买房时向银行按揭贷款 10 万元,商业贷款的年利率为 5.04%,即月利率为 0.42%,该女士选择了 10 年期,即 120 个月等额还款法还款,每月还款:

$$100\,000 \times (A/P, 0.42\%, 120) = 1\,062.60\,(元)$$

在还款 6 年即 72 个月后,该女士希望把余款一次还清,银行要求该女士一次偿还:

$$1\,062.6 \times (P/A, 0.42\%, 48) = 1\,062.6 \times 43.388\,8 = 46\,104.94\,(元)$$

该女士在偿还完余款后发现,自己一共偿还了银行:

$$1\,062.60 \times 72 + 46\,104.95 = 122\,612.14\,(元)$$

扣除 100 000 元本金,6 年一共付给银行 22 612.14 元的利息;而自己如果贷款当初直接选择 6 年期(72 个月)的还贷期限,则每月还款:

$$100\,000 \times (A/P, 0.42\%, 72) = 1\,612.3\,(元)$$

6 年共还款:

$$1\,612.3 \times 72 = 116\,085.6\,(元)$$

扣除 100 000 元本金,6 年一共付给银行 16 085.6 元的利息。自己同样 6 年还款,却要比直接选择 6 年期还款多支付利息:

$$22\,612.14 - 16\,085.6 = 6\,526.54\,(元)$$

于是该女士认为银行由于自己提前还贷收了罚息,而银行否认收取了罚息。聪明的读者,你有没有发现问题所在呢?

原来,每月的还款都是由当月的利息和还款的本金两部分所组成的。如第一个月某女士还款1 062.6元,是由第一个月的利息420元(100 000×0.42%)和偿还本金642.6元(1 062.6—420)组成的;第二个月同样偿还1 062.60元的本息,但是利息会比上个月少,本金会比上个月多,因为上个月已经偿还的本金就不用计算利息了。如果某女士直接选择6年的还款期限,则每月还款1 612.3元,同样以第一个月为例,是由第一个月的利息420元(100 000×0.42%)和偿还本金1 192.3元(1 612.3—420)组成的。这样,要比前者多还本金549.7元(1 192.3—642.6),前期偿还的本金多,则后期付的利息自然少;某女士前期偿还的本金少,所以后期付的利息多,资金和利息差额如图2-14、图2-15所示。银行并没有收取罚息。

同样道理,很多购房人认为,等本还款法要比同期限的等额还款法付的利息少,从货币的时间价值的动态角度来看,是这样的吗?

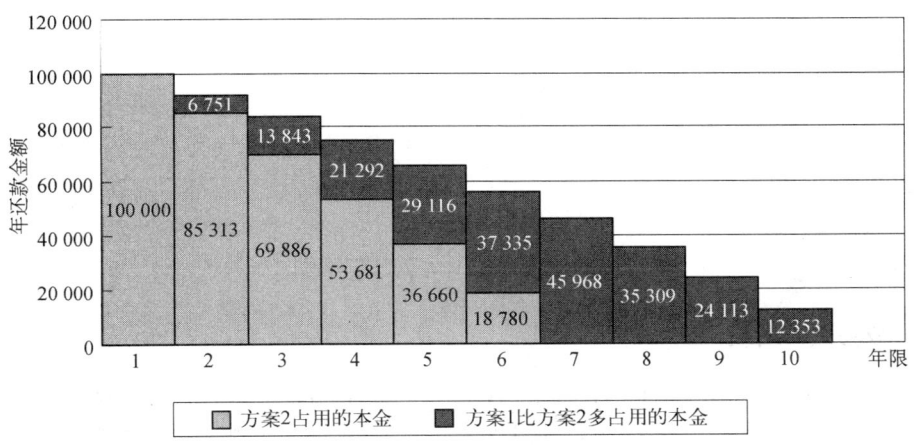

图 2-14　两个方案占用银行资金差额示意图

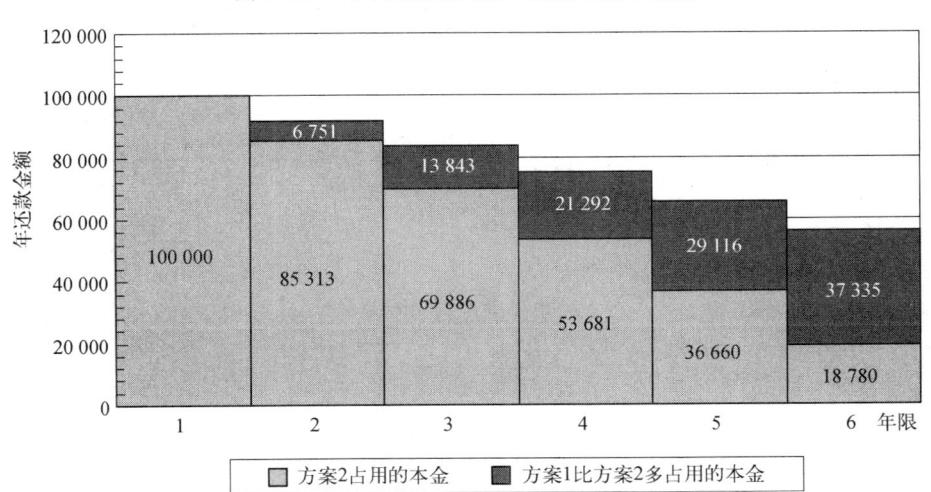

图 2-15　提前还款与等额还款占用银行资金差额示意图

五、无限期递增或递减现金流量的现值计算

（一）无限期递增现金流量的现值计算

递增现金流量是指每一期的现金收入或支出都比上一期增加一个固定比例的现金流

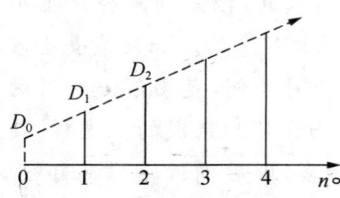

图2-16　无限递增现金流量图

量。对于递增现金流量的现值计算，我们只讨论无限期的，因为，有限期的可以通过每期折现，然后将现值相加的方法来解决。我们也只讨论现值计算，因为，终值的计算可以通过现值乘以终值系数得到。

无限期递增现金流量图如图2-16所示，其计算公式推导如下：

$$P = \frac{D_0(1+G)}{1+r} + \frac{D_0(1+G)^2}{(1+r)^2} + \cdots + \frac{D_0(1+G)^n}{(1+r)^n} = D_0 \sum_{t=1}^{n} \frac{(1+G)^t}{(1+r)^t} \tag{1}$$

令：

$$\sum_{t=1}^{n} \frac{(1+G)^t}{(1+r)^t} = A \tag{2}$$

则：

$$A \times \frac{1+G}{1+r} = \sum_{t=1}^{n} \frac{(1+G)^{t+1}}{(1+r)^{t+1}} \tag{3}$$

将式（2）减去式（3）得：

$$A \times \left(1 - \frac{1+G}{1+r}\right) = \frac{1+G}{1+r} - \left(\frac{1+G}{1+r}\right)^{n+1} \Rightarrow A \times \frac{r-G}{1+r} = \frac{1+G}{1+r} - \left(\frac{1+G}{1+r}\right)^{n+1}$$

$$\Rightarrow A = \frac{1+G}{r-G} - \frac{(1+G)^{n+1}}{(1+r)^n(r-G)} \tag{4}$$

将式（4）代入式（1）得：

$$P = D_0 A = D_0 \left[\frac{1+G}{r-G} - \frac{(1+G)^{n+1}}{(1+r)^n(r-G)}\right] = D_0 \frac{1+G}{r-G}\left[1 - \left(\frac{1+G}{1+r}\right)^n\right]$$

$\because$ 当 $r > G$ 且 $n \to \infty$ 时，

$$\lim_{n \to \infty} \left(\frac{1+G}{1+r}\right)^n \to 0$$

$\therefore$ 当 $r > G$ 且 $n \to \infty$ 时，

$$P = D_0 \frac{1+G}{r-G} \tag{2-19}$$

令 $D_0(1+G) = D_1$，表示第1年现金收入或者支出，发生在第1年年末，则：

$$P = \frac{D_1}{r - G} \tag{2-20}$$

该公式成立的前提条件包括：

(1) D_0 必须大于 0，即 $D_0 > 0$。

(2) r 必须大于 G，$r > G$，G 为增长率。

公式(2-20)也称为戈登模型。

（二）无限期递减现金流量的现值计算

戈登模型变化后可适用于收益额按一定比率无限期递减的现金流量的现值计算。

第 $t+1$ 年的收益额公式表示为：

$$R_{t+1} = R_t(1-g) = R_0(1-g)^{t+1} \tag{2-21}$$

其中，g 为收益年递减率，R_0 为第 1 年收益（R_1）扣除递减额的收益，即：

$$R_0 = \frac{R_1}{1-g} \tag{2-22}$$

于是，收益现值总额为：

$$P = \sum_{t=1}^{\infty} \frac{R_0(1-g)^t}{(1+r)^t} \tag{2-23}$$

当递减率小于 1 时，可得简化公式：

$$P = \sum_{t=1}^{\infty} \frac{R_0(1-g)^t}{(1+r)^t} = \frac{R_0(1-g)}{r+g} = \frac{R_1}{r+g} \tag{2-24}$$

【例 2-15】　评估某企业，预测第 1 年收益为 200 万元，折现率为 3%，年收益递减率为 1.25%，收益现值总额为：

$$P = \frac{200}{3\% + 1.25\%} = 4\,705.882\,4（万元）$$

【例 2-16】　承[例 2-15]，如果现在该企业本年的利润 200 万元尚未分配，请问其价值为多少？

分析：这是一个预付的递增（减）模型解现值的问题，处理方式仍然符合预付年金求解现值的规则。

解：

$$P = \frac{200 \times (1 - 1.25\%)}{3\% + 1.25\%} + 200 = 4\,847.1（万元）$$

或者：

$$P = \frac{200}{3\% + 1.25\%} \times (1 + 3\%) = 4\,847.1（万元）$$

六、分段式模型

分段式模型是将收入或支出分为若干段,一段一段地计算现值,然后将所有现值相加,便可以得到整个现金流量的现值。

(一)分段式模型一

前若干年收入或支出是不相等的,若干年之后是永续年金的分段式模型。其计算公式为:

$$收益现值总额 = \sum_{t=1}^{n} \frac{R_t}{(1+r)^t} + \frac{R_{n+1}}{r} \times \frac{1}{(1+r)^n} \tag{2-25}$$

式中:R——各年收益额;

$R_1 \sim R_n$——n 年内各年不同收益额;

R_{n+1}——从第 $n+1$ 年起各年相等的收益额;

r——本金化率和折现率。

【例 2-17】 对某企业进行评估,预测前 3 年收益分别为:100 万元、150 万元和 240 万元,第 4 年起各年收益均为 300 万元,本金化率为 5%,该企业评估值为:

$$P = \left[\frac{100}{1+5\%} + \frac{150}{(1+5\%)^2} + \frac{240}{(1+5\%)^3} \right] + \frac{300}{5\%} \times \frac{1}{(1+5\%)^3}$$

$$= 100 \times 0.9524 + 150 \times 0.907 + 240 \times 0.8638 + 6\,000 \times 0.8638$$

$$= 95.24 + 136.05 + 207.312 + 5\,182.8$$

$$= 5\,621.402(万元)$$

(二)分段式模型二

前若干年收入或支出是不相等的,若干年之后是递增现金流量的分段式模型。其计算公式为:

$$收益现值总额 = \sum_{t=1}^{n} \frac{R_t}{(1+r)^t} + \frac{R_{n+1}}{r-G} \times \frac{1}{(1+r)^n} \tag{2-26}$$

式中:R——各年收益额;

$R_1 \sim R_n$——n 年内各年不同收益额;

R_{n+1}——从第 $n+1$ 年起各年相等的收益额;

r——本金化率和折现率;

G——增长率。

【例 2-18】 根据[例 2-17],如果从第 3 年起不是固定收益额,而是预测第 4 年起的各年收益在前年基础上每年递增 2%,该企业收益现值总额为:

$$P = \left[\frac{100}{1+5\%} + \frac{150}{(1+5\%)^2} + \frac{240}{(1+5\%)^3} \right] + \frac{240 \times (1+2\%)}{(5\%-2\%)} \times \frac{1}{(1+5\%)^3}$$

$$= 100 \times 0.9524 + 150 \times 0.907 + 240 \times 0.8638 + 8\,160 \times 0.8638$$

$$= 95.24 + 136.05 + 207.312 + 7\,048.608$$

$$= 7\,487.21(万元)$$

（三）分段式模型三

前若干年收入或支出是不相等的，若干年之后是年金的分段式模型。该模型的实质是前若干年收入或支出是不相等的，然后加上一个递延年金。计算公式为：

$$收益现值总额 = \sum_{t=1}^{n} \frac{R_t}{(1+r)^t} + \frac{R_{n+1}}{r}\left[1 - \frac{1}{(1+r)^m}\right] \times \frac{1}{(1+r)^n} \tag{2-27}$$

式中：R——各年收益额；

$R_1 \sim R_n$——n 年内各年不同收益额；

R_{n+1}——从第 $n+1$ 年起各年相等的收益额；

r——本金化率和折现率；

m——递延年金的期限。

这种分段模型的特点是：前若干年是普通年金，然后是一个递增模型。

【例 2-19】 对某企业进行评估，预测该企业还可经营 10 年，前 3 年收益分别为：100 万元、150 万元和 240 万元，第 4 年起各年收益均为 300 万元，本金化率为 5%，该企业评估值为：

解：

$$P = \left[\frac{100}{1+5\%} + \frac{150}{(1+5\%)^2} + \frac{240}{(1+5\%)^3}\right] + \frac{300}{5\%} \times \left[1 - \frac{1}{(1+5\%)^7}\right] \times \frac{1}{(1+5\%)^3}$$

$$= 1\,000.952\,4 + 150 \times 0.907 + 240 \times 0.863\,8 + 6\,000 \times 0.289\,3 \times 0.863\,8$$

$$= 95.24 + 136.05 + 207.312 + 1\,499.5$$

$$= 1\,938.1（万元）$$

（四）分段式模型四

【例 2-20】 对某企业进行评估，预测该企业前 3 年每年收益额为 240 万元，本金化率为 5%，第 4 年起各年收益在前年基础上每年递增 2%，该企业收益现值总额为：

$$P = \frac{240}{5\%}\left[1 - \frac{1}{(1+5\%)^3}\right] + \frac{240 \times (1+2\%)}{5\% - 2\%} \times \frac{1}{(1+5\%)^3}$$

$$= 240 \times 2.723\,2 + 7\,048.91$$

$$= 7\,702.49（万元）$$

或者用示意图表示，分别如图 2-17 和图 2-18 所示。

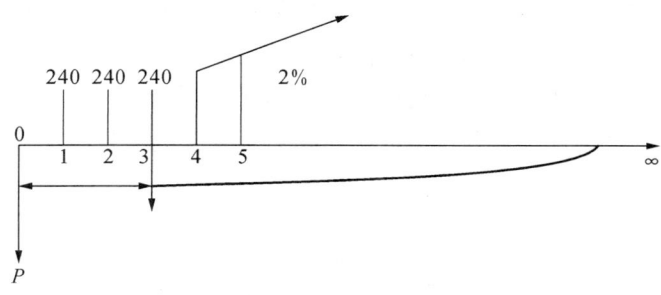

图 2-17 现金流量示意图 1

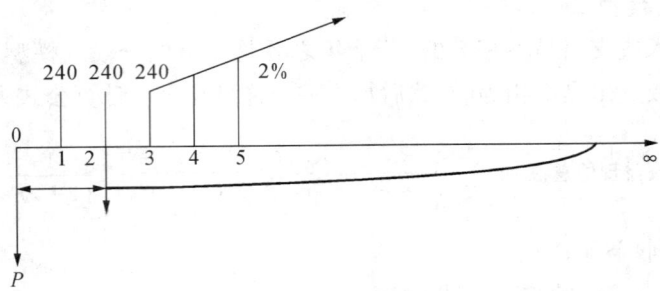

图 2-18　现金流量示意图 2

$$P = \frac{240}{5\%} \times \left[1 - \frac{1}{(1+5\%)^2}\right] + \frac{240}{5\% - 2\%} \times \frac{1}{(1+5\%)^2}$$

$$= 240 \times 1.859\,4 + 7\,256.24$$

$$= 7\,702.49(万元)$$

（五）综合分段式模型

【例 2-21】　某股票当前每股股利为 2 元，折现率和资本化率为 14%，前 5 年每股股利以 10% 的速度增长，随后以 6% 的速度永续增长，请计算该股票的价格应为多少？

解：$P = \dfrac{2 \times 1.1}{1.14} + \dfrac{2 \times 1.1^2}{1.14^2} + \dfrac{2 \times 1.1^3}{1.14^3} + \dfrac{2 \times 1.1^4}{1.14^4} + \dfrac{2 \times 1.1^5}{1.14^5} + \dfrac{2 \times 1.1^5 \times 1.06}{14\% - 6\%} \times \dfrac{1}{1.14^5}$

$$= 1.93 + 1.862 + 1.797 + 1.734 + 1.673 + 22.166$$

$$= 31.16(元)$$

七、年金资本化法

通过前面的介绍，我们已经可以解决所有有限期现金流量或者无限期等额、等比递增、递减的现金流量的现值计算问题，下面一个问题是介绍无限期随机现金流量的现值计算问题。所谓随机现金流量是指每期的现金流量金额无规律变化的现金流量，对于这种现金流量的现值计算，我们采用年金资本化法。年金资本化法的步骤如下：

第一步，计算出未来 n 期（一般取 5～10 期）的收入或支出的现值之和（P_0）。

第二步，做一个 n 期的年金，令该年金的现值与第一步解得的现值之和（P）相等，并解出该年金的金额（A）。

第三步，因为该 n 期的、金额为 A 的年金的现值与随机现金流量的前 n 期的现值相等，所以，我们就认为该无限期的随机现金流量的现值与金额为 A 的无限期的永续年金的现值是相等的。注意，这个结论仅仅是假设的，是我们"认为"的。

第四步，求取金额为 A 的永续年金的现值，认为该现值就是该无限期随机现金流量的现值。

公式表示分别如下：

第一步 $$P_0 = \sum_{i=1}^{n} \frac{R_i}{(1+r)^i} \tag{2-28}$$

第二步
$$A = \frac{P_0}{(P/A, r, n)} \tag{2-29}$$

第三步
$$P = \frac{A}{r} \tag{2-30}$$

【例2-22】　某企业未来的预期收益为无限期随机现金流量,其中前5年的预期收益分别为100万元、120万元、90万元、110万元和100万元,折现率和资本化率均为10%,请用年金资本化法来计算该企业的价值。

解:

(1) $P_0 = \sum\limits_{i=1}^{n} \dfrac{R_i}{(1+r)^i}$

$\qquad = 100 \times 0.909\,1 + 120 \times 0.826\,4 + 90 \times 0.751\,3 + 110 \times 0.683\,0 + 100 \times 0.620\,9$

$\qquad = 394.915(万元)$

(2) $A = \dfrac{P_0}{(P/A, r, n)} = 394.915 \div (P/A, r, n) = 394.915 \div 3.790\,8 = 104.177(万元)$

(3) $P = \dfrac{A}{r} = 104.177 \div 10\% = 1\,041.77(万元)$

该企业的价值为1 041.77万元。

 **延伸阅读 2-3**

你能够理解"时间就是金钱"了吗?

我们常常听到"时间就是金钱"这句话,现在,学习了货币的时间价值,你对这句话怎样理解呢? 可能很多人会说,随着时间的推移,货币是在不断地增值的,其实,这只是对这句话第一层次的理解。

如果我问你上大学的成本是什么,你可能会把学费、书费、住宿费、交通费等这些直接成本加起来,却往往会忽略最大的成本——时间,为上学而放弃工作所能够得到的工资可能是单项最大的成本。

一种东西的机会成本(opportunity cost)是为了得到这种东西所放弃的东西。只有当一个决策的收益大于等于它的机会成本时,才是一个最优的决策。例如,当一块土地用来种植小麦时,每年可以获得1万元收益;用来种植蔬菜时,每年可以获得2万元收益;用来种植水果或者烟草时,每年可以获得3万元的收益。种植小麦、蔬菜、水果和烟草的机会成本都是3万,显然这块土地应该种植水果或者烟草,而不应该种植小麦或者蔬菜。

目前当你把钱存入银行或者购买国债时,大约可以获得3%的收益;用来购买公司债券时可以获得4%的预期收益;用来购买股票时可以获得10%的预期收益。它们好像也是互为机会成本的,那是不是我们都应该把自己的钱用于购买股票呢?

答案显然是否定的。在这里,千万不要只注重时间价值和机会成本而忽视了风险价值。

银行存款和国债投资在所有的投资中风险是最小的,我们将其收益率称为无风险收益率,注意,这并不表示它们没有风险,只是风险较小而已。公司债券和股票的风险都比较大,要与所承担的风险相对称,它们除要求获得 2% 的无风险收益外,还要求获得一定的、与其承担的风险相对称的风险收益率。一个人应该把钱存银行、买国债还是购买企业债券或者股票,这取决于他的风险偏好,风险偏好除了由性格决定以外,还取决于收入或者财富的多少、抵御风险的能力及获得高收益的渴求程度等(见图 2-19)。

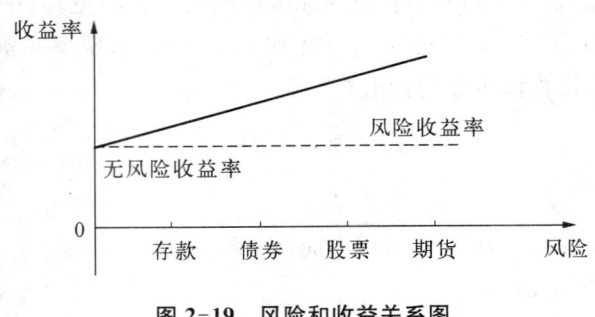

图 2-19　风险和收益关系图

但是,如图 2-20 所示,当一个投资者决定投资于股票时,他所获得的收益由哪条线决定呢?

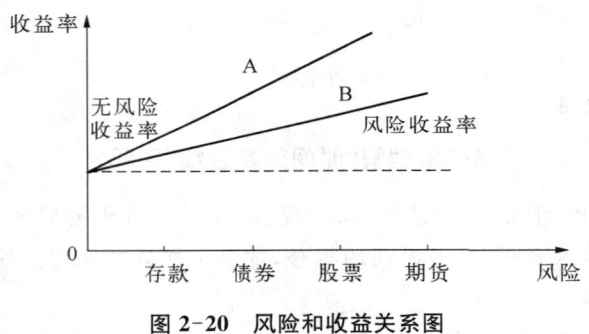

图 2-20　风险和收益关系图

显然 A 决定的风险收益比 B 高,那我们的投资者所获得的风险收益是由 A 决定还是由 B 决定取决于什么呢? 这取决于整个社会所有投资者的风险偏好。当一个社会所有投资者的风险偏好都比较大时,会是哪条线决定呢? 答案是 B! 当大家都去做某件事情的时候,它所能够带来的收益就会降低。或者讲,当一个社会的投资者风险偏好比较弱时,必须给予更大的风险收益率才能够诱使一部分投资者来做风险大的投资。

第二节　项目投资基本概念

本节介绍投资、投资项目和项目评估等基本概念。

一、投资

(一)投资的概念

"投资"(investment)是日常生活中常用的词,在宏观经济学上,投资和储蓄是相对应的,在一个封闭经济体中,不考虑国际资本流动的话,一定时期的投资总量与储蓄总量一定是相等的,储蓄为投资提供资金来源。经济学上将投资定义为:为了将来的消费或价值(可能是不确定的)而推迟现在的消费和价值。从本质上讲,投资是一定的经济主体以获得预期收益为目的的资金投入及其运动的过程。投资主体可以是政府、企业、个人、外商等多种形式;投资的手段概括为资金投入,既包括有形资产投入,也包括商标、专利、非专利技术等无形资产的投入;投资的目的在于获得预期收益;投资的过程包括资金的投入、资金的运用、管理和回收等几部分,包括了资金运动的全部过程。

(二)投资的分类

从不同的角度,投资有不同的分类。

1. 固定资产投资和证券投资

从投资手段不同,投资可以分为固定资产投资和证券投资。固定资产投资是指用于购买和建造新的固定资产或者更新改造原有的固定资产的资金投入及其运动的过程。固定资产投资又包括基本建设投资和更新改造投资。基本建设投资是指用于新建、扩建、改建、重建等基本建设方面的资金投入及其运动过程。更新改造投资是指用于原有固定资产的更新和技术改造方面的资金投入及其运动过程。

固定资产投资为证券投资提供了投资渠道,而证券投资为固定资产投资提供资金来源,两者是相辅相成的关系。从事固定资产投资的公司可以通过在资本市场上发行债券、股票等金融工具以筹集到用于固定资产投资的资金。证券投资者可以通过购买这些金融工具来获得投资收益。

证券投资是指投资者运用资金投资于股票、债券、基金等证券上,以期获得投资收益的经济行为。本章介绍的是固定资产投资,证券投资的内容本书将在另章介绍。

2. 直接投资和间接投资

直接投资和间接投资的分类有两种含义。

第一种含义类似于固定资产投资和证券投资的分类,具体定义如下:

直接投资是指用一定量的资金购买土地、房屋、机器设备等实物资产,以构成固定资产,进行生产建设,获取投资收益的投资。直接投资一般流动性较差,即资产的变现能力不强,在短期内如需要将直接投资的财产变换成现金,可能会遭受较大的损失。但是,直接投资者可将其投资资产用于担保、抵押,从而获取信用。

间接投资是指用一定量的资金购买有价证券,如公司股票、债券等的投资。间接投资也称为证券投资。间接投资可以获得的投资收益包括股息、利息及买卖证券的差价收益等。间接投资的流动性较强,即资产的变现能力较强,而且有价证券也可以用于担保、抵押等,从而获得信用。

第二种含义是以是否伴随对被投资企业的经营管理权来分类的,即:伴随有对被投资企业的经营管理权的投资是直接投资,不仅包括固定资产投资而且包括取得了控制权或者对被投资企业具有实质性影响的证券投资;没有取得对被投资企业经营管理权的投资为间接投资,不仅包括购买被投资企业的股票、债券等行为,而且包括借贷资金、租赁资产等行为。

3. 长期投资和短期投资

按照投资期限的长短,可以分为长期投资和短期投资。

长期投资是指投资者投资回收期在 1 年以上的投资以及诸如在 1 年内不能变现或不准备变现的证券等的投资。这类投资属于非流动资产,其投资的目的主要是积累资金、经营获利、为将来扩大经营规模做准备,或者为取得对被投资企业的控制权等。

短期投资则是指投资者以暂时闲置的资金购买随时能够变现、回收的有价证券以及不超过 1 年的其他性质的投资,这类投资属于流动资产。

4. 生产性投资和非生产性投资

生产性投资是指投入到生产、建设等物质生产领域中的投资,其直接成果是货币资金转化为生产性资产,而生产、建设活动必须同时具备固定资产和流动资产,因此,生产性投资又可以细分为固定资产投资和流动资产投资。

非生产性投资是指投入到非物质生产领域中的投资,其成果是转化为非生产性资产,主要用于满足人们的物质文化生活需要,如投入到文化、教育、卫生、体育、国家政权及政府设施等的投资。

二、投资项目

(一)概念

投资项目是指作为包括投资、政策措施、机构以及其他为在规定期限内完成某项投资或一系列投资发展目标所设计的活动和其他固定资产投资活动在内的统一体。具体地说,投资项目应该包括以下要素:

(1)具有用于固定资产、流动资产投资的资金。

(2)具备提供工程技术或施工设计、实施施工监督、改进工艺、操作和维修等服务的能力。

(3)拥有一个按集中统一原则组织起来的,能协调各方关系、促使各类要素合理配置的高效的组织机构。

(4)享有特定的政策。

(5)有明确的项目目标,以及实现该项目目标的具体实施计划。

(二)投资项目的分类

投资项目从不同的角度有多种不同的分类,常见的分类有以下几种。

1. 新建、扩建、改建、迁建、恢复项目

投资项目按其性质可以分为新建、扩建、改建、迁建、恢复项目。

新建项目是指从无到有、"平地起家"、新开始的项目,或原有的规模很小,经过投资建设后新增加的固定资产价值超过原有固定资产价值 3 倍以上的,也可以算作新建项目。

扩建项目是指在现有的规模基础上,为扩大生产能力或工程效益而增建的项目,如企业为扩大原有产品的生产能力,增建的主要生产车间及独立的生产线等。

改建项目是指投资者为了提高产品质量、加速技术进步、增加产品的花色品种、促进产品升级换代、降低消耗和成本等,采用新技术、新工艺、新材料等对现有设施、工艺条件进行设备更新或技术改造的项目。

迁建项目是指由于种种原因经有关部门批准迁到其他地点建设的项目。

恢复项目是指因自然灾害、战争等原因,使原有固定资产全部或部分报废,后又投资恢复建设的项目。

2. 竞争性项目、基础性项目和公益性项目

投资项目按投资使用方向和投资主体的活动范围可以分为竞争性项目、基础性项目和公益性项目。

这种划分方法是根据我国建立社会主义市场经济体制的要求,对投资体制(主要是投融资体制)进行深化改革而形成的一种划分方法。

竞争性项目主要是指投资收益水平比较高、市场调节比较灵敏、具有市场竞争能力的行业部门的相关项目。它主要包括工业、建筑业、商业、房地产业、公用、服务、咨询业及金融保险业等。根据我国投融资体制改革的要求,竞争性投资项目的投融资应直接面向市场,由企业自主决策,自担风险,通过市场筹资、建设、经营。

基础性项目主要是指具有一定自然垄断、建设周期长、投资量大而收益较低的基础产业和基础设施项目。它主要包括农、林、水利、能源、交通、邮电、通信业及城市公用设施等。对这些项目还可以进一步分为两个部分:一部分属于在一定时期具备市场竞争条件的项目,其投融资应在政府引导的前提下逐步推向市场;另一部分是那些不具备市场条件的项目,其投融资应由各级政府负责。

公益性项目是指那些非营利性和具有社会效益性的项目。它主要包括教育、文化、卫生、体育、环保、广播电视等设施,公、检、司、法等政权设施,政府、社会团体、国防设施等。在这些项目中,除少数具有一定盈利性外(如影剧院、俱乐部、体育馆等),大多数公益性项目的投资基本上不形成经济效益。公益性项目的这种特性决定了其投融资应由政府承担,即由政府运用财政性资金采取无偿和追加拨款的方式进行投资建设。

三大类型投资项目按投融资方式重新调整划分的总体性要求和三大类型项目的划分及其产业内涵关系可分别参见表2-4、表2-5。

表2-4 三大类型投融资方式的划分的总体性要求

	竞争性项目	基础性项目	公益性项目
投资主体	主要由企业、个人投资	政府与企业投资	主要由政府进行投资
投资筹措方式	经营性筹措	政策性与经营性投融资相结合	主要是政策性投融资
投资适用方式	风险性与规模性投资	有偿重点投资	主要是无偿投资

57

表 2-5　三大类型项目的划分及其产业内涵关系

	内　　涵
竞争性项目	1. 工业（不含能源） 2. 建筑业 3. 商业、供销仓储业 4. 房地产、公用、服务、咨询业 5. 金融、保险和其他行业
基础性项目	6. 农、林、牧、渔、水利设施 7. 能源 8. 交通、邮电、通信业 9. 地质普查和勘探业 10. 部分支柱产业项目和其他重点项目
公益性项目	11. 文教、科研、卫生、体育、环保、广播电视等设施 12. 公、检、法、司等政权设施 13. 政府、社会团体、国防设施

3. 大型、中型和小型项目

投资项目按其规模可分为大型项目、中型项目和小型项目三种。

大型项目、中型项目、小型项目的划分一般是按项目的年生产能力或项目的总投资规模来确定的。其划分标准，以国家颁发的《大中小型建设项目划分标准》为依据。

三、项目评估

项目评估是由投资决策部门或贷款机构（主要是银行、非银行金融机构）对上报的建设项目可行性研究报告进行全面审核的再评价工作，即是对拟建项目的必要性、可行性、合理性及效益、费用进行的审核和评价。从这个概念中我们可以看出，项目评估主要是从两个方面对项目的必要性、可行性及其成本、效益进行分析论证：一是进行评审，即主要是从质的方面或是从定性的角度；二是进行估价，即主要是从定量的角度。

项目评估通过分析判断可行性研究报告中所提方案的优劣，从中遴选出最佳方案，在为投资项目最终决策提供可靠、科学的依据等方面有着重要的意义。

公司进行投资决策时，首先是从若干个项目中选择一个最好的项目或几个较好的项目；投资方向基本决定之后，在进行项目可行性研究过程中，为实现项目的预定目标也会形成多个实施方案。

一个可行的投资项目未必是最优的投资项目，甚至未必是次优的投资项目；同样，一个可行的投资方案也未必是最优的投资方案，甚至未必是次优的投资方案。所以，在若干个投资项目或者投资方案中，首先要判断哪些投资项目或者投资方案是可行的；其次要在若干个可行的投资项目或者投资方案中排序，哪个是最优的，哪个是次优的等。

投资方案通常分为独立方案和互斥方案。

独立方案（independent investment alternatives）是指各个投资方案的现金流量是独立的，不具有相关性，其中任一方案的采用与否都不会影响其他方案的是否采用。因此，独立方案的采用与否，只取决于方案自身的经济性。

互斥方案（mutually exclusive investment alternatives）是指各个投资方案之间存在互不相容、互相排斥的关系，在几个方案中只能选择其中的一个。

第三节 投资项目现金流量

本章所说的投资项目是指生产性固定资产投资项目，不包括非生产性固定资产投资项目。本章研究的方法适用于竞争性项目和部分基础性项目，不适用于公益性项目。固定资产投资决策的程序一般包括以下几步：

（1）估算出投资方案的预期现金流量。

（2）估计预计现金流量的风险。

（3）确定资本成本的水平。

（4）运用投资项目评价方法来确定投资方案是否可行或者是否最优。

一、现金流量的概念和估算

所谓现金流量（cash flow），在投资决策中是指一个项目引起的公司现金支出和现金收入增加的数量。这里的"现金"是广义的现金，它不仅包括各种货币资金，而且包括项目需要投入的、公司拥有的各种非货币资源的变现价值。会计上常用的是"利润"这个概念，在公司金融上我们常用的是"现金流量"这个概念。公司利润是公司一定时期实现的用货币表现的最终财务成果，它表明公司生产经营业绩和获利能力。利润是以权责发生制为基础分期确认的，依据费用同收入的配比和因果关系而形成的。现金流量反映的是公司现金的实际进出。净利润和净现金流量的差异不仅表现在数量上，而且在对公司财务状况评价时所具有的作用也不相同。在整个公司存续期间，其净利润与净现金流量的金额是相同的，但是，在某一期间，其金额上会有差异。净利润可以作为未来现金流量预测的基础。

我们之所以采用现金流量而不采用净利润，是因为在金融上，对公司而言，现金流量要比利润重要得多。如果一个公司的净利润是负数，那么，这是一家亏损的公司，亏损的公司还存在减亏、扭亏的机会；如果一家公司的净现金流量是负数，那么，这家公司面临着支付困难，依据《破产法》规定的公司破产条件是不能够清偿其到期债务，因而这家公司面临破产的危险，即使这是一家盈利的公司，也不能摆脱破产的厄运。英语中有这样一句话来强调现金流量对公司的重要性：Cash flow is king（现金流量为王）。

现金流量包括现金流出量、现金流入量和现金净流量。

（一）现金流出量

一个方案的现金流出量是指该方案引起的公司现金支出的增加。固定资产投资项目分为建设期和生产经营期。在建设期的现金流出主要有以下两种。

1. 购置固定资产和无形资产

购置固定资产和无形资产引起的现金流出包括购置土地使用权、建设厂房、购置机器设备、获取特许使用权等引起的现金流出。

2. 垫付流动资金

流动资金(working capital)是指为了维持公司的生产经营而必须存在的现金、银行存款、预付货款、在途货物、原材料存货、在产品、产成品存货和应收账款所占用的资金。流动资金在原材料、在产品、产成品、应收账款和银行存款之间不断地转换形式,注意,这些形式占用的资金都是流动资金,并不因为应收账款因回收变为银行存款就引起流动资金回收,因为这部分银行存款还要去购买原材料,并不能用于其他的用途。流动资金一般在建设期末投入,在整个生产经营期,除非因为物价上涨或者产量扩张引起的追加流动资金,否则,流动资金的占用维持不变,要到项目结束才能得到回收。

在生产经营期的现金流出主要包括付现成本和税金。

1. 付现成本

付现成本是指每年需要支付现金的成本。会计成本中不需要每年支付现金的成本叫作非付现成本,主要包括固定资产提取的折旧费和无形资产提取的摊销费。付现成本可以用会计成本减去折旧费和摊销费来估计。

$$付现成本 = 会计成本 - 折旧费 - 摊销费 \qquad (2-31)$$

2. 税金

流转税等一般计入付现成本,也可以单独计算。这里的税金主要指企业所得税。企业所得税可以通过公司的预期利润和所得税率来估计。

$$企业所得税 = 应税利润 \times 税率 \qquad (2-32)$$

(二) 现金流入量

一个方案的现金流入量是指该方案引起的公司现金收入的增加。现金流入主要包括营业或者销售收入、固定资产报废或出售时的余(残)值收入和回收流动资金。

1. 营业或者销售收入

项目进入生产经营期后,每年可以获得的营业收入或者销售收入是公司的主要现金流入。经营现金流入是指公司的营业收入或者销售收入扣除公司为获取这项收入而支付的付现成本和税金后的余额,共有三个公式可以计算这个值。

$$经营现金流入 = 营业收入或者销售收入 - 付现成本 - 税金 \qquad (2-33)$$

如果从每年现金流动的结果来看,增加的现金流入来自两部分:一部分是公司获得的净利润(利润-税金);另一部分是以货币形式回收的固定资产或者无形资产投资,即折旧和摊销。这样可以推导出另外两个计算公式:

$$经营现金流入 = 营业收入或者销售收入 - 付现成本 - 税金$$
$$= 营业收入或者销售收入 - (会计成本 - 折旧费 - 摊销费) - 税金$$

$$=净利润＋折旧费＋摊销费 \tag{2-34}$$

$$\begin{aligned}
经营现金流入&=营业收入或者销售收入－付现成本－税金\\
&=营业收入或者销售收入－付现成本\\
&\quad-(营业收入或者销售收入－付现成本－折旧费－摊销费)×税率\\
&=营业收入或者销售收入－付现成本\\
&\quad-(营业收入或者销售收入－付现成本)×税率\\
&\quad+(折旧费＋摊销费)×税率\\
&=(营业收入或者销售收入－付现成本)\\
&\quad×(1－税率)＋(折旧费＋摊销费)×税率
\end{aligned} \tag{2-35}$$

以上三个公式视不同的情况分别使用。

2. 固定资产报废或出售时的余(残)值收入

在项目结束时,报废或者未报废的固定资产将出售、清理,如果不考虑企业所得税的影响,出售、清理固定资产所获得的净收入就是增加的现金流量;如果考虑企业所得税则比较复杂。在会计上,首先,固定资产有账面净值,即折余价值,等于固定资产原值减去累计折旧;其次,固定资产清理时又有一个净收入,即固定资产变现收入减去变现的清理费用;再次,两者的差额进入营业外支出(账面净值大于清理时的净收入)或者营业外收入(账面净值小于清理时的净收入)。需要注意的是,在存在企业所得税的情况下,营业外收入需要缴纳企业所得税,营业外支出可以抵免企业所得税。因此,固定资产报废或出售时的余(残)值收入带来的现金净流量计算公式为:

$$\begin{aligned}
&固定资产报废或出售时的余(残)值收入带来的现金净流量\\
&=固定资产清理时的净收入＋营业外支出×企业所得税税率
\end{aligned} \tag{2-36}$$

或者

$$\begin{aligned}
&固定资产报废或出售时的余(残)值收入带来的现金净流量\\
&=固定资产清理时的净收入－营业外收入×企业所得税税率
\end{aligned} \tag{2-37}$$

【例 2-23】　2010 年 12 月,某公司考虑处置一台设备。该设备于 8 年前以 40 000 元购入,折旧期限为 10 年,采用直线法折旧,残值率为 10%,已计提折旧 28 800 元,目前可以以 10 000 元变现,企业所得税税率为 25%,请计算卖出设备对本期现金流量的影响为多少?

解:

(1)设备目前的账面净值为:

$$40\,000－28\,800＝11\,200(元)$$

(2)处置设备产生营业外支出为:

$$11\,200－10\,000＝1\,200(元)$$

(3)本期现金流量增加为:

$$10\,000＋1\,200×25\%＝10\,300(元)$$

所以,卖出设备对本期现金流量的影响为增加 10 300 元。

【例 2-24】 承[例 2-23],如果目前可以以 15 000 元变现,其他条件不变,请计算卖出设备对本期现金流量的影响为多少?

解:

(1) 设备目前的账面净值为:

$$40\,000-28\,800=11\,200(元)$$

(2) 处置设备产生营业外收入为:

$$15\,000-11\,200=3\,800(元)$$

(3) 本期现金流量增加为:

$$15\,000-3\,800\times25\%=14\,050(元)$$

所以,卖出设备对本期现金流量的影响为增加 14 050 元。

3. 回收流动资金

在项目结束时,该项目占用的流动资金可以回收,用于其他的用途,因此,应该将回收的流动资金作为一项现金流入。该项目不涉及企业所得税问题。

(三) 现金净流量

现金净流量是指一定期间现金流入量与现金流出量的差额。现金流入量大于流出量时,现金净流量为正值,在现金流量图上用向上的线段表示;现金流入量小于流出量时,现金净流量为负值,在现金流量图上用向下的线段表示。

(四) 项目的相关成本与不相关成本

项目的相关成本是指与特定的投资决策相关的、在分析评价时必须加以考虑的成本;项目的不相关成本是指与特定的投资决策不相关的、在分析评价时不必加以考虑的成本。

1. 项目的相关成本

项目的相关成本主要包括重置成本和机会成本。

(1) 重置成本。重置成本(replace cost)是指在现实的市场条件和技术条件下,按功能重置资产,并使资产处于在用状态所发生的全部支出。如某公司准备用一台设备作为投资,该设备账面净值为 30 万元,而重置成本为 50 万元,这时公司作决策需要考虑的是 50 万元的重置成本,而非 30 万元的账面净值。重置成本可以是从投入角度核算出的成本,也可以是在公开的、正常的市场上的出售或购买资产的价格。

(2) 机会成本。一项资源用于一个用途时,必将放弃用于其他用途可以获得的收益,即获得用于这个用途带来的收益是以放弃其他用途带来的收益为代价的,这种代价被称为获得这种用途收益的机会成本(opportunity cost)。机会成本不是通常意义上的成本,它不是一种支出或者费用,而是失去的收益。这种收益是相对的,是针对特定方案的,离开具体的方案,机会成本就无从确定。在决策时,必须做到,某方案带来的收益必须大于或者等于它的机会成本,决策才是正确的。比如,一块土地,可以种植苹果、柑橘、蔬菜或者水稻,假设种植苹果和柑橘的每年收益都是 3 万元,种植蔬菜的每年收益是 2 万元,种植水稻的每年收益是 1 万元。种植苹果的机会成本是 3 万元,种植柑橘的机会成本也是 3 万元,种植蔬菜的机会成本也是 3 万元,种植水稻的机会成本也是 3 万元。那么应该种植什么呢? 显然是苹果或者柑橘,此时的收益等于机会成本,是最优的决策。如果种植蔬菜或者水稻,那么收益小于机会成本,不是最优的决策。只有在获得的收益大于等于机会成本的情况下,决策才是最优的。机会成本是一项会计账面上没有记载,但是在投资决策时必须考虑的成本。

2. 项目的不相关成本

项目的不相关成本主要包括沉没成本和账面成本。

(1) 沉没成本。沉没成本(sunk cost)又称为旁置成本,是指那些由于过去的决策所引起的并已经支付的,因而无法由现在或将来的任何决策所能改变的成本或者费用。沉没成本主要包括以下几种:① 利用停建项目的已建设施;② 利用过去预留的发展设施;③ 挖掘旧设施潜力。

沉没成本与机会成本正好相反,是一项会计账面上有记载,但是在投资决策时不必考虑的成本。

(2) 账面成本。账面成本是指资产的账面原值减去累计折旧后的账面净值,即资产的折余价值。因为投资时考虑的是重置成本,而不是账面成本,所以账面成本与投资项目无关。

【例 2-25】 某公司在讨论是否投产一种新产品时,对以下收支发生争论,你认为下列选项中,不应列入该项目评价的现金流量的有(　　　)。

A. 新产品生产占用流动资金 80 万元,他们可在公司现有周转金中解决,不需另外筹集。

B. 该项目占用现有厂房设备,如将该设备出租,可获收益 200 万元,但为防止对公司产品形成竞争,公司规定该设备不许出租。

C. 新产品销售会使公司同类产品销售收益减少 100 万元,如果本公司不推出本产品,竞争对手也会推出。

D. 拟采用借债方式筹集本项目资金,新债务利息支出为每年 50 万元。

E. 动用为其他产品储存的原料 200 万元。

F. 动用一条生产线,该生产线账面净值 30 万元,目前,该生产线闲置,无其他用途,在市场上也无法出售。

解:

A. 应该考虑。分析:虽然流动资金 80 万元,"可在公司现有周转金中解决,不需另外筹集",但是,如果不投产新产品,也可以从公司现有周转金中"挤出"80 万元用于其他用途,因而构成机会成本,需要考虑。

B. 无需考虑。分析:无论公司是否投产新产品,该设备均不得出租,无法获得租金收入,即不获得租金收入与投产新产品无关。

C. 无需考虑。分析:无论公司是否投产新产品,销售收入都要减少,即销售收入减少与投产新产品无关。

D. 不应该考虑。分析：利息属于债务现金流量，不属于项目现金流量。

E. 应该考虑。分析：机会成本。

F. 无需考虑。分析：沉没成本。

 职业判断 2-3

现金流量为王

20 世纪 90 年代初期,哈佛大学的一位金融学教授来国内讲学。一天,他指着商店门口竖立的"顾客就是上帝"的牌子问翻译是什么,翻译随口说:"Customer is God."这位教授马上对道:"Cash flow is king."(现金流量为王)

金融中的"金"字,就是指资金,资金或现金在金融中的重要性是不言而喻的。哪怕你是一个亿万富翁,只要你口袋里没有 2 元现金,你就不得不步行回家;哪怕你的公司拥有雄厚的资产、尖端的技术、优良的管理、美好的前景,只要你没有足够的现金支付到期的债务,就难逃破产的厄运,就像 2008 年秋天的华尔街第四大投资银行——雷曼兄弟那样。

二、现金流量表的分类

现金流量表是指把投资项目在整个计算期间内各年的现金流入和现金流出情况用一张图表来表示的表格。通过现金流量表可以方便地进行各种投资指标的计算。按照投资计算的基础不同,现金流量表可以分为借入资金现金流量表、自有资金现金流量表和全部资金现金流量表三种,其中,全部资金现金流量表又称项目现金流量表。

(一)借入资金现金流量表

公司进行项目投资,所需的资金来源于自有资金和借入资金。自有资金包括股东投入的资金和留存收益,股东投入的资金又可以分为发行普通股筹集的资金和发行优先股筹集的资金。借入资金包括银行借款和发行债券筹集的资金。借入资金要按照约定还本付息,因此,借入资金在借入时可以看作现金流入,在还本付息时看作现金流出。借入资金现金流量表是用来评价筹资方案的优劣的。

常用的还本付息方式有到期一次偿还法、等额还款法、等额还本法和每期付息到期还本法四种。

1. 到期一次偿还法

到期一次偿还法是公司借入资金后按照约定的利率和时间到期一次偿还本金和利息,这种还款方式一般适用于中短期借款的偿还,特别是短期。

【例 2-26】 某公司向银行借入 100 万元资金,约定年利率为 6%,复利计息,两年后一次还本付息,请作此项借款的现金流量图。

解:

两年后需要还款:

$$100 \times (1 + 6\%)^2 = 112.36(万元)$$

现金流量表如表 2-6 所示,现金流量图如图2-21 所示。

表 2-6 现金流量表　　单位：万元

时间（年）	现 金 流 量
0	100
1	0
2	−112.36

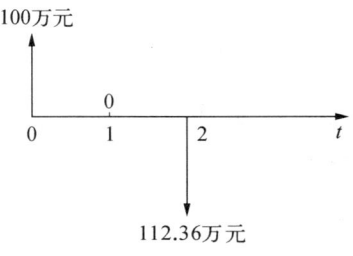

图 2-21 现金流量图

2. 等额还款法

等额还款法是公司借入资金后,在其后若干期内分期等额还本付息,其特点是每期偿还的款项金额是相等的,即每期偿还的本金和利息之和是相等的。

【例 2-27】 某公司向银行借入 100 万元资金,约定年利率为 6%,复利计息,5 年内每年等额还款,请作此项借款的现金流量图。

解:

5 年内每年还款:

$$100 \times (A/P, 6\%, 5) = 100 \times 0.237\,4 = 23.74（万元）$$

5 年内每年年末偿还 23.74 万元。

现金流量表如表 2-7 所示,现金流量图如图 2-22 所示。

表 2-7 现金流量表　　单位：万元

时间（年）	现 金 流 量
0	100
1	−23.74
2	−23.74
3	−23.74
4	−23.74
5	−23.74

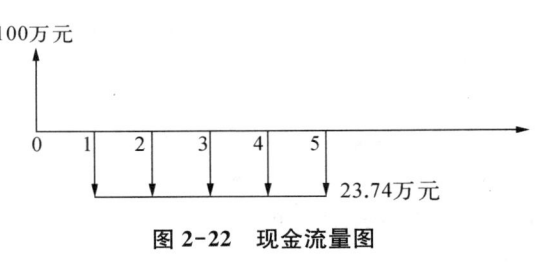

图 2-22 现金流量图

在等额还款法下面,借款人每期偿还的本金和利息之和是相等的,如[例 2-27],每年偿还 23.74 万元,但其每年偿还的本金金额和利息金额都是不相等的,在本金利息之和相等的条件下,每年偿还的本金金额逐渐增加,利息金额逐渐减少。

$$每期的利息 = 本期期初（上期期末）的借款金额 \times 利息率 \qquad (2-38)$$

$$每期偿还的本金 = 等额还款金额 - 每期的利息 \qquad (2-39)$$

【例 2-28】 承[例 2-27],请计算公司每年偿还的本金和利息分别是多少。

解:

各期本金利息核算如表 2-8 所示,本金利息变化趋势如图 2-23 所示。

表 2-8　各期本金利息核算表　　　　　单位:万元

年 (1)	本期还款额 (2)	本期利息 (3)	本期本金 (4)	借款额 (5)
		上期借款额×6%	(2)-(3)	上期借款额-本期本金
0				100.00
1	23.74	6.00	17.74	82.26
2	23.74	4.94	18.80	63.46
3	23.74	3.81	19.93	43.53
4	23.74	2.61	21.13	22.40
5	23.74	1.34	22.40	0.00

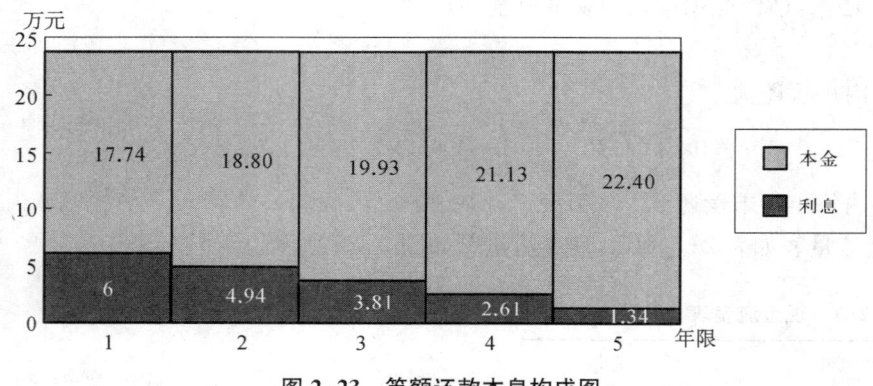

图 2-23　等额还款本息构成图

3. 等额还本法

等额还本法是公司借入资金后,在其后若干期内分期等额偿还本金,各期支付当期的利息,其特点是每期偿还的本金金额是相等的,但每期偿还的本金和利息之和是不相等的。计算公式如下:

$$等额偿还的本金=借款金额÷期数 \tag{2-40}$$

$$每期的利息=本期期初(上期期末)的借款金额×利息率 \tag{2-41}$$

$$每期还款金额=等额偿还的本金+每期的利息 \tag{2-42}$$

【例 2-29】　某公司向银行借入 100 万元资金,约定年利率为 6%,复利计息,5 年内每年等额还本,请作此项借款的现金流量图。

解:

现金流量表如表 2-9 所示,现金流量图如图 2-24 所示。

表 2-9　各期本金利息还款额核算表　　　　　　　　单位：万元

年(1)	本期还款额(2)	本期利息(3)	本期本金(4)	借款额(5)
	本期本金＋本期利息	上期借款额×6%	100÷5	上期借款额－本期本金
0				100.00
1	26.00	6.00	20.00	80.00
2	24.80	4.80	20.00	60.00
3	23.60	3.60	20.00	40.00
4	22.40	2.40	20.00	20.00
5	21.20	1.20	20.00	0.00

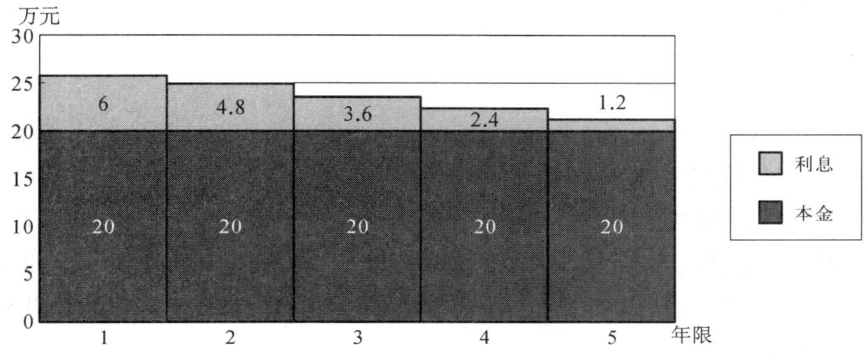

图 2-24　等本还款本息构成图

4. 每期付息到期还本法

每期付息到期还本法是借款公司每期支付当期的利息,到期一次偿还本金并支付最后一期的利息。

【例 2-30】　某公司向银行借入 100 万元资金,约定年利率为 6%,5 年期,每年付息,到期一次还本,请作此项借款的现金流量图。

解:现金流量表如表 2-10 所示,现金流量图如图 2-25 所示。

表 2-10　各期本金利息还款额核算表　　　　　　　　单位：万元

年(1)	本期还款额(2)	本期利息(3)	本期本金(4)	借款额(5)
	本期本金＋本期利息	上期借款额×6%		上期借款额－本期本金
0				100.00
1	6.00	6.00	0	100.00
2	6.00	6.00	0	100.00
3	6.00	6.00	0	100.00
4	6.00	6.00	0	100.00
5	106.00	6.00	100.00	0.00

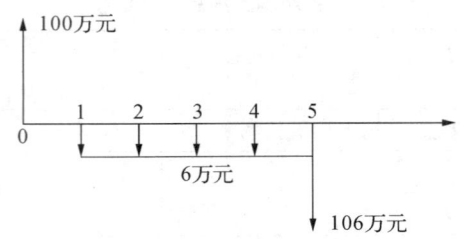

图 2-25　现金流量图

（二）全部资金现金流量表

全部资金现金流量又称为项目现金流量，不分投资资金的来源，以全部投资资金作为计算基础，考察投资项目的全部投资的盈利能力，不考虑筹资方案的优劣，仅对投资项目进行评价。

1. 项目计算期

项目计算期也称项目经济寿命期，是指对拟建项目进行现金流量分析时所确定的项目服务年限。项目计算期包括拟建项目建设期和生产经营期两个部分。项目建设期是指项目从开始施工到全部建成投产所需要的时间。项目生产经营期是指项目从建成投产到主要固定资产报废为止所经历的时间。项目生产经营期又分为投产期和达产期，投产期是指生产能力未达到设计生产能力的时期；达产期是指生产能力达到设计生产能力的时期。

2. 机器设备的寿命

机器设备的寿命是指机器设备从投入使用到不宜继续使用的时间。常见的机器设备的寿命包括物理寿命、技术寿命、经济寿命和折旧年限。

（1）物理寿命。物理寿命是指机器设备从投入使用到报废所经历的时间。报废是指机器设备在现有技术条件下无法修复，或者虽然可以修复但是修复在经济上是不合理的。机器设备的物理寿命与机器设备的质量状况、维修保养情况、使用情况等有关。

（2）技术寿命。技术寿命是指机器设备从投入使用到因为技术落后而被淘汰的时间。由于科学技术的不断进步，新型的、技术更先进的同类机器设备的出现会大大地提高劳动生产率，使原有机器设备在技术上显得陈旧和落后，因此，不得不在其物理寿命尚未结束，在物理上尚可继续使用的情况下淘汰。机器设备的技术寿命长短取决于该类机器设备的技术发展情况。技术发展越快，则技术寿命越短；技术进步越慢，则技术寿命越长。

（3）经济寿命。经济寿命是指机器设备从投入使用到因为经济上不合理而淘汰的时间。经济寿命受到诸多因素的影响，包括物理因素，如机器设备越用越旧，越用损耗越大，维修成本越高，生产效率越低；也受到技术因素，如技术越来越落后，超额运营成本越高；还受到一些其他因素的影响，如企业的资金成本、采用的折旧方法、国家的税收政策等。经济寿命的具体计算本书将另外单独介绍。

（4）折旧年限。折旧年限是指某类机器设备按照现行财税制度的规定所确定的最短折旧年限，或允许的最大折旧率。

3. 项目现金流量的特点

项目现金流量即全部资金现金流量的特点是考虑全部投资资金但不考虑筹资,反映投资项目的优劣,但不反映筹资方案的好坏。项目现金流量最明显的特点是不考虑与筹资相关的现金流量,即借入资金不作为现金流入,同样还本付息不作为现金流出。它只考虑与投资相关的现金流量。项目现金流量表如表 2-11 所示。

表 2-11　项目现金流量表　　　　　　　　　　单位:万元

序号		建设期		投产期		达产期			合计
		0	1	2	3	4	…	n	
1	生产负荷(%) 现金流入								
1.1	销售(营业)收入								
1.2	回收固定资产余值								
1.3	回收流动资金								
2	现金流出								
2.1	固定(无形)资产投资 流动资金								
2.2	付现成本								
2.3	销售(营业)税金及附加								
2.4	所得税费用								
2.5	特种基金								
2.6	净现金流量(1−2)								
3	累计净现金流量								
4	税前净现金流量								
5	(3+2.5+2.6)								
6	税前累计净现金流量								

【例 2-31】　某公司准备购置一台设备以扩大生产,有关资料如下:

(1) 设备买价 52 000 元,运费 2 400 元,安装费 1 600 元,安装设备需要停产一天,由此造成损失 2 000 元。

(2) 设备可以使用 5 年,预计净残值 4 000 元,直线法折旧。

(3) 设备投产需要追加流动资金 10 000 元。

(4) 设备投产后每年可以增加销售收入 50 000 元。

(5) 设备投产后每年增加生产成本(含新增折旧)30 000 元。

(6) 设备投产后每年增加管理费用和销售费用各 2 000 元。

(7) 该公司适用 33% 的企业所得税率。

要求:编制该项投资的项目现金流量表。

解:

(1) 每年新增折旧=(52 000+2 400+1 600−4 000)÷5=10 400(元/年)

(2) 所得税=(50 000−30 000−2 000−2 000)×33%=16 000×33%

　　　　　=5 280(元)

（3）每年税后利润＝50 000－30 000－2 000－2 000－5 280＝10 720（元）

（4）期初现金流出：

$$买价＋运费＋安装费＋停产损失（机会成本）＋流动资金$$
$$＝52 000＋2 400＋1 600＋2 000＋10 000$$
$$＝68 000（元）$$

（5）生产经营期现金流入＝50 000（元／年）

（6）生产经营期现金流出：

$$付现成本＋新增销售费用＋新增管理费用＋所得税$$
$$＝（30 000－10 400）＋2 000＋2 000＋5 280＝28 880（元）$$

（7）生产经营期现金净流入＝生产经营期现金流入－生产经营期现金流出
$$＝50 000－28 880＝21 120（元）$$

或者：

$$生产经营期现金净流入＝净利润＋折旧＝10 720＋10 400＝21 120（元）$$

（8）期末回收固定资产余值和流动资金＝4 000＋10 000＝14 000（元）

现金流量表如表2-12所示，现金流量图如图2-26所示。

表 2-12　现金流量表　　单位：元

年	现 金 流 量
0	－68 000
1	21 120
2	21 120
3	21 120
4	21 120
5	21 120＋14 000＝35 120

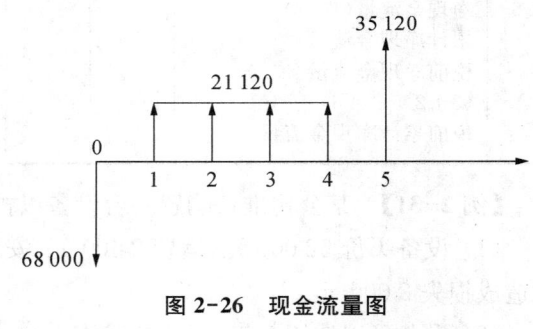

图 2-26　现金流量图

【例2-32】　某人拟开设一个彩扩店，通过调查提出以下方案：

（1）设备投资：设备购价20万元，预计使用6年，期末余值可回收2 000元；税法规定折旧4年，无残值。2005年1月1日购进并立即使用。

（2）门面装修：6万元，装修完工后于2005年1月1日支付。预计3年后还需一次相同的装修，不考虑装修对营业的影响；使用某连锁店的名称，一次性支付品牌使用费12万元，以后不需要再支付品牌使用费。

（3）收入和成本：前半年每月收入6万元，以后每月收入8万元，不包括折旧和摊销的固定成本为每月1万元，变动成本为收入的60%。

（4）开业时垫付流动资金2万元。

（5）所得税税率为30%。

要求：编制该项投资的项目现金流量表。

解：

（1）前4年每年计提折旧＝20÷4＝5(万元)

（2）每年计提摊销＝(6+6)÷6+12÷6＝4(万元)

（3）期初现金流出＝设备购置费＋装修费＋品牌使用费＋流动资金

$\qquad$＝20+6+12+2＝40(万元)

（4）第1年营业收入＝6×6+8×6＝84(万元)

$\qquad$第1年付现成本＝84×60％+1×12＝62.4(万元)

$\qquad$第1年营业成本＝62.4+5+4＝71.4(万元)

$\qquad$第1年利润＝84-71.4＝12.6(万元)

$\qquad$第1年所得税＝12.6×30％＝3.78(万元)

$\qquad$第1年净利润＝12.6×70％＝8.82(万元)

$\qquad$第1年净现金流量＝经营期现金流入-经营期现金流出

$\qquad$＝84-62.4-3.78＝17.82(万元)

或者：　第1年现金净流入＝净利润＋折旧＋摊销

$\qquad$＝8.82+5+4＝17.82(万元)

（5）第2～6年营业收入＝8×12＝96(万元)

$\qquad$第2～6年付现成本＝96×60％+1×12＝69.6(万元)

$\qquad$第2～4年营业成本＝69.6+5+4＝78.6(万元)

$\qquad$第5～6年营业成本＝69.6+4＝73.6(万元)

$\qquad$第2～4年利润＝96-78.6＝17.4(万元)

$\qquad$第5～6年利润＝96-73.6＝22.4(万元)

$\qquad$第2～4年所得税＝17.4×30％＝5.22(万元)

$\qquad$第2～4年净利润＝17.4×70％＝12.18(万元)

$\qquad$第5～6年所得税＝22.4×30％＝6.72(万元)

$\qquad$第5～6年净利润＝22.4×70％＝15.68(万元)

$\qquad$第2～4年净现金流量＝经营期现金流入-经营期现金流出

$\qquad$＝96-69.6-5.22＝21.18(万元)

或者：　第2～4年现金净流入＝净利润＋折旧＋摊销

$\qquad$＝12.18+5+4

$\qquad$＝21.18(万元)

$\qquad$第5～6年净现金流量＝经营期现金流入-经营期现金流出

$\qquad$＝96-69.6-6.72

$\qquad$＝19.68(万元)

或者：　第5～6年现金净流入＝净利润＋折旧＋摊销

$\qquad$＝15.68+0+4

$\qquad$＝19.68(万元)

(6) 第 3 年装修支出 6 万元。

(7) 期末固定资产回收和流动资金回收＝0.2－0.2×30％＋2＝2.14(万元)

现金流量表如表 2-13 所示,现金流量图如图 2-27 所示。

表 2-13　现金流量表　单位:万元

年	现　金　流　量
0	－40
1	17.82
2	21.18
3	21.18－6＝15.18
4	21.18
5	19.68
6	19.68＋2.14＝21.82

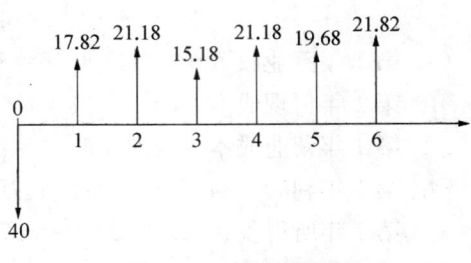

图 2-27　现金流量图

(三) 自有资金现金流量表

自有资金现金流量是从投资者或者公司股东的角度出发,以投资者的出资额为计算基础,既要考虑与投资项目相关的现金流量,又要考虑与筹资方案相关的现金流量,其显著特点是将借款作为现金流入,借款本金的偿还和利息的支出作为现金流出,考察的口径是自有资金的盈利能力。自有资金现金流量表如表 2-14 所示。

表 2-14　自有资金现金流量表　　　　单位:万元

序号		建设期	投产期		达产期			合计
		0	1	2	3	4	…	n	
1	生产负荷(％)								
1	现金流入								
1.1	销售(营业)收入								
1.2	回收固定资产余值								
1.3	回收流动资金								
2	现金流出								
2.1	自有资金								
2.2	借款本金偿还								
2.3	借款利息支付								
2.4	付现成本								
2.5	销售(营业)税金及附加								
2.6	所得税费用								
2.7	特种基金								
3	净现金流量(1－2)								

注意,表 2-14 中未将借款作为现金流入,也未将固定资产投资、无形资产投资、流动资金垫付作为流出,而是将两者的差额(自有资金)作为流出的。

自有资金现金流量相当于将借入资金现金流量与项目现金流量相叠加。

三、折旧(摊销)、利息和所得税对现金流量的影响

利息、折旧(摊销)和所得税会对现金流量产生的影响,下面将具体分析这一问题。

(一)折旧(摊销)对现金流量的影响

折旧费用是对固定资产价值损耗的补偿,是固定资产最初购买和建造投资支出的渐次回流;摊销是对无形资产价值损耗的补偿,是无形资产最初购买和创造投资支出的渐次回流。

在生产经营期,折旧和摊销是一项生产经营的成本和费用,在计算会计利润时,需要扣除;但是,从现金流量的角度来看,折旧和摊销都不会引起现金流出,是一项不需要支付现金的成本费用。因此,我们常用以下公式计算现金流量:

$$经营现金流入＝净利润＋折旧费＋摊销费 \tag{2-43}$$

证明过程见公式(2-33)。因此,从某种意义上讲,折旧和摊销也是公司一项现金流入的来源,只要公司的亏损额不大于当期计提的折旧和摊销,公司的净现金流量仍然是正值,仍然是现金流入,不会发生支付困难,不会发生财务危机;反之,如果公司的亏损额大于当期计提的折旧和摊销,则会发生净现金流出,由于公司的现金资金是有限的,长久下去,公司的现金必将枯竭,发生支付困难和财务危机。此时,如果公司不能及时筹措到运营资金,就会使公司破产。

如果没有企业所得税的存在,折旧和摊销的方法以及当期折旧和摊销的金额大小都不会影响公司的现金流量。但是,现实中由于企业所得税的存在,折旧和摊销的金额大,就会使公司的利润减少,从而使公司的企业所得税减少,反而使公司的现金流入增加。这种关系在下面公式中可以很清楚地看出来。

$$经营现金流入＝(营业收入或者销售收入－付现成本)×(1－税率)$$
$$＋(折旧费＋摊销费)×税率 \tag{2-44}$$

证明过程见公式(2-34)。因此,在公司的营业收入或者销售收入、付现成本和企业所得税税率一定的情况下,如果能够增加当期的折旧和摊销金额,则可以减少当期的纳税金额,增加当期的经营现金流入。这种效应我们称为"税盾效应"。

常用的折旧方法有直线法(straight-lined method)和加速折旧法(accelerated method)。常用的加速折旧法有年限总和法(sum of the year's digits method)、定率余额递减法(declining balance method)和双倍余额递减法(double declining balance method)。在直线法计提折旧时,各年的折旧额都是相等的,而在加速折旧法计提折旧时,各年计提的折旧额是不相等的,前期计提的折旧多,后期计提的折旧少,是逐年递减的。对于同样原值、残值和使用年限的固定资产,加速折旧法计提的各年的折旧金额在前期大于直线法计提的折旧金额,在后期小于直线法计提的折旧金额。

由于加速折旧法计提的各年的折旧金额在前期大于直线法计提的折旧金额,在后期小于直线法计提的折旧金额,因此,使用加速折旧法可以在前期减少纳税,增加经营现金流量,在后期补偿前期少纳的税金。因此,采用加速折旧法,相当于公司获得了一笔无息贷款,无偿地获得了一笔资金一定年限的使用权。在政策允许的情况下,公司应尽可能地

使用加速折旧法,虽然它会使公司前期的会计报表上的利润减少,但是它能够使公司增加实实在在的现金。

（二）利息对现金流量的影响

借款的还本付息方式我们已经在借入资金现金流量表中予以介绍了,常见的有四种方式,即:一次还本付息、等额还款法、等额还本法和每期付息到期还本法。在进行现金流量分析时需要注意以下各方面的问题:

（1）在计算项目现金流量时,考虑的是不分来源的全部资金,因此与还本付息方式无关,即借入资金不作为现金流入,还本付息不作为现金流出;在自有资金现金流量表中,既要考虑投资资金的现金流量,又要考虑借入资金的现金流量,因此,自有资金现金流量与借款的还本付息方式有关。

（2）利息在符合税法规定的范围内是税前列支的,在超出税法规定的利息范围后是税后列支的,因此要注意利息的抵税问题。

（3）如果借款在还款期内利息率发生变动,那么要根据实际情况分别结算。

（4）固定资产投资借款的偿还一般要到项目建成投产后开始进行,固定资产投资借款的利息在投资期内也难以偿还,因此,可以将项目投产前不能支付的借款利息与建设期末固定资产投资借款之和作为项目生产期初固定资产投资借款的总额,以此来计算项目生产期内各年的固定资产投资借款的利息。建设期产生的利息应该按照其投入方式是一次投入、均匀投入或者分段均匀投入来计算。一般如土地使用权的取得等是一次投入的,建筑安装工程则一般是均匀投入或者分段均匀投入的,估算方式如下:

第一,一次投入资金的利息计算。

设年利息率为 r,金额为 P,时间为 n 年。

$$I = P[(1+r)^n - 1] \qquad (2\text{-}45)$$

第二,均匀投入资金的利息计算（见图2-28）。

设年利息率为 r,金额为 A,时间为 n 年。

$$I = P \times [(1+r)^{\frac{n}{2}} - 1] \qquad (2\text{-}46)$$

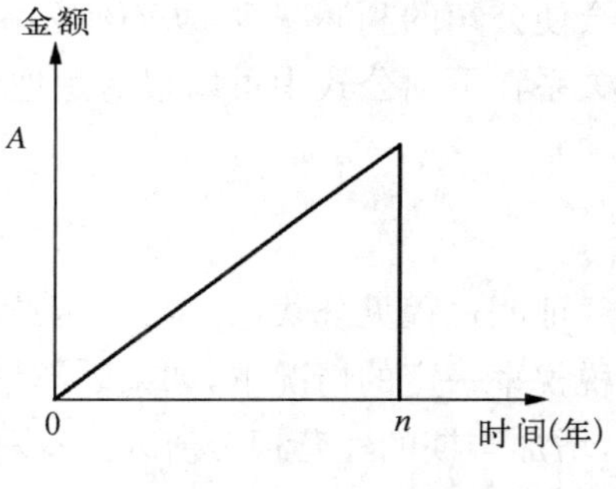

图 2-28　均匀投入资金的利息计算

第三,分段均匀投入资金的利息计算（见图2-29、图2-30）。

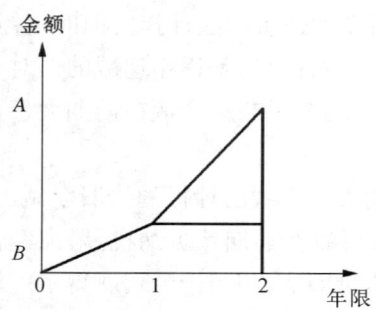

图 2-29　分段均匀投入资金的利息计算

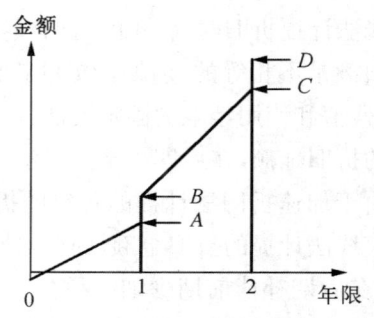

图 2-30　利息计算

设年利息率为 r,第 1 年投入资金为 B,前两年投入资金为 A,时间为 2 年。

$$I = B \times [(1+r)^{1.5} - 1] + (A-B) \times [(1+r)^{0.5} - 1] \tag{2-47}$$

A：第 1 年投入的资金

B：第 1 年投入的资金＋第 1 年投入的资金在第 1 年产生的利息

C：第 1 年投入的资金＋第 1 年投入的资金在第 1 年产生的利息＋第 2 年投入的资金

D：第 1 年投入的资金＋第 1 年投入的资金在第 1 年产生的利息＋第 2 年投入的资金＋第 1 年投入的资金及其在第 1 年产生的利息在第 2 年产生的利息＋第 2 年投入资金产生的利息

$$各年度投资利息 = \left(以前年度的投资本金和利息和 + \frac{本年度投资额}{2}\right) \times r \tag{2-48}$$

$$投资利息 = \sum 各年投资的利息 \tag{2-49}$$

【例 2-33】　某宗土地开发周期 2 年,向银行借入投资资金 1 000 万元,第 1 年投入 400 万元,第 2 年投入 600 万元,年利息率为 10％,要求计算建设期的投资利息。

解：

方法一：

$$I = 400 \times [(1+0.1)^{1.5} - 1] + 600 \times [(1+0.1)^{0.5} - 1] = 61.48 + 29.29 = 90.77(万元)$$

方法二：

$$第 1 年利息 = 400 \div 2 \times 10\% = 20(万元)$$
$$第 2 年利息 = (400 + 20 + 600 \div 2) \times 10\% = 72(万元)$$
$$利息 = 20 + 72 = 92(万元)$$

注：计算结果的差异(1％～2％)来源于第一种方法是对年限进行平均,后者是对金额进行平均。

（5）流动资金借款一般采用每期付息、到期一次还本的方法筹集。

（三）所得税对现金流量的影响

所得税对现金流量的影响主要是通过收入和成本费用发生的时间来体现的。所得税是公司的应税所得额与公司适用的企业所得税税率的乘积。公司在考虑所得税对公司现金流量的影响时,一般应考虑以下几方面的问题。

1. 税收优惠

我国现行《企业所得税法》存在大量的税收优惠政策。公司应该注意利用税法所规定的亏损弥补、折旧、无形资产的摊销等政策以及对高新科技、第三产业、利用废水、废气、废渣进行生产的企业等的税收优惠。外商投资企业与外国企业注意地域、生产性、再投资退税等优惠。

2. 费用发生的时间

如果能够采用加速折旧法,在前期多计提折旧费用,则可以使前期利润减少,从而纳税减少,使税款递延到后期,相当于公司获得一笔无息贷款。

3. 利息和经营性租赁费有抵税作用

在考察利息和经营性租赁费时,要注意它们在符合税法规定的情况下可以在税前列支,这样可以起到抵税的作用。融资租赁费用不能够在税前列支,但是可以计提折旧。

4. 税后现金流量的确定

一个项目某一年的净现金流量可以用表 2-15 计算。

表 2-15 净现金流量计算表　　　　　　　　　单位:万元

年销售(营业)收入 　减:付现成本 　减:销售(营业)税金及附加 　减:折旧、摊销、维简费 　减:利息支出	
利润总额 　减:所得税费用	
净利润 　加:折旧、摊销、维简费 　加:利息	
年现金收入 　减:追加的流动资金 　减:追加的固定资产投资 　加:回收固定资产余值 　加:回收流动资金	
税后净现金流量	

 职业判断 2-4

三种现金流量

张先生准备购买一处房产作为投资,现在购买该房产的价格是 50 万元,张先生确信 1 年后可以卖出 60 万元的价格,1 年可以净赚 10 万元,可以获得投资收益 20%。这个投资项目的现金流量图如图 2-31 所示。

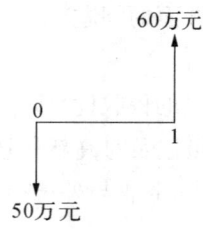

图 2-31 项目现金流量

可是现在张先生只有 20 万元资金可以用于这个投资,于是他以购买的房产作为抵押,向银行借款 30 万元,贷款利率为 10%,因此 1 年后张先生需要偿还银行 33 万元。这笔借款的现金流量图如图 2-32 所示。

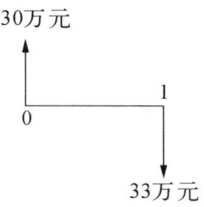

图 2-32 借入资金现金流量

张先生现在投入自有资金 20 万元,加上银行借款 30 万元,共 50 万元,买下了那处房产。1 年后以 60 万元的价格卖出,同时偿还银行 33 万元,自己获得 27 万元。张先生自己的现金流量图如图 2-33 所示。

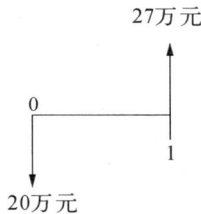

图 2-33 自有资金现金流量

张先生投入 20 万元,1 年后变成 27 万元,张先生获得 35% 的收益率,银行获得 10% 的收益率,而这个房产投资项目提供的是 20% 的投资回报率。

这个房产投资项目提供的是 20% 的投资回报率,为什么银行只获得 10% 的贷款利率,而不直接去投资于房地产项目,而使张先生获得高达 35% 的收益率呢?

原来银行和张先生承担的风险不同。如果 1 年以后房产没有达到预期的 60 万元的价格,只达到 53 万元,那么银行仍可以获得 10% 的收益率,而张先生获得的收益是零;如果 1 年后房产的价格只有 50 万元,那么银行仍可以获得 10% 的收益率,而张先生却要亏损 3 万元;只要 1 年后的房价不低于 33 万元,银行是不会有亏损的,因为有房产抵押作为保障。而张先生却承担了很大的风险,只要 1 年后房产价格低于 53 万元,张先生就要亏损;如果无风险收益率(银行存款的利率)为 5% 的话,那么只要房价低于 54 万元,张先生就是亏损的。

第四节 投资项目评估的基本方法

投资项目的可行与否,可行的投资项目的优秀程度取决于投资项目本身的投资价值。上一节我们对投资项目的现金流量估算进行了详细的分析,因为项目现金流量(全部资金现金流量)是确定项目投资价值的基础,本节将对投资项目的投资价值确定进行探讨,我们将一系列经济评价指标进行测算、比较和分析后从而得到最佳的投资项目或者投资项目的最佳的投资方案。

经济评价指标是投资项目经济效益或者投资效果的定量化分析及其直观的表现形势,它通常是通过对投资项目所涉及的现金流入和现金流出(或者是效益与费用)的量化和比较来确定的。

根据经济评价指标比较现金流入和现金流出(或者是效益与费用)的方法的不同,可以分为价值型的指标和比率型的指标。价值型的指标是现金流入和现金流出(或者是效益与费用)的差额,是投资项目绝对投资价值的确定;比率型的指标是现金流入和现金流出(或者是效益与费用)的比率,是投资项目的相对投资价值的确定。

根据经济评价指标比较现金流入和现金流出(或者是效益与费用)时是否考虑货币的时间价值,可以分为静态的经济评价指标和动态的经济评价指标。动态的经济评价指标也称为贴现指标,是指在比较现金流入和现金流出时要考虑货币的时间价值,不同时点上的货币金额不能直接比较大小或者相加减;静态的经济评价指标也称为非贴现指标,是指在比较现金流入和现金流出时不要考虑货币的时间价值,不同时点上的货币金额可以直接比较大小或者相加减。

根据经济评价指标在项目评估中的重要程度可以分为基本指标和补充指标。基本指标是指在项目评估中可以单独使用的指标;而补充指标一般是在基本指标无法解决问题,或者遇到困难的情况下才使用的评价指标。

我们将介绍的基本指标包括净现值法、内部收益率法、盈利能力指数法、会计收益率法和投资回收期法;补充指标包括净年值法、净现值率法、最小公倍数分析法、分析期截止法、存在期间法等。我们将这些指标分为两大体系,即净现值适用的指标体系和净现值不适用的指标体系。

一、净现值适用的指标体系

净现值是一个最基本、最有效的投资决策指标。净现值适用的指标体系包括净现值、内部收益率、盈利能力指数等指标。这些指标在确定独立项目是否可行时等价于净现值法;在互斥项目排序时等价于或者不如净现值法可靠。

(一)净现值的含义及其计算

1. 净现值的概念和含义

净现值(net present value,NPV)是指把项目建设期内各年的净现金流量,即现金流入量与现金流出量的差额,按照一定的折现率折算到建设期初(第1年年初,在现金流量图上用0表示)的现值之和。它考察的是项目在整个计算期内的盈利能力,它是考虑了货币的时间价值的一只动态指标。净现值指标是项目评估中最常用、最重要的一只指标。净现值的计算公式为:

$$NPV = \sum_{t=0}^{n}(CI_t - CO_t) \times (1+r)^{-t} \qquad (2-50)$$

式中：NPV——净现值；

      CI_t——第 t 年的现金流入量；

      CO_t——第 t 年的现金流出量；

      $CI_t - CO_t$——第 t 年的净现金流量；

      r——折现率；

      n——项目的计算年限；

      t——项目计算期内的第几年。

净现值的含义是,在考虑了货币时间价值,即资金成本和资金的机会成本的情况下,投资项目的现金流入量对现金流出量的弥补的情况。

NPV 的计算结果不外乎三种情况,即净现值大于 0、等于 0 或者小于 0。

如果 $NPV=0$,说明项目的现金流入量刚好弥补项目的现金流出量,需要注意的是,这并不说明投资项目的报酬是 0,由于净现值的计算考虑了货币的时间价值即机会成本,事实上这时项目获得了折现率 r 这么高的投资回报率,即项目获得了正常的投资收益率,但是没有获得额外的收益;如果 $NPV>0$,则说明投资项目不仅获得了折现率 r 这么高的正常投资回报率,而且获得了额外的超额收益,NPV 越大则超额收益越多;如果 $NPV<0$,则说明投资项目不能够获得折现率 r 这么高的正常投资回报率。

从净现值的计算公式可以看出,在投资项目的现金流量一定的情况下,折现率 r 越高,则净现值越小,如图 2-34 所示。因此,一个投资项目的净现值不是唯一的,而是与折现率一一对应的。折现率在这里的含义是公司的最低期望收益率,它的高低是由投资者决定的。最低期望收益率的确定方式,本书将在以后章节予以介绍。

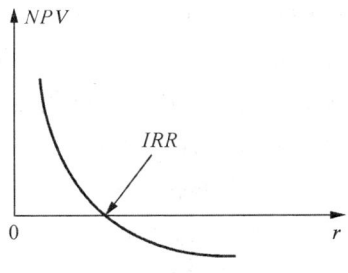

图 2-34　净现值与折现率的关系

用净现值来评估投资项目的决策准则非常简单,对于独立项目,当净现值大于、等于 0 的时候,项目是可行的;当净现值小于 0 的时候,项目是不可行的。对于互斥项目的选优或者排序问题,净现值大的是优秀的项目,净现值大的项目的收益能力比净现值小的项目好。

2. 净现值的计算

【例 2-34】　承接[例 2-31],假设该公司的最低期望收益率为 10%,请用净现值法决策该设备是否应该购置。

解：与该设备相关的现金流量在[例 2-31]中已经确定,如表 2-16 所示。

所以,该项目是可行的。

3. 净现值的决策准则和特点

判断独立项目是否可行的净现值决策准则非常简单。

当净现值大于、等于 0 时,投资项目是可行的。

表 2-16　净现值计算表　　　　单位：元；折现率：10%

年	现金流量	折现系数	现　值
0	−68 000	1	−68 000
1	21 120	0.909 1	19 200.19
2	21 120	0.826 4	17 453.57
3	21 120	0.751 3	15 867.46
4	21 120	0.683 0	14 424.96
5	21 120＋14 000＝35 120	0.620 9	21 806.01
净现值(10%)			20 752.19

当净现值小于 0 时,投资项目是不可行的。

净现值法具有以下几个特点:

(1) 净现值法的计算和决策准则都比较简单。

(2) 净现值法考察了项目的整个计算期。

(3) 净现值法采用的是现金流量。

(4) 净现值法考虑了货币的时间价值。

(5) 折现率的高低决定了净现值的大小。

(6) 净现值是一个价值型的指标,它不考虑投资项目的规模大小,因此,在互斥项目的比较中,可能出现净现值大的项目的收益率比较小;净现值小的项目的收益率反而大的情况。这时候的决策准则仍然非常简单,即净现值大的项目优于净现值小的项目。这一准则我们将在后面予以证明。

(二) 内部收益率

1. 内部收益率的定义和决策准则

内部收益率(internal rate of return,IRR)是指在整个项目计算期内,各年的项目现金流量的现值之和,即净现值为 0 时的折现率。

前文我们已经介绍过,随着折现率的提高,净现值会越来越小,直到成为负数。当净现值为 0 时所对应的折现率,我们就称为内部收益率。

$$\sum_{t=0}^{n}(CI_t - CO_t) \times (1 + IRR)^{-t} = 0 \tag{2-51}$$

内部收益率可以理解为投资项目可以提供给投资者的收益率,如果该收益率大于等于投资者的期望收益率,则该项目就是可行的;相反,如果该收益率小于投资者的期望收益率,那么,该项目就是不可行的。也可以理解为投资项目在不亏损的情况下可以承受的最高资金成本,即如果用于该项目的资金成本不高于该内部收益率,那么借入资金的成本可以保证支付,自有资金可以获得正常的预期收益率。

判断独立项目是否可行的内部收益率决策准则也非常简单:

只要投资项目的内部收益率大于等于投资者的期望收益率或者投入资金的资金成

本,投资项目就是可行的;反之,投资项目则是不可行的。

2. 内部收益率计算

(1)借助计算机。内部收益率的计算相当于对一个一元高次方程进行求解,许多计算机软件都具有这种功能,如常见的办公自动化软件(Excel)、财务分析软件、统计软件等,都可以计算出项目的内部收益率。详见本书第十三章。

(2)试差法。所谓试差法就是先任意选择一个折现率来计算项目的净现值,如果计算出的净现值大于0,说明所选择的折现率太小,应该再选一个大一些的折现率进行计算;如果计算出的净现值小于0,说明所选择的折现率太大,应该再选一个小一些的折现率进行计算,直到计算出的净现值恰好为0时,这时所采用的折现率就是该投资项目的内部收益率。

(3)线性插入法。由于试差法要经过多次试验,而且有时很难顺利地找到净现值为0的折现率,因此工作中常常采用线性插入法来确定项目的内部收益率。

线性插入法的步骤是:先任意选择一个折现率来计算项目的净现值,如果计算出的净现值大于0,说明所选择的折现率太小,就用比原来折现率大2%的折现率再进行计算,如果净现值还大于0,则再用加2%的折现率进行计算,直到计算出的净现值小于0为止;如果计算出的净现值小于0,说明所选择的折现率太大,就选比原来折现率小2%的折现率再进行计算,如果还小于0,则再用减2%的折现率进行计算,直到计算出的净现值大于0为止。然后用下列公式计算项目的内部收益率:

$$IRR = r_1 + (r_2 - r_1) \times \frac{NPV_1}{NPV_1 + |NPV_2|} \tag{2-52}$$

公式中变量的含义和满足条件如下:

IRR——项目的内部收益率;

r_1——折现率$_1$,其净现值$NPV_1 > 0$;

r_2——折现率$_2$,其净现值$NPV_2 < 0$;

$r_1 < r_2$且$r_2 - r_1 \leqslant 2\%$。

由于线性插入法把净现值与折现率关系曲线看作一条直线,如图2-35所示,运用相似三角形原理解出的内部收益率只是近似的内部收益率,由于r_1和r_2距离很近,不超过2%,因此误差不会太大;如果r_1和r_2距离很远,那么误差就会很大。

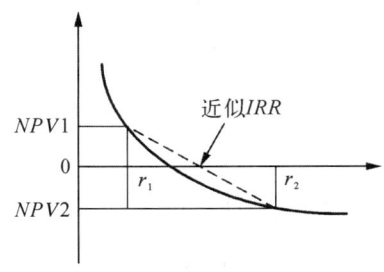

3. 无内部收益率或者有多个内部收益率的情况

常规投资项目是指在项目计算期内各年的净现金流量在开始1年或数年为负数,在以后各年均为正数的项目,即在项目计算期内净现金流量序列的正负号只变化一次的项目。非常规投资项目是指在项目计算期内各年的净现金流量的正负号的变化超过一次的项目。一般情况下,对于常规投资项目,只要该项目的净现值大于0,

图2-35 线性插入法示意图

那么它具有唯一的内部收益率;对于非常规投资项目则可能出现内部收益率多解或无解的情况。

4. 差额内部收益率

当内部收益率用于在多个项目中选择优秀项目时,会和净现值法发生矛盾。如[例2-35]所示。

【例2-35】 有 A、B 两个互斥投资项目的现金流量如表 2-17 所示,折现率取 10%,判断哪个项目应该被淘汰。

表 2-17　投资项目 A、B 的现金流量表　　　　　　单位:万元

项　目	1	2	IRR	NPV@10
A	−100	120	20%	9.1%
B	−200	236	18%	14.55%
B−A	−100	116	16%	5.45%

在 10% 的折现率下,A、B 两个项目都是可行的,但是 A 项目的内部收益率大于 B 项目;B 项目的净现值大于 A 项目。这时应该选择哪个项目似乎出现了矛盾。这种矛盾是由于 A、B 的投资规模不同造成的。为解决这个问题,我们把规模大的 B 项目"分拆"成两个项目,即项目 A 和虚拟项目 B−A。如果在投资项目 A 后,证明虚拟项目 B−A 也是可行的,那么再投资虚拟项目 B−A,则实际上是投资于项目 B;如果证明虚拟项目 B−A 是不可行的,那么就不再投资虚拟项目 B−A,则实际上是投资于项目 A。由于虚拟项目 B−A 的内部收益率为 16%,NPV@10% 为 5.45,可以判断该项目可行,那么应该选择项目 B,这与 NPV 决策准则中净现值大的项目是优秀的项目是一致的。

我们把虚拟项目 B−A 的内部收益率称为差额内部收益率,用 $\triangle IRR$ 表示。差额内部收益率是两个项目差额现金流量的内部收益率,即在差额内部收益率作为折现率时,两个项目的差额现金流量的净现值为 0,由此可以得到,在差额内部收益率作为折现率时,两个项目的净现值相等。因此,也可以将差额内部收益率理解为使两个项目净现值相等的折现率。如图 2-36 所示。

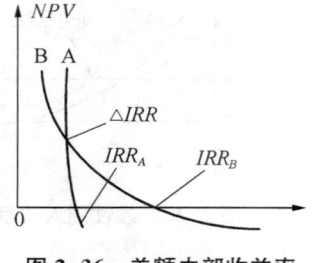

图 2-36　差额内部收益率

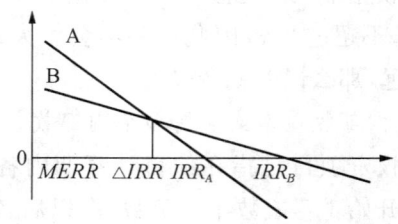

图 2-37　差额内部收益率示意图(1)

差额内部收益率决策准则:

(1) 若差额内部收益率($\triangle IRR$)大于最低期望收益率或资金的机会成本($MERR$),并

且：①小于这两个项目的内部收益率时，那么应该选择内部收益率较小的投资项目，如图2-37所示；②大于这两个项目的内部收益率时，那么应该选择内部收益率较大的投资项目，如图2-38所示。

（2）若差额内部收益率（ΔIRR）小于最低期望收益率或资金的机会成本（MERR），那么应该选择内部收益率较大的投资项目，如图2-39所示。

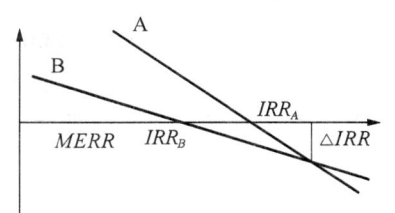

图2-38 差额内部收益率示意图（2）

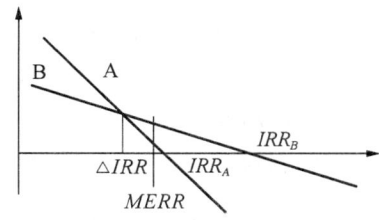

图2-39 差额内部收益率示意图（3）

5. 内部收益率和差额内部收益率的特点

内部收益率可以直接衡量出一个投资项目的真正投资收益率，是一种动态的投资评价指标。其计算的前提条件是必须知道投资项目的现金流量，其决策的前提条件是必须知道最低期望收益率或者资金的机会成本。是一种可靠的评价指标。内部收益率与净现值法相比较，它们的应用前提条件是相同的，都需要知道现金流量和最低期望收益率或者资金的机会成本，得出的结论也是相同的；但是净现值的计算要比内部收益率的计算简单很多。

内部收益率的优点是其计算时不需要知道最低期望收益率或者资金的机会成本，只在决策时才需要运用最低期望收益率或者资金的机会成本。因此，当我们向多个具有不同的最低期望收益率或者资金的机会成本的投资者说明一个投资项目时运用内部收益率法要比净现值法更容易为投资者理解。因为净现值是随折现率的变动而变动的，当多个投资者具有不同的最低期望收益率或者资金的机会成本时，就会有多个净现值。

差额内部收益率决策准则会得到与净现值决策准则完全相同的决策结果，但是差额内部收益率决策准则却比净现值决策准则复杂得多，因此在实际工作中一般使用净现值决策准则。

（三）盈利能力指数

盈利能力指数（profitability index method，PI）是指在投资项目的整个计算期内，全部收益（正的净现金流量）的现值之和与投资（负的净现金流量）现值之和的比率，计算公式为：

$$PI = \frac{\sum_{t=0}^{n} R_t \dfrac{1}{(1+r)^t}}{\sum_{t=0}^{n} C_t \dfrac{1}{(1+r)^t}} \tag{2-53}$$

式中：PI——盈利能力指数；

R_t——正的净现金流量；

C_t——负的净现金流量；

r——折现率。

从公式中可以得知，盈利能力指数与净现值的本质是相同的。净现值法相当于投资项目全部收益（正的净现金流量）的现值之和与投资（负的净现金流量）现值之和的差，而盈利能力指数是投资项目全部收益（正的净现金流量）的现值之和与投资（负的净现金流量）现值之和的商。因此，当净现值大于 0 时，盈利能力指数一定大于 1；当净现值等于 0 时，盈利能力指数一定等于 1；当净现值小于 0 时，盈利能力指数一定小于 1。所以，盈利能力指数判断独立项目是否可行时就看盈利能力指数是否大于等于 1。净现值、内部收益率和盈利能力指数三个指标的比较如表 2-18 所示。

表 2-18　净现值、内部收益率和盈利能力指数三个指标的比较

指　　标	前提条件	项目可行的结论		项目不可行的结论	计算	是否可用于互斥项目
净现值	现金流量和 MERR	大于 0	等于 0	小于 0	简单	可以
内部收益率	现金流量和 MERR	大于 MERR	等于 MERR	小于 MERR	复杂	可以
盈利能力指数	现金流量和 MERR	大于 1	等于 1	小于 1	简单	不可以

二、净现值不适用的指标体系

净现值不适用的指标体系是在净现值指标不能解决问题的情况下才使用的指标体系，包括因为净现值相等时使用的盈利能力指数、净现值率等反映项目规模的指标；当规模相等时使用的投资回收期、存在期间等指标；当因为项目发挥效益的时间不同而采用的最小公倍数法、分析期截止法、净年值法和年值贴现法，以及常用的会计收益率法。

（一）由于净现值相同而不适用净现值的指标

【例 2-36】　有 A、B 两个互斥投资项目的现金流量如表 2-19 所示，折现率取 10%，判断哪个项目优秀一些。

表 2-19　A、B 两个互斥投资项目的现金流量表　　　　单位：万元

	0	1	$NPV@10\%$
A	−100	120	9.091
B	−200	230	9.091

由于 A、B 两个互斥投资项目的净现值相等且都大于 0，因此两个项目都是可行的。但是，这两个项目是互斥项目，只能选择一个，应该选择哪个呢？这时候只看净现值是不能解决问题。这时候应该关注的是投资项目的规模，当净现值相等的时候，应该选择规模

小的项目。可以反映项目规模的指标有两个：一个是盈利能力指数；另一个是净现值率（the rate of net present value，NPVR）。

盈利能力指数我们在前文已经介绍过了，这两个项目的盈利能力指数分别为：

$$PI_A = \frac{\frac{120}{1.1}}{100} = 1.091$$

$$PI_B = \frac{\frac{230}{1.1}}{200} = 1.045$$

选择盈利能力指数大的项目 A，就是选择投资规模小的项目。

净现值率是指投资项目的净现值与投资的比率。公式为：

$$NPVR = \frac{NPV}{Ip} \tag{2-54}$$

公式中的 Ip 为投资的现值。

$$NPVR_A = \frac{NPV}{Ip} = \frac{9.091}{100} \approx 9\%$$

$$NPVR_B = \frac{NPV}{Ip} = \frac{9.091}{200} \approx 4.5\%$$

选择净现值率大的项目 A，就是选择投资规模小的项目。

注：有些书中认为净现值率与盈利能力指数是同一个指标，只是名称不同而已，其计算方法和经济含义均同本书的盈利能力指数的计算。

盈利能力指数与净现值率的本质是相同的，盈利能力指数相当于净现值率加 1；或者净现值率相当于盈利能力指数减去 1。因此运用这两个指标会得到相同的决策结果。

结论：

当互斥项目的净现值相同的时候，应该选择投资规模较小的，即盈利能力指数或者净现值率较大的投资项目。

（二）净现值和投资规模都相等问题的解决

当互斥项目的净现值和投资规模，即盈利能力指数和净现值率都相等时又应该如何选择呢？

【例 2-37】 有 A、B 两个互斥投资项目的现金流量如表 2-20 所示，折现率取 10%，判断哪个项目优秀一些。

表 2-20　A、B 两个互斥投资项目的现金流量表　　　　　　单位：万元

	0	1	2	$NPV@10\%$	PI	$NPVR$
A	−100	10	121	9.091	1.091	0.091
B	−100	110	11	9.091	1.091	0.091

如[例 2-37]，A、B 两个互斥投资项目的净现值、盈利能力指数、净现值率都相等,这时应该怎么决策呢? 这时候应该选择期限短的项目,这里的期限不是指项目计算期,而是指投资回收期和项目的存在期间。

1. 投资回收期

投资回收期(payback period method)是指投资项目自身带来的现金流量能够弥补全部投资所需的现金流出的期限,即投资项目累计净现金流量为 0 所需要的时间。

投资回收期可以分为静态投资回收期和动态投资回收期。静态投资回收期是指在计算累计净现金流量时不考虑货币的时间价值,即各年的净现金流量直接相加减。动态投资回收期是指在计算累计净现金流量时要考虑货币的时间价值,即各年的净现金流量要贴现成现值后才能相加减。

一般用 P_t 表示投资回收期,具体计算时,一般采用如下公式计算:

$$静态 P_t = A - 1 + \frac{A - 1 年的累计净现金流量的绝对值}{第 A 年的净现金流量} \qquad (2-55)$$

$$动态 P_t = A - 1 + \frac{A - 1 年的累计贴现的净现金流量的绝对值}{第 A 年的净现金流量的贴现值} \qquad (2-56)$$

式中：A——累计净现金流量开始出现正值的年份。

【例 2-38】 承[例 2-37],计算在折现率为 10% 的条件下,两个项目的动态投资回收期。

解:

表 2-21　累计净现金流量计算表　　　　　　　单位:万元

项　目　A				项　目　B			
年	现金流量	折现现金流量@10%	累计现金流量	年	现金流量	折现现金流量@10%	累计现金流量
0	−100	−100	−100	0	−100	−100	−100
1	10	9.091	−90.909	1	110	100	0
2	121	100	9.091	2	11	9.091	9.091

从表 2-21 中可以看出,项目 B 在第 1 年结束时累计净现金流量刚好为 0,因此项目 B 的动态投资回收期为 1 年。

项目 A 累计净现金流量开始出现正值的年份为第 2 年,因此根据公式,项目 A 的动态投资回收期为:

$$动态 P_t = 2 - 1 + \frac{90.909}{100} \approx 1.9 (年)$$

$$0.9 \times 12 = 10.8 (月)$$

$$0.8 \times 30 = 24 (天)$$

所以,项目 A 的动态投资回收期为 1.9 年,或者为 1 年 10 个月又 24 天。

项目 B 的动态投资回收期小于项目 A 的动态投资回收期,因此,应该选择项目 B。

投资回收期越短,反映项目的资金回收得越快,一般而言,项目的风险越小,受不确定性影响的可能性越小。因为,时间越长,事物的变化程度也越大,风险就越大。

在成熟的投资行业,一般关于投资回收期都有一个经验数据,如果项目的投资回收期小于行业正常的投资回收期,则说明项目方案是比较优秀的。

投资回收期指标的最大缺点是没有考虑投资项目的全部现金流量,只考虑了投资回收期之内的现金流量。譬如,有两个投资项目,它们的投资回收期都是 4 年,一个项目在第 5 年就报废了;而另一个项目在第 5 年及其以后还有很长的经营期和比较多的现金流入,这种差异投资回收期是反映不出来的。

因此,投资回收期对项目盈利能力的考察是不全面的,所以不能作为投资项目的取舍的决定性指标,只能够作为一只参考指标或者补充指标。

2. 存在期间

存在期间(duration),是指投资项目的加权投资寿命,即把项目存在的各年,从第 0 年到最后 1 年,按其各年的权数,即各年所得的净现金流量(仅指生产经营期的净现金流入,不包括资本性支出)的现值对各年的年数进行加权平均。计算公式为:

$$\text{Duration} = \frac{\sum\limits_{t=0}^{n} tP_t}{\sum\limits_{t=0}^{n} P_t} \tag{2-57}$$

式中:Duration——存在期间;

t——第 t 年;

P_t——第 t 年现金流量的现值。

【例 2-39】　有 A、B 两个项目,现金流量如表 2-22 所示,折现率取 10%,计算两个项目的存在期间。

$$\text{Duration}(A) = \frac{\sum\limits_{t=0}^{n} tP_t}{\sum\limits_{t=0}^{n} P_t} = \frac{\dfrac{100}{1.1} \times 1 + \dfrac{10}{1.21} \times 2 + \dfrac{10}{1.331} \times 3}{\dfrac{100}{1.1} + \dfrac{10}{1.21} + \dfrac{10}{1.331}} = \frac{129.98}{106.69} = 1.22(\text{年})$$

$$\text{Duration}(B) = \frac{\sum\limits_{t=0}^{n} tP_t}{\sum\limits_{t=0}^{n} P_t} = \frac{\dfrac{10}{1.1} \times 1 + \dfrac{118.1}{1.21} \times 2}{\dfrac{10}{1.1} + \dfrac{118.1}{1.21}} = \frac{204.3}{106.69} = 1.91(\text{年})$$

表 2-22　A、B 两个项目的现金流量表　　　　　　　　　单位:万元

	0	1	2	3	$NPV@10\%$
A	−100	100	10	10	6.69
B	−100	10	118.1	—	6.69

如[例2-39]所示,虽然项目A的期限是3年,项目B的年限是2年,但是由于项目A的资金回收主要安排在项目的前期,而项目B的资金回收主要安排在项目的后期,因此,项目A的存在期间短于项目B的存在期间,反映出项目A的资金可以更早地回收,项目A面临的风险也要小于项目B,因为,时间越长,风险越大。

(三)由于项目发挥效益的期间不同而不适用净现值的情况

如果互斥方案进行比较时,其计算期是不同的话,那么各个方案按各自计算期计算出来的净现值是不可比的。为了使各个方案具有可比性,就要对各个方案进行适当地处理,使之在相同的条件下进行比较,这样才能得到合理的结论。一般可以采用以下几种方法。

1. 最小公倍数法

最小公倍数法就是将几个待比较方案的计算期的最小公倍数作为它们共同的计算期,并假定每个方案都在这个计算期内不断地重复进行,通过计算各个共同的计算期内的净现值,来比较各个方案的优劣。

【例2-40】 有A、B两个项目,现金流量如表2-23所示,折现率取10%,比较两个项目的优劣。

表2-23　A、B两个项目的现金流量表　　　　　　　　单位:万元

	0	1	2	3	4	5	6
A	−4	0.8	1.4	1.3	1.2	1.1	1
B	−2	0.7	1.3	1.2	—	—	—

解:这两个项目的计算期不同,项目A为6年,项目B为3年。如果直接计算净现值,可得:

$$NPV(A)@10\%=0.93$$
$$NPV(B)@10\%=0.61$$

但是,由于这两个项目的计算期不同,所以这两个净现值不具有可比性,不能简单地讲项目A优于项目B。两个项目计算期的最小公倍数为6年,所以,我们可以将项目B重复一次,两个项目都按照6年计算,如表2-24所示。

表2-24　处理后A、B两个项目的现金流量表　　　　　　单位:万元

	0	1	2	3	4	5	6
A	−4	0.8	1.4	1.3	1.2	1.1	1
B	−2	0.7	1.3	1.2−2=−0.8	0.7	1.3	1.2

这样我们可以计算出来:

$$NPV(A)@10\%=0.93$$

$$NPV(B)@10\%=1.07$$

说明,在以 6 年为考察期的情况下,项目 B 优于项目 A。

最小公倍数法的缺陷是当几个互斥项目的最小公倍数太大时,如一个项目的寿命为 8 年;另一个项目的寿命是 9 年,最小公倍数为 72 年。如果考察 72 年的话,第一是计算非常复杂;第二这么长时间的计算已经没有经济学意义了,因为时间越长,风险越大。前面我们介绍过,超过 50 年,用货币时间价值确定就已经没有意义了。这时就需要用后面的方法了。

2. 分析期截止法

这种方法是根据产品市场的生命周期或者生产技术的发展情况,直接确定一个合适的分析期作为各个方案的共同计算期,通过考察各个方案在共同计算期内净现值来进行比较。对于在分析期末还没有报废的项目,可以估测出一个项目的剩余价值(residual value),并在分析期末全额回收。在这种分析方法下,我们仍然选取净现值大的方案。

【例 2-41】 承[例 2-40],假定分析期为 3 年,项目 A 在第 3 年末的剩余价值为 3 万元,请比较两个方案的优劣。

解:

调整以后现金流量如表 2-25 所示。

表 2-25 处理后 A、B 两个项目的现金流量表 单位:万元

	0	1	2	3
A	−4	0.8	1.4	1.3+3=4.3
B	−2	0.7	1.3	1.2

这样我们可以计算出来:

$$NPV(A)@10\% = 1.11$$
$$NPV(B)@10\% = 0.61$$

所以,在考察 3 年期限的情况下,项目 A 优于项目 B。

3. 净年值法

净年值法的英文缩写为 EAA 或者 NAV 即 equivalent annual annuity approach 或者 net annuity value 的缩写。

净现值法是计算各个项目的在第 0 年的等价现值作为比较指标的,当计算期限不同时,这只指标便没有经济意义,不具有可比性了。那么净年值是计算各个项目在其各自计算期内每年的等价年金作为比较指标的,即净现值比较的是各个项目的现值,而净年值比较的是各个项目的年金价值,因此它不会受到计算期限不同的影响。

$$NAV = NPV(A/P, r, n) \tag{2-58}$$

或者:

$$NAV = \frac{NPV}{(P/A, r, n)} \tag{2-59}$$

【例 2-42】 承[例 2-40],已知两个项目的净现值如下:

$$NPV(A)@10\% = 0.93$$

$$NPV(B)@10\% = 0.61$$

则两个项目的净年值为:

$$NAV(A)@10\% = 0.93(A/P, 0.1, 6) = 0.93 \times 0.2296 = 0.2135$$

$$NAV(B)@10\% = 0.61(A/P, 0.1, 3) = 0.61 \times 0.4021 = 0.2453$$

净年值是净现值的等价指标,也是值越大的项目越好。按净年值法来比较互斥方案时,应该选择净年值大于 0 的,并且净年值最大的方案。

4. 年值贴现法

为了便于理解,也可以用年值贴现法对计算期不同的方案进行比较。年值贴现法实际上是净年值法的一种变形,它是把各个方案的净年值都换算成某一共同的计算期内的净现值,然后再进行方案的比较和选择。

$$NPV' = NAV(P/A, r, N) \tag{2-60}$$

NPV' 是用年值贴现法计算的净现值,N 是共同计算期。N 的大小是不会改变指标的正负和大小次序的,所以,N 的大小是不会影响方案比较和选择的结论。因为各个项目的净年值均乘以 $(P/A, r, N)$,而 $(P/A, r, N)$ 是一个大于 0 的常数。

结论:年值贴现法完全等价于净年值法。

年值贴现法是净现值的等价指标,也是值越大的项目越好。按年值贴现法来比较互斥方案时,应该选择净现值大于 0 的,并且净现值最大的方案。

(四)会计收益率的含义及其计算

会计收益率是一种会计形式的投资收益率指标,其计算资料来源于会计资料,与其他评价指标的计算最大的不同在于,会计收益率的计算采用的是会计利润,而其他评价指标的计算采用的是现金流量。会计收益率的计算不考虑货币时间价值,是一个静态指标。

根据对投资的理解不同,会计收益率有两个指标:一个是投资利润率;另一个是平均收益率。

投资利润率是投资项目达到设计生产能力后的正常年份的年平均利润总额与项目总投资的比率计算公式为:

$$投资利润率 = \frac{年平均利润总额}{总投资} \times 100\% \tag{2-61}$$

平均收益率是投资项目达到设计生产能力后的正常年份的年平均利润总额与项目年平均占用的投资额的比率计算公式为:

$$平均利润率 = \frac{年平均利润总额}{年平均占用的投资额} \times 100\% \tag{2-62}$$

年平均占用的投资额的含义是这个投资项目平均每年占用了多少投资资金,总投资是在期初投入的,通过固定资产折旧和无形资产摊销不断回收的,因此,项目在建成时占用的投资金额最多,随着时间的推移,计提的折旧和摊销越多,则占用的投资金额越少,其在直线法折旧下的计算公式为：

$$年平均占用的投资额 = \frac{期初总投资 + 期末残余价值}{2} \qquad (2\text{-}63)$$

【例 2-43】 某项目的投资、利润和折旧如表 2-26 所示，请计算会计收益率。

表 2-26　某项目的投资、折旧和利润核算表　　　单位：万元

年	0	1	2	3	4
投资	1 000				
折旧		200	200	200	200
利润		100	150	150	200

解：

年平均利润总额为：

$$(100 + 150 + 150 + 200) \div 4 = 150(万元)$$

$$投资利润率 = \frac{年平均利润总额}{总投资} \times 100\% = \frac{150}{1\,000} \times 100\% = 15\%$$

年平均占用的投资额为：

$$[1\,000 + (1\,000 - 200 \times 4)] \div 2 = 600(万元)$$

$$平均利润率 = \frac{年平均利润总额}{年平均占用的投资额} \times 100\% = \frac{150}{600} \times 100\% = 25\%$$

投资利润率反映投资项目在正常的生产年份每1元投资所产生的年利润；而平均收益率反映投资项目在整个生产经营期内，平均占用1元投资资金所带来的年平均利润。利润总额也可以由税后利润代替。计算出的投资项目的会计收益率可以同投资者的期望收益率进行比较，如果会计收益率大于公司的最低期望收益率，则可以考虑接受该投资项目；如果小于公司的最低期望收益率则应该拒绝该投资项目。

会计收益率计算简单，直接以会计资料提供的数据为基础，不需要编制现金流量表，而且公司的财务会计人员非常熟悉这个概念。但是这个指标具有两个比较严重的缺陷：第一，没有考虑货币的时间价值，是一个静态的指标，没有考虑获得收益的时间问题；第二，采用的是会计利润，而非现金流量，没有考虑折旧、摊销等对现金流量的影响。因而，该指标难以反映投资项目的实际净收益率。会计收益率一般只能够用于项目的机会研究和初步可行性研究，它是一个项目评估的辅助指标，不是一个决定项目取舍、优劣的决定性指标。

第五节　债券估价

债券是典型的固定收益证券，常用折现现金流量的方法确定其价值，相当于前面介绍

的净现值法。

一、债券的概念

债券是指债务人为了筹集资金,按照法定程序发行的并向债权人承诺于指定日期还本付息的一种有价证券。根据发行主体的不同,债券可以分为公司债券、金融债券和政府债券三大类。对发行主体而言,债券是一种筹资工具;对购买主体而言,债券是一种投资工具。这里,我们是站在购买者即投资者的角度探讨债券的评估。

(一)债券的特点

债券作为一种投资工具,具有以下三个特点。

1. 安全性

相对于股票投资和其他投资方式而言,债券的投资风险较小。因为国家对发行债券有严格的法律规定:比如政府债券通常由财政部发行,有国家信誉做担保;银行或其他金融机构发行债券,要经中央银行或其他政府管理部门批准,并以其信誉和一定的实力做后盾;企业发行债券则须以其经济实力和发展潜力作为前提。当然,投资债券并非没有一点风险。如果发行主体出现重大财务危机,比如企业破产,便很可能导致投资者收不回全部投资。但法律规定,在企业破产清算时,债权人优先于股东受偿。因此,债券投资的安全性还是要高于其他投资方式。

2. 收益性

债券的利率在正常情况下一般高于同期银行存款利率,并且通常比较稳定,因此在债务人未发生重大财务危机的情况下,债权人的收益都是较稳定的。另外,债权人还可以通过在二级市场买卖债券获取资本利得。

3. 流动性

在我国目前发行的债券中,有相当部分是可流通债券,可以随时在证券市场上变现。

基于上述特点,长期债券的评估要遵循以下两个原则:

第一,收益现值原则。债的价格最终是由其发行主体的盈利状况决定,投资者关心的也是所购债券能获得的收益。因此,评估债券的现时价值是基于对债券的预期收益进行折现的结果。

第二,实际变现原则。在比较发达的证券市场上,债券作为一种特殊的商品,可以流通,其价格自然会受到市场供求关系及投机等因素的影响。因此,评估债券除了考虑其收益现值外,还要结合其在现时市场的实际变现情况进行综合分析。

(二)债券的要素

债券的要素包括债券的面值、票面利率和到期日。

1. 债券的面值

债券的面值是指设定的票面金额,它代表发行人承诺于到期日偿付给债券持有人的本金金额。

2. 票面利率

债券的票面利率是指债券发行者在 1 年中向投资者支付的利息占债券面值的比率。

票面利率不同于实际利率。实际利率通常是指按复利计算的 1 年期的利率。债券的计息和付息方式有多种，可能使用单利或者复利计息，利息支付可能每 6 个月一次、1 年一次或者到期一次支付，这就使得票面利率不等于实际利率。事实上，债券不都是平价发行，很多是溢价发行或者折价发行，这样会使票面利率与债券的实际收益率有更大的差异。

3. 到期日

债券的到期日指偿还本金的日期。除了永续债券以外，一般的债券都规定有到期日。永续债券也称金边债券，是指没有到期日，每期付息、永不还本的债券。

二、债券评估

债券作为一种有价证券，从理论上讲，它的市场价格应反映其收益现值。但这需要两个前提条件：一是被评估债券具有高度流动性，可以在市场上自由买卖或贴现；二是债券市场交易情况正常，不存在垄断和过度投机行为。当这两个前提条件同时满足时，债券的评估值就是其现行市价；反之，则需要通过其他途径和方法进行评估。下文将按债券能否上市流通分别讨论它们的评估方法。

（一）利用证券市场进行评估

上市债券是指经政府管理部门批准，在证券交易所内买卖的债券，也叫挂牌券。对于投资者而言，上市债券经过严格审查，流动性较好，一般采用现行市价法评估，即按照评估基准日的收盘价确定评估值。但是，如果在特殊情况下市场价格被严重扭曲，无法代表债券的内在客观价值，则要参照非上市债券的评估。

【例 2-44】　某企业持有另一企业发行的已上市交易的 3 年期债券 1 200 张，每张面值 100 元，年利率为 10％。根据交易市场调查，评估基准日该债券的收盘价为 120 元。经分析，该价格比较合理，所以评估值为：

$$1\ 200 \times 120 = 144\ 000（元）$$

（二）利用收益模型进行评估

非上市债券不能在证券交易所上市，只能在场外交易，流动性差，一般采用收益现值法评估，即在考虑债券风险的前提下，按适用的本金化率将债券的预期收益折算成现值。通常情况下，对于距评估基准日一年内到期的债券，可以根据本金加上持有期的利息来确定评估值；对于距评估基准日超过 1 年到期的债券，则对本利和折算为现值来确定评估值。但对于不能按期收回本金和利息的债券，需要在调查取证的基础上，通过分析预测来合理确定评估值。

在评估实践中，对于按本利和折现的债券，又因付息方式的差异采用不同的计算方法。

1. 到期一次性还本付息债券

此类债券的评估公式为：

$$P = F \times (1+i)^{-n} \qquad\qquad (2\text{-}64)$$

式中：P——债券的评估值；

      F——债券到期时的本利和；

      i——折现率；

      n——评估日至债券到期日的间隔（以年或月为单位）。

其中，F 的计算还要看计息方式是单利还是复利。

（1）单利计算时：

$$F = A \times (1 + mr) \tag{2-65}$$

（2）复利计算时：

$$F = A \times (1 + r)^m \tag{2-66}$$

式中：A——债券面值；

      m——计息期限；

      r——债券利率。

一般地，债券面值、计息期和利率在债券上都有明确记载，而折现率需要评估人员根据实际情况分析确定。折现率通常由无风险报酬率、风险报酬率和通货膨胀率三个部分组成。其中，市场经济较完善的国家的无风险报酬率一般以市场利率为准，而我国是以国库券利率或银行 1 年期定期存款利率作为无风险报酬率。风险报酬率的大小则取决于债券发行主体的具体情况。国家债券和金融债券有良好的担保条件，其风险报酬率一般较低；企业债券要视发行企业的经营状况而定：经营业绩较好，有足够还本付息能力的，风险报酬率较低，否则，会比较高。

【例 2-45】 某企业的长期投资账面上有另一企业发行的 3 年期一次性还本付息债券 60 000 元，年利率为 15%，单利计息，评估基准日距离债券到期日 2 年，当时的国库券利率为 12%。经评估人员调查，债券发行企业的经营业绩较好，两年后有还本付息能力，风险不大，因而取 2% 的风险报酬率，以国库券利率作为无风险报酬率，折现率为 14%。这样，评估值的计算为：

$$F = A \times (1 + mr) = 60\,000 \times (1 + 3 \times 15\%) = 87\,000(元)$$

$$P = F \times (1 + i)^{-n} = 87\,000 \times (1 + 14\%)^{-2} = 87\,000 \times 0.769\,5 = 66\,946.5(元)$$

2. 每期支付利息、到期还本债券

每期支付利息、到期一次还本的债券评估公式为：

$$P = \sum_{t=1}^{n} [R_t \times (1+i)^{-t}] + A(1+i)^{-n} \tag{2-67}$$

式中：P——债券的评估值；

      R_t——第 t 年的预期利息收益；

      i——折现率；

      A——债券面值；

      t——评估基准日距收取利息日期限；

n——评估基准日距到期还本日期限。

【例 2-46】 某企业准备购买一批 15 年期国债 60 万元，年息为 10%，单利计息，每年付息一次，可以以平价买入。现在假定折现率为 11%，试评估该批国库券的价值，并评价是否具有投资价值？

解：

$$P = 600\,000 \times 10\% \times (P/A, 11\%, 15) + 600\,000 \times (P/F, 11\%, 15)$$
$$= 60\,000 \times 7.190\,9 + 600\,000 \times 0.209$$
$$= 556\,854（元）$$

分析：评估值小于将要支付的买价，因此不值得投资。

三、影响债券价值的因素

影响债券价值的因素有投资者要求的必要报酬率、债券的到期值、债券的利息支付方式和支付频率等。

（一）必要报酬率

当投资者要求的必要报酬率等于债券的票面利率时，债券的面值就是债券的价值，此时的债券市场价格等于债券的面值，如果是新债券的发行，则称为平价发行；当投资者要求的必要报酬率大于债券的票面利率时，债券的面值就会大于债券的价值，此时的债券市场价格小于债券的面值，如果是新债券的发行，则称为折价发行；当投资者要求的必要报酬率小于债券的票面利率时，债券的面值就会小于债券的价值，此时的债券市场价格大于债券的面值，如果是新债券的发行，则称为溢价发行。所有类型的债券估价，都遵循这一原则。如[例 2-46]一批债券在投资者要求的必要报酬率为 10% 的情况下，价值为 600\,000 元，在投资者要求的必要报酬率为 11% 的情况下，价值只有 556\,854元。可见，当投资者要求的必要报酬率上升时，债券的价格将下降；当投资者要求的必要报酬率下降时，债券的价值将上升。影响投资者要求的必要报酬率的最重要因素是市场利率，因此：

当市场利率上升时，债券的价格将下跌；

当市场利率下降时，债券的价格将上升。

（二）债券的到期时间

债券的到期时间是指当前日到债券的到期日之间的时间间隔。随着时间的推移，债券的到期时间逐渐缩短，最终为零。

在债券的必要报酬率不变的情况下，不管必要报酬率高于票面利率还是低于票面利率，债券的价值随着到期时间的缩短而逐渐接近债券面值，至到期日，债券的价值等于债券的面值。当必要报酬率高于票面利率时，债券需要折价发行，随着到期时间的缩短，债券的价值逐渐提高，最终等于债券的面值；当必要报酬率低于票面利率时，债券需要溢价发行，随着到期时间的缩短，债券的价值逐渐降低，最终等于债券的面值，如图 2-40 所示。

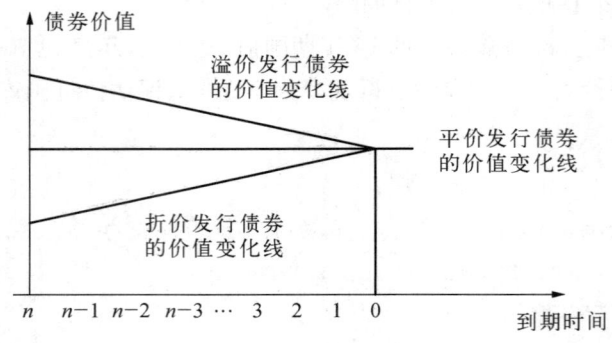

图 2-40　债券价值变化线

【例 2-47】　有 A、B 两种国债,面值均为 100 元,票面利率均为 10％,均为每年付息一次,到期还本。A 国债尚有 3 年到期,B 国债尚有 5 年到期。当市场利率突然由 12％下降为 9％时,请问债券的价值如何变化? 哪种债券的价值变化大?

解:

降息前 A、B 两种国债的价值分别为:

A:$10 \times (P/A, 12\%, 3) + 100 \times (P/F, 12\%, 3) = 10 \times 2.401\,8 + 100 \times 0.711\,8 = 95.2$(元)
B:$10 \times (P/A, 12\%, 5) + 100 \times (P/F, 12\%, 5) = 10 \times 3.604\,8 + 100 \times 0.567\,4 = 92.79$(元)

降息后 A、B 两种国债的价值分别为:

A:$10 \times (P/A, 9\%, 3) + 100 \times (P/F, 9\%, 3) = 10 \times 2.531\,3 + 100 \times 0.772\,2 = 102.53$(元)
B:$10 \times (P/A, 9\%, 5) + 100 \times (P/F, 9\%, 5) = 10 \times 3.889\,7 + 100 \times 0.649\,9 = 103.89$(元)

显然,利率降低以后债券的价值上升,而且到期时间越长,上升得越多。可见:

当市场利率发生变化时,到期时间越长的债券价值变化越大。

因此,长期债券承担的利率风险比较大,要求的收益相应也比较高。

四、债券的风险与收益分析

投资于不同主体发行的债券,承担的风险差异很大,所要求的投资收益也相应地有很大的差异。一般可以用下面的公式来分析债券收益和承担的风险之间的关系。

$$K = K^* + IP + DRP + LP + MRP \tag{2-68}$$

式中:K^*——纯粹(或真实)利率或实际无风险利率;

　　　IP——通货膨胀溢酬;

　　　DRP——违约风险溢酬;

　　　LP——变现力溢酬或流动性风险溢酬;

　　　MRP——期限风险溢酬。

另外,KRP 为名义无风险利率。如短期国库券流动性强,无违约风险、流动性风险和期限风险:

$$KRP = K^* + IP \tag{2-69}$$

1. 纯粹利率

纯粹利率是指在预期通货膨胀率为零时,无风险证券的平均利率。因此,纯粹利率代表真实的无风险报酬率,它可以被视为短期国库券在一个无通货膨胀的环境中提供给投资者的利率。但纯粹利率并非固定不变,它会受货币的供给与需求变化、经济繁荣与衰退等状况的影响。除此之外,下列两个因素也将影响纯粹利率的高低:

(1)存款者投资于实物资产所能获得的报酬率。

(2)消费者对目前与未来消费的时间偏好。

2. 通货膨胀溢酬

由于通货膨胀的存在,它会使货币贬值和投资者的真实报酬率下降,所以这会对利率产生重大影响。当投资者将资金贷给借款人时,他们会在所愿意接受的利率水平上再加上通货膨胀溢酬,以补偿因通货膨胀使购买力降低而带来的损失。因此对无风险的短期国库券而言,它的实际利率(或称名义利率)K 等于纯粹利率 K^* 再加上通货膨胀溢酬,即 $K = K^* + IP$。需要指出的是,这里所指的通货膨胀溢酬是指预期未来的通货膨胀率,而非过去已发生的实际通货膨胀率,而且反映到任何债券利率上的通货膨胀是指债券在整个存续期间的平均预期值。

3. 违约风险溢酬

违约风险指借款者未能按时支付贷款的利息或未能如期偿还贷款的本金的可能性,而投资者将资金贷给借款人后所需承担的这种风险称为违约风险。违约风险越大,则投资者所要求的利率报酬就越高;反之亦然。在美国,一般以违约风险大小对债券的信用进行评级。

国库券与拥有相同到期日、变现力及其他特性的公司债券彼此之间的利率差距,就是违约风险溢酬。由于国债是由政府担保的,是由税收保证的,因此国债的违约风险很小,一般可以认为国债的违约风险为 0。但是,注意一些国家的财政也会破产,到期的债务也不能够偿还,特别是在金融、经济危机中。如在 1997 年东南亚金融危机中,印度尼西亚政府的国债偿还率仅为 5% 左右,随后俄罗斯政府也无法偿还到期债务了。公司债券的违约风险差异很大,一些大型的公司可以拥有 3A 的信用等级,花旗银行的信用等级只是 2A,由于商业银行大量参与高风险性的投资银行业务,现在已经几乎不存在 3A 信用等级的商业银行了。

4. 变现力溢酬

任何资产若能在短期内卖掉并转换成现金,那么我们就认为该资产有较高的变现力或流动性。例如,政府债券、大公司的股票与债券,还有某些金融机构的证券等,由于有一个非常活跃的交易市场,故都有较高的变现力。而对于那些变现力不够高的证券,投资者会向借款人要求变现力溢酬作为补偿。一般而言,在违约风险与期限风险皆相同的情况下,最具变现力的金融资产与最不具变现力的金融资产彼此间的利率差距约介于 1% ～ 2% 之间。这就是所谓的变现力溢酬。

分析一种金融工具包括债券的投资收益时,一般可以从这四个方面来分析它承担的风险,以便在各种金融工具之间展开比较,分析它们要求的收益水平。

第六节　股权投资的评估

长期股权投资按照取得方式,可以分为直接投资和间接投资两类。直接投资是指以资产(包括货币资金、无形资产和其他实物资产)直接投资于其他单位,组成联营企业、合资合作企业或股份企业,从而成为被投资单位的股东。间接投资是指在证券市场上以货币资金购买其他单位的股票,以成为被投资单位的股东。由于两种投资方式在具体操作上差异很大,故下文分别讨论它们的评估方法。

一、直接投资的评估

直接投资的评估可以分为对投资收益的评估和对本金的评估两部分。投资方投资收益的分配形式和投入资本金的处理方式通常都在投资合同或协议中明确规定。首先需要了解投资的具体形式、投资额占被投资企业实收资本的比例和收益获取方式,然后分别采取不同的方法评估。

常见的投资收益分配方式主要有:

(1) 按投资方出资额(非货币投资要经过评估折算成货币)占被投资企业实收资本的比例,参与被投资企业净利润的分配。

(2) 按被投资企业销售收入或利润的一定比例提成。

(3) 按投资方出资额的一定比例支付资金使用报酬。

投入资本金的处置首先取决于投资是否有期限。无期限的投资不存在本金的处置问题。投资合同或协议中规定有期限的,在期限届满时,需按照有关规定办法处置,通常有如下几种:

(1) 按投资时的作价金额以现金返还。

(2) 返还实物资产。

(3) 按期满时的实物资产的变现价格或续用价格作价以现金返还。

对于控股的长期投资,应对被投资企业进行整体价值评估,以收益法为主,特殊情况下也可单独采用加和法或市场比较法。需注意的是,对被投资企业进行整体评估的基准日应与投资方的评估基准日相同。

对于非控股的长期投资,评估投资收益部分时主要采用收益现值法,即根据历史上的收益情况和被投资企业未来的经营情况及风险,预测未来收益,再用适当的折现率折算为现值。其中,关键是预测投资分成的标的物价值,如销售收入、销售利润等。预测方法与整体资产的评估方法相同。但有一种情况比较特殊,即如果投资不是直接获取资金收入,而是取得某种权利或其他间接经济效益的,有两种估算方法。其一,可通过了解分析,测算相应的经济效益,并折现计算。其二,根据剩余的权利、利益所对应的重置价值确定评估值。对于没有明显经济利益,也不能形成任何经济权利的,按零值计算。在未来收益难以确定时,也可以采用重置价值法进行评估。即通过对被投资企业进行评估,确定其净资产数额,再根据投资方所占的份额确定评估值。如果该项投资发生时间不长,被投资企业资产的账实基本相符,则可根据核实后的被投资企业资产负债表上的净资产数额及投资方所占份额确定评估值。

评估本金部分时,评估方法随本金处置方法的不同而有所差异。对上述第一种方式,只需将到期的现金收益折现即可。对第二种方式,可按约定或预测出的收益折算为现值,再加上到期收回的资产价值。第三种处置方法的计算较为复杂。实物资产若是变现,需评估其变现价格;若是继续使用,需评估其重置成本价格。总之,控股和非控股的长期投资,都要单独计算评估值,并记到长期投资项目下,不能把被投资企业的资产和负债与投资方合并处理。

【例2-48】　评估人员在对甲企业的长期投资评估时了解到,甲曾在3年前与乙企业联营,协议联营期10年,按投资比例分配利润。甲当时投入现金14万元,厂房建筑物作价21万元,总计35万元,占联营企业总资本的30%。期满时,返还厂房投资,房屋年折旧率为5%,残值率为5%。评估前两年联营企业的利润分配情况是:第1年实现净利润15万元,甲企业分得4.5万元;第2年实现净利润20万元,甲企业分得6万元;第2年实现净利润18万元,甲企业分得5.4万元。目前,联营企业的生产已基本稳定,今后每年15%的收益率是能保证的,期满后厂房的折余价值为11万元。经调查分析,评估人员确定折现率为12%,则评估值为:

$$P = 350\,000 \times 15\% \times (P/A, 12\%, 7) + 110\,000 \times (P/F, 12\%, 7)$$
$$= 52\,500 \times 4.563\,8 + 110\,000 \times 0.452\,3$$
$$= 239\,599.5 + 49\,753 = 289\,352.5(元)$$

二、股票投资的评估

股票投资是指购买股份公司发行的股票,并据以获得股息和红利收入的投资。与债券投资相比,股票投资具有高风险、高收益的特点。股票的收益一是来自股利收入,二是根据股票价格的波动,低价买入高价卖出而获得的资本利得。

按不同的标准可以对股票进行多种分类,但站在价值评估的角度,最重要的是以下两种分类方式:一是根据持股人享有权利和承担风险的大小,分为普通股和优先股;二是根据股票能否上市,分为上市股和非上市股。

股票的价格名目繁多,诸如票面价格、发行价格、账面价格、清算价格、内在价格和市场价格等,与价值评估紧密相关的主要是后三种。

清算价格是指公司清算时的净资产与股票总数之比值,即是每股净资产。采用清算价格评估股票的价值是比较保守的做法。由于投资者购买股票是希望该股票发行公司能不断地发展壮大,因此他们会很重视发行公司未来的盈利和股利,而不会仅仅把眼光集中在破产时的清算价格上。这种价格通常只用作评估的参考。

内在价格,确切地讲是内在价值,是股票的真实价值,也叫理论价值,它是指评估人员根据对股票未来收益的预测,将未来现金流入折算成现值的股票价值。股票的内在价值取决于股份公司的财务状况、管理水平、技术开发能力、公司发展潜力以及公司面临的各种风险。但在评估实践中,这些因素往往具有许多不确定性,数据的选择也带有评估人员的许多主观判断,因此往往会影响评估结果的可信度。

市场价格是指在证券市场上买卖股票的价格,主要由预期股利和当时的市场利率决定,此外,还要受整个经济环境变化和投资者心理等复杂因素的影响。在证券市场发育较完善且较稳定的情况下,股票的市场价格基本上是市场对公司内在价值的一种客观评价,可以直接作为股票的评估价值。但是,当证券市场尚未发育完善时,股票的市场价格不一定能代表其内在价值,甚至相差很远。因此必须对市场价格加以适当修正后才能作为评估值。

评估股票一般遵循内在价值原则、收益本金化原则和实际变现原则,分别按上市流通股和非上市流通股票进行评估。内在价值原则强调评估时要充分关注股票发行主体的经营业绩及预期收益。收益本金化原则强调股票作为一种虚拟本金,其重估价格就是股票预期收益的本金化价格。实际变现原则是针对可上市流通股票的评估,强调其重估价格可以根据股票的变现值来确定。

(一)上市股票的评估

对于上市股票,评估的标准究竟是选择市场价格还是内在价格,是一个值得讨论的问题。一般地,应考虑以下两方面的因素:一是持股者的目的与持有期限。持股者如果是为了短期投资,应以市场价格为主,如果是为了长期投资,则应以股票的内在价值为主,评估基准日的市场价格仅做参考;二是股市发育是否成熟,股票能否自由交易。在我国目前股市发育尚不成熟,股市中投机成分过大,且常有非法炒作现象的情况下,股票价值评估中选用市场价格尤其需要慎重。

正常情况下,上市股票评估可以采用现行市价法。股市上的价格分为开盘价、收盘价、最高价、最低价和成交价等,评估的依据是评估基准日的收盘价。公式为:

$$评估值＝股票数量×评估基准日的市场收盘价$$

【例 2-49】 被评估企业其拥有一上市公司的股票 50 000 股,该股票在评估基准日的收盘价为 14 元,则评估值为:

$$50\ 000×14＝700\ 000(元)$$

(二)非上市股票的评估

评估非上市股票一般采用收益现值法。股票带给投资者的现金流入包括两部分:股利收入和出售时的资本利得。股票的内在价值即是由一系列的股利和将来出售股票时售价的现值所构成。因此,评估人员需要综合分析股票发行主体的经营状况及风险,历史利润水平和分红情况、行业收益等因素,合理预测股票投资的未来收益,并选择合理的折现率来确定评估值。

非上市股票区分普通股和优先股,并采用不同的计算方法。普通股是在股东权利上没有任何限制的标准性股票,它没有固定的股利,股利收入完全取决于股份公司的经营状况和盈利水平;优先股是在股利分配和剩余财产分配上优先于普通股的股票,其股利一般是固定的,即按事先确定的股利支付率支付股利。这一点与债券很相似。因此普通股的风险要大于优先股。而优先股与债券的区别是:优先股股利在所得税后支付,债券利息在所得税前支付;优先股是股权,应遵守"无利不分"的原则,债券是债权,公司即使破产也是要偿还的。

1. 普通股的评估

普通股是永远不还本的。与优先股不同,每一阶段普通股的红利一般是不确定的。企业经营状况良好且没有好的投资机会时,可能大量发放红利;企业经营状况不佳,或者虽然经营状况良好但存在好的投资机会时,则可能少发或者不发红利,并且普通股的红利发放是排在优先股之后的。因此,无论预期股利还是预期股票售价,都主要取决于股票发行企业的剩余收益及其再投资需求。这就需要对股票发行企业进行全面、客观的分析和研究。首先要研究企业历史上的利润水平与利润分配政策;其次要研究企业的发展前景、未来盈利能力、企业管理人员的素质和能力等诸方面因素。在此基础上,进行综合评估。

对上述因素的评估分析相当于对企业的整体评估,具体方法可参见企业价值评估一章。这里假设上述分析已完成,仅探讨普通股的评估技巧。普通股价值评估的一般模型为:

$$P = \sum_{t=1}^{n} \frac{Dt}{(1+r)^t}$$

它在评估实际中面临的主要问题是如何预计未来每年的股利,以及如何确定折现率。

股利的多少取决于每股盈利和股利支付率两个因素,估算方法是对历史资料的统计分析,如回归分析、时间序列的趋势分析等。该模型要求无限期地预计历年的股利(Dt),实际上不可能做到,因此评估实际应用的模型都是在该模型基础上的各种简化形式。

折现率的作用是把所有未来不同时间的现金流入折算成为现在的价值,该比例应该是投资者所要求的收益率,一般有以下三种确定方法:一是根据股票历史上长期的平均收益率来确定。缺点在于过去的情况未必符合将来的发展。历史上不同时期的收益率高低不同,不好判断哪一个更适用。二是参照债券的收益率,加上一定的风险报酬率来确定。三是直接使用市场利率。因为市场利率是投资于股票的机会成本,投资者要求的收益率一般不低于市场利率,所以市场利率可以作为折现率。

评估人员根据对股利收益的趋势,通常采用以下三种模型:固定红利模型、红利增长模型和分段式模型。

(1)固定红利模型。该模型适用于零成长型股票的评估,即假设股票发行企业的经营稳定,每年分配的红利亦保持在一个相对固定的水平上。股利的支付可以看作是一个永续年金。评估公式为:

$$P = R \div r \qquad (2\text{-}70)$$

式中：P——股票的评估值；

R——每年的红利；

r——折现率。

【例 2-50】 被评估企业拥有非上市普通股 10 000 股，每股面值 1 元。在持股期间，该股票每年的红利一直很稳定，收益率保持在 20% 左右。经评估人员了解分析，股票发行企业的经营比较稳定，在未来收益预测中，保持 16% 的红利收益是有把握的。评估人员根据发行企业的行业特点及宏观经济状况，确定将国库券利率 8% 作为无风险利率，风险报酬率为 4%，因而折现率为 12%。根据上述资料，计算评估值为：

$$P = R \div r = 10\,000 \times 16\% \div 12\% = 13\,333(元)$$

事实上，企业每年发放的红利不可能完全相等。这时，可以根据预测的每年红利，通过下列公式计算等额收益或者年金：

$$A = \sum_{t=1}^{n} Rt \times (1+r)^{-t} \div \sum_{t=1}^{n} (1+r)^{-t} Rt$$

或者：

$$A = \sum_{t=1}^{n} Rt \times (1+r)^{-t} \times (A/P, r, n)$$

式中：$(A/P, r, n)$——投资回收系数。

【例 2-51】 甲企业持有乙公司非上市股票 2 000 股，每股面值 1 元。乙公司经营稳健，盈利水平波动不大，预计今后 5 年红利分配分别为：0.20 元、0.21 元、0.22 元、0.19元、0.20 元。乙公司的风险系数为 2%，5 年期国债利率为 11%。试评估该批股票的价值。

分析：乙公司经营平稳，红利发放亦较平稳，适用固定红利模型，但需先计算出固定红利。

$$A = \sum_{t=1}^{n} Rt \times (1+13\%)^{-t} \times (A/P, 13\%, 5)$$

$$= [2\,000 \times 0.20 \times (1+13\%)^{-1} + 2\,000 \times 0.21 \times (1+13\%)^{-2}$$

$$+ 2\,000 \times 0.22 \times (1+13\%)^{-3} + 2\,000 \times 0.19 \times (1+13\%)^{-4}$$

$$+ 2\,000 \times 0.20 \times (1+13\%)^{-5}] \times 0.284\,3$$

$$= (400 \times 0.885 + 420 \times 0.783 + 440 \times 0.693 + 380 \times 0.613 + 400 \times 0.542) \times 0.284\,3$$

$$\approx 408.69(元)$$

$$P = 408.69 \div 13\% = 3\,143.75(元)$$

（2）红利增长模型。此模型适用于成长型股票的评估，即假设股票发行企业的发展潜力大，不将剩余收益全部分配给股东，而是将其中一部分用于追加投资扩大再生产，因而企业的剩余收益能逐步提高，投资者分到的红利也呈增长趋势。但要预测企业未来每年的红利非常困难，因此，实际评估中的简化处理是假设红利以某一恒定增长率 g 递增。

评估公式为：

$$P = R \div (r - g) \tag{2-71}$$

式中：P——股票的评估值；

　　　R——股票下一年的红利额；

　　　r——折现率；

　　　g——股利增长率。

这是被广泛运用的股票估价模型，又称为戈登（Myron J. Gorden）模型。在运用上述公式时，对 g 的估计要特别慎重，因为某企业的当前红利增长率可能很高，但这绝不意味着该企业能一直维持这种增长率。一般地，g 的测算方法有两种：一是历史数据分析法，即是在对被投资单位历年红利分析的基础上，利用统计学方法（算术平均法或几何平均法）计算出红利发放的历史平均增长速度，并以此确定增长率；二是发展趋势分析法，主要依据发行企业的股利分配政策，以企业剩余收益中用于再投资的比率与企业净资产利润率相乘来确定股利增长率。无论选用何种方法计算股利增长率，都必须符合 $g < r$ 的要求。

【例 2-52】　甲企业拥有乙公司的非上市股票 50 万元（面值）。从已持有期来看，乙公司每年分发的利润相当于股票票面价格的 10% 左右，并且明年的红利仍维持该水平。经评估人员调查了解：乙公司打算今后在实现的税后利润中拿出 20% 用于扩大再生产，其余部分用于红利分发。经过趋势分析，该公司今后随着投资的增加，股本利润率将保持在 15% 的水平上。评估人员以国债利率 10% 作为无风险报酬率，将风险报酬率确定为 2%。试评估该批股票的价值。

分析：乙公司的股票适用于红利增长型，但需先计算股利增长率。根据所给的条件，可以采用再投资的比例与股本利润率相乘得到股利增长率。具体计算如下：

$$g = 20\% \times 15\% = 3\%$$
$$R = 500\,000 \times 10\% = 50\,000(元)$$
$$P = 50\,000 \div (12\% - 3\%) = 555\,555.56(元)$$

【例 2-53】　甲企业持有乙公司的普通股 10 000 股，每股面值 1 元。乙公司正处于收益增长阶段，在评估之前的有关数据见表 2-27。市场无风险利率为 11%，乙公司的风险报酬率为 2%。试计算该批股票的价值。

表 2-27　乙公司红利分配情况表

单位：元

	第 1 年	第 2 年	第 3 年	第 4 年	评估年度	评估下一年
每股红利额（元）	0.15	0.17	0.18	0.20	0.21	0.24
环比增长速度		13%	6%	11%	5%	14%

分析：本例适用红利增长模型。红利增长率可以依据历史数据，采用算术平均或几何平均求出。

用算术平均法计算：

$$g_1 = (13\% + 6\% + 11\% + 5\% + 14\%) \div 5 = 9.8\%$$

用几何平均法计算：

$$g_2 = (113\% \times 106\% \times 111\% \times 105\% \times 114\%)^{1/5} - 1 \approx 1.097\,4 - 1 = 9.74\%$$

代入公式得：

$$P_1 = (10\,000 \times 0.24) \div (11\% + 2\% - g_1) = 75\,000(元)$$
$$P_2 = (10\,000 \times 0.24) \div (11\% + 2\% - g_2) = 73\,619.63(元)$$

（3）分段式模型。前两种模型，一种是股利固定不变；另一种是股利固定增长，都过于模式化，很难适用所有的股票评估。在现实生活中，大多数股票发行企业的股利一般是在一段时间内高速增长，在另一段时间内正常固定增长和固定不变。这时，采用分段式模型要客观得多。具体操作是：将股票发行企业的经营期限分为两段，第一段能客观预测各年的股利，将预测收益直接折算为现值即可；第二段是以不易预测股利的时间为起点，可采用固定红利模型或红利增长模型，其中收益额采用趋势分析法或假设确定。

【例 2-54】　公司甲拥有公司乙的非上市普通股股票 10 万股，每股面值 1 元。在持有期间，每年股利收益率均在 15% 左右。评估人员通过对甲公司的调查分析，认为前 3 年保持 15% 的收益率是有把握的；第 4 年，一套大型先进生产线交付使用，可使收益率提高 5 个百分点，并将持续下去。评估时的国库券利率为 10%。因为该公司为公用事业企业，风险报酬率确定为 2%，则折现率为 12%。

因此，该公司股票的评估值为：

$$P = 前 3 年的收益折现值 + 第 4 年后的收益折现值$$
$$= 100\,000 \times 15\% \times (P/A, 12\%, 3) + (100\,000 \times 20\% \div 12\%) \times (P/F, 12\%, 3)$$
$$= 3\,213\,279(元)$$

2. 优先股的评估

优先股的评估主要考虑两大因素：一是评估优先股的风险，二是按优先股的性质和条款确定预期收益，然后评估其收益现值。正常情况下，优先股在发行时就已规定了股息率，因此对优先股风险的评估主要是判断发行主体是否有足够税后利润用于优先股的股息分配。而这种判断是建立在对股票发行企业的全面了解和分析基础上的，包括股票发行企业的生产经营情况、利润实现情况、负债情况、股本构成中优先股所占的比重、股息率的高低等。如果股票发行企业的资本构成合理，每年的利润可观，具有很强的支付能力，那么优先股就基本具备了"准企业债券"的性质，评估就比较简单；反之，优先股具有一定的风险，在确定折现率时必须予以考虑。一般地，可以以事先确定的股息率计算出优先股的年收益额，然后进行折现求和即可。公式为：

$$P = \sum_{t=1}^{n} Rt \times (1 + r)^{-t} = A \div r \tag{2-72}$$

式中：P——优先股的评估值；

Rt——第 t 年的优先股收益；

r——折现率；

A——优先股的年等额股息收益。

优先股按其包含的权利不同，又可以分为：累积优先股、参与优先股和可转换优先股。累积优先股是指本年未支付的股息可累积到下年或以后的盈利年度支付，并且在优先股股息未支付之前，普通股无权分发红利；参与优先股是指不仅能按规定分得额定股息，而且还有权与普通股一并参与公司剩余利润的分配；可转换优先股是指股东可以按规定把所持有的优先股股票转换成普通股票。上述三种优先股的评估值的计算在运用公式上略有区别。

（1）累积优先股的评估。累积优先股的收益是额定股息。若股东不打算转让股票，评估公式为：

$$P = \sum_{t=1}^{n} Rt \times (1+r)^{-t} = A \div r \tag{2-73}$$

式中：P——优先股评估值；

Rt——第 t 年的优先股收益；

r——折现率；

A——优先股的年等额股息收益。

若股东打算若干年后转让其优先股，评估公式为：

$$P = \sum_{t=1}^{n} Rt \times (1+r)^{-t} + F \times (1+r)^{-n} \tag{2-74}$$

式中：F——优先股的预期变现价格；

n——优先股的持有年限。

其他符号的含义同前。

【例 2-55】　甲公司持有乙公司的 100 股累积性、非分享性优先股，每股面值 100 元，年股息率为 17%。评估时，国库券利率为 10%。评估人员在对乙厂的调查过程中，了解到乙厂的资本结构不尽合理，负债率较高，可能会对优先股的分配产生消极影响，故将风险报酬率定为 5%，再加上无风险报酬率 10%，该优先股的折现率为 15%。评估值为：

$$P = A \div r = 100 \times 100 \times 17\% \div (10\% + 5\%) = 11\,333(元)$$

（2）参与优先股的评估。参与优先股的现金收益分为三部分：额定股息、额外股息和将来的出售价。由于额外股利的风险大于额定股息，故其风险报酬率也应大于额定股息的风险报酬率。持有期有限的参与优先股的评估公式为：

$$P = \sum_{t=1}^{n} R_t^1 \times (1+r^1)^{-t} + R_t^2 \times (1+r^2)^{-t} + P \div (1+r^1)^{-n} \tag{2-75}$$

式中：R_t^1——年额定股息；

R_t^2——年额外红利；

r^1——额定股息适用的本金化率；

r^2——额外红利适用的本金化率(一般，$r^2 > r^1$)。

(3) 可转换优先股的评估。可转换优先股的收益分为股息和转换成的普通股股票价格。严格地讲，收益应该为调换差价，但在实际评估中并不单独计算调换差价，而是将调入的普通股收益现值作为调出优先股的期末收益，故估价公式为：

$$P = \sum_{t=1}^{n} R_t^1 \times (1+r)^{-t} + F \div (1+r)^{-n} \tag{2-76}$$

式中：F——优先股转换为普通股的市价。

其他符号的含义同前。

◆ 巩固 训练与提高

■ 概　念 ■

货币时间价值　单利　复利　连续复利　名义利率(SAIR)　实际利率(EAIR)　七二定理　现值　终值　年金　普通年金　预付年金　递延年金　永续年金　戈登模型　现值系数　终值系数　年金现值系数　年金终值系数　投资回收系数　偿债基金系数　投资　投资项目　直接投资　间接投资　现金流量　经营现金净流量　重置成本　账面成本　机会成本　沉没成本　等额还款法　等额本金法　互斥项目　净现值法　内部收益率　盈利能力指数　投资回收期　动态投资回收期　净现值率　存在期间　最小公倍数法　分析期截止法　净年值法　年值贴现法　投资利润率　平均收益率　面值　票面利率　必要报酬率　最低期望收益率

■ 课后练习题 ■

1. 比较投资项目的机会成本和沉没成本的异同。

2. 经济学上的利润与会计学上的利润有什么不同。

3. 净现值、内部收益率与盈利能力指数三个指标，在单个项目是否可行与多个独立项目选择最优两种情况下，有什么不同？

4. 净利润与净现金流量有什么关系？

5. 某人购买一套住宅，总价 150 万元，首付 50 万元，银行贷款 100 万元，年名义利率 6.6%，从次月开始，每月期初分 30 年每月等额本息法还款。请问：

(1) 从次月开始，每月期初偿还银行多少金额？

(2) 其中第 1 个月偿还的利息是多少，本金是多少？

(3) 第 2 个月偿还的利息是多少？本金是多少？

（4）偿还 10 年后，要把剩下的贷款一次全部提前还款，还需要偿付银行多少金额？

（5）偿还 10 年后，贷款利率上调为 7.2%，请问其后月还款额为多少？

6. 某零息债券，面值 100 元，3 年期，发行价格 85 元。请问该债券的到期收益率为多少？（到期收益率就是真实利率）

7. 在 6% 利息率的情况下，复利计息，多少时间你的资金可以变为原来的 8 倍？

8. 某保险公司向你推销一种保险，该保险合同规定，该公司将永远向你和你的后裔每年支付 150 000 元，如果投资的必要回报率为 8%，则你将为该投资政策支付多少金额？如果该投资政策需要花费 1950 000 元，那么多高的利息率下面，这一个交易是公平的？

9. 某银行为一种 10 年期的定期存款支付 8% 的利息，单利计息，到期一次还本付息。现在拟改为复利计息，请问，与此水平相匹配的利率是多少？

10. 当前 1 年期债券的到期收益率为 7%，2 年期债券的到期收益率为 8%。财政部拟发行 2 年期债券，每年付息一次，息票率 9%，面值 100 元。请问该债券的发行价格应该为多少？

11. A、B、C 三个项目，现金流量如表 2-28 所示。如果用投资回收期法，投资回收期为 3 年，请问应该选择哪些项目？如果用净现值法，机会成为 10%，请问应该选择哪些项目？

表 2-28　A、B、C 项目现金流量

项目	0	1	2	3	4
A	−5 000	1 000	1 000	3 000	0
B	−5 000	0	1 000	2 000	3 000
C	−5 000	1 000	2 000	3 000	5 000

12. 某投资者正在考虑购买某公司发行的三种证券：一是公司债券，面值 1 000 元，期限 10 年，票息率 13%，每年支付一次。这类债券投资者要求的回报率为 14%。二是面值 100 元，每年支付 13 元现金股利的优先股。这类优先股投资者要求的投资回报为 15%。三是普通股，该股票去年支付的现金股利为每股 2 元。10 年来，该公司普通股的每股收益从 3 元增加到了 6 元，这也是该公司现金股利水平增长趋势的最佳预测，对普通股投资者要求的投资回报为 20%。

要求：计算这三种证券的价值。

13. 某公司股票将在未来 12 个季度的每个季度末发放 1 元现金股利，然后股利增长率永远为 0.5%。股票适用的回报率为 10%，按季度计息复利。请问：当前股票价值是多少？

14. 某股票如果下一年的预期红利是 2.5 元，红利期望增长率为 6%，并恒为常数，根据该股票的风险系数，投资者要求的收益是 15%，那么该公司的股票的发行价格是多少？

15. 某航空公司以融资租赁的方式租入波音 747 飞机一架，飞机价款 1 亿美元，租期为 5 年，租金每年等额支付，到期后设备归承租方所有。租期内的贴现率为 12%。要求计算:如果每年年末支付租金,各期应付租金是多少?如果每年年初支付租金,各期应付租金是多少?

16. 某公司准备购置一套新设备,以替换旧设备。旧设备目前账面价值50 000元、市场价格10 000元,尚可使用5年,预计净残值为0。新设备的市场价格210 000元,可以使用5年,预计净残值10 000元。使用新设备可使企业在5年内,第1年增加利润10 000元,第2至第4年每年增加净利润30 000元,第5年增加税后利润20 000元。新旧设备均采用直线法折旧,公司适用的所得税率为25%,投资人要求的最低报酬率为10%。要求:计算用净现值决定是否应该替换旧设备。

17. 某公司新开发新产品,预计产品价格50元,每件生产成本30元,销售量预计第一年20 000件,以后每年增加10 000件,项目期4年。预计投入净营运资本20万元,期初一次投入,期末回收。期初生产线的建设需要投资30万元,这一生产线在4年内直线折旧至账面残值等于零,届时其市场价值也是零。公司所得税率25%,假设贴现率10%,请问:该产品是否可行?

第三章　风险价值与现代投资理论

案例 导入

埃尔斯伯格悖论

现在我们做一个游戏,在一个不透明的箱子里有 90 个小球,其中 30 个是红色的,另外 60 个是蓝色和绿色的。我们进行摸球赢奖金的游戏。

如果规则是摸到红球有 100 元奖金或者摸到蓝球有 100 元奖金。你愿意摸到哪个颜色的球拿奖金呢?

如果规则是摸到红球和绿球有 100 元奖金或者摸到蓝球和绿球有 100 元奖金。你又愿意摸到哪个颜色的球拿奖金呢?

在第一个选择中,多数人选择红球,而在第二个选择中,多数人选择蓝色球和绿色球。

但是,如果你认为红色优于蓝色,则红色加绿色必然优于蓝色加绿色啊,为什么会这样呢?

在风险和风险的计量中将介绍风险的概念、特征和分类,风险规避和风险暴露,概率、概率分布、期望值、方差、标准差、标准离差率和置信区间等内容以及以风险为基础的现代金融投资理论。

第一节　风险及风险管理

风险(risk),在现实生活中一般被认为是一个贬义词,理解为易于遭到的危险和冒险。但在经济学上它是一个中性词,强调的是结果的不确定性。严格意义上,经济学上的风险和不确定性还是有区别的,风险强调可能出现的各种结果是已知的,且各种结果出现的可能性(概率)也是已知的;不确定性强调的是可能出现的各种结果是未知的,或者虽然可能出现的各种结果是已知的,但是各种结果出现的可能性(概率)却是未知的。但是在本书中,可以不对风险和不确定性进行区别。风险实际上是结果的不确定性。

一、风险的概念

风险的含义多种多样,狭义的风险一般被定义为潜在亏损或者出现亏损的可能性。广义的风险一般被定义为特定资产实现收益的不确定性。这个定义强调了风险所具有的三个特征:客观性、损失性和不确定性。

(一)风险是一种状态

当我们说风险是一种状态时,它的实际含义是指,不论人们是否意识到,风险都是客观存在的。例如,当两个赌徒进行抛硬币赌博时,每一次硬币落下的正反面都是不确定的,概率各为50%,他们也很清楚面临的风险。在"9·11"恐怖袭击中,在被恐怖分子劫持的客机撞向世贸中心大楼前,并没有乘客或机组人员或者其他人员意识到这种危险的存在,美国安然公司舞弊案被披露前,几乎没有人认识到这种风险的存在,但并不是说这种危险就不存在。不论人们是否意识到,风险都是客观存在的。

(二)风险是与损失相关的状态

并不是任何一种客观存在的状态都是风险,风险是与损失相联系的,离开了可能将发生的损失,谈论风险就没有任何意义了。风险可以理解成为一种不确定性,如一个经济变量,像利率或者汇率的变动,往往向一个方向的变动会带来收益,向另一个方向的变动会带来损失,我们更关心的是带来损失的那种变动。

(三)风险是损失的发生具有不确定性的状态

在与损失相关的客观状态中,如果能够万无一失地预测到损失的发生及其发生的程度,则不存在风险,因为其结果是确定的,人们可以采取准确无误的方法来应付它们;如果能肯定损失不会发生,也不存在风险,因为其结果也是确定的。只有当损失的发生无法预料的时候,或者说,损失具有不确定性的时候,才有风险存在。同样,损失的实际结果偏离了预期结果,这也是一种风险。

在实际生活中,没有不存在风险的投资,比如人们经常听到这样的提示:股市有风险,入市须谨慎。这里所说的风险只是强调风险比较大,实际上,不仅股市有风险,银行存款也是有风险的,商业银行也有发生破产的可能性,国债虽然几乎不存在信用风险,但是仍然存在利率等风险,如市场利率上升,国债的价格将下降,国债的持有者将遭受损失。这里所谈论的是风险的程度问题。因此在对风险进行定义后,我们接着来讨论一下风险的衡量。

风险的程度,即损失发生的不确定性和严重性的大小。由于风险是一种"损失的发生具有不确定性的状态",因此,损失的不确定性就与风险程度之间存在着一种正相关关系:损失发生的不确定性大,我们就说风险大;损失发生的不确定性小,我们就说风险小。损失的严重性也是与风险的程度呈正相关关系的:如果损失发生的严重程度高,我们就说风险大;相反,损失发生的严重程度低,我们就说风险小。

美国著名经济学家、1981年诺贝尔经济学奖获得者詹姆斯·托宾(James Tobin)在资产选择理论中将人们分为三种类型:风险回避者、风险中立者和风险偏好者。风险回避者注重安全,尽可能避免冒险;风险中立者追求预计收益也注意安全,当预计收益比较确定时,他们可以不计风险;风险偏好者喜欢冒险,热衷追逐意外收益。现实生活中绝大多数人都是风险回避者,风险偏好者和风险中立者只占少数。大多数人都属于风险回避者,他们喜欢通过买保险或者套期保值使自己面临的不确定性变为确定。赌博或者买彩票可以看作风险偏好的行为。

 职业判断 3-1

发 工 资 了
——你是风险回避者吗?

你本月的工资是3 000元,今天该发薪了。你的老板突然对你说:"我们来做个游戏吧,抛硬币,你赢了,我给你3 200元;我赢了,我不给你发薪。"你会答应吗?

这里有200元的风险溢酬,如果你不答应,你一定是风险回避者;如果老板把3 200元改成3 000元,你还答应,你就是风险中立者;如果老板把3 200元改为小于3 000元的数字,你仍然答应,你才是风险偏好者。

萨缪尔森的回答是:我不会和你玩一次;但是如果是100次,我就干。

另一名美国著名经济学家、1997年诺贝尔经济学奖获得者罗伯特·C·莫顿(Robert C. Merton)更是认为风险厌恶是一个人在承受风险情况下的偏好特征。他将人们分为投机者和套期保值者。投机者通过增加自身的某种风险暴露程度而寄希望于以此增加财富。套期保值者通过减少风险暴露程度而寄希望于以此增加财富。同一个人可能在某些风险面前是一个投机者,而在另外一些风险面前是一个套期保值者,如很多家庭既购买保险又购买彩票。

 职业判断 3-2

无处不在的黑天鹅

你坐在湖边数天鹅,游过去1 000只都是白天鹅,那你也不能保证第1 001只也是白天鹅,因为世上是有黑天鹅存在的。黑天鹅代表着风险,它会随时出现。

一只善于观察、归纳、总结和推理的火鸡被主人买回了家。它紧张地观察着陌生的环境,一天、两天、三天……过去了,经过很多天的观察、归纳、总结和推理,火鸡得出自己的结论：在每天太阳升起的时候，主人就会拿来水和米喂它吃，然后在一旁开心地看着，每天下午还会带它散散步，活络活络筋骨。这一天，圣诞节到了。火鸡像往常一样等着主人来喂它，主人按时出现了，只是手里没有米，而是一把刀。

前者是一个华尔街谚语，后者是一个哲学故事。

二、风险的主要特征

风险具有以下特征。

（一）风险存在的客观性

风险的存在是不以人的意志为转移的，它是独立于人的意识的客观存在。不会因为人们没有认识到它的存在，它就不存在。特别在改革开放、中国经济融入世界的过程中，新的事物层出不穷，新的风险也不断出现。

（二）风险存在的普遍性

人们所面临的风险是无时不在、无处不有的。可以说，风险渗入社会、个人生活的方方面面。人类为了生存和发展，不得不与各种各样的风险作斗争。在经济领域更是这样，如原材料和产成品价格波动，市场利率、汇率变动等，风险无处不在。

（三）某一具体风险发生的偶然性

风险虽然是客观存在的，但就某一风险而言，它的发生却是偶然的，是一种随机现象。在其发生之前，人们无法准确预测风险何时发生，以及其发生的后果。这是因为导致某一具体风险的发生，必是诸多风险因素和其他因素共同作用的结果，而且每一因素的作用时间、作用地点、作用方向和顺序、作用强度等都必须满足一定的条件，才能导致风险的发生。而每一因素的出现，其相互间又无任何联系，许多因素的出现本身就是偶然的。

风险发生的偶然性意味着在时间上具有突发性，在后果上往往具有灾难性，从而给人们在精神上和心理上带来巨大的忧虑和恐惧，经济上带来巨大损失，如"9·11"恐怖袭击，1997年、2008年的东南亚金融危机等。

（四）大量风险发生的必然性

个别风险事故的发生是偶然的、无序的、杂乱无章的，然而通过对大量风险的观察和综合平均，却呈现出明显的规律。必然性和偶然性是对立统一的一对矛盾，用统计方法去处理大量相互独立的偶发风险事故资料，就可以抵销那些由偶然个别因素作用引起的数量差异，发现其固有的运动规律。因此在一定条件下，对大量独立的风险进行整体的统计处理，其结果可以比较准确地反映风险的规律性。大量风险发生的必然性和规律性，使人们利用概率论和数理统计方法计算发生概率的损失幅度成为可能。人们对风险的有意识控制，其结果只是改变概率的应用条件，而不改变风险事件的随机性质，因为即使是相同的有意识的控制措施，也会有完全不确定的结果。

大量风险发生的必然性和遵循统计规律，是风险管理这一学科产生和发展的基础。

（五）风险具有潜伏性

有些风险的出现是一系列问题和矛盾显露和激化的结果。一般会经历一个问题和矛盾从小到大、由轻微到严重、由"良性"到恶化的过程。有些风险给人以突然爆发的感觉,似乎并没有明显的征兆和迹象。实际上,问题的征兆和迹象肯定是客观存在的,只是在经济繁荣泡沫高涨时不易为人们所觉察而已。风险潜伏期的长短,受经济环境的影响很大。一般而言,经济环境稳定,则问题和矛盾容易被掩盖,风险潜伏期较长;经济环境动荡、不稳定,则问题和矛盾就容易加剧、激化,风险的潜伏期就短。

（六）风险的可变性

风险的可变性是指在一定条件下风险可转化的特性。世界上的任何事物之间都是互相联系、互相依存、互相制约的,而且任何事物都处于运动和变化之中,这些变化必然会引起风险的变化。

风险的可变性包含以下几点内容:

（1）风险质的变化。比如,某位同学因为交通堵塞了 20 分钟而迟到了,如果这种交通堵塞很少发生,那么可以认为是一种特定的风险,这位同学在早晨出门时并没有预期到;如果这种交通堵塞经常发生,那么这位同学在早晨出门时就应该预期到这种情况,从而提前 20 分钟出门,这就是一种基本风险了。

（2）风险量的变化。一方面,随着社会的发展,人们认识风险、抗御风险能力的增强,在一定程度上对某些风险能够加以控制,使其发生的频率降低,损失的范围和损失程度减小。另一方面,预测技术和方法的不断完善,对风险的估测日趋精确,也会减少风险的不确定性,如天气预报就可以有效的降低灾害性天气造成的损失。

（3）某些风险在一定的空间和时间范围内可被消除,如正确地运用期权、期货等金融工具,就可以规避汇率、利率、价格波动等风险。

（4）新风险的产生。任何一项新活动的开始,无论是政治的、经济的,还是技术的,都可能伴随有新风险的产生。比如,期货的最初目的是规避风险,但进行期货投机则会带来更大的风险。20 世纪 60 年代以来的很多金融创新活动的最初目的都是规避风险,但是最终却带来了新的风险。

（5）人类面临的风险越来越多。就整体而言,随着科学技术的进步和社会的发展使风险发生的频率增加,人类面临的风险越来越多。无论是自然风险,或是人为风险,都是越来越高,风险事故所造成的损失也越来越大。事物越来越复杂,发生风险的可能性越大,风险发生时带来的损失也越大。

三、风险的分类

根据不同的标准与目的,可以从不同的角度对风险进行分类。一般来说,风险有以下几种类型。

（一）按风险的程度分

按照风险程度的高低,可以分为轻度风险、中度风险和高度风险。程度越高的风险越应该引起重视。

1. 轻度风险

轻度风险是指一种风险程度较低的风险,在一般情况下,即使风险发生,危害也不大。

2. 中度风险

中度风险是指一种介于轻度和高度之间的风险,其危害较大。

3. 高度风险

高度风险是指一种危害性很大的风险,也称重大风险或严重风险。

(二)按风险的控制程度分

按照风险的可控程度可以分为可控风险和不可控风险,一般随着科学技术发展,不可控风险可以向可控风险转变。

1. 可控风险

可控风险是指人们对其形成原因和条件已认识清楚,能采取相应措施控制其发生的风险。

2. 不可控风险

不可控风险是指由于自然环境或外部因素影响而形成的风险,人们对这种风险形成的原因认识不清或无力控制。

(三)按风险的载体分

按照风险的载体可以分为财产风险、人身风险和责任风险。

1. 财产风险

财产风险是指财产所遭受的损毁、灭失与贬值的风险,如厂房、设备、运载工具、家庭住宅、家具等因自然灾害或意外事故而遭受的损失。

2. 人身风险

人身风险是指由于人的疾病、伤残、死亡所产生的风险。这种风险往往会给家庭和单位带来很大的损失。

3. 责任风险

责任风险是指由于团体或个人的行为违背了法律、合同或道义的规定而给他人造成财产损失或人身伤害。按照法律规定,如果一个人的过失行为造成他人人身伤亡或财产损失,过失人必须承担法律上的损害赔偿责任。

(四)按损失产生的原因分

按照风险产生的原因不同可以分为自然风险和人为风险。

1. 自然风险

自然风险是指因自然条件的变化所导致的物质损毁与人员伤亡,如风暴、洪水和地震等。

2. 人为风险

人为风险是指由于人们的行为及各种政治经济活动引起的风险。也有人将人为风险称为外在环境风险,一般包括行为风险、经济风险、政治风险和技术风险等。

行为风险是指由于个人和团体的行为,包括过失、行为不当及故意行为所造成的风险,如盗窃、抢劫、玩忽职守及故意破坏等行为对他人的财产或人身造成的损害。

经济风险是指在商品生产和购销过程中,由于经营管理不善、市场预测失误、价格波动、消费需求变化等因素引起的经济损失的风险。同时,经济风险也包括因通货膨胀、外汇汇率、市场利率的变动而导致的风险。

政治风险是指由于政局的变化、政权的更替、战争、罢工、恐怖主义等引起的各种损失。

技术风险是指由于科学技术发展的副作用而带来的种种损失,如各种污染物质、核物质渗漏等所致的损失。

（五）以公司为投资对象的风险分类

公司由于是经营的主体,并且也是自负盈亏的主体,因此,以公司为投资对象,投资者可能承担的风险有市场风险和非市场风险两类,其中非市场风险主要是指企业的经营风险和财务风险。非市场风险一般影响一种或一类资产的价格,而市场风险往往影响市场所有资产的价格。

1. 市场风险

市场风险是指由经济周期、利率、汇率以及政治、军事等种种非企业因素而使企业经营发生损失,形成投资人持有的公司权益资产或金融资产贬值以及资本损失的风险。例如,利率上升会使公司的借款利息支出增多,减少公司的盈利甚至使公司亏损。为了避免这一损失,投资人需要在投资决策中尽可能准确地估计利率上升的可能性及程度,并要求适当的风险补偿。由于市场风险的影响范围往往是一个市场或一个国家,甚至是世界性的,因此市场风险一般不可以通过分散化投资而得到降低或消除。

2. 非市场风险

非市场风险也称企业特有风险,是指企业由于自身经营及融资状况对投资人形成的风险。它仅仅影响一家企业或少数类似企业,投资者可以通过分散化投资来分散这种风险。公司的非市场风险包括经营风险、财务风险和行业风险。

(1) 经营风险。经营风险(business risk)是假定公司不负债的情况下,由于种种原因导致营业收入不稳定给投资者收益带来的风险。现实生活中有很多因素会导致公司营业收入大幅度波动,如原材料价格的上涨或产品市场价格下降等导致的公司营业收入和利润下降。导致公司营业收入和利润波动的因素很多,归纳起来,大致可以罗列为:需求变化;成本及价格变化;意外事件:如自然灾害、社会动荡等;公司成本的固定程度——营业杠杆的大小等。

综合以上因素,可以发现,公司经营风险的大小取决于多种因素,有外部的,有内在的;有技术、生产管理水平的原因,也有财务管理水平的原因。

(2) 财务风险。财务风险(financial risk)是指公司以负债方式融资后,给普通股股东带来的额外风险。在公司的投资者中,只有股东,尤其是普通股股东承担公司的全部商业风险,债权人由于可以取得固定的收益而不承担经营风险,并且在公司倒闭时可以取得优先偿还权。因此,在资金来源总额确定的情况下,公司债务越高,普通股股东承担的风险越大。

(3) 行业风险。行业风险主要指公司所在的行业的行业性市场特点、投资开发特点,以及国家产业政策的调整等因素造成的行业发展不确定性给企业预期收益带来的影响,如我国加入世界贸易组织后对一些行业产生的竞争压力。

（六）以有价证券为投资对象的风险分类

在以有价证券作为投资对象时,也需要认真地分析每一只证券的投资风险。有价证券的投资风险可以分系统风险和非系统风险。

1. 系统风险

系统风险与公司风险中的市场风险类似,即风险的影响是针对整个市场的,如利率的升降、汇率的变动、通货膨胀以及政治动荡等,这种风险对所有的投资都产生影响,是无法通过在市场上的分散投资来避免的。

（1）利率风险。利率风险（interest rate risk）是指由于利率变动而使投资者遭受损失的风险。债券和股票的价格会随着利率的波动而变化,即使没有违约风险的国债也会由于利率波动的原因而发生价格的涨跌。例如,当市场利率上升时,投资者所持有的股票和债券的价格就会下降,投资者就会遭受损失。重要的是一个投资组合无法通过分散投资来分散或抵销利率变动的冲击。

（2）通货膨胀风险。通货膨胀风险（inflation risk）又称为购买力风险,是指由于通货膨胀的缘故而使货币购买力下降。在通货膨胀期间,购买力风险不论是对公司还是对个人投资者都相当重要。一般来说,在通货膨胀期间,一些报酬率预期会上升的资产,其所具有的购买力风险常常会低于那些报酬率固定的资产。因此,在一般人心目中,房地产、短期负债,以及普通股等资产比债券或长期固定收益证券更适合用作为减少通货膨胀所造成的购买力损失的避险工具。当然,在恶性的通货膨胀中,几乎所有的行业都不可避免地受到影响。

2. 非系统风险

非系统风险指单个证券所存在的风险,它仅仅影响单个证券或一小类类似的证券。它的最大特点就是可以通过分散投资来避免或减少风险。

（1）信用风险。信用风险（credit risk）又称违约风险是指借款人无法按时支付负债利息或偿还本金的风险。一般来说,国债或中央政府债券由于以政府信誉为担保,故违约风险为最小。而金融机构发行的债券或企业发行的债券或股票都或多或少存在违约风险。由于一般的投资者比较难以了解公司违约风险的大小,因此出现了一种专业的信用评级机构,最著名的是标准普尔和穆迪。

（2）流动性风险。流动性风险（liquidity risk）是指证券无法在短期内转变成为已知金额的货币的风险。若某种资产能够在短时间内以接近于市场价的价格卖掉,则这种资产就具有高度的变现力,流动性比较强。持有太多变现力不高的资产是比较危险的,尤其当面临大笔负债需要偿还从而引起大量现金流出的时候。破产法规定,判断一个公司是否应该破产的标准不是资不抵债,而是能否支付到期债务,即流动性标准,一个公司即便还在盈利,但是如果不能偿还到期的负债,债权人即可申请公司破产。因此缺乏流动性的公司面临着更大的破产危险或抛售资产的折价危险。

（3）管理风险。管理风险（management risk）是由管理者素质与能力等因素引起的风险,具体包括战略风险、组织风险、能力风险和新产品风险。

战略风险（strategic risk）指公司高级主管由于自身素质（管理能力、经验、洞察力等）的局限,在制定公司未来发展的重大决策时,出现偏差或者失误而引起的风险。

组织风险(organization risk)是由于公司管理者组织管理能力水平低下所引起的风险。

能力风险(ability risk)指公司的经营管理者不具备经营管理公司所需的知识与能力所引起的风险。社会分工越来越细,每一个专业领域都需要专业人才来进行经营管理。

新产品风险(new-product risk)是指在新产品的开发、定价及营销工作中,由于决策者和参与新产品开发、定价、营销的有关人员的能力、经验等因素的制约,导致出现对新产品的市场需求分析判断不准确,新产品开发成本过高,新产品定价不合理,新产品的推介和营销方式、手段不当等偏差或失误所引起的风险。

四、风险的衡量

为了管理风险,我们需要对各种可能的结果以及每种结果发生的概率有所了解。对将来的预测通常建立在历史资料和理论的基础上,这些资料用来计算每一事件未来发生的可能性以及发生后造成的结果。所有可能的结果及其发生的可能性构成了"概率分布"。对于风险管理者而言,最重要的概率是那些关于损失发生的频率和程度的概率。频率用于度量事件是否经常发生。风险的衡量主要采用概率论和数理统计方法。

(一)概率的概念

某种事件 A 发生的可能性的大小称为该事件发生的概率,记为 $P(A)$。

$$0 \leqslant P(A) \leqslant 1$$

如果事件 A 一定发生,则其发生的概率为 1;如果事件 A 不可能发生,则其发生的概率为 0;当事件 A 发生的概率大于 0 而小于 1 时,数值的大小表示事件 A 发生的可能性大小。这里用的概率主要是主观概率。所谓主观概率是指无法进行统计试验,也不可能计算事件发生的频率,只能凭借经验进行主观的估计的概率。例如,天空看上去阴沉沉的,估计下雨的可能性有多大;明年宏观经济运行情况是繁荣、一般还是萧条的可能性分别有多大。主观概率依人的看法和经验而定,对同一事件不同的人会给出不同的概率。主观概率也并非由个人主观随意猜测的,而是依据一定的理论知识、实践经验和对问题的分析作出的判断。除主观概率外,还有古典概率和试验概率。

【例 3-1】　经济学家预测明年宏观经济运行情况是繁荣的概率为 30%、是一般的概率为 40%、是萧条的概率为 30%。如表 3-1 所示。

表 3-1　概 率 表 示

事　件	繁　荣	一　般	萧　条
P	30%	40%	30%

(二)条件概率

有时还要用到在事件 B 已发生的条件下,事件 A 发生的概率,这种概率称为条件概率。

【例 3-2】　一项投资在宏观经济繁荣的情况下,获得 100 万元收益的概率为 60%,获得 50 万元收益的概率为 40%;在宏观经济一般和萧条的情况下,获得的收益为 0。宏观经济运行的概率如表 3-1 所示。请计算该投资获得 100 万元、50 万元和 0 的收益的概率分别是多少?

解:获得 100 万元收益的概率为:

$$30\% \times 60\% = 18\%$$

获得 50 万元收益的概率为:

$$30\% \times 40\% = 12\%$$

获得 0 收益的概率为:

$$40\% \times 1 + 30\% \times 1 = 70\%$$

(三)期望值(均值)

期望值也称为均值,是各种可能的结果值按照其发生的概率进行加权平均得到的结果值。在离散分布情况下,期望值(均值)的计算比较简单,计算公式为:

$$\overline{K} = \sum_{i=1}^{n}(P_i K_i) \tag{3-1}$$

式中:$\overline{K}$——期望值(均值);

　　　K_i——第 i 结果值;

　　　P_i——第 i 结果值出现的概率;

　　　n——结果的数量。

显然,对于收益而言,期望值越大越好;对于成本或损失而言,期望值越小越好。

【例 3-3】 有 A、B 两个投资项目,在宏观经济运行情况繁荣、一般、萧条的情况下获得的收益率如表 3-2 所示,经济学家预测未来宏观经济运行情况是繁荣、一般、萧条的概率也如表 3-2 所示。请计算两项目的期望值。

表 3-2　A、B 项目预期收益概率分布

宏观经济情况	概　率	A 项目的收益	B 项目的收益
繁　荣	30%	90%	20%
一　般	40%	15%	15%
萧　条	30%	−60%	10%

解:

$$\overline{K_A} = \sum_{i=1}^{n}(P_i K_i) = 30\% \times 90\% + 40\% \times 15\% + 30\% \times (-60\%) = 15\%$$

$$\overline{K_B} = \sum_{i=1}^{n}(P_i K_i) = 30\% \times 20\% + 40\% \times 15\% + 30\% \times 10\% = 15\%$$

A、B 两个投资项目的期望收益率均为 15%,因此,无法仅从期望值上判断出两个项目哪个更优秀。

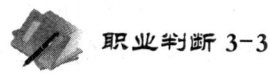 职业判断 3-3

风险和不确定性

风险是结果的不确定性。在风险情况下,可能出现的各种结果是已知的,并且出现各种结果的可能性也是已知的,比如用抛硬币的方式进行赌博。在不确定性的情况下,可能出现的各种结果是已知或者未知的,而且各种可能性是不知道的,如玩老虎机。

表3-3 埃尔斯伯格悖论(Daniel Ellsberg Paradox, 1961)

选择方案	抽中一个球的奖金(元)		
	30 个红球	60 个球,蓝色和绿色比例不明	
	红色球	蓝色球	绿色球
1	100	0	0
2	0	100	0
3	100	0	100
4	0	100	100

埃尔斯伯格悖论(见表3-3)是这样一个游戏:在一个不透明的袋子里面装了 90 个球,其中 30 个为红色,另外 60 个为蓝色和绿色,摸到特定颜色的球给予 100 元奖金。在方案1和方案2中,你会选择哪个方案? 在方案3和方案4中呢?

很多受试者在方案1和方案2中选择方案1,但是在方案3和方案4中选择方案4。这在逻辑上和数学上是不通的。因为方案1和方案2都加上"绿色球"就分别是方案3和方案4。我们知道,在不等式的两边,加上相同的未知数,不等号的方向是不变的。

方案1和方案4属于风险,而方案2和方案3属于不确定性。多数人是风险规避者;在风险和不确定性之间,又是"不确定性规避者"。

(四)离散程度

期望值表示了变量的平均值,有时还需要知道变量的取值在均值周围的变化程度,即变量与其均值的偏离程度。常用来表示离散程度的指标是方差、标准差和标准离差率。

方差的计算公式为:

$$\sigma^2 = \sum_{i=1}^{n} (\overline{K} - K_i)^2 P_i \tag{3-2}$$

标准差也称均方差,是方差的平方根,计算公式为:

$$\sigma = \sqrt{\sum_{i=1}^{n} (\overline{K} - K_i)^2 P_i} \tag{3-3}$$

标准离差率也称为方差系数或差异系数,计算公式为:

$$v = \frac{\sigma}{\overline{K}} \tag{3-4}$$

方差和标准差越大,表示可能发生的结果值偏离期望值的可能性越大,说明项目的不确定性和风险越大;反之,方差和标准差越小,表示可能发生的结果值偏离期望值的可能性越小,说明项目的不确定性和风险越小。同样,标准离差率越大,表示风险越大。方差和标准差是绝对值,只能够用来比较期望值相同的各个投资项目的风险程度,而不能够用来比较期望值不同的各个投资项目的风险程度。而标准离差率是相对值,可以用来比较期望值不同的各个投资项目的风险程度。

【例 3-4】 承[例 3-3],计算两项目的方差、标准差和标准离差率。

解:

(1) A 的方差、标准差、标准离差率计算如表 3-4 所示。

表 3-4 方差、标准差、标准离差率计算

$K_i - \overline{K}$	$(K_i - \overline{K})^2$	P	$P_i(K_i - \overline{K})^2$
0.9−0.15	0.562 5	0.3	0.168 75
0.15−0.15	0	0.4	0
−0.6−0.15	0.562 5	0.3	0.168 75
$\sum$		1	0.337 5

$$\sigma_A^2 = \sum_{i=1}^{n} (\overline{K} - K_i)^2 P_i = 0.337 5$$

$$\sigma_A = \sqrt{\sum_{i=1}^{n} (\overline{K} - K_i)^2 P_i} = \sqrt{0.337 5} = 0.580 9$$

$$v_A = \frac{\sigma}{\overline{K}} = \frac{0.580 9}{0.15} = 3.87$$

(2) B 的方差、标准差、标准离差率计算如表 3-5 所示。

表 3-5 方差、标准差、标准离差率计算

$K_i - \overline{K}$	$(K_i - \overline{K})^2$	P	$P_i(K_i - \overline{K})^2$
0.2−0.15	0.002 5	0.3	0.000 75
0.15−0.15	0	0.4	0
0.1−0.15	0.002 5	0.3	0.000 75
$\sum$		1	0.001 5

$$\sigma_B^2 = \sum_{i=1}^{n} (\overline{K} - K_i)^2 P_i = 0.001 5$$

$$\sigma_B = \sqrt{\sum_{i=1}^{n} (\overline{K} - K_i)^2 P_i} = \sqrt{0.001 5} = 0.038 7$$

$$v_B = \frac{\sigma}{\overline{K}} = \frac{0.038\ 7}{0.15} = 0.258\ 2$$

用均值—方差标准进行选择,必须符合两个前提条件:一是决策者是风险回避者;二是各种可能结果的分布大致呈正态分布。

正态分布是最常见的一个分布,如证券投资收益等都是符合正态分布的。正态分布的密度函数在直角坐标系内的图形呈钟形分布(如图3-1所示),并且以 X 轴为渐进线,$\overline{K}$(图中为 μ)为对称轴,σ 为正态分布形状参数。σ 越小,则钟形越瘦高,表示变量越集中;σ 越大,则钟形越矮胖,表示变量越离散。

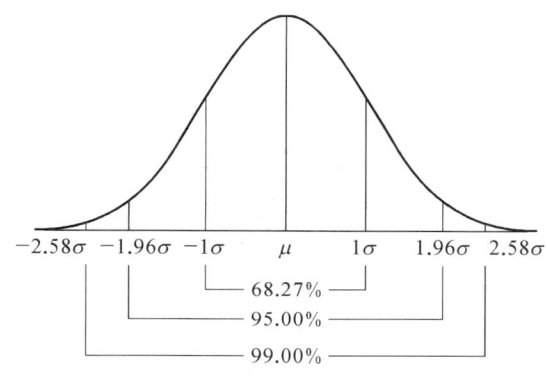

图 3-1 正态分布图

(五)置信区间

正态分布是最常用的一个分布,为计算方便,编制了标准正态分布的函数表以供查用。标准正态分布的函数表试用方法如下:

在 $\overline{K}$ 和 σ 已知的正态分布中,欲求结果发生在区间$[X_1, X_2]$的概率的步骤为:

第一步,计算 $Z_2 = (X_2 - \overline{K}) \div \sigma$,查表得出其发生的概率 P_2;

第二步,计算 $Z_1 = (X_1 - \overline{K}) \div \sigma$,查表得出其发生的概率 P_1;

第三步,结果发生在区间$[X_1, X_2]$的概率为$(P_2 - P_1)$。

【例3-5】 承[例3-4],设两项目的收益符合正态分布,计算两项目不亏损的概率。

解:不亏损即收益率大于0,求收益率发生在$[0, +\infty]$的概率。

(1)在项目 A 中,$\overline{K} = 15\%$,$\sigma = 0.580\ 9$,$X_1 = 0$,$X_2 = +\infty$

$Z_2 = (X_2 - \overline{K}) \div \sigma = (+\infty - 15\%) \div 0.580\ 9 = +\infty$,查表得出其发生的概率 $P_2 = 1$。

$Z_1 = (X_1 - \overline{K}) \div \sigma = (0 - 15\%) \div 0.580\ 9 = -0.26$,查表得出其发生的概率 $P_1 = 0.397\ 4$。

所以,项目 A 不亏损的概率为 $1 - 0.397\ 4 = 0.602\ 6 = 60.26\%$。

(2)在项目 B 中,$\overline{K} = 15\%$,$\sigma = 0.037\ 8$,$X_1 = 0$,$X_2 = +\infty$

$Z_2 = (X_2 - \overline{K}) \div \sigma = (+\infty - 15\%) \div 0.037\ 8 = +\infty$,查表得出其发生的概率 $P_2 = 1$

$Z_1 = (X_1 - \overline{K}) \div \sigma = (0 - 15\%) \div 0.037\ 8 = -3.97$,查表得出其发生的概率 $P_1 = 0$。

所以,项目 B 不亏损的概率为 $1 - 0 = 1 = 100\%$。

常用的置信区间有：

$X \in [\overline{K} - \sigma, \overline{K} + \sigma]$ 的概率为 68.26%；

$X \in [\overline{K} - 2\sigma, \overline{K} + 2\sigma]$ 的概率为 95.44%；

$X \in [\overline{K} - 3\sigma, \overline{K} + 3\sigma]$ 的概率为 99.72%。

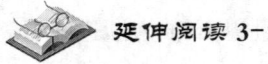 **延伸阅读 3-1**

四级、六级的标准分制度

读过大学的人都对大学英语四级、六级考试有着切身体会，没有读过大学的人也对四级、六级这个词不陌生。是什么原因使大学英语四级、六级考试成了继高考以后最重要的考试？为什么本科生要花比学习专业知识多得多的时间学习英语，备战四级、六级？为什么根本用不着英语的专业、工作岗位，如中医，要求拥有四级、六级证书。曾经有多少人由于英语的关系与学位、职称失之交臂。英语真的这么重要吗？

中国大了，上千所高校，许多个专业，即使相同的专业，不同学校开设的课程也不一样；即使课程名称一样，教学内容也不一定一样；即使教学内容一样，考试试卷也不一样；即使考试试卷一样，阅卷老师也不一样。有这么多的不一样，专业课程的分数能说明什么呀？再说了，学生有越来越多选课的自由了，有给老师评教打分的权利了，老师给分能太吝啬吗？下学期想不想有人选你的课了！再退一步，多给点分数怕什么呀，难道还会引起通货膨胀？学生就业也不容易嘛，没看见人家郑州招聘会把电梯都踩塌了吗？

四级、六级证书的作用，不仅仅是说明持有者的英语成绩怎么样的，而且是说明学习能力怎么样，大家能不重视吗？要求应聘者持有四级、六级证书，不是因为这个岗位需要多少英语知识，而是所有的岗位都需要有能力的人。

更有趣的是，四级、六级考试改革，把优秀、合格和不合格三档改为了 710 分制，人人一张成绩单。正像一本四级、六级参考书中说的，"四、六级考试改革的目的，绝对不是让大家不重视英语"。是啊，原来是有能力考 84 分和没有把握考 60 分的人在奋战四级、六级，前者为了优秀，后者为了及格，但后者占了绝大部分。现在可好了，分分必争啊，真是全民总动员呀，就是那些考个 600 分没有问题的人，还要争取 700 分呀。

不懂公司金融还真看不懂四级、六级成绩单了，据说现在是 500 分为期望值，70 分为标准差的正态分布，而且是在每个题型都作出正态分布的得分后再作出总分的正态分布。设计者恰恰忘了正态分布是左右对称的，多两个人参加考试，必定多一个 500 分以上的高分，大家能不踊跃参加吗？难怪考试报名时某些城市要排几个小时的队。

 职业判断 3-4

彩票分析有效吗

我们经常在报纸上看到一些关于彩票的分析，多数是对过去一段时间彩票开奖情况的统计，从中找出这段时间出现频率比较低的号码，提醒彩民注意。

这样的分析有效吗？

一种观点认为，这样的分析是无效的。因为每次开奖都是独立的，前一次或者前几次开奖的结果并不会影响这一次的开奖结果。因此不论前一段时间的开奖结果如何，下一次开奖时某个号码中奖的概率不会增加也不会减少。比如，在抛硬币游戏中，即使前 10 次都是正面朝上的，第 11 次出现反面朝上的概率仍然是 50％。

另一种观点恰恰相反，认为，如果抛 100 次硬币，那么出现反面朝上的期望次数为 50 次，如果前 10 次都是正面朝上，那么在剩下的 90 次中，反面朝上的概率不是 50％，而是 $50 \div 90 = 55.6\%$，即反面朝上的概率将会增加。

聪明的读者，你认为哪种观点正确呢？

答案是前者正确。理由很简单，每次抛硬币是相互独立的，前几次的结果不会影响后面几次的结果。例如，连续抛出 10 次正面朝上的概率为 $(1/2)^{10}$，连续抛出 11 次正面朝上的概率为 $(1/2)^{11}$，连续抛出 10 次正面朝上，然后 1 次为反面朝上的概率也为 $(1/2)^{11}$。因此，对彩票的分析是没有科学道理的。

那么，后一种理由的错误在哪里呢？错在连续不断地抛 100 次硬币中，正面朝上的期望次数是 50 次，而不是一定是 50 次，究竟是几次？每抛 100 次硬币，正面朝上的次数都是不确定的。

第二节　资产组合理论

1952 年美国经济学家、1990 年诺贝尔经济学奖获得者马科维茨（Harry Max Markowitz）在《金融杂志》上发表了《资产组合选择：投资的有效分散化》一文，最早同时采用风险资产的期望收益率（均值）和用方差（或标准差）表示的风险来研究资产的组合选择问题。这被金融界看作是现代资产组合理论的起点。

投资组合是指两种或者两种以上的资产（证券）构成的集合。马科维茨认为不同资产的收益是不确定的，某种资产的平均收益水平可以用期望收益率（均值）进行表示，它等于这一资产在各种情况下收益的加权平均数，权数为各种可能的状态出现的可能性；在现实生活中，资产的实际收益率与期望收益率总是存在一定的差距的，这种差距产生的不确定性就是风险，它可以用方差或者标准差进行衡量。在资产组合中，该资产组合的期望收益率等于该组合包含的各个资产的期望收益率按照其占组合的比重进行加权平均；但是该组合的风险，则由于不同证券资产的风险相互抵减，甚至可以完全消除。也就是说，通过不同的资产组合，可以达到在风险一定的情况下期望收益率尽可能的大，或者在期望收益率一定的情况下风险尽可能的小这个目标。

一、资产组合的期望收益率

资产组合的期望收益率等于该组合包含的各个资产的期望收益率的加权平均值，权数是各个资产占资产组合的比重。计算公式为：

$$R_p = \sum_{i=1}^{n} R_i \cdot \omega_i \tag{3-5}$$

式中：R_p——资产组合的期望收益率；

R_i——第 i 种资产的期望收益率；

ω_i——第 i 种资产占资产组合的比重。

资产组合的期望收益率是各个单项资产预期收益率的线性函数。

二、资产组合的风险

资产组合的风险确定比单项资产的风险确定复杂很多。资产组合的风险用投资组合收益率的方差或者标准差来表示。资产组合的风险不仅与各个单项资产的风险相关，而且还取决于各个单项资产之间的关系。可以用以下公式计算：

$$\sigma_p = \sqrt{\sum_{j=1}^{n} \sum_{i=1}^{n} \omega_i \cdot \omega_j \cdot \sigma_{ij}} \tag{3-6}$$

式中：σ_p——资产组合的标准差；

ω_i——资产 i 占资产组合的比重；

ω_j——资产 j 占资产组合的比重；

σ_{ij}——资产 i 与资产 j 的协方差。

$$\sigma_{ij} = r_{ij}\sigma_i\sigma_j \tag{3-7}$$

式中：r_{ij}——资产 i 与资产 j 的预期报酬率之间的相关系数；

σ_i——资产 i 的标准差；

σ_j——资产 j 的标准差。

两种资产的预期报酬率之间的相关系数取值总在 -1 和 $+1$ 之间。当 $r_{12} = +1$ 时,表示 1 和 2 两种资产的预期收益完全正相关,即一种资产的报酬增长时另一种资产的报酬也成比例增长,如图 3-2 所示;当 $r_{12} = -1$ 时,表示 1 和 2 两种资产的预期收益完全负相关,即一种资产的收益增长时另一种资产的报酬成比例下跌,如图 3-3 所示;当 $-1 < r_{12} < +1$,表示 1 和 2 两种资产的预期收益存在一定的相关性,如图 3-4 所示。

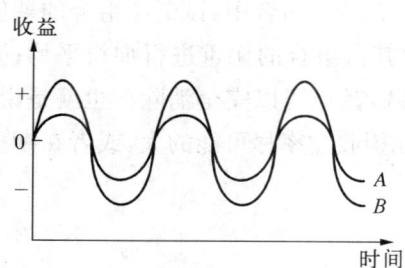

图 3-2　完全正相关的两种证券
　　　　价格的波动关系

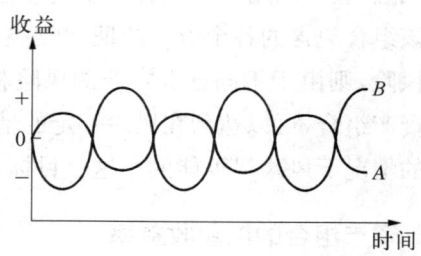

图 3-3　完全负相关的两种证券
　　　　价格的波动关系

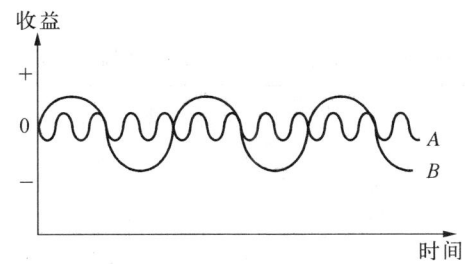

图 3-4　零相关的两种证券价格的波动关系

计算资产组合的风险可以用协方差矩阵,该矩阵如表 3-6 所示。

表 3-6　协 方 差 矩 阵

	资产 1	资产 2	资产 3	…	资产 n
资产 1	$\omega_1\omega_1\sigma_1\sigma_1 r_{11}$	$\omega_1\omega_2\sigma_1\sigma_2 r_{12}$	$\omega_1\omega_3\sigma_1\sigma_3 r_{13}$	…	$\omega_1\omega_n\sigma_1\sigma_n r_{1n}$
资产 2	$\omega_2\omega_1\sigma_2\sigma_1 r_{21}$	$\omega_2\omega_2\sigma_2\sigma_2 r_{22}$	$\omega_2\omega_3\sigma_2\sigma_3 r_{23}$	…	$\omega_2\omega_n\sigma_2\sigma_n r_{2n}$
资产 3	$\omega_3\omega_1\sigma_3\sigma_1 r_{31}$	$\omega_3\omega_2\sigma_3\sigma_2 r_{32}$	$\omega_3\omega_3\sigma_3\sigma_3 r_{33}$	…	$\omega_3\omega_n\sigma_3\sigma_n r_{3n}$
…	…	…	…	…	…
资产 n	$\omega_n\omega_1\sigma_n\sigma_1 r_{n1}$	$\omega_n\omega_2\sigma_n\sigma_2 r_{n2}$	$\omega_n\omega_3\sigma_n\sigma_3 r_{n3}$	…	$\omega_n\omega_n\sigma_n\sigma_n r_{nn}$

矩阵中每个格子中的值的和就是资产组合的方差,方差的平方根就是资产组合的标准差。

【例 3-6】　某资产组合包括一种证券的期望收益率为 16%,标准差为 15%;另一种证券的期望收益率为 14%,标准差为 12%。这两种证券的相关系数为 0.4,这两种证券在资产组合中的金额相同,计算这两种证券组成的资产组合的期望收益率的标准差。

解:协方差矩阵如表 3-7 所示。

表 3-7　协 方 差 矩 阵

	资　产　1	资　产　2
资产 1	$0.5\times0.5\times1\times0.15\times0.15=0.005\,625$	$0.5\times0.5\times0.4\times0.15\times0.12=0.001\,8$
资产 2	$0.5\times0.5\times0.4\times0.12\times0.15=0.001\,8$	$0.5\times0.5\times1\times0.12\times0.12=0.003\,6$

$$0.005\,625+0.001\,8+0.001\,8+0.003\,6=0.012\,825$$
$$\sqrt{0.012\,825}=11.3\%$$
$$(0.14+0.16)\div2=15\%$$

该资产组合的期望收益率为 15%,标准差为 11.3%。

三、资产组合风险与收益的关系

承[例 3-6],用同样办法,我们可以再组建几个由这两种资产组成的资产组合,计算出它们的期望收益率和标准差,如表 3-8 所示。这样我们会得到资产组合的风险和收益之间的关系。

表 3-8 不同资产组合的期望值和标准差

组合	资产 1 比重	资产 2 比重	组合期望收益率	组合的标准差
1	1	0	16.00%	15.00%
2	0.8	0.2	15.60%	13.15%
3	0.6	0.4	15.20%	11.77%
4	0.5	0.5	15.00%	11.32%
5	0.4	0.6	14.80%	11.06%
6	0.2	0.8	14.40%	11.14%
7	0	1	14.00%	12.00%

从图 3-5 中可以看出,组合 1、2、3、4、5 是有效资产组合,其中组合 5 是最小方差组合,它承担的风险最小;组合 6 和 7 是无效的,因为它们比组合 5 的风险大而收益低。图 3-5 具有以下几个特征:

(1) 分散化效应。将组合 1 和 7 用直线连接起来,即图 3-5 中的曲线。组合 1 是全部投资于资产 1 的组合,组合 7 是全部投资于资产 2 的组合。当两种资产完全正相关时,这条曲线应该与图中虚线重合,图中曲线表示相关度为 0.4,该相关系数越小,则该曲线越弯曲。分散效应可以从该曲线的弯曲程度来看,弯曲程度越大,则分散效应越明显,如图 3-6 所示。

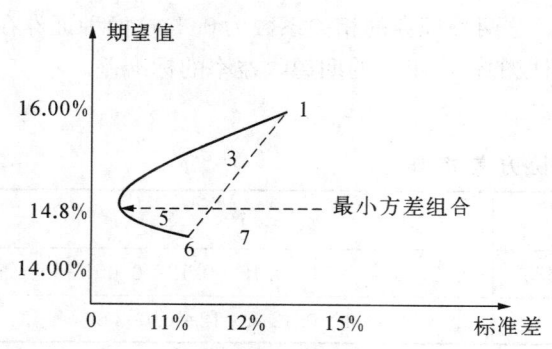

图 3-5 两种资产组合的风险与收益

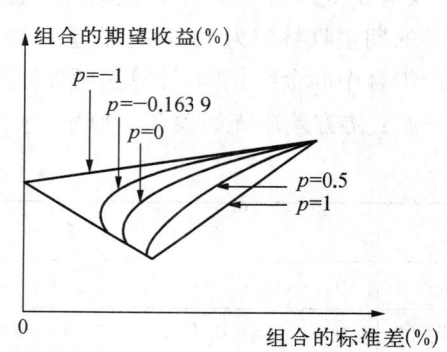

图 3-6 资产相关系数与分散化效应

在低收益、低风险的资产 2 中不断增加到高收益高风险的资产 1 中,即组合 7 经组合 6、5、4、3、2 最终得到组合 1,其中组合 7、6、5 的变化与我们的直觉相反,这时组合的收益提高而风险降低;但是组合 7、6 是无效的组合,因为与它们具有相同风险的组合可以获得更高的收益。这揭示了分散效应的特征,一种资产的风险被另一种资产的反向风险抵销,虽然这两个资产是正相关,这种抵销效应还是存在的。

(2) 最小方差组合。曲线最左端的点被称为最小方差组合,它是在该两种资产组成的所有组合中方差最小的,承担风险最低的组合。最小方差组合以上的曲线称为有效投资机会曲线,投资者只会在这一段上选择投资组合;其下方称为无效投资机会曲线,相对于最小方差组合无效投资机会曲线的收益低而且风险大。

(3) 投资的有效集合。在只有两种资产的情况下,投资者的所有投资机会都只会出现在投资机会曲线上,不会出现在它的上方或下方。

在多种证券组合的情况下,以上原理同样适用。不同的是,两种证券资产组合的投资机会组成一条曲线;而多种证券资产组合的投资机会组成一个平面,如图 3-7 所示,图中封闭曲线围城的部分反映的就是投资者所有可能的投资组合的集合。随着证券种类的增加,资产组合数呈几何级数增加。虽然资产组合增加了很多,但是最小方差组合和有效投资机会曲线与两种证券资产时的形状几乎没有变化。

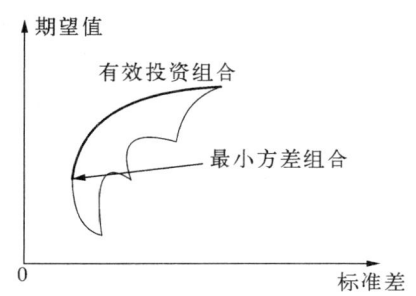

图 3-7　多种资产组合下的投资机会集合

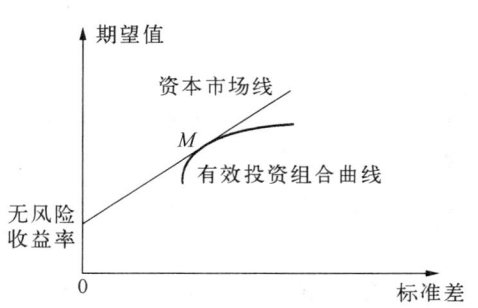

图 3-8　资本市场线

四、资本市场线

从无风险收益率开始做有效投资组合曲线(有效投资机会曲线)的切线,切点为 M,该直线称为资本市场线(CML),如图 3-8 所示。

前面我们涉及的资产都是风险资产,所有的资产组合都是只包含风险资产的。假设无风险资产存在,无风险资产指收益的标准差为 0,未来收益是确定的。现实中无风险资产是不存在的,一般认为银行存款和国债投资的风险非常小,可以认为是无风险的资产。无风险收益率一般就选择 1 年期银行存款的利率或者短期国债的利率。

引入无风险资产后,资产组合可以由两种资产组成:一是无风险资产,二是风险资产,当然风险资产可以是多种风险资产的某个组合。在无风险资产存在的情况下,切点 M 是市场均衡点,它代表唯一最有效的风险资产组合,它是所有资产(证券)以各自占总市场价值的比重为权重的加权平均组合,可以将此组合称为“市场组合”。由于无风险资产的标准差为 0,那么,包含无风险资产的资产组合的标准差为:

$$\sigma_p = \sqrt{(1-\omega_1)^2 \sigma_2^2} = (1-\omega_1)\sigma_2 \tag{3-8}$$

式中无风险资产用资产 1 表示,风险资产用资产 2 表示。公式(3-8)说明包含无风险资产的资产组合的风险是风险资产风险的一元线性函数。不论风险资产的风险有多大,由无风险资产和风险资产组合成的各个投资组合的风险和收益对应的集合必然是一条直线(因为是一元一次方程)。资产组合的收益是两者收益率的加权平均数。

$$总期望值 = \omega_2 \times 风险组合的期望值 + \omega_1 \times 无风险报酬率 \qquad (3\text{-}9)$$

当投资者借入资金进行投资时,可以看作其所持有无风险资产的权数 ω_1 为负数,这样风险资产的权数 ω_2 就会大于 1,这样资本市场线就可以无限向上延伸。在图 3-8 中切点 M 的左侧,投资者同时持有风险资产和无风险资产;在切点 M 上,投资者仅持有风险资产;在切点 M 右侧,投资者只持有风险资产,但是同时按照无风险利率借入资金购买风险资产。资本市场线代表了风险和收益之间的市场均衡替代关系。在此均衡状态下,所有风险厌恶性的投资者都将根据无风险资产与风险资产的组合来选择最优的投资组合。

方程为:

$$R_p = R_f + (R_m - R_f)\frac{\sigma_p}{\sigma_m} \qquad (3\text{-}10)$$

式中:R_p——资本市场线上资产组合的收益率;

$\qquad R_f$——无风险收益率;

$\qquad R_m$——风险资产组合的预期收益率;

$\qquad \sigma_p$——市场组合的标准差;

$\qquad \sigma_m$——资本市场线上组合资产的标准差。

资本市场线的斜率衡量了均衡条件下风险和收益的交换关系,这种交换关系就是风险的价格。投资者只要根据其对收益和风险的偏好,沿着资本市场线上下移动,就可以找到适当效率投资组合,并获得最大的效用。

 **延伸阅读 3-2**

披萨饼和苹果派喻

1985 年,意大利裔美国人、麻省理工学院(MIT)教授 Franco Modigliani 独享了当年的诺贝尔经济学奖。面对蜂拥而至的记者们,他同样苦于怎么能够清楚明白地向他们解释清楚自己的理论——MM 理论。这位酷爱家乡特产披萨饼的意大利人飞快地想到了一个比喻,"一个披萨饼的价值不取决于你把它分成 4 块、6 块或者 8 块"。可能是美国人更爱吃苹果派吧,从此 MM 理论也被称为"苹果派理论"。

MM 理论是用 Franco Modigliani 和 1990 年诺贝尔经济学奖获得者 Merton Miller 的名字命名的,也被称为资本结构无关论和股利无关论。在一系列严格假设下的完美市场上,公司的价值取决于其投资,无论是债权人索取利息还是股东要求股息,也无论公司分配高的还是低的股息,这些都被认为是瓜分披萨饼的行为,只有投资才是做披萨饼的行为。因而无论公司的资本结构怎样,不管多少钱是向债权人借的,多少钱是向股东筹集的,都不会影响公司的价值;不管公司执行什么样的股利政策,无论是把每年赚取的利润给股东们分光吃光,还是铁公鸡上鳔——一毛不拔,都不会影响公司的价值。

"苹果派理论"是现代公司金融学的发端和基础。

第三节　资本资产定价模型

1964 年,美国经济学家、1990 年诺贝尔经济学奖获得者夏普(William F. Sharpe)发表了《资本资产定价:风险条件下的市场均衡理论》一文,这是夏普对资本资产定价的先驱性研究成果。

在资本资产定价模型(CAPM)中,资本资产是指股票、债券等有价证券,它代表对真实资产所产生的收益的求偿权利。资本资产定价模型的贡献在于提供了一种与组合资产理论相一致的关于个别证券的风险衡量的方法。这个模型使投资者可以估计单项资产承受的不可分散的风险,从而形成最优投资组合,作出合适的投资决策,同时在资产估价、计算股权资本的成本、资本预算编制和利率结构风险的解释上也有应用。

一、资本资产定价模型的形式

资本资产定价模型建立在一系列严格的假设基础上,其基本假设有:

(1) 资本市场是有效的市场,信息可以为所有的投资者所共享,信息的交易成本很低,投资的限制很少。

(2) 所有投资者都有相同的预期,并且它们的预期都建立在一个共同的持有期限(如 1 年)之上。

(3) 所有投资者都力图规避风险,并追求期终财富预期效用的最大化。

(4) 存在无风险资产,所有投资者都可按无风险利率不受限制的借贷资金。

(5) 所有的资产都是完全可以分割的,都具有极端的流动性。

在这一系列假设之下,资本资产定价模型公式为:

$$R_i = R_F + (R_M - R_F)\beta_i \tag{3-11}$$

式中:R_i——第 i 种证券或者资产组合的必要收益率;

　　R_F——无风险收益率;

　　R_M——市场组合的期望收益率;

　　β_i——第 i 种证券或者资产组合的 β 系数。

资本资产定价模型反映了风险与收益之间的关系。在这一模型中,某种资产的期望收益率就等于无风险利率加上这种资产的系统风险溢价(风险报酬率)。

二、特征线

特征线是用来描述单个资产的收益率与市场组合的收益率之间相互关系的一条直线。该直线的斜率即 β 系数。

由于无风险利率是固定的,只要比较单个资产的超额收益率与市场组合的超额收益率之间的关系就可以确定特征线了。具体如图 3-9 所示。

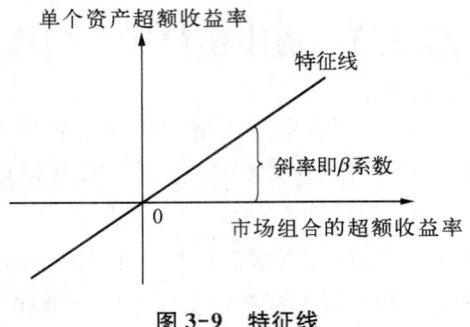

图 3-9　特征线

三、β 系数与风险

如本章第一节所述,我们将风险分为系统风险和非系统风险。系统风险是不可分散的风险,而非系统风险随着资产组合包含的证券数量的增加,是可以分散的。风险分散图如图 3-10 所示。

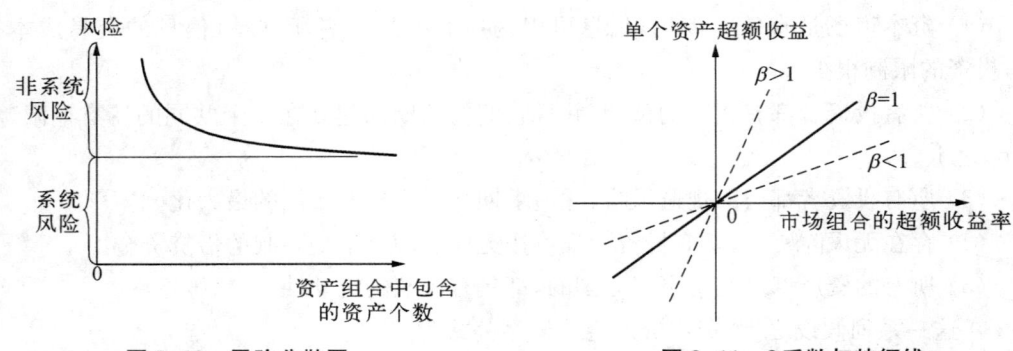

图 3-10　风险分散图　　　　　　　图 3-11　β 系数与特征线

β 系数是一个风险指数,它反映的是某种资产的收益变动对于市场组合的收益变动的敏感性。资产组合的 β 系数是组成资产组合的各个资产的 β 系数的加权平均数。根据定义可知,市场组合的 β 系数为 1,当某种资产的 β 系数等于 1 时,说明这种资产的超额收益与市场组合的超额收益完全一致,承担的风险与市场组合也完全一致;当 β 系数大于 1时说明该资产的风险大于市场组合的风险;当 β 系数小于 1 时,说明该资产的风险小于市场组合的风险。并且 β 系数越大,风险越大。β 系数与特征线的关系如图 3-11 所示。

资产组合的 β 系数为各资产 β 系数的加权平均数,计算公式为:

$$\beta_p = \sum_{i=1}^{n} \omega_i \cdot \beta_i \qquad\qquad (3\text{-}12)$$

四、证券市场线

证券市场线(SML)是描述单个资产或资产组合的期望收益率与系统风险之间的线性关系的直线,其方程就是资本资产定价模型的方程。具体如图 3-12 所示。

【例 3-7】　某股票的 β 系数为 2,已知 1 年期银行存款的利率为 4%,市场平均收益率为 7%,则这只股票的收益率为多少?

解:

$$R_i = 4\% + (7\% - 4\%) \times 2 = 10\%$$

【例 3-8】　某投资者持有 30 万元 A 股票, 20 万元 B 股票,50 万元 C 股票。三种股票的 β 系数分别为 1.2、1.5、0.8,国库券的利率为 5%,市场平均收益率为 8%,计算该组合的收益率。

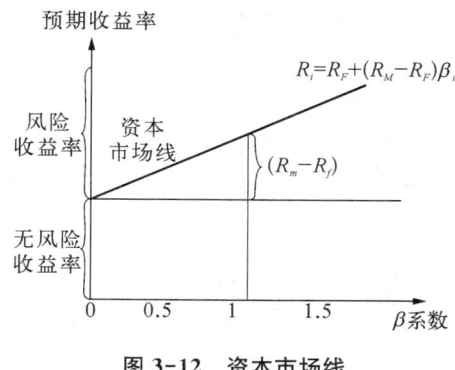

图 3-12　资本市场线

解:

该组合的 β 系数为:

$$\frac{1.2 \times 30 + 1.5 \times 20 + 0.8 \times 50}{30 + 20 + 50} = 1.06$$

该组合的收益率为:

$$R_i = 5\% + (8\% - 5\%) \times 1.06 = 8.18\%$$

延伸阅读 3-3

国外金融学的发展阶段

旧金融学阶段。其主题是分析财务报表和金融要求权的性质;其代表作有:《财务报表分析》(Graham & Dodd)和《金融要求权的权利及其使用》(Dewing),其基础是会计学和法律学。经典教材有本杰明和戴维·多德的《证券分析》(1951)及阿瑟·斯通·杜因的《公司融资策略》(1953)。

现代金融学阶段。其主题是基于理性经济学为的估价;其代表有:最优化投资 (Markowitz);资本结构的无关性(Modigliani & Miller);CAPM 模型(Sharpe,Lintner & Mossen);EMH 有效市场假说(Fama)。其基础为金融经济学。

新金融学阶段。其主题为非有效市场;其代表为归纳性特殊因素模型,包括预期回报 (Haugen)、风险(Chen,Roll & Ross)、行为模型 (Kahneman & Tversky)。其基础为统计学、计量经济学和心理学。

第四节　套利定价模型

1976 年美国经济学家罗斯(Stephen A. Ross)遵循资本资产定价模型的逻辑,提出了多因素模式——套利定价理论(arbitrage pricing theory,APT),又称套利定价模型 (arbitrage pricing model,APM),是对资本资产定价模型的改善和发展。

一、套利定价模型的概述

套利定价模型的成立依赖于一个基本的假设,即某项资产的收益是由一系列的因素所决定的,也就是说风险资产的收益率不仅仅与单一因素之间存在着线性关系,而且与多因素之间也存在着线性关系,这些因素必须经过实验来判断。套利定价模型的表达式为:

$$R_j = A_j + \beta_{1j} \cdot F_1 + \beta_{2j} \cdot F_2 + \cdots + \beta_{nj} F_n + \varepsilon_j \tag{3-13}$$

式中:R_j——资产 j 的收益率;

A_j——各个影响因素为 0 时的收益率;

F——对各种资产都产生影响的因素;

β——影响因素的反映系数,表示某因素变动 1 单位时,所引起的资产收益率的变动量;

ε_j——误差。

各个影响因素是系统风险,是不可分散的因素,A_j 是无风险收益率,ε_j 是资产受非系统风险造成的影响。关于对各种资产都产生影响的因素则可以是国内生产总值的增长速度、通货膨胀率等因素。

二、市场均衡

根据套利定价理论,如果两种资产的反应系数中的 β_{nj} 相等,那么这两种资产的期望收益率也相等。但是,事实上并非如此,因此存在套利机会,投资者会购入期望收益高的资产,而出售预期收益低的资产,直到两种资产的收益相同为止。此时的市场实现相对均衡。就这两种资产而言,市场出现均衡。均衡市场的套利定价模型可以写成:

$$R_j = R_F + (\sigma_1 - R_F)\beta_{1j} + \cdots + (\sigma_n - R_F)\beta_{nj} \tag{3-14}$$

式中:R_j——资产 j 的预期收益率;

R_F——无风险收益率;

σ_n——对第 n 项因素具有同意敏感性,对其他资产无敏感性的资产组合预期收益率;

β_{nj}——第 j 项资产对第 n 项因素的反映系数。

套利定价模型也说明任何资产的收益率都等于无风险收益率加上风险补偿率,这一点与资本资产定价模型很相似。各项资产的补偿是第 n 项因素的反应系数 β_{nj},等于第 j 项资产的收益和第 n 项因素线性转换之间的协方差与第 n 项因素线性转换的方差的商,计算方式为:

$$\beta_{nj} = \frac{COV(R_j, \sigma_n)}{VAR(\sigma_n)} \tag{3-15}$$

【例 3-9】 某年度,市场无风险收益率为 5%,预计经济增长率为 6%,预计物价上涨 3%。某生产空调的公司股票的预期收益函数中,相对于经济增长的 β 系数为 2,相对于物价上涨的 β 为 1;该年度实际经济增长率为 8%,物价上涨 4%;同时由于天气反常,过于炎

热,这一没有预期的因素使公司股票收益上升 8%。则该公司股票的收益为:

$$R_j = 5\% + 2 \times (8\% - 6\%) + 1 \times (4\% - 3\%) + 8\% = 18\%$$

三、套利定价模型的局限性

套利定价模型的局限性表现如下。

1. 无限的不确定性

套利定价模型可以考虑很多因素,但是风险因素是无限多的,投资者不可能把每一种因素都恰当的考虑到模型中去。

2. 线性假设

在使用套利定价模型时,并不能脱离实际状况,简单地认为某些因素对收益的影响一定是线性关系的。β 系数的本质是经济学上的弹性,不同点的弹性是不一样的。

【例 3-10】　有 3 只股票均受到经济增长的影响,其预期收益和敏感性系数如表 3-9 所示。

表 3-9　3 只股票的预期收益及其对经济增长的敏感性系数

股　　票	预 期 收 益	敏 感 性 系 数
1	15%	0.9
2	21%	3.0
3	12%	1.8

假设你各买了 3.5 万元的 3 只股票 $[x_1 = x_2 = x_3 = 35\,000(元)]$:

则预期收益为:$r = (15\% + 21\% + 12\%) \div 3 = 16\%$

经济增长的因素风险为:$(0.9 + 3.0 + 1.8) \div 3 = 1.9$

请问,是否存在不增加因素风险和不增加资金投入情况下提高收益率的改进方案?

解:

设方程组:

$$\Delta x_1 + \Delta x_2 + \Delta x_3 = 0 \tag{1}$$

$$0.9 \Delta x_1 + 3.0 \Delta x_2 + 1.8 \Delta x_3 = 0 \tag{2}$$

$$15\% \Delta x_1 + 21\% \Delta x_2 + 12\% \Delta x_3 > 0 \tag{3}$$

可得:$\Delta x_1 = 1$,$\Delta x_2 = 0.75$,$\Delta x_3 = -1.75$ 是方程组的一组解。

现在按上述比例调整组合,买入 2 万元的股票 1,买入 1.5 万元的股票 2,卖出 3.5 万元的股票 3,则新组合为:

股票 1 的金额为 5.5 万元,股票 2 的金额为 5 万元,股票 3 的金额为 0。

组合的收益率为:$(15\% \times 5.5 + 21\% \times 5) \div 10.5 = 17.86\%$

组合的因素风险为:$(0.9 \times 5.5 + 3.0 \times 5) \div 10.5 = 1.9$

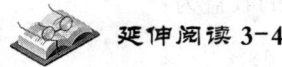

延伸阅读 3-4

积极资产管理与有效资产管理

积极的资产管理者瞪大了眼睛在市场上寻找"捡钱"的机会。一些人凭借的是眼明手快，称为抢帽子的人；更多的人在研究数据，调试模型，试图战胜市场。积极的资产管理者做的事情不外乎两个——单个证券的选择和市场择机，采用的方法包括技术面分析和基本面分析。前者根据证券价格、交易量、市场氛围和一些规则分析市场，如黄金分割、费博纳奇数字等；后者是对一家公司及其所在行业的经济基本面进行分析，如供应与需求，成本，增长前景等。

消极的资产管理者的多数时间在悠闲地喝咖啡。他们根据统计资料构建一个资产组合，然后等着这个组合给他带来回报。只有在一定的时间之后，或者重大事件发生后才调整其资产组合。

积极资产管理成功的精彩案例经常出现，但是这不能说明这种投资方式就是成功的，就像彩票总有人中大奖，但是这不能说明投资彩票就是正确的一样。

1967 年，福布斯杂志用掷镖方式选了 28 种股票，各投资 1 000 美元；截至 1984 年，这个组合的价值为 131 697.61 美元，年投资复合增长率 9.5%；超出了大市平均水平和绝大多数共同基金的收益水平；福布斯的结论是："看起来，运气与懒惰联手打败了智慧。"

其实，积极资产管理与消极资产管理是一枚硬币的两个面。如果大家都进行消极的资产管理，而没有人去盯市，那么市场上就会有较多的"捡钱"机会，积极资产管理者就会获得更高收益，吸引更多的人进行积极资产管理；如果太多的人在进行积极资产管理，"捡钱"的机会早已被抢光，再寻找到一个"捡钱"机会的希望很渺茫，成本很高，这样更多的人就会加入消极资产管理者的行列。最终，它是一个均衡，也就是边际收益相等。

巩固 训练与提高

■ 概　念 ■

风险　系统风险　非系统风险　财产风险　人身风险　责任风险　市场风险　非市场风险　经营风险　财务风险　信用风险　流动性风险　通货膨胀风险　管理风险　概率　期望值　方差　标准差　标准离差率　置信区间　资产组合　最小方差组合　有效边界　资本市场线　无风险报酬率　资本资产定价模型 CAPM　贝塔系数 β　证券市场线　套利定价模型

■ 课后练习题 ■

1. 比较系统风险与非系统风险的不同。

2. 在金融学中，风险与不确定性有何异同。

3. 为什么系统风险不能够通过分散投资的方式得以规避？

4. 最小方差组合是风险最低的证券投资组合,它为什么不位于资本市场线上?

5. 无风险收益率为6%,证券市场平均收益率(市场组合)为12%,某公司股票的 β 系数为1.5,这这股票要求的收益是多少?请画出证券市场线并写出证券市场线的方程。

6. 1年期国债收益率为6%,证券市场市场组合的风险溢价为8%,某公司股票的 β 系数为1.5,这这股票要求的收益是多少?

7. 某公司进行一项股票投资,需要投入资金10 000元,该股票准备持有10年,每年可获得现金股利800元,根据调查分析,该股票的系数为1.5,目前市场上国库卷的利率为6%,股票市场上的股票市场风险报酬率为4%。

计算:(1)该股票的预期收益率

(2)该股票5年后市价大于多少时,该股票才值得购买。

8. 某公司持有三种股票构成的证券组合,其系数分别是1.8、1.5和0.8,在证券组合中所占的比重分别为50%、30%和20%,股票市场收益率为18%,无风险收益率为12%。试计算该证券组合的收益率是多少。

9. 某公司在2018年7月1日投资6 000万元购买某种股票300万股。在2019年、2020年和2021年的6月30日每股各分得现金股利0.4元、0.5元和0.55元,并于2022年7月1日以每股25元的价格将股票全部出售。请计算该项投资的投资收益率。

10. 某公司准备投资开发一个新产品,现有两个方案可供选择,经预测,两个方案的预期收益率如表3-10所示。

表3-10 两个方案的预期收益率

可能的情况及概率	A项目报酬率	B项目报酬率
经济衰退 30%	30%	40%
经济正常 50%	15%	15%
经济繁荣 20%	−5%	−15%

要求:(1)计算两个方案预期收益率的期望值。

(2)计算两个方案预期收益率的标准离差。

(3)计算两个方案预期收益率的标准离差率。

(4)假设无风险收益率为7%,与新产品风险基本相同的另一种产品的投资收益率为26%,标准离差率为90%。计算两个方案的风险收益率和预期收益率。

11. 现有两种股票,若投资会出现如表3-11所示的情况。

表3-11 两种股票投资会出现的情况

可能的情况	发生的概率	股票A的报酬率	股票B的报酬率
经济出现衰退	25%	8%	−3%
经济正常发展	55%	15%	15%
经济高速发展	20%	22%	40%

计算:(1) 两种股票的期望报酬率和方差。

(2) 若按照 60% 和 40% 的比例投资于两资产,那么这一组合的期望报酬率是多少?

12. 已知政府短期证券的利率为 5%,市场组合的回报率为 9%,根据资本资产定价模型:

要求:(1) 画出证券市场线。

(2) 计算市场的风险溢价。

(3) 若投资者对一个 $\beta = 1.8$ 的股票投资,其要求的报酬是多少?

第四章 公司长期融资与资本结构

学习 目标

1. 了解外部融资、内部融资、债务融资、权益融资等融资方式和融资渠道
2. 了解不同融资方式、融资渠道的特点及相关融资理论
3. 掌握资金成本的概念和各类资金成本的计算方法
4. 了解息税前利润的含义和财务杠杆、经营杠杆、总杠杆的含义
5. 了解关于资本结构的相关理论

能力 目标

1. 能够对各类融资方法、融资渠道进行比较和选择
2. 能够利用资金成本核算进行融资方式选择
3. 能够掌握 WACC 与投资决策之间的关联原则
4. 能够利用 WACC 模型进行相关计算
5. 掌握财务杠杆和经营杠杆,并能够据此进行相关计算分析

案例 导入

摩根士丹利的可转换债券和优先股

摩根士丹利公司(简称摩根士丹利)与中国投资有限责任公司(简称中投公司)在2007 年 12 月签订投资协议,中投公司购买了摩根士丹利 56 亿美元面值的到期强制转股债券,期限为 2 年 7 个月,其间按照年息 9% 按季支付利息,强制转换的时间为 2010 年 8 月 17 日,到期后必须转换为摩根士丹利公司上市交易的股票。

美国联邦储备委员会 2010 年 8 月 31 日宣布,批准中投公司持有的摩根士丹利 10% 的可转股权单位转为拥有投票权的普通股。美联储此次正式批准了这次的转股安排,中投公司也正式成为摩根士丹利的股东。中投公司方面说,将不会寻求摩根士丹利的控制权,也不会寻求对摩根士丹利的运营施加影响。这一投资将为被动投资,美联储方面批准了中投公司的相关收购申请。

最初,中投公司购买的摩根士丹利 56 亿美元面值的到期强制转股债券,占摩根士丹利当时股本的约 9.86％,但后来由于日本三菱日联金融集团宣布购买摩根士丹利 3.1 亿股永久非积累可转换优先股,中投公司股权将可能被稀释至约 7.68％(因永久非积累可转换优先股非强制转股,因此在转股之前并不进入总股本)。出于可能被稀释的考虑,也趁着摩根士丹利股票上涨的时机,中投公司于 2009 年 6 月宣布追加购买 12 亿美元摩根士丹利普通股,持股比例也上升至 11.64％。至此,中投公司前后两次投资摩根士丹利共计 68 亿美元。

按照双方两年多前的协议,本次的转股价格为每股 48.07 美元,而 2010 年 8 月份摩根士丹利的平均股价约为 25 美元,不过由于前期的再投资和债券利息,中投公司对摩根士丹利的整体投资成本下降至每股约 32 美元。尽管如此,按摩根士丹利 2010 年 8 月平均 25.90 美元的股票价格计算,中投持有约 1.5 亿股(含可转换股权单位对应的股份)所形成的浮亏也逾 9 亿美元。美国福布斯新闻网文章指出,摩根士丹利是中投获批持股受益者,其股价在美联储宣布当天上涨 1.1％。

随便打开一份上市公司的资产负债表,你都会发现公司的长期资金来源是多种多样的:一般包括长期借款、发行债券、发行普通股和留存收益等,一些公司甚至包括发行可转换债券、融资租赁、发行优先股等。不同的融资方式有什么差别呢? 中投公司购买的为什么是不带表决权的优先股而不是安全性更好的债券或者权利更大的普通股呢?

公司融资可以分为内部融资和外部融资两种方式。内部融资是指与公司的股利政策相结合,将公司的留存收益作为资金的一个来源,即将本应该发放给股东的股利的一部分甚至全部留存在公司进行投资或者生产、经营使用。外部融资是指从公司外部获得资金融通,具体方式包括通过发行普通股、优先股、债券、可转换债券等证券进行融资,以及通过借款、经营性租赁、融资租赁、凭借商业信用等进行的融资。

从融资时间上可以分为长期融资和短期融资。凡筹集使用时间超过 1 年的资金属于长期融资的范围;筹集使用时间在 1 年以下的资金属于短期融资的范围。本章介绍的长期融资以借款、发行普通股、优先股、债券和可转换债券为主;其他融资方式也将涉及,但是具体论述将在各专门章节进行。

根据融通资金所承担的法律权利和义务内容可以分为权益筹资和债务筹资。权益筹资包括发行普通股、优先股和留存收益;债务筹资包括借款、发行债券、租赁等;发行可转换债券既涉及债权又涉及股权,因此具有双重性。

第一节　债务筹资分析

由于债权人承担的风险小于股东,债务融资所产生的利息,按照税法规定一般可以在企业所得税税前列支,因此,债务资金成本比较低。但是债务融资需要按时还本付息,这会增加公司的财务风险。本节将介绍借款、发行债券两种最常用的债务筹资方式。

一、借款

借款是最常用、最主要的融资方式,特别是在以间接融资方式为主的我国,对于不符合发行债券条件的公司来说,这是唯一可以筹集长期债务资本的融资方式。

(一)借款的分类

1. 按照债权人分

按照债权人的身份分,借款可以分为向银行等金融机构的借款、向公司等经济组织的借款以及向个人的借款。如果符合国家产业政策的投资,可以向政策性银行申请贴息、低息或者无息贷款;符合世界银行贷款条件的,也可以向世界银行申请贷款。政策性银行已经在第一章作过介绍了。公司也可以从信托投资公司取得实物或者货币形式的信托投资贷款;从财务公司取得各种中长期贷款。

2. 按照有无担保分类

按照有无担保可以分为信用借款和担保借款。信用借款是基于借款人的信誉而借得款项,这种借款没有担保。担保借款又分为保证借款、抵押借款和质押借款。保证借款是指按《担保法》规定的保证方式,以第三人承诺在借款人不能偿还借款时,按约定承担一般保证责任或者连带保证责任为前提而发生的借款。抵押借款是指按《担保法》规定的抵押方式,以借款人或者第三人的财产作为抵押物获得的借款。质押借款是指按《担保法》规定的质押方式,以借款人或者第三人的动产或权利作为质物获得的借款。

(二)还款方式

借款的还款方式可以分为到期一次还本付息、每期付息到期还本、等额还款和等本还款。此外,还有平时逐渐偿还利息和小额本金,到期偿还大额本金的方式。

到期一次还本付息一般适用于1年及1年以下的短期借款,在中期借款中也有应用,在5年以上的长期借款中极少采用。采用这种还款方式在借款合同中应特别注意约定是否计算复利利息以及复利的期间是1年、半年、季度或者月。因为,采用单利或复利计算的结果会产生很大的差异,复利期间越短,利息则越高。

每期付息到期还本的方式一般适用于流动资金借款。每期支付流动资金借款在当期产生的利息,到期项目结束,流动资金回收,刚好可以归还借款本金。

在等额还款法下每期支付当期的利息和一定的本金,各期支付的利息和本金之和是相等的。借款期结束,刚好本利还清。

在等本还款法下面,每期偿还的本金金额是相等的,另外每期还要偿还当期的利息。每期偿还的利息与本金之和是不相等的。由于前期利息多,后期利息少,所以,每期的还款总额逐年减少。借款期结束,刚好本利还清。

等额还款法和等本还款法多见于购买固定资产所需资金的借款。

关于几种借款还本付息的计算及其对公司项目现金流量的影响,大家可以参阅本书的第二章。

（三）关于借款利息的规定

依据《企业所得税法》规定，向银行等金融机构借款的利息，可以在公司应缴的企业所得税税前列支；对于向除金融机构外的其他组织或个人借款的利息，对不超过银行同期限、同类型贷款利息的部分，可以税前列支，超过部分只能在税后列支。

对于借款利率超过同期银行贷款基准利率 4 倍的，构成高利贷，超过部分的利息不受法律保护。

长期借款的利率有固定利率和浮动利率两种。对于借款公司而言，如果预计市场利率将要上升，则应该与对方签订固定利率的借款合同；如果预计市场利率将要下降，则应该与对方签订浮动利率的借款合同。

此外，如果有信誉良好的担保人或者流动性强的抵押物，也可以争取到较低的利息率。

（四）借款的资金成本计算

资金成本的定义和意义详见本章第四节，这里只介绍各种个别资金成本的计算问题。

1. 向银行等金融机构借款的资金成本计算

依据《企业所得税法》规定，向银行等金融机构借款的利息，可以全额在公司应缴的企业所得税税前列支。因为企业所得税在这里起到了"税盾"效应，故支付借款的利息对公司净利润或者净现金流量的影响并不像表面上看那么严重。这类借款的资金成本可以用下列公式计算：

$$借款的资金成本 = \frac{借款金额 \times 年利息率 \times (1 - 企业所得税率)}{借款金额 - 手续费 - 补偿性余额} \times 100\% \qquad (4-1)$$

补偿性余额是指贷款人为了贷款的安全，在贷款合同中规定贷款中的一部分借款人是不能够动用的，必须存入银行指定的账户。这部分资金借款人并不能够使用，但是是要支付利息的。这就增加了借款人的资金成本。

公式(4-1)分子上解出的数字是公司由于使用了这笔借款，而使净利润或者净现金流量减少的数目；分母上是公司实际获得使用权的资金的数量。这两者之比就是个别资金成本。

注意，借款的资金成本的计算与借款的还款付息方式无关。

【例 4-1】 某公司向银行借入一笔借款，金额 1 000 万元，年利率 6%，补偿性余额为 10%，发生手续费（包括抵押物保险费、抵押物资产评估费和公证费等）共计 10 万元。该公司适用的企业所得税税率为 30%，计算这笔借款的资金成本。

解：

$$借款的资金成本 = \frac{1\,000 \times 6\% \times (1 - 30\%)}{1\,000 - 10 - 1\,000 \times 10\%} \times 100\% \approx 4.72\%$$

所以，这笔借款的资金成本为 4.72%。

2. 向非金融机构借款资金成本的计算

对于向除金融机构以外的其他组织或个人借款的利息，在不超过银行同期限、同类型贷款利息的部分，可以税前列支，因此这类借款与向金融机构的借款没有本质区别，利息都是在企业所得税税前列支的,故也适用公式(4-1)。但是,超过银行同期限、同类型贷款利息的部分只能在税后列支,故适用公式(4-2)。

$$借款的资金成本 = \frac{借款金额 \times \left[银行年利息率 \times \left(1 - 企业所得税率\right) + \left(实际年利息率 - 银行年利息率\right)\right]}{借款金额 - 手续费 - 补偿性余额} \times 100\% \quad (4-2)$$

【例 4-2】 某公司向另一公司借入一笔借款,金额 1 000 万元,约定年利率 8%,无补偿性余额,发生手续费(包括抵押物保险费、抵押物资产评估费和公证费等)共计 10 万元。该公司适用的企业所得税税率为 30%,银行同期限、同类型贷款的利率为 6%。计算这笔借款的资金成本。

解:

$$借款的资金成本 = \frac{1\ 000 \times \left[6\% \times \left(1 - 30\%\right) + \left(8\% - 6\%\right)\right]}{1\ 000 - 10} \times 100\% \approx 6.26\%$$

所以,这笔借款的资金成本为 6.26%。

(五)公司取得贷款的条件

公司从金融部门取得贷款,一般符合以下条件:

(1)独立核算、自负盈亏、具有法人资格。

(2)经营方向和业务范围符合国家产业政策,借款用途属于银行贷款办法规定的范围。

(3)借款公司具有一定的物资和财产保证,担保单位具有相应的经济实力。

(4)具有偿还贷款的能力。

(5)财务管理和经济核算制度健全,资金使用效益及公司经济效益良好。

(6)在银行设有账户,办理结算。

具备上述条件的公司欲取得贷款,首先要向银行提出申请,陈述借款原因与金额、用款时间与计划、还款期限与计划。银行根据公司的申请,针对公司的财务状况、信用状况、盈利能力及其稳定性、发展前景、借款投资项目的可行性等进行审查。银行审查同意贷款后,再与借款公司进一步协商贷款的具体条件,明确贷款的种类、用途、金额、利率、期限、还款的资金来源及方式、保护性条件、违约责任等,并以借款合同的形式将其法律化。借款合同生效后,公司便可以取得贷款。

(六)借款筹资的特点

与其他长期筹资相比,借款筹资具有以下特点。

1. 筹资速度快

借款的手续比发行债券、股票简单得多,得到借款所花费的时间也比较短;如果能够事先"购买"银行的贷款承诺,速度将会更快。

2. 借款弹性大

借款时公司与银行直接接触,有关条件可以谈判确定;像用款时间发生变动、还款计划发生变动,都可以与银行协商解决;而债券是面向社会公众投资者的,很难通过协商来改善筹资条件。

3. 借款成本低

借款的筹资费用一般都会低于债券、股票。利息税前列支,可以起到抵税作用,故借款的融资成本低于股票。

4. 限制性条款

长期借款的限制性条款比较多,会制约公司的生产经营和借款的作用。

二、债券筹资

债券是经济主体为筹集资金而发行的,用于记载和反映债权和债务关系的有价证券。由公司发行的债券称为企业债券或公司债券。

(一)债券的种类

公司债券从不同角度分,有多种分类,大致如下。

1. 按照债券上是否记有持券人的姓名或名称分类

按照债券上是否记有持券人的姓名或名称可以分为记名债券和无记名债券。记名债券除债券上记载的持有人外,其他人不能行使其权利。这种债券如果要转让需要办理过户手续,债券如果遗失,可以通过法律程序恢复其持有者的权利。无记名债券的持有人即享有债券的权利,这类债券转让比较自由、方便,无须办理过户手续,只需交付给对方,即可完成转让。但是如果债券遗失,也无法恢复持有人的权利。

2. 按能否转换为公司股票分类

按能否转换为公司股票分,可以分为可转换债券和不可转换债券。如果公司债券能够在一定条件下转换成公司股票,那么称为可转换债券;如果公司债券不能够转换成公司股票,那么称为不可转换债券。

可转换债券可以详见下面的介绍。

3. 按照有无特定的财产担保分类

按照有无特定的财产担保分类,可以分为抵押债券和信用债券。发行债券的公司以特定财产作为抵押品的债券为抵押债券;没有特定财产作为抵押,凭信用发行的债券为信用债券。抵押债券又可以分为一般抵押债券、不动产抵押债券、设备抵押债券和证券信托债券等种类。一般抵押债券,即以公司产业的全部作为抵押品而发行的债券;不动产抵押债券,即以公司的不动产作为抵押品而发行的债券;设备抵押债券,即以公司的机器设备作为抵押品而发行的债券;证券信托债券,即以公司持有的股票证券以及其他担保证书交付给信托公司作为抵押而发行的债券等。

4. 按照利率是否浮动分类

按照利率是否浮动分为固定利率债券和浮动利率债券。将利率明确记载于债券上,按这一固定利率向债权人支付利息的债券为固定利率债券,这一利率称为票面利率。债券上明确利率按照某一参照水平(如国债的利率、银行存款的利率、LIBOR 等)来确定的债券为浮动利率债券。

5. 按照能否上市交易分类

按照能否上市分类可以分为上市债券和非上市债券。可以在证券交易所公开挂牌交易的债券为上市债券;不能在证券交易所公开挂牌交易,只能在场外进行交易的债券为非上市债券。上市债券信用度高、价值高,而且变现速度快、流动性强,故较受投资者青睐;但是上市条件严格、程序复杂,而且费用较高。

6. 按照偿还方式分类

按照偿还方式分类,可以分为到期一次债券和分期债券。债券在到期日一次集中偿还本金的,为到期一次债券;一次发行而分期、分批偿还的债券为分期债券。

(二)发行债券的资格与条件

公司发行债券,必须具备规定的发行资格与条件。

1. 发行债券的资格

我国《公司法》规定,股份有限公司、国有独资公司和两个以上的国有企业或者其他两个以上的国有投资主体投资设立的有限责任公司,才有资格发行公司债券。其他公司现在不具有发行债券的资格。

2. 发行债券的条件

我国《公司法》规定,有资格发行债券的公司,必须具备以下条件,才可以发行债券:

(1)股份有限公司的净资产额不低于人民币3 000万元,有限责任公司的净资产额不低于人民币6 000万元。

(2)累计债券总额不超过公司净资产额的40%。

(3)最近3年平均可分配利润足以支付公司债券1年的利息。

(4)所筹集资金的投向符合国家产业政策。

(5)债券的利率不得超过国务院限定的水平。

(6)国务院规定的其他条件。

另外,发行公司债券所筹集的资金,必须符合审批机关审批的用途,不得用于弥补亏损和非生产性支出,否则会损害债权人的利益。

发行公司凡有下列条件之一的,不得再次发行公司债券:

(1)前一次发行的公司债券尚未募足的。

(2)对已发行的公司债券或者其他债务有违约或延迟支付本息的事实,且仍处于持续状态的。

(三)债券的发行程序

公司发行债券的程序一般如下。

1. 公司作出发行债券的决议或者决定

股份有限公司和国有的有限责任公司发行公司债券的,应由董事会制订方案,股东(大)会作出决议;国有独资公司发行公司债券,由国家授权投资的机构或者国家授权的机构作出决定。发行公司债券的决议和决定是由公司最高机构作出的。

2. 发行债券的申请与批准

公司向社会公众发行债券募集资金,数额大且债权人多,所牵涉的利益范围大,所以必须对公司债券的发行进行审批。

凡欲发行债券的公司,先要向国务院证券管理部门提出申请并提交公司登记证明、公司章程、公司债券募集办法、资产评估报告和验资报告等文件。国务院证券管理部门根据有关规定,对公司的申请予以核准。

3. 制定募集办法并予以公告

发行公司债券的申请被批准后,应由发行公司制定公司债券募集办法。办法中应载明的主要事项有:公司名称,债券总额和票面金额,债券利率,还本付息的期限与方式,债券发行的起止日期,公司净资产额,已发行的尚未到期的债券总额,公司债券的承销机构。

公司制定好募集办法后,应按当时、当地通常合理的方法向社会公告。

4. 募集借款

公司发出公司债券募集公告后,开始在公告所定的期限内募集借款。

一般地讲,公司债券的发行方式有公司直接向社会发行(私募发行)和由证券经营机构承销发行(公募发行)两种。在我国,根据有关法规,公司发行债券须与证券经营机构签订承销合同,由其承销。

由承销机构发售债券时,投资人直接向其付款购买,承销机构代理收取债券款、交付债券。然后,承销机构向发行公司办理债券款的结算。

公司发行的债券上,必须载明公司名称、债券票面金额、利率、偿还期限等事项,并由董事长签名、公司盖章。

公司对发行的债券还应置备公司债券存根簿予以登记。其意义一方面在于起公示作用,使股东、债权人可以查阅了解,并便于有关机关监督;另一方面便于公司随时掌握债券的发行情况。公司发行记名债券的,应在公司债券存根簿上记明债券持有人的姓名或名称及住所;债券持有人取得债券的日期及债券编号、债券的总额、票面金额、利率、还本付息的期限和方式;债券的发行日期。公司发行无记名债券的,应在公司债券存根簿上记明债券的总额、利率、偿还期限和方式、发行日期及债券的编号。

(四)债券的发行价格

债券的发行价格是债券发行时使用的价格,亦即投资者购买债券时所支付的价格。公司债券的发行价格通常有三种:平价、溢价和折价。

平价是指以债券的票面金额为发行价格;溢价是指以高出债券票面金额的价格为发行价格;折价是指以低于债券票面金额的价格为发行价格。债券发行价格的形成受诸多因素的影响,其中主要是票面利率与市场利率的一致程度。债券的票面金额、票面利率在债券发行前即已参照市场利率和发行公司的具体情况确定下来,并载明于债券之上。但在发行债券时已确定的票面利率不一定与当时的市场利率一致。为了协调债券购销双方在债券利息上的利益,就要调整发行价格,即:当票面利率高于市场利率时,以溢价发行债券;当票面利率低于市场利率时,以折价发行债券;当票面利率与市场利率一致时,则以平价发行债券。具体计算方法在第四章已做介绍,在此不再介绍。

(五)债券的资金成本计算

发行债券筹资的主要成本是债券的利息和筹资费用。债券的利息是从公司税前利润中支付的,因此前者具有财务金融上讲的税盾效应,即还原到税后的债券的资金成本要低于名义上的债券的利息率,低的比例由公司所得税税率的高低确定。目前主要国家的公司所得税税率在 30%~40% 左右，因此，债券的资金成本会明显的低于名义上的债券利息率。这一点与借款相同。另一个影响债券筹资成本的因素是债券的筹资费用。债券的筹资费用较高，这主要包括公司在发行债券前一系列的准备工作的费用，如信用评级、审计、评估、法律事务等费用和发行手续费用。

企业发行债券的利息率高低受两个因素影响：一个是无风险收益率，一般采用 1 年期银行存款或国债投资的利率；另一个是风险收益率，它的高低主要受到各种风险因素的影响，如企业资信等级评价，公司的资信等级评价越高，则说明投资者承担的风险越小，风险收益率可以越低。由债券期限长短决定到期利率风险，该风险是指债券持有者在持有该债券期间所面临的由于市场利率上升而导致的债券价格下降所带来损失的风险，显然，债券的期限越长，则该风险越大；另外还包括行业风险、财务风险等非系统风险。公司债券的风险一般大于国家债券和金融债券的风险，因此，它们的利息率也一般高于国家债券和金融债券的利息率。

债券的资金成本用如下公式计算：

$$债券的资金成本 = \frac{债券的年利息额 \times (1 - 公司所得税税率)}{债券的筹资总额 \times (1 - 筹资费用率)} \times 100\% \qquad (4\text{-}3)$$

债券在发行时由于票面利率不等于市场利率，因此可能出现溢价发行、折价发行或者平价发行，不同发行价格下，债券的筹资总额是不相同的，但是不论采用哪种发行价格，均不影响债券资金成本的计算。

三、可转换债券的资金成本分析

可转换债券是公司债券的特殊形式，是一种混合型的金融产品，它兼由债权性和期权性的特点。可转换债券的债权性体现在其转换成公司普通股之前，可转换债券的持有者是发行公司的债权人，享有定期获得固定利息的权利。如果可转换债券在到期后仍未被转换成普通股，投资者有权收回债券的本金。可转换债券的期权性表现在它赋予持有者一种选择的权利，即在规定的时期内，投资者具有选择是否将债券转换成发行公司的普通股的权利。这样的选择权实质上是一种买入期权，在规定的转换期内，投资者既可以行使转换权，也可以放弃转换权。

（一）可转换债券利率特点

可转换债券的利息率一般都要比同等级、同期限的公司债券的利息率低，因为它还具有期权价值，即当发行公司的股票市场表现良好，股价持续上涨时，可转换债券的持有者可以按照低于当时市场股价的转换价格将可转换债券转换成公司的普通股，可以获得转换利得——公司股票的市场价格与转换价格之间的差额部分。

由于可转换债券的利息率比较低，因此可转换债券对于发行公司而言带来的现金流出量显然是小于发行普通公司债券的，因此财务压力较小。这一现金流出量可以像普通公司债券一样通过贴现求出。

（二）可转换债券的期权价值

可转换债券在我国是比较新颖的筹资工具，公开发行的可转换债券还不多。可转换债券的价值由普通债券的价值和期权价值两部分组成,普通债券的价值确定比较容易,但是期权的价值确定是比较困难的,这也是可转换债券定价中最重要的部分。

影响可转换期权价值的因素很多,主要有股票的市场价格与转股价格、权利期间、股票价格波动率和无风险利率等,我们就这几个因素进行定性分析。

1. 股票的市场价格与转股价格

股票的市场价格与转股价格是影响期权价值的最重要因素。这两者之间的差额决定着可转换债券包含的期权内在价值的大小,差额越大期权的内在价值越大,期权的价值也随之增加。

2. 权利期间长短

权利期间是指期权的剩余有效时间。一般权利期间越长,可转换债券所包含的买入期权的价值就越高。这是因为在较长的权利期间内,期权的内在价值有更大增长可能,可转换债券投资者通过行使转换权来获得的机会更多,因此转债的期权价值也就相应增加。

3. 股票价格波动率

股票价格波动率是股票收益率的标准差,它反映了股票价格的发散程度,是用来衡量股价波动的不确定性的重要变量:一般讲,股票价格波动率较大,一定程度上会使可转换债券期权价值上升。这是因为较大的股票价格波动率意味着未来股价超过或者低于转股价格的可能性较大,当股价超过转股价格很大时,可转换债券投资者就可以通过行使转换权获得很高的收益,而当股价下跌时,投资者也可以不行使转换权。他们所受的损失仅是其支付的那部分期权费。

所以,当期权的期限越长和股票价格的波动率越大时,期权的投机性特征也就越明显,因而,可转换债券的期权价值一般会随着股票波动率的增加而增加。

4. 无风险利率

无风险利率对买入期权价值的影响比较复杂。当整个经济中的利率水平上升时,股票价格的预期增长率也倾向于增加,这将增加买入期权的价值。但是期权投资者收到的未来现金流量的贴现值将减少,这又会降低买入期权的价值。研究证明,对于买入期权来说,利率的第一种影响起主导作用,所以在一般情况下,可转换债券的期权价值是随着无风险利率的上升而增长的。

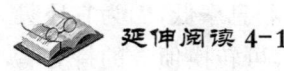
延伸阅读 4-1

上电转债事件

2007 年 8 月 14 日,上电转债平静地完成了最后一天的交易。从次日起,上电转债停止交易和转股,未转股的转债将全部被冻结,上市公司将按照 102.76 元每份的价格赎回全部未转股的上电转债。

当天,上电转债最终以 225.04 元收盘,即使不转股,与 2006 年 12 月 100 元/份的申购价相比,申购者获得了 120% 以上的收益。诡异的是,有三家基金公司没有在最后交易日卖出或实施转股,三家基金公司旗下的五只基金被上市公司行使赎回权,致使基金资产受损合计为 2 200 万元。

2007 年 9 月 5 日,证监会基金管理部向各基金公司和托管银行发出《关于部分基金管理公司未按期操作上电转债事件的通报》。该《通报》指出,此次事件是近年来管理人未能勤勉尽责、操作不当而发生的较大案例之一,反映出相关投资管理人责任心和风险控制意识薄弱,专业素质和技能不够格,同时,事件过程中部分托管银行工作人员责任心不强,无法满足基金托管业务的要求。

(三) BLACK-SCHOLES 模型

BLACK-SCHOLES 模型是一个确定期权价值的模型,是用数学模型对期权价值进行定量计算的工具。可转换债券可以借助 BLACK-SCHOLES 模型来确定其期权部分的价值,其普通债券部分的价值仍然通过贴现计算,影响该部分价值高低的因素主要是贴现率的高低,在这一点上通常采用无风险利率加风险调整率的方法,即便如此,不同的人采用的贴现率仍然差异很大,这主要是对风险的认识不同造成的,如有人主张采用同期限的银行贷款利率作为贴现率;燕京啤酒发行可转换债券时,在证券报刊上进行介绍时采用的是同期限的国债投资的利息率作为贴现率的,两者差异高达 3 个百分点以上。该部分价值的计算公式为:

$$B = \sum_{i=1}^{n} \frac{R_i}{(1+r)^i} + \frac{P}{(1+r)^n}$$

式中:B——可转换债券的普通债券价值;

　　　R_i——可转换债券的各年的利息收入;

　　　P——可转换债券的票面价值;

　　　r——贴现率。

BLACK-SCHOLES 模型的买入期权的定价模型为:

$$C = SN(d_1) - Xe^{-r(T-t)} N(d_2)$$

$$d_1 = \frac{\ln(S/X) + (r+\sigma^2/2)(T-t)}{\sigma \sqrt{T-t}}$$

$$d_2 = \frac{\ln(S/X) + (r-\sigma^2/2)(T-t)}{\sigma \sqrt{T-t}}$$

(4-4)

式中:C——买入期权的价格;

　　　S——股票的现行市场价格;

　　　X——股票的协议价格;

　　　r——无风险利率;

　　　σ——股票的价格波动率;

　　　T——期权到期日;

　　　t——现在的时间;

　　　$N(x)$——标准正态分布变量的累积概率分布函数。

在这些数据中,股票价格波动率是未知的,这个数据需要根据股票市场上股票价格的变化的观察值来计算。

第二节　股权筹资分析

股权筹资包括发行普通股、优先股和保留留存收益所筹集的资金。

一、普通股筹资

(一)普通股的概念和分类

普通股是股份有限公司发行的无特别权利的股份,也是最基本的、标准的股份。一般情况下,股份有限公司只发行普通股,很少有发行优先股的。

普通股从不同的角度,有不同的分类。

1. 按照股票有无记名分

普通股按照股票有无记名分类,可以分为记名股和不记名股。记名股是在股票上记载股东的姓名或者名称的股票。记名股除了股票上记载的股东外,其他人不能够行使其股权,股份转让需要办理过户手续。我国《公司法》规定,向发起人、国家授权投资的机构、法人发行的股票,应为记名股。不记名股是票面上不记载股东姓名或名称的股票。股票持有人即股份的所有人,具有股东资格,股票转让可以仅凭交付,不需办理过户手续。

2. 按照股票是否标明金额和发行对象分类

按照股票是否标明金额分可以分为面值股票和无面值股票。我国《公司法》规定,股票应记载股票的面额,并且股票发行价格不得低于票面金额。通常在我国上海、深圳两地发行的 A 股票面金额均为 1 元人民币,采用溢价发行的方式,以人民币认购和交易;B 股、H 股、N 股采用以人民币标明票面金额但是以外币认购和交易;B 股在上海、深圳上市;H 股在香港上市;N 股在纽约上市。在我国,按照投资主体的不同,普通股又分为国家股、法人股和个人股等。国家股是有权代表国家投资的部门或机构以国有资产向公司投资而形成的股份;法人股是企业法人以其可支配的财产向公司投资而形成的股份,或具有法人资格的事业单位和社会团体以国家允许用于经营的资产向公司投资而形成的股份;个人股是社会个人或公司内部职工以个人合法财产投入公司而形成的股份。

(二)普通股筹资的优缺点

相对其他筹资方式,发行普通股筹措资本具有以下优点:

(1)永久性,无到期日,不需归还。这对保证公司对资本的最低需要、维持公司长期稳定发展极为有利。

(2)没有固定的股利负担,股利的支付与否和支付多少,视公司有无盈利和经营需要而定,经营波动给公司带来的财务负担相对较小。由于普通股筹资没有固定的到期还本的压力,所以筹资风险较小。

(3)普通股筹集的资本是公司最基本的资金来源,它反映了公司的实力,可以作为其他方式筹资的基础,尤其可以为债权人提供保障,增强公司的举债能力。

（4）由于普通股的预期收益较高并可一定程度地抵销通货膨胀的影响，因此，普通股筹资容易吸收资金。

相对其他筹资方式，发行普通股筹措资本具有以下缺点：

（1）以普通股筹资会增加新股东，这可能会分散公司的控制权。

（2）发行普通股会增加股本，这将降低普通股的每股净收益，从而可能引发股价下跌。

（3）普通股的资本成本较高。原因有普通股投资风险较大、股利为企业所得税税后支付及发行成本较高等。

（三）普通股发行的条件

股份有限公司在设立时要发行股份。此外，公司设立之后，为了扩大经营、改善资本结构，也可以增资发行新股。股票的发行，实行公开、公平、公正的"三公"原则，必须同股同权、同股同利。同一次发行的股票，每股的发行条件和价格应当相同。股票的发行还应接受国务院证券监督管理机构的管理和监督。

按照我国《公司法》的有关规定，股份有限公司发行股票，应符合以下规定与条件：

（1）每股金额相等。同次发行的股票，每股的发行条件和价格应当相同。

（2）股票发行价格可以按票面金额，也可以超过票面金额，但不得低于票面金额。

（3）股票应当载明公司名称、公司登记日期、股票种类、票面金额及代表的股份数、股票编号等主要事项。

（4）向发起人、国家授权投资的机构、法人发行的股票，应当为记名股票；向社会公众发行的股票，可以为记名股票，也可以为无记名股票。

（5）公司发行记名股票的，应当置备股东名册，记载股东的姓名或者名称、住所、各股东所持股份、各股东所持股票编号、各股东取得其股份的日期；发行无记名股票的，公司应当记载其股票数量、编号及发行日期。

（6）公司发行新股，必须具备下列条件：前一次发行的股份已募足，并间隔1年以上；公司在最近3年内连续盈利，并可向股东支付股利；公司在3年内财务会计文件无虚假记载；公司预期利润率可达同期银行存款利率。

（7）公司发行新股，应由股东大会作出有关下列事项的决议：新股种类及数额；新股发行价格；新股发行的起止日期；向原有股东发行新股的种类及数额。

（四）股票发行的程序

股份有限公司在设立时发行股票与增资发行新股的程序不同。

1. 设立时发行股票的程序

公司设立时发行股票的程序为：公司提出募集股份的申请；公告招股说明书，制作认股证，签订承销协议和代收股款协议；招认股份，缴纳股款；召开创立大会，选举董事会、监事会；办理设立登记，交割股票。

2. 增资发行新股的程序

公司增资发行新股的程序为：公司股东大会作出发行新股的决议；由董事会向国务院授权的部门或省级人民政府申请并经批准；公告新股招股说明书和财务报表及附属明

细表,与证券经营机构签订承销合同,定向募集时向新股认购人发出认购公告或通知;招认股份,缴纳股款;改组董事会、监事会,办理变更登记并向社会公告。

(五)普通股资本成本分析

1. 股利增长模型

资金成本的本质是投资者要求的投资收益率。因此计算普通股的资金成本的方法相当于计算普通股要求的收益率的方法,股利增长模型是计算普通股的资金成本的最主要方法之一。

股利增长模型的基本模型为:

$$K_s = \frac{D_1}{P_0(1-Fp)} + G \tag{4-5}$$

式中:K_s——普通股资金成本;

$\quad D_1$——下一年每股股利;

$\quad P_0$——每股股票的发行价格;

$\quad Fp$——股票的筹资费用率;

$\quad G$——股利增长率。

用汉语公式表示为:

$$普通股资金成本 = \frac{预计下年每股股利}{每股发行价格 \times (1-筹资费用率)} + 预计股利增长率 \tag{4-6}$$

该模型证明过程如下:

$$P_0(1-Fp) = \frac{D_0(1+G)}{1+K_s} + \frac{D_0(1+G)^2}{(1+K_s)^2} + \cdots + \frac{D_0(1+G)^n}{(1+K_s)^n} = D_0 \sum_{t=1}^{n} \frac{(1+G)^t}{(1+K_s)^t} \tag{1}$$

令:

$$\sum_{t=1}^{n} \frac{(1+G)^t}{(1+K_s)^t} = A \tag{2}$$

则:

$$A\frac{1+G}{1+K_s} = \sum_{t=1}^{n} \frac{(1+G)^{t+1}}{(1+K_s)^{t+1}} \tag{3}$$

将式(2)-式(3)得:

$$A\left(1 - \frac{1+G}{1+K_s}\right) = \frac{1+G}{1+K_s} - \left(\frac{1+G}{1+K_s}\right)^{n+1} \Rightarrow A\frac{K_s-G}{1+K_s} = \frac{1+G}{1+K_s} - \left(\frac{1+G}{1+K_s}\right)^{n+1}$$

$$\Rightarrow A = \frac{1+G}{K_s-G} - \frac{(1+G)^{n+1}}{(1+K_s)^n(K_s-G)} \tag{4}$$

将式(4)代入式(1)得:

$$P_0(1-Fp) = D_1 A = D_0\left\{\frac{1+G}{K_s-G} - \left[\frac{(1+G)^{n+1}}{(1+K_s)^n(K_s-G)}\right]\right\}$$

$$= D_0\frac{1+G}{K_s-G}\left[1 - \left(\frac{1+G}{1+K_s}\right)^n\right]$$

$\because$ 当 $Ks > G$ 且 $n \to \infty$ 时：

$$\lim_{n \to \infty}\left(\frac{1+G}{1+Ks}\right)^n \to 0$$

$\therefore$ 当 $Ks > G$ 且 $n \to \infty$ 时：

$$P_0(1-Fp) = D_0 \frac{1+G}{Ks-G}$$

令 $D_0(1+G) = D_1$，表示第 1 年的每股股利：

则： $\because P_0(1-Fp) = \frac{D_1}{Ks-G}$

$\therefore P_0(1-Fp)(Ks-G) = D_1 \Rightarrow P_0(1-Fp)Ks - P_0(1-Fp)G = D_1$

$$\Rightarrow Ks = \frac{D_1 + P_0(1-Fp)G}{P_0(1-Fp)}$$
$$= \frac{D_1}{P_0(1-Fp)} + G$$

2. 预计股利增长率

计算预计股利增长率（G）常用的是公司财务可持续增长模型（SGR ＆ ASGR 模型）。

企业财务可持续增长模型是由美国财务学家罗伯特·希金斯提出并被波士顿咨询集团公司普及使用。该模型基于以下假设：公司以市场允许的速度来发展，即以市场允许的增长率来增长的；公司不增发新股，也不回购股票，即发行在外的普通股股数保持不变；公司持续维持一个固定的目标资本结构和执行固定股利分配率股利政策；公司的资产收益水平保持不变，资产周转速度保持不变。

（1）可持续增长率，即 SGR 模型（sustainable growth rate）：

可持续增长率＝本期每股股利的增加值÷上期每股股利

＝本期股东权益的增加量÷上期股东权益

＝公司收益留存率×本期盈利÷上期股东权益

＝公司收益留存率×股东权益收益率 (4-7)

（2）适度可持续增长率，即 ASGR 模型（appropriate sustainable growth rate）。公司的适度可持续增长率是指公司在不增加外部权益资金时，销售所能够增长的最大比率，也即资产利润率、资产周转率和资产负债率不变时的每股股利的增长率。公司的适度可持续增长率的财务表达式为：

$$\Delta S \frac{A}{S} = R\frac{P}{S}(S_0 + \Delta S) + \left[R\frac{P}{S}(S_0 + \Delta S)\right]\frac{D}{E}$$

式中：A/S——资产总额/销售额；

P/S——销售净利润率；

R——留存收益的比例；

D/E——负债/股东权益；

S_0——基期销售额；

$\triangle S$——销售额的增加。

该财务表达式的思路为：资产的增加恒等于负债和所有者权益的增加。等号左边为资产的增加,等号右边第一项为股东权益的增加,第二项为负债的增加。将上式进行整理如下：

$$\triangle S \frac{A}{S} = R\frac{P}{S}(S_0 + \triangle S) + \left[R\frac{P}{S}(S_0 + \triangle S)\right]\frac{D}{E} \Rightarrow \frac{\triangle S}{S} = \frac{R\frac{P}{S}(S_0 + \triangle S)\left(1 + \frac{D}{E}\right)}{A}$$

$$= \frac{R\frac{P}{A}(S_0 + \triangle S)\left(1 + \frac{D}{E}\right)}{S} \Rightarrow \triangle S = R\frac{P}{A}(S_0 + \triangle S)\left(1 + \frac{D}{E}\right) \Rightarrow \frac{\triangle S}{S_0 + \triangle S}$$

$$= R\frac{P}{A}\left(1 + \frac{D}{E}\right) \Rightarrow \frac{S_0 + \triangle S}{\triangle S} = \frac{A}{RP\left(1 + \frac{D}{E}\right)} \Rightarrow \frac{S_0}{\triangle S} = \frac{A}{RP\left(1 + \frac{D}{E}\right)} - 1$$

$$= \frac{A - RP\left(1 + \frac{D}{E}\right)}{RP\left(1 + \frac{D}{E}\right)} \Rightarrow \frac{\triangle S}{S_0} = \frac{RP\left(1 + \frac{D}{E}\right)}{A - RP\left(1 + \frac{D}{E}\right)}$$

注：$A = D + E$；$ROE = D/E$。

如果利润留存率 R 与权益利润率 ROE 的积比较小,可以近似地认为 $SGR = ASGR$。

股利增长模型成立的前提条件包括：

D_0 必须大于 1, $D_0 > 1$；Ks 必须大于 G, $Ks > G$；G 稳定不变；利润留存率(retention ratio)和股利分配率(payout ratio)保持不变,即公司执行严格的固定股利分配率政策。

 **延伸阅读 4-2**

动态经济学基本方程——哈罗德—多马模型的启示

动态经济学基本方程,是由著名英国国际经济学家哈罗德和美国经济学家多马的名字命名的哈罗德—多马模型。具体表示为：

$$G = s/C$$

式中：G——$\triangle Y/Y$, 国民收入在单位时间中的增长率；

s——S/Y, 储蓄比率；

C——K/Y, 资本—产出比。

哈罗德—多马模型的基本含义是国民收入在单位时间中的增长率等于同期的储蓄比率除以资本产出比。其假设：资本—产出比保持不变；储蓄比率即储蓄在收入中所占比重保持不变；不存在技术进步,也不存在资本折旧等。

设一个经济体上期的收入为 100 单位,储蓄比率为 15%,资本—产出比为 3,即 3 单位的资本每期可以有一单位的产出。则当期该经济体的资本增加 $100 \times 15\% = 15$（单位）,收入增加 $15 \div 3 = 5$（单位）,比上期的 100 单位收入增加 5%,即：

$$G = s \div C = 15\% \div 3 = 5\%$$

哈罗德—多马模型与可持续增长率 SGR 模型非常相似:哈罗德—多马模型的储蓄率相当于可持续增长率 SGR 模型的利润留存率;哈罗德—多马模型的资本产出比相当于可持续增长率 SGR 模型的权益利润率的倒数。哈罗德—多马模型认为,增长并不是自发稳定的,这主要是因为在社会提供的既定的储蓄率下,实际资本产出比小于或者大于投资者意愿的资本产出比时,厂商就会增加或者减少投资以便提高或者降低资本产出比,直到造成通货膨胀或者失业为止。哈罗德—多马模型的稳定增长是很难达到的,哈罗德将它形象地称为"刃锋"。同样的约束条件在 SGR 模型中也是存在的,SGR 模型成立的假设前提中公司持续维持一个固定的目标资本结构和执行固定股利分配率股利政策;公司的资产收益水平保持不变、资产周转速度保持不变是很难成立的。

SGR 模型提供了一个简单的预测企业可持续增长率的公式,但是这个模型成立的条件是苛刻的。因此,在投资特别是长期投资中应注意其实际效果。

【例 4-3】 某股份公司增资发行新股 1 亿股,每股面值 1 元,发行价 5 元,发行费用率为 5%。预计下年每股分配股利 0.3 元。根据历史数据分析,该公司的净资产收益率稳定在 25% 左右,该公司采用固定股利分配率政策,股利分配率为 60%,留存率为 40%。计算该普通股的资金成本。

解:

$$Ks = \frac{0.3}{5 \times (1 - 5\%)} + (25\% \times 40\%) = 16.3\%$$

该普通股的资金成本为 16.3%。

二、优先股

优先股的优先在于优先股所具有的分红权和请求权位于普通股之前,但是在所有的债务之后。在公司盈利的情况下,优先股对盈利的分配享有优先权;在公司清理的情况下,优先股对剩余财产的分配享有优先权。优先股股东一般不享有股东的表决权,但是在一定时期内没有分配到约定股利的情况下,则可以享有股东的表决权。

(一)优先股的分类

优先股的分类主要是从优先股的主要条款角度进行分类的,优先股的主要条款包括以下三类。

1. 对资产和收益的优先权条款

优先股的许多条款用于减少购买人的风险,这些风险是由普通股股东承担的。优先股通常对收益和资产有优先权,关于这一点,一般有两个约定:一是没有优先股股东的同意,就不能销售对其收益有优先或同等权利的证券;二是在公司内寻求保持盈利,要求在所有的普通股分红前,优先股有一个最低水平的保留收益。

2. 是否累积股利条款

累积股利条款要求在所有的过去的优先股股息被完全支付前不得支付普通股股息。

这一条款一般在优先股在公司资本结构中的比例比较大的时候出现,这是一种防御性条款,防止出现普通股和优先股在一些年限内都不分配红利后,普通股分配大量红利,而优先股只分配约定红利的情况出现。

3. 是否有参与条款

参与条款是指在优先股享有约定红利后,如果公司盈余相当好,即在普通股也享有了与优先股相当的红利后还有盈余,那么,优先股对这些盈余是否还和普通股一样享有分配权。如果享有该分配权,则称为参与型优先股;如果不享有该分配权,则称为非参与型优先股。

根据以上几个条款看,可以把优先股分为累积、参与型优先股,累积、非参与型优先股,非累积、参与型优先股,非累积、非参与型优先股。

【例 4-4】 某股份公司股本结构为,发行在外的普通股 100 万股,每股面值 1 元,发行在外的优先股 10 万股,每股面值 10 元,股息率 10％。2001 年、2002 年、2003 年的可用于分配的净利润分别为 0、20 万元、30 万元,假定没有留存利润。请计算该公司的优先股为累积、参与型优先股和非累积、非参与型优先股条件下的股利分配情况。

解:

(1) 累积、参与型优先股的情况:

2001 年,因为无利不分,所以优先股、普通股股利分配均为 0。

2002 年,优先股每股分配当年股息 1 元,补发 2001 年股息 1 元,合计 2 元/股,共需资金 20 万元。普通股已经无利可分,普通股股利分配仍为 0。

2003 年,优先股每股分配当年股息 1 元,分配率 10％;普通股也先分 10％,即每股 0.1 元,共需资金 20 万元。可分配利润共 30 万元,优先股、普通股股利分配均为 10 万元,剩余 10 万元由优先股、普通股共同分享,该公司股本为 200 万元,故分配率为 5％[(10÷200)×100％],即优先股每股 0.5 元,普通股每股 0.05 元。合计,优先股每股分配 1.5 元(1+0.5),普通股每股分配 0.15 元(0.1+0.05)。

(2) 非累积、非参与型优先股的情况:

2001 年,因为无利不分,所以优先股、普通股股利分配均为 0。

2002 年,优先股每股分配当年股息 1 元,不补发 2001 年股息 1 元,合计 1 元/股,共需资金 10 万元。剩余 10 万元供普通股分配,普通股股利分配为 0.10 元。

2003 年,优先股每股分配当年股息 1 元,分配率 10％,共需资金 10 万元。剩余 20 万元供普通股分配,普通股股利分配为 0.20 元。

(二)优先股的优缺点

优先股的优点在于:

(1) 优先股可以避免产生固定的利息支付,这一点与债券不同。

(2) 希望扩展的公司,由于它的盈利能力是比较高的,它可以通过发行优先股,而不是普通股为最初的股东获得较高的收益。

(3) 优先股可以使公司避免增加新的投票权而分享公司的控制权。

(4) 优先股筹资不增加企业的负债,而增加资产,降低资产负债率,增加公司的筹资能力。

（5）不需要到期偿还，比债券更灵活。

优先股的缺点在于：

（1）优先股必须以比债券更高的收益出售。

（2）优先股股息在税后支付，没有财务上的税盾效应，因此优先股的筹资成本比债券更高。

（三）优先股筹资的成本分析

优先股筹资成本为（以累积、非参与型优先股为例）：

$$优先股筹资成本 = \frac{股息率}{发行价 \times (1 - 筹资费用率)} \times 100\% \tag{4-8}$$

由于优先股的风险大于同公司发行的债券的风险、优先股的流动性小于债券的特点，优先股的收益高于债券的收益，但是债券利息是税前支付的，而优先股股息是税后支付的，可以看出，优先股筹资的资金成本仍然是比较高的。

三、留存收益

留存收益也称保留盈余，是公司的内部融资方式，是与股利政策相结合，将应该分配给股东的盈余，保留到公司里面，用于投资项目。公司支付给股东的盈余与留存在公司的盈余存在此消彼长的关系。当公司面临良好的投资机会时，可以减少支付给股东的股利，增加保留盈余。

当公司增加保留盈余时，股东就会希望以后的股利获得更高的增长率，因此，保留盈余的资金成本也可以用股利增长模型来计算，只是保留盈余不需要筹资费用：

$$保留盈余资金成本 = \frac{预计为此支付的股利}{保留盈余} + 预计股利增长率 \tag{4-9}$$

从另外一个角度出发，保留盈余可以用以下公式计算：

$$\begin{aligned}保留盈余资金成本 = &普通股资金成本 \times (1 - 个人所得税率) \\ &\times (1 - 股票筹资费用率) \times 100\%\end{aligned} \tag{4-10}$$

公式（4-10）的含义是，把留存收益与发行新股相比，股东节约了个人所得税，公司节约了股票发行费用，这些费用都留存到公司了，因此其资金成本可以低一些。

根据资本资产定价模型（CAPM），留存收益的成本为：

$$k_S = R_F + (R_M - R_F)\beta \tag{4-11}$$

式中：k_S——留存收益的成本；

R_F——无风险报酬率；

R_M——平均风险必要报酬率；

β——该公司的风险系数。

第三节 传统租赁和金融租赁

租赁是生活中一种常见的经济活动。租赁是指将自己的物品让给他人使用并收取一定的报酬,或占用他人物品并支付一定的费用。租赁也是一种信用形式,它同银行信用、商业信用一样,具备了信用的基本特征。这个特征就是价值的单方面转移,是所有权与使用权分离,物品的所有者以收取报酬为条件,让渡物品使用权的一种方式。从承租人角度讲,是在不拥有物品所有权的条件下,通过支付费用在一定期限内拥有物品的使用权。

一、传统租赁

(一)传统租赁的概念和特征

传统租赁就是通常讲的租赁服务。我国《合同法》中的租赁即指传统租赁。传统租赁具有以下特点:

(1)租赁关系简单,只涉及两个当事人,即出租人和承租人,只签订一个合同,即租赁合同。

(2)承租人租赁目的一般是为了短期、临时性使用租赁物。但这并不是绝对的,例如对土地、房屋的传统租赁期限可能会较长,我国《合同法》规定租赁合同期限可达20年。

(3)租赁物的选择是由出租人决定的,租赁物无法出租时的投资损失也由出租人承担。

(4)租金支付具有不完全支付性,即出租人无法只通过一个承租人租用设备,并在一个租赁合同期内收获全部或大部分投资,出租人对一个承租人出租所收回的租金,只是全部投资的一部分。

(5)出租人除了向承租人提供租赁物件,还要提供租赁物的维修、保养等全面服务。

(6)租赁合同可以中途解约。

(7)租期结束时,承租人可以退租或续租。

(8)在会计处理上,租赁物不纳入承租人的资产负债表。

(二)租赁的功能

1. 资金融通

资金融通是租赁的主要功能,租赁可以为承租人提供中长期资金来源,发挥与银行借贷等中长期融资手段相同的作用。同时,与银行贷款、发行债券、股票等融资方式相比,租赁具有显而易见的优势:一是租赁融资手续简便快捷,由于出租人在租赁期间一直拥有租赁物的所有权,并通过租期内租赁物的完整来保证,出租人对承租人的审查更侧重于承租人的未来盈利能力,而不是过去的信用历史或财产资本基础,因此对于那些新建的中小企业来说,租赁是获得融资支持的重要方式;二是承租人可以获得税收上的好处;三是承租人可以得到百分百的融资。

2. 减少资金占用

承租人只需支付租金就可以使用整套设备,对于那些并不经常使用的设备,企业利用租赁方式来使用,可以减少因购买这些设备而占用的资金,而对那些需经常使用,但是购买成本较高的设备,若利用租赁方式,也可以减少企业前期资金投入和资金占用。

3. 提高资金流动性

承租人运用售后回租交易,可以将自己的固定资产出售变现,然后再租回使用,这样使原来的固定资产转换成了流动性资产,同时又不影响企业对设备的正常使用。

4. 表外融资

企业通过选择租赁交易形式,如选择经营性租赁,可以使通过租赁获得的固定资产不计入资产负债表,不必设置折旧账户,不增加负债,租金支出可以以当期费用在所得税税前列支,从而达到表外融资的目的。

5. 避免设备陈旧过时的风险

承租人可以利用传统租赁和融资租赁中的经营性租赁,租用那些技术更新速度较快的设备,若设备陈旧过时,承租人可以解除合同退回设备,再租用更先进的设备,这样就避免由于购买而承担设备陈旧过时的风险。

6. 获得专业性管理服务

承租人利用租赁使用设备,可以免去设置资产折旧账户,进行租赁资产处置。对设备进行维修保养等诸多事项由出租人负责处置和处理,由于出租人具有专业性和规模效益的优势,出租人的管理比承租人更专业,更有效率。

(三)租赁的资金成本计算

租赁的资金成本可以用以下公式计算:

$$\text{租赁的资} \atop \text{金成本} = \frac{\text{年租金} \times \left(1 - {\text{企业所} \atop \text{得税率}}\right) + \dfrac{\text{手续费}}{\text{租赁年限}} + \text{保证金} \times \text{年利息率}}{\text{租入资产的重置价值}} \times 100\% \qquad (4\text{-}12)$$

租金是税前列支的,故存在"税盾效应",其手续费只发生一次,并故分摊到各年。保证金所有权是承租方的,但是使用权是出租方的,承租方损失了利息,即资金的机会成本。承租人获得了相当于租入资产重置价值的资金融通。

二、金融租赁

(一)金融租赁的概念

金融租赁也称融资租赁,是一种交易。这种交易的方式是,出租人根据承租人的请求,向承租人指定的出卖人,按承租人同意的条件,购买承租人指定的资本货物,并以承租人支付租金为条件,将该资本货物的占有、使用和收益权转让给承租人。在同一宗融资租赁交易中,必定包含有所述资本货物的买卖和以该货物为租赁物的租赁这样两类互为条件,又相互独立的交易,它们分别由相关的买卖合同和融资租赁合同体现。在这种交易中,必定要有资本货物的出卖人、兼为租赁物出租人的该货物的买入人以及租赁物的承租人这样的三方当事人存在。因此,通常把融资租赁描述为是包含着两类合同和三方当事人的交易。

融资租赁不是买卖或分期付款买卖,因为在合同期内其标的物的所有权不转移,在合同履行完毕时其标的物的所有权也不一定转移。融资租赁不是借贷,因为其标的物是资本货物(某种实物财产),而不是货币。融资租赁也不是借贷中的抵押,因为其标的物属于出租人所有,而某物的所有权人是不能同时又是该物的抵押权人的。

融资租赁是租赁的一个类别。同任何租赁一样,它也是一种以收取租金为条件而让与标的物使用权的交易。融资租赁同其他租赁的区别在于,从交易的法律形式看,在其他租赁中,不会有出租人按承租人的请求而购买标的物的事由,因此,只有出租人及承租人这两方当事人,而不会有融资租赁中的三方当事人。尤其是,从交易的经济实质看,在其他租赁中,租金是占有出租人所提供的实物财产的对价;而在融资租赁中,租金是占有出租人所提供的资金的对价。在其他租赁中,随附于租赁物所有权的风险和报酬是属于出租人自己的;而在融资租赁中,这一风险和报酬则是由出租人向承租人实质性地转移的。

之所以称融资租赁,正是在于它的"融资性"。正因为如此,无论融资租赁将具有怎样的发展形式,包括其中出租人提供服务内容的增多,我们仍必须把融资租赁作为一种准金融业务看待。也正因为如此,负责监督管理我国主营融资租赁业务的金融租赁公司的行政当局,是中国人民银行。

融资租赁这种交易方式由设立于1952年的美国金融贴现公司首创。改革开放之初,这一交易方式被引入我国。当时,中国国际信托投资公司设立了租赁部,成就了我国第一笔融资租赁交易。紧接着,中国国际信托投资公司于1980年同日本东方租赁株式会社共同设立了中外合资的中国东方租赁有限公司,又于1981年同国务院几个部及几家国有银行共同设立了中国租赁有限公司。这两家公司都是专营融资租赁的机构。此后,一批融资性租赁公司随之设立。

融资租赁这种交易方式被引入我国以来,在较长的时期里,主要是以其引进外资的功能适应了我国国有企业技术改造的投资需求。1999年10月1日,含有《融资租赁合同》专章的《中华人民共和国合同法》施行;2000年6月30日,《金融租赁公司管理办法》发布并实施。

(二)金融租赁的功能

第一,公司为了经营目的而需要取得某项固定资产时,如果因为资金限制而无法购买的话,那么,可以选择融资租赁这种筹资方式。

第二,如果租赁物是飞机、船舶之类购置成本较高而通用性又很强的设备,那么,融资租赁应是比较合适的。

第三,税盾效应,就我国政策而言,对于国有、集体工业企业融资租赁项下的固定资产,国家规定可以按法定折旧年限和融资租赁期限两者孰短的期限折旧(但是不得短于3年)。而用其他方式取得固定资产时,则没有这种加速折旧的优惠。这样公司可以在固定资产使用的前期多计提折旧,减轻前期企业所得税的应纳税额,推迟所得税的应缴时间。这样相当于公司获得了一笔无息贷款。

第四,可以加大公司资产的流动性,而又不减少固定资产。如果公司仍需利用这些固定资产,公司可以选择出售回租这种融资租赁交易方式。这时,一方面它把自有固定资产的所有权转让给融资租赁公司,从而取得自己所需的货币资金(价款),同时它又从该融资租赁公司租入该固定资产,因而丝毫也不妨碍对该固定资产的继续使用。当然,公司也可以通过向银行抵押该固定资产的方式来从银行取得贷款,从而达到上述相同的效果。这就要看公司是否存在贷款额度的限制了。客户之所以加大自己的资产的流动性,往往出自信息披露的需要,或者是为了优化其财务状况中的流动比率和速动比率之类指标,从而提高其在资金及资本市场的信用等级;或者是为了获得现金直接用于偿债,以减少其长期借款,增加其银行授信额度中的可灵活利用的部分。在资产重组中,兼并方或许可以对被兼并的企业的可利用的固定资产进行出售回租,从而用所得价款来偿付被兼并企业已到期的内外债务。这样做,既能使后者得到喘息和重整的机会,又可以不占用或少占用兼并方的自有资金。

第五,如果固定资产属于技术更新速度较快的行业尤其是高科技领域,租赁避免设备陈旧风险和控制初始投入资金。公司可以利用带有中长期融资性质的经营性租赁来取得这类设备。这种方式的要点是:租金不以摊提该设备购置成本的全额为其计算基础,该固定资产不在该客户账上资本化,其在租赁期满时的剩余价值的贬值风险由租赁公司承担。

第六,租赁可以使公司取得的固定资产不反映在自己的资产负债表上,不由本公司提取折旧,因而也不增加自己的负债,租金支出可以以当期费用的名目在所得税税前全额列支,即取得表外融资的效果这一点对自己更为有利,那么,它也可以利用上述带有中长期融资性质的经营性租赁。

第七,国家出台新的鼓励融资租赁的优惠政策,特别是税收方面的优惠政策,这些政策无疑将会吸引更多的客户利用融资租赁这种交易方式。发达国家融资租赁交易的设备投资市场渗透率已经达到 20%～30%,而我国目前仅 1.5% 左右。我国政府的各个部门近来对融资租赁的作用日益重视,更多的鼓励政策出台是一种可以预期的趋势。

美国 1997 年租赁物行业分布如表 4-1 所示。

表 4-1 美国 1997 年租赁物的行业分布

行　　业	占比	行　　业	占比	行　　业	占比
计算机	17.8%	多种资产项目	1.4%	医疗设备	2.6%
铁路运输	13.0%	发电设备	5.4%	FF & E	2.4%
办公设备	7.9%	材料处理设备	4.3%	采矿/油气开发设备	2.2%
卡车/拖车运输设备	7.7%	电信设备	4.3%	水运设备	2.0%
飞机	7.6%	农业机械	4.2%	集装箱	1.7%
制造设备	5.8%	建筑机械	3.9%	其他	5.7%

(三)租金的计算

租金的计算分为等额租金先付法和等额租金后付法。

1. 等额租金先付法

$$各期租金 = 起租日合同成本 \times \dfrac{\left(1+\dfrac{合同年利率}{支付次数}\right)^{成本摊付次数-1} \times 合同年利率}{\left(1+\dfrac{合同年利率}{每年支付次数}\right)^{成本摊付次数} - 1} \tag{4-13}$$

2. 等额租金后付法

$$各期租金 = 起租日合同成本 \times \frac{\left(1 + \dfrac{合同年利率}{支付次数}\right)^{成本摊付次数} \times 合同年利率}{\left(1 + \dfrac{合同年利率}{每年支付次数}\right)^{成本摊付次数} - 1} \qquad (4-14)$$

第四节　资　金　成　本

一、资金成本的概念

资本成本也称为资金成本,是指公司为筹集和使用资金而付出的代价,体现为融资来源所要求的报酬率。公司使用任何资金,不论是自有资金还是借入资金,不论是长期资金还是短期资金,都是要付出代价的。

资本成本有多种计量方式,我们在此要介绍的有个别资金成本、综合资金成本和边际资金成本。

二、个别资金成本

个别资金成本是指公司每种融资来源或某笔融通资金的资金成本。公司的融资来源一般包括 7 种,即发行普通股、发行优先股、保留盈余、借款、发行债券、租赁和凭借商业信用融资。前 6 种本章已做介绍,凭借商业信用融资将在短期资金管理中介绍。

个别资金成本的计算虽然各有各的特点,但是都遵守以下总公式:

$$个别资金成本 = \frac{为使用资金每年付出的代价(对净利润或现金流量的影响)}{实际使用资金的数额} \times 100\% \qquad (4-15)$$

三、综合资金成本

综合资金成本是指将公司通过各种途径筹集的资金的个别资金成本按照它们占总资产的权重比例进行加权平均得到的、反映公司各种来源的资金的平均成本水平的资金成本。综合资金成本的计算公式为:

$$K_w = \sum_{j=1}^{n} K_j W_j \qquad (4-16)$$

式中：K_w——综合资金成本;

　　　K_j——第 j 种个别资金成本;

　　　W_j——第 j 种个别资金占总资产的比例。

【例 4-5】　某公司资本结构如下：发行普通股 100 万股,每股发行价 6 元,预计下年度每股股息 0.4 元,预计股利增长率 6%;发行债券 3 万张,每张面值 100 元,票面利率 9%,发行价 120 元/张,股票和债券的发行费用率为 2%;银行借款 300 万元,年利率 8%。

企业所得税税率为33%。请计算该公司的综合资金成本。

解：

（1）普通股的资金成本 $= \dfrac{0.4}{6 \times (1-2\%)} + 6\% = 12.8\%$

（2）债券的资金成本 $= \dfrac{100 \times 9\% \times (1-33\%)}{120 \times (1-2\%)} = 5.13\%$

（3）长期借款资金成本 $= 8\% \times (1-33\%) = 5.36\%$

（4）综合资金成本 $= \dfrac{100 \times 6 \times 12.8\% + 3 \times 120 \times 5.13\% + 300 \times 5.36\%}{600 + 360 + 300}$

$\qquad\qquad = 9.02\%$

综合资金成本是公司使用资金的成本,也公司进行投资要求的最低期望收益率。如果投资项目的内部收益率不能够达到综合资金成本那么高,项目一定是亏损的。

四、边际资金成本

一般而言,随着公司筹资金额的增加,规模的扩大,从资金供给和需求角度看,增加了资金的需求,从而使市场利率提高,资金成本上升;从风险和收益角度看,公司承担的风险增加,投资者和债权人要求的收益也提高,公司的资本成本也会逐渐提高。边际资金成本是在公司筹资金额一定的情况下,再多筹集一笔资金而形成的成本。

【例4-6】 某公司确定的资本结构和面对的筹资成本如表4-2所示,计算该公司的边际资金成本。

表4-2 资本结构和筹资成本

资 金 来 源	目标结构	筹 资 金 额	资本成本
借 款	20%	5万元以下 5万~10万元 10万元以上	3% 5% 7%
债 券	30%	9万元以下 9万~18万元 18万元以上	9% 10% 11%
普通股	50%	20万元以下 20万~40万元 40万元以上	12% 14% 16%

（1）计算筹资突破点：

筹资突破点是指总筹资金额突破这一金额后会由于某种资金成本的上升而使边际资金成本发生变化的点。可用以下公式计算：

$$筹资突破点 = \dfrac{可用某一特定成本筹集到的某种资金金额}{该种资金在资本结构中所占的比重} \qquad (4-17)$$

可以计算出,借款的筹资突破点为25万元和50万元;债券的筹资突破点为30万元和 60 万元;普通股的筹资突破点为 40 万元和 80 万元。

将筹资突破点从小到大排列:

25 万元、30 万元、40 万元、50 万元、60 万元、80 万元

(2)计算边际资金成本:

边际资金成本的计算如表 4-3 所示。

表 4-3　边际资金成本计算

筹资范围	资金种类	资本结构	资本成本	边际资金成本
25 万元以下	借　款 债　券 普通股	20% 30% 50%	3% 9% 12%	$20\% \times 3\% + 30\% \times 9\% + 50\% \times 12\% = 9.3\%$
25 万～ 30 万元	借　款 债　券 普通股	20% 30% 50%	5% 9% 12%	$20\% \times 5\% + 30\% \times 9\% + 50\% \times 12\% = 9.7\%$
30 万～ 40 万元	借　款 债　券 普通股	20% 30% 50%	5% 10% 12%	$20\% \times 5\% + 30\% \times 10\% + 50\% \times 12\% = 10.0\%$
40 万～ 50 万元	借　款 债　券 普通股	20% 30% 50%	5% 10% 14%	$20\% \times 5\% + 30\% \times 10\% + 50\% \times 14\% = 11.0\%$
50 万～ 60 万元	借　款 债　券 普通股	20% 30% 50%	7% 10% 14%	$20\% \times 7\% + 30\% \times 10\% + 50\% \times 14\% = 11.4\%$
60 万～ 80 万元	借　款 债　券 普通股	20% 30% 50%	7% 11% 14%	$20\% \times 7\% + 30\% \times 11\% + 50\% \times 14\% = 11.7\%$
80 万元以上	借　款 债　券 普通股	20% 30% 50%	7% 11% 16%	$20\% \times 7\% + 30\% \times 11\% + 50\% \times 16\% = 12.7\%$

该公司面临的边际资金成本也可以用图 4-1 来表示。

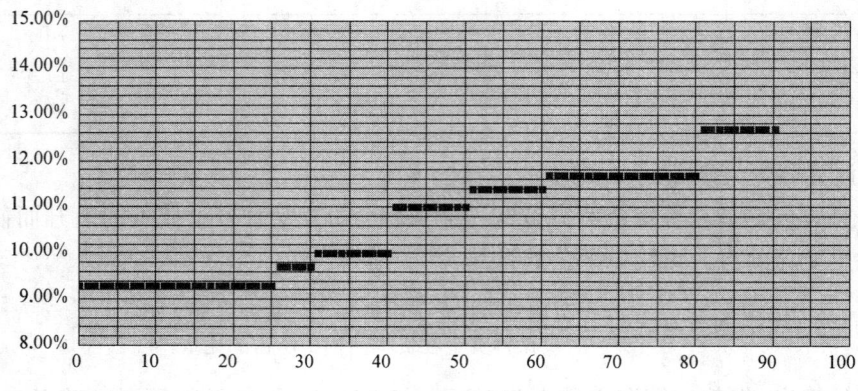

图 4-1　边际资金成本散点图

职业判断 4-1

边际收益与边际成本

在经济学上,我们一般认为边际收益是递减的,边际成本是递增的,当边际收益等于边际成本时的规模,是最佳的规模,因为此时的收益最大。

假设目前有 A、B、C、D、E 5 个投资项目。

A 项目内部收益率 14%,投资额 20 万元;B 项目内部收益率 13.5%,投资额 20 万元;C 项目内部收益率 13.0%,投资额 10 万元;D 项目内部收益率 12.0%,投资额 20 万元;E 项目内部收益率 11.0%,投资额 20 万元。

如图 4-2、图 4-3 所示,这时的最佳规模是投资 A、B、C、D 4 个项目。

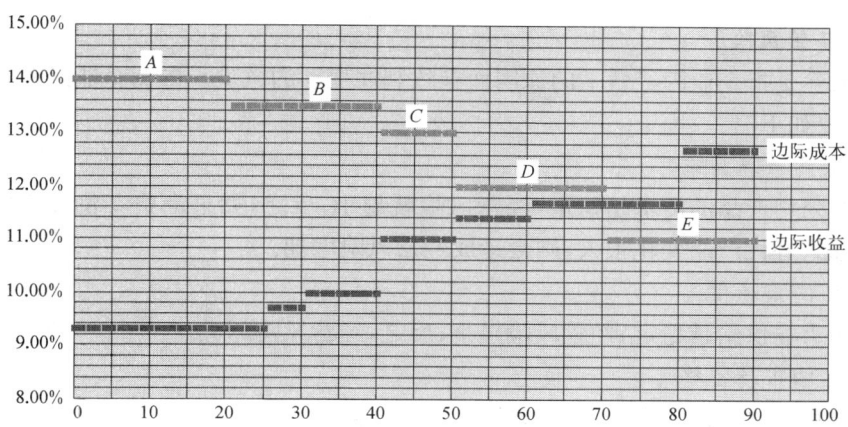

图 4-2 A、B、C、D、E 边际收益递减示意图

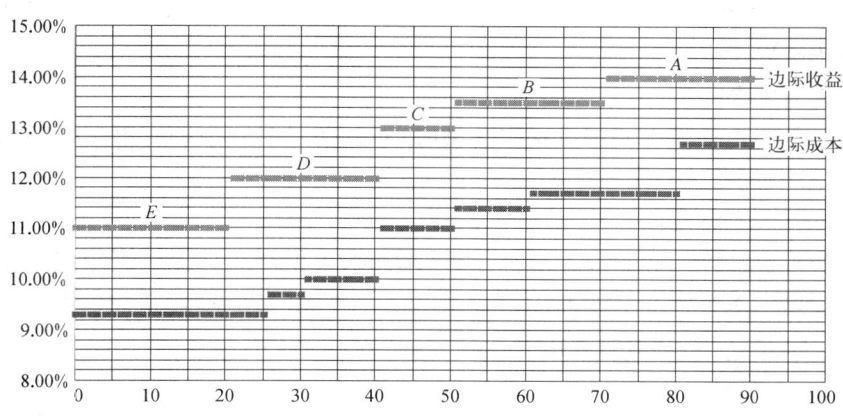

图 4-3 E、D、C、B、A 边际收益递增示意图

张先生是一家投资公司的项目经理,他是这样来匹配资金的,如图 4-3 所示。

E 项目内部收益率 11.0%,投资额 20 万元;D 项目内部收益率 12.0%,投资额 20 万元;C 项目内部收益率 13.0%,投资额 10 万元;B 项目内部收益率 13.5%,投资额 20 万元;A项目内部收益率14％,投资额20万元。

张先生很开心,因为他负责的5个项目都是盈利的项目。请问,这里面有问题吗?

很显然,虽然5个项目的都是盈利项目,但是总收益并未达到最大,如果进行优化,只投资于收益最高的4个项目,收益会更大。因为第5个项目的收益已经比最高的资金成本低了,只是由于将资金成本和收益率都是从低到高排列,才产生5个项目都盈利的假象。

第五节 财务杠杆和经营杠杆

一、经营风险和财务风险

(一)经营风险

经营风险是指企业因经营上的原因而导致利润变动的风险。影响企业经营风险的因素很多,主要如下。

1. 产品的市场需求

市场对公司产品的需求越稳定,经营风险就越小;反之,如果消费者偏好经常发生变动,互补产品、替代产品变化很大,则会造成经营风险增加。

2. 产品的市场供给

产品的市场供给越稳定,经营风险越小;反之,经营风险越大。

3. 产品的市场价格

产品市场价格变动不大,经营风险则小;否则经营风险便大。

4. 产品的生产成本

产品的生产成本不稳定,会导致利润不稳定,因此产品成本变动大的,经营风险就大;反之,经营风险就小。

5. 调整价格的能力

当产品成本、市场需求和供给发生变动时,若公司具有较强的调整价格的能力,经营风险就小;反之,经营风险则大。

6. 固定成本的比重

在公司全部成本中,固定成本所占比重较大时,单位产品分摊的固定成本额就多,若产品量发生变动,单位产品分摊的固定成本会随之变动,最后导致利润更大幅度地变动,经营风险就大;反之,经营风险就小。

(二)财务风险

一般地讲,公司在经营中总会发生借入资金。公司负债经营,不论利润多少,债务利息是不变的。于是,当利润增大时,每1元利润所负担的利息就会相对地减少,从而使投资者收益有更大幅度地提高。这种债务对投资者收益的影响称作财务杠杆。

财务风险是指全部资本中债务资本比率的变化带来的风险。当债务资本比率较高时,投资者将负担较多的债务成本,并经受较多的负债作用所引起的收益变动的冲击,从而加大财务风险;反之,当债务资本比率较低时,财务风险就小,但是相应地也会影响公司的净资产收益率的提高。

二、经营杠杆系数

在某一固定成本比重的作用下,销售量变动对息税前利润产生的作用,称为经营杠杆。经营杠杆的大小一般用经营杠杆系数来表示。经营杠杆系数是公司息税前利润的变动率与销售量变动率之间的比率。息税前利润(EBIT)是公司在支付利息和所得税之前的利润总额,因为公司支付的利息多少是由公司的负债多少决定的,因此它属于财务风险的范围。息税前利润是用来反映公司的经营成果的,它不受财务因素的影响。经营杠杆系数可以用以下公式计算:

$$DOL = \frac{\frac{\Delta EBIT}{EBIT}}{\frac{\Delta Q}{Q}} \tag{4-18}$$

式中:DOL——经营杠杆系数;

$EBIT$——变化前的息税前利润;

$\Delta EBIT$——息税前利润的变化量;

ΔQ——销售量的变化量;

Q——变化前的销售量。

在实际工作中,常用以下两个公式计算经营杠杆系数:

$$DOL = \frac{Q(P-V)}{Q(P-V)-F} \tag{4-19}$$

式中:DOL——经营杠杆系数;

Q——销售量;

P——销售价格;

V——单位产品变动成本;

F——总固定成本。

$$DOL = \frac{S-VC}{S-VC-F} \tag{4-20}$$

式中:S——销售收入;

VC——变动成本总额。

上述两个公式,第一个是按销售量计算的,常用于工业企业,单产品的情况下;第二个是按销售额计算的,常用于商业企业,多产品的情况下。

【例 4-7】 某公司生产一种产品,年固定成本 30 万元,变动成本每件 4 元,售价每件 10 元,计算销售量 10 万、15 万、20 万件时的经营杠杆系数。

解:

$$DOL = \frac{10 \times (10-4)}{10 \times (10-4) - 30} = 2$$

$$DOL = \frac{15 \times (10-4)}{15 \times (10-4) - 30} = 1.5$$

$$DOL = \frac{20 \times (10-4)}{20 \times (10-4) - 30} = 1.33$$

经营杠杆系数是说明销售量(额)增长引起利润增长幅度的,销售量(额)增长或减少1%,利润增长或减少百分之多少。即在不同的销售量(额)的情况下,这个倍数是不一样的。

在固定成本不变的情况下,销售量(额)越大,经营杠杆系数越小,经营风险也越小;反之,销售量(额)越小,经营杠杆系数越大,经营风险也越大。

公司可以通过降低固定成本、变动成本和提高销售量来减少经营风险。

三、财务杠杆系数

财务杠杆系数是指每股收益的变化值与公司息税前利润变化值的比例。它表示公司财务风险的大小,财务杠杆系数越大,则公司面临的财务风险也越大;反之,则越小。它同时也表示,公司的息税前利润上升或者下降1%,那么每股收益会上升或者下降百分之多少。

财务杠杆系数的计算为:

$$DFL = \frac{\dfrac{\Delta EPS}{EPS}}{\dfrac{\Delta EBIT}{EBIT}} \tag{4-21}$$

式中:DFL——财务杠杆系数;

ΔEPS——普通股每股收益的变动值;

EPS——普通股每股收益;

$EBIT$——变化前的息税前利润;

$\Delta EBIT$——息税前利润的变化量。

或者:

$$DFL = \frac{EBIT}{EBIT - I} \tag{4-22}$$

式中:I——利息额。

【例4-8】 有3家公司,总资产均为1 000万元,息税前利息均为200万元。A公司资产负债率为30%;B公司资产负债率为50%,C公司资产负债率为70%。负债的利息为10%。计算3家公司财务杠杆系数。

解:

$$DFL = \frac{200}{200 - 1\,000 \times 30\% \times 10\%} = 1.176$$

$$DFL = \frac{200}{200 - 1\,000 \times 50\% \times 10\%} = 1.333$$

$$DFL = \frac{200}{200 - 1\,000 \times 70\% \times 10\%} = 1.538$$

可见,资产负债率越高,财务杠杆系数越大,公司面临的财务风险越大,但是,相应的公司的净资产收益率越高。

四、总杠杆系数

经营杠杆反映销售额(量)的变化对公司息税前利润变化的影响程度;财务杠杆系数表示公司息税前利润的变化对公司普通股每股收益变化的影响程度。总杠杆表示销售额(量)的变化对公司普通股每股收益变化的影响程度,它是经营杠杆系数与财务杠杆系数的乘积。计算公式为:

$$DTL = DOL \cdot DFL = \frac{Q(P-V)}{Q(P-V)-F-I} = \frac{S-VC}{S-VC-F-I} \tag{4-23}$$

总杠杆系数的意义,首先,在于能够估计出销售变动对每股收益造成的影响。比如,总杠杆系数是 3 倍,则销售每增长(减少)1%,就会造成每股收益增长(减少)3%。其次,它使我们看到了经营杠杆与财务杠杆之间的相互关系,即为了达到某一总杠杆系数,经营杠杆和财务杠杆可以有很多不同的组合。比如,经营杠杆度较高的公司可以在较低的程度上使用财务杠杆;经营杠杆度较低的公司可以在较高的程度上使用财务杠杆,等等。这需要公司在考虑了各有关的具体因素之后作出选择。

第六节 资 本 结 构

资本结构就是公司各种资本来源的组成比例关系。资本结构决策往往要考虑如何在风险和报酬之间进行权衡。因为使用过多的债务筹资会增加企业的风险从而导致公司的股价下跌,影响股东财富最大化的目标。但是,使用较多的负债筹资却能体现公司权益资本的财务杠杆效应,大大提高公司净资产的预期收益率,又可能会使公司的股价上升,从而提高公司的总体价值。因此,从理论上讲,最合理的资本结构必然是在公司需要承担的风险和获得的预期报酬得以平衡的基础上求得的,这个资本结构要使公司的股价最高,同时又使整个公司的资本成本最低。

一、资本结构的含义

资本结构是指公司各种资本的构成及比例关系。本书讲的资本结构是指狭义的资本结构,即指公司长期筹资的各有关项目,不包括短期负债,主要有普通股权益、优先股股本、留存收益、长期借款和长期债券等项目,即资产负债表右边除去短期负债以外的全部项目构成及比例关系。

最优资本结构是公司最佳的资本组合方式,它的确定是公司资本结构决策的中心问题。公司在进行任何筹资决策之前,首先应该根据一定的目标确定最优资本结构,并在以后各项筹资活动中有意识地保持这种最佳的目标资本结构。如果公司以往的资本结构不尽合理,则应通过筹资活动加以调整,尽力使公司资本结构能趋于合理。

如前所述,可供公司选择的长期筹资方式很多,各种不同的筹资方式又有各自不同的特点,对公司的影响也各不相同。公司在一定时期内运用何种筹资方式筹集资金,各种方式所筹的资金占公司资金来源总额的比重是多少,各项资金来源之间的比例关系如何,各种筹资方式的资本成本和其加权平均的综合资金成本、公司总体价值等一系列问题都要求公司妥善处理和安排。

二、债务资本在资本结构中的作用

在资本结构决策中,合理的安排债务资本的比例,对公司有重要的影响。其意义如下。

(一)降低综合资金成本

使用债务资本可以降低公司的资本成本。由于债务利息率通常低于股票股息率,并且债务利息在税前支付,公司可以减少缴纳的所得税,起到税盾效应;此外,公司债权人面临的风险小于公司股东承担的风险,因此其要求的投资回报也较低。这些都导致债务资本的成本低于权益资本的成本。因此,公司在一定的限度内合理提高债务资本的比例,可以降低综合资本成本。

(二)产生财务杠杆效益

利用债务资本可以产生财务杠杆效益。由于债务利息通常是固定不变的,当息税前利润增加时,每1元利润所负担的固定利息就会相应减少,从而使可分配给公司所有者的利润增加。因此,利用债务资本可以发挥财务杠杆作用,给公司所有者带来财务杠杆效益,但是同时也会给公司带来一定的财务风险。

三、资本结构决策

最佳资本结构是使公司的平均资本成本最低,同时使公司价值最大的资本结构。最佳资本结构的确定,可以使用每股净收益分析法。每股净收益分析是利用每股净收益无差别点来进行资本结构决策的方法。每股净收益无差别点是指在负债筹资和权益筹资两种形式下,普通股每股净收益(EPS)相等时的息税前利润点,也可以将它转变为相应的公司销售收入或者销售数量点。通过每股净收益分析,可以确定在某一收益水平下不同筹资方式对每股净收益的影响程度,为选择筹资方式、优化资本结构提供决策依据。

每股净收益(EPS)计算公式为:

$$EPS = \frac{(EBIT - I) \times (1 - t) - PD}{S} \tag{4-24}$$

式中:EPS——每股净收益;

$\qquad EBIT$——息税前利润;

$\qquad I$——利息总额;

$\qquad t$——企业所得税率;

$\qquad PD$——优先股股息;

S——发行在外普通股股数。

下面通过举例来说明每股净收益分析方法的应用。

【例 4-9】 某公司决定通过筹资来扩大其生产经营能力,拟筹集资金总额为1 000万元。有两种筹资方案可供选择:方案1是发行年利率为8%的公司债券;方案2是发行100万股普通股,每股面值为1元,发行价为10元。该公司的企业所得税税率为30%。现将两种筹资方案以及公司原来的资本结构,列示在表4-4中。

表 4-4 筹资前后资本结构表 金额单位:万元

资 金 来 源	原资本结构	方案1资本结构	方案2资本结构
发行债券			
已发债券(利率6%)	750	750	750
将发债券(利率8%)		1 000	
优先股(股息6%)	400	400	400
普通股			
已发普通股(面值1元)	1 000 万股	1 000 万股	1 000 万股
将发普通股(面值1元)			100 万股
普通股溢价			900
股本	1 000	1 000	1 100
留存收益	1 500	1 500	1 500
长期资金合计	3 650	4 650	4 650

解:

$$EPS = \frac{(EBIT - I_1) \times (1-t) - PD}{S_1} = \frac{(EBIT - I_2) \times (1-t) - PD}{S_2} \tag{4-25}$$

式中:I_1——方案1的利息总额;

S_1——方案1发行在外普通股股数;

I_2——方案2的利息总额;

S_2——方案2发行在外普通股股数。

$$I_1 = 750 \times 6\% + 1\,000 \times 8\% = 125$$
$$I_2 = 750 \times 6\% = 45$$
$$S_1 = 1\,000$$
$$S_2 = 1\,000 + 100 = 1\,100$$

将上述数字代入得:

$$EPS = \frac{(EBIT - 125) \times (1 - 30\%) - 24}{1\,000} = \frac{(EBIT - 45) \times (1 - 30\%) - 24}{1\,100}$$

可得 $EBIT = 962.86$(万元),$EPS = 0.562\,5$(元)。即当公司的息税前利润为962.86万元时,采用两种筹资方案的结果[$EPS = 0.562\,5$(元)]是相同的。当公司的息税前利润小于 962.86 万元时,发行普通股会使公司的每股收益更大;当公司的息税前利润大于 962.86 万元时,发行债券会使公司的每股收益更大(如图 4-4 所示)。

也可以通过以下公式将用息税前利润表示的无差异点转化成销售收入或者销售量:

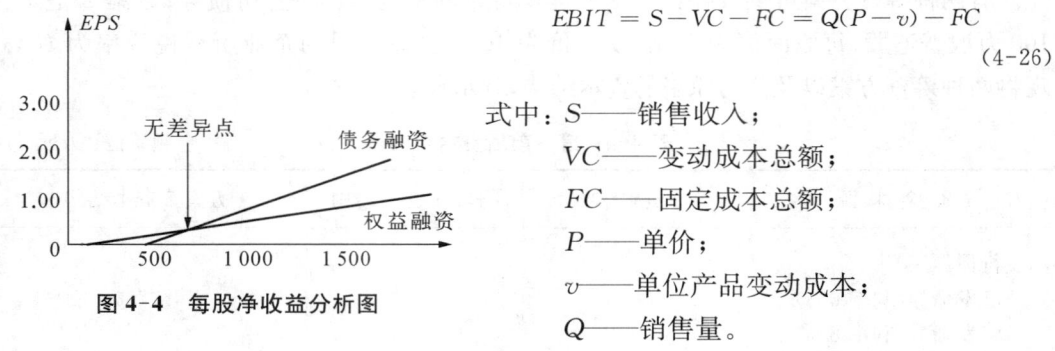

$$EBIT = S - VC - FC = Q(P - v) - FC$$

$$(4-26)$$

图 4-4　每股净收益分析图

式中:S——销售收入;

VC——变动成本总额;

FC——固定成本总额;

P——单价;

v——单位产品变动成本;

Q——销售量。

四、影响资本结构的因素

要选择公司理想的资本结构,除了要考虑资本成本、财务风险、每股收益以外,还有必要考虑以下有关因素。虽然这些因素有时很难定量分析,但却对资本结构决策有着十分重要的影响,因此要对它们作一些定性的介绍。

(一)公司的成长与销售稳定性

如果公司发展较快,并且销售又相当稳定,那么它对外的资金融通能力也很强,因为这种公司一般有较好的销售前景,故能承受较多负债引起的利息费用。因此,这种公司比起一般成长慢、销售不稳定的公司能使用更多的债务资本,充分利用财务杠杆的作用。需要注意的是,财务杠杆的运用必须限制在不危及公司长期稳定经营的范围内,足以承担还本付息的现金流出为限,否则会对公司的长远发展造成伤害,背上沉重的利息负担,甚至导致现金短缺,到期债务无法偿还的严重后果,沦落到"为银行打工"的地步。

(二)公司管理人员和财务人员的态度

在采取何种资本结构或选择何种筹资方式上,公司管理人员和财务人员的态度基本上是一致的,这主要取决于他们的风险意识和对业绩表现的重视程度。

对于那些风险意识较强,管理方式偏于稳健的管理人员和财务人员来说,一般不会为追求较高的财务杠杆的作用而使公司的负债比例过高,他们不会去冒很大的风险来追求理想的资本结构,但往往可能过于谨慎而不能充分利用财务杠杆的作用来为公司增加净收益。然而,那些风险承受力强,比较乐于显示其经营业绩和才能的管理人员和财务人员,则会敢于冒风险追求发挥财务杠杆的作用,从而使企业潜在的风险增加。公司管理人员和财务人员究竟应采取何种态度并没有唯一的标准,不过出于对公司前途和发展的整体考虑,出于对投资者和其他与公司存在利益关系者负责的考虑,公司管理人员和财务人员应既有稳健意识,又不能过于拘泥,更不能为了减少风险而放弃对公司最佳资本结构和最低资本成本的追求。

（三）获利能力和举债能力

在实际工作中，投资收益率高、获利能力强的公司一般较少采用负债筹资，尤其是那些已经发展到一定规模处于成熟期的公司。这是因为这些公司不急需外界大量资金来供其发展之用，由于其获利能力好，公司往往可用较多的留存收益即采用内部积累的方法来解决筹资问题。另外，有时为了保持较好的举债能力，确保融资弹性，公司倾向于在正常情况下少使用负债筹资，以便随时可按较低利率发行债券或长期借款取得资金，这在短期内不失为一种有效的财务政策。但是如果长期如此，公司负债比例过低，不能充分利用财务杠杆的作用，这并不是最佳的选择。

（四）偿债能力和现金流量状况

财务人员往往十分关心财务杠杆运用可能引起的财务风险，所以要充分注重公司的偿债能力。"已获利息倍数"即息税前利润与利息总额的比率，是负债筹资中经常使用的一项指标，该指标越大，对公司的偿债能力越有保障。但是要注意，公司有偿债能力，并不意味着有现金支付能力，公司必须对未来偿付债务本息的现金流量有充分的估计。负债额越大，期限越短，现金流量的测定便越重要。因此，公司产生现金的能力对提高全部资本中债务资本的比例有着重要的影响。

（五）资本成本的高低

一般认为公司平均资本成本最低的资本结构是较为合理的。只要在正常情况下，贷款人不以超高利率或附加其他限制条件便能进行负债筹资，又能使公司平均资本成本下降的，就应充分利用财务杠杆进行负债筹资。因为负债比例的增大能使公司资本成本下降，但是这并不意味着公司负债比例越高越好，当负债比例上升到一定程度时，公司资本成本不但不会下降，反而会逐渐上升。因为随着负债比例的提高，公司的财务风险增大，债权人要求的报酬率和权益资本要求的报酬率中风险补偿部分便会相应提高，作为对投资可能发生损失的一种补偿，这样就会使公司发行股票、债券等筹资成本大大提高，否则公司则筹集不到资金。所以，当公司资本成本随负债比例增大由逐步下降转为逐步上升时，表明公司的负债比例已经达到了极限。

（六）资产结构

公司具体资产结构的不同，也影响公司的筹资方式和资本结构。例如，资本密集型的公司，一般拥有大批的不动产或大量的固定资产，这类公司通常可采用长期抵押借款来筹集资金；而技术密集型或劳动密集型的公司，其资产结构中有大量的流动资产，固定资产所占的比例相对较小，营运资金的筹集是公司财务管理的重心，所以筹资大多采用短期筹资，而长期借款较少。

（七）贷款银行与信用评估机构的态度

不管公司财务人员认为最适当的财务杠杆是什么，贷款银行的态度和信用评估机构的态度往往成为决定公司财务结构的关键因素。如果公司运用过高的财务杠杆，并对前景过于乐观，而贷款银行则认为风险太大，表示不愿意贷款，或者评估机构认为公司潜在风险增大，信用等级下降，在这种情况下，社会公众对公司风险的评价会比较倾向于贷款银行或资信评估机构的意见,这样会使更多的贷款人不愿意向公司贷款,甚至已经贷款的债权人要求收回贷款。所以,公司在资本结构决策时必然会受到贷款银行和信用评估机构的制约。

(八)税收因素

债务的利息可以在企业所得税税前列支,而股息只能在税后列支,不具有税收抵免作用。因此,公司负担的所得税税率越高,债务筹资的好处就越大,可以抵免的税金就越多,留给股东的利润就越多。

五、资本结构的原理

公司金融的目标是为了实现公司价值的最大化。资本结构理论是研究资本结构中债务资本与权益资本比例的变化对公司价值的影响的理论。短期资金的需求和筹集方式经常变化,并且在整个资金总量中所占的比重不稳定,因此不列入资本结构管理的范围。

在 20 世纪 50 年代,以美国金融学家杜兰德为代表的研究者,提出了"净收益理论""经营净收益理论"和"传统理论"三种观点。近年来,最有影响的是出生于意大利的美国金融学家、1985 年诺贝尔经济学奖获得者莫迪格莱尼(Franco Modigliani)和美国金融学、1990 年诺贝尔经济学奖获得者米勒(Merton M. Miller)提出的现代资本结构理论,他们在上述三种理论的基础上提出的理论模式,在金融学中被称为"莫迪格莱尼—米勒理论"简称"MM 理论",为资本结构理论的发展作出了重大的贡献。现在将各理论简述如下。

(一)净收益理论

净收益理论认为,负债可以降低公司的平均资本成本,因此公司采用负债筹资总是有利的,因为它可以增加公司的总价值,负债程度越高,公司的价值就越大。公司的平均资本成本率和公司的总价值可以用图 4-5 表示。

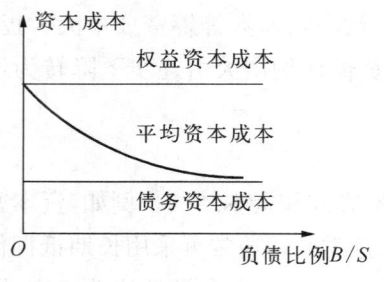
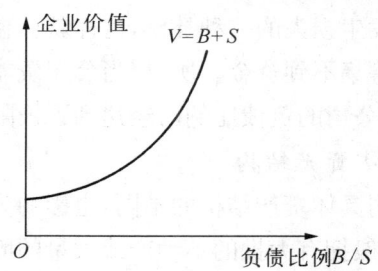

图 4-5 净收益理论图

根据上述净收益理论图示(V 表示公司的总价值,B 表示公司发行在外的债券的市场价值,S 表示公司发行在外的普通股的市场价值),当公司提高财务杠杆系数时,由于资本结构中资本成本较低的债务资本所占比例增加,而使综合资本成本降低,并逐渐接近债务成本的水平。当公司平均资本成本最低时,公司的总价值达到最大,此时的资本结构为最佳资本结构。

净收益理论有一个重要的假设,即财务杠杆提高后,公司原有的权益资本的成本和债务资本的成本均保持不变,这样公司加权平均资本成本率才会下降,这等于假设公司提高财务杠杆的利用程度后没有增加财务风险,因为公司承担的风险越大,债权人要求的收益也是越高的,公司的负债成本就会越高。但是,随着财务杠杆作用的扩大,不考虑公司财务风险和债务资本成本上升的假设是很难成立的。如果这种假设理论是正确的话,那么公司最理想的资本结构是 100% 的负债,因为按照该理论,这种资本结构能确保公司的平均资本成本率最低并且公司的价值最大。

(二)营业收益理论

营业收益理论也称经营净收益理论,该理论认为,不论公司财务杠杆的作用如何变化,加权平均资本成本是固定的,因此债务资本的比例对公司的总价值没有影响。其基本假设是公司利用负债筹资扩大财务杠杆的作用,即使债务资金成本能够保持不变,也会增加公司权益资本的风险,普通股股东便会要求更高的股利率,财务杠杆的作用产生的收益将全部作为股利向股东发放,权益资本成本的上升,正好抵销了财务杠杆的作用带来的好处,因而公司的加权平均资本成本率保持不变,公司的价值也不会发生变化。因此,加权平均的公司综合资本成本不会受到负债增加或者减少的影响。这一理论可以用图 4-6 表示。

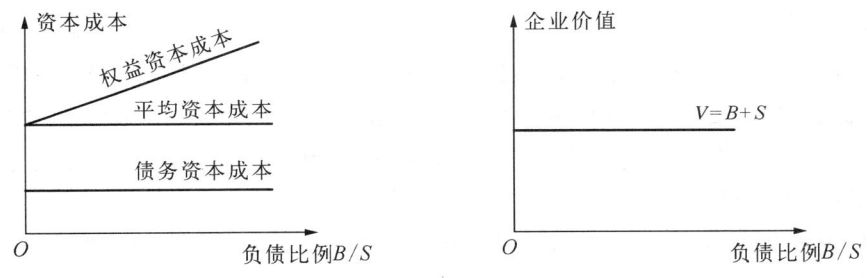

图 4-6　经营净收益理论图

从图 4-6 可以看出,由于公司的平均资本成本率不变,在不同的债务比例下,按照固定的平均资本成本率计算出来经营净收益是相同的,因此公司的总价值与财务杠杆的使用没有关系,同时,公司不存在最佳资本结构。

(三)传统理论

传统理论实际上是介于净收益理论和经营净收益理论两种极端之间的一种折中的理论。该理论认为,公司利用财务杠杆尽管会导致公司权益资本成本的上升,但是在一定范围内却不会完全抵销利用成本较低的债务资金所带来的好处,因此会使公司加权平均资本成本下降,公司总价值上升。每一个公司都存在一个最佳的资本结构,可以通过适度财务杠杆的使用来获得。在最佳资本结构点上,负债的实际边际资本成本率与股本的实际边际资本成本率相同。在负债比例达到该点以前的所有水平上,负债的实际边际资本成本率将会超过股本的实际边际资本成本率,而当财务杠杆达到该点以后,则出现相反情况。

净收益理论认为,当公司在一定的负债限度内利用财务杠杆作用时,债务资本和权益资本都不会有明显的风险增长,故其平均资本成本率基本保持不变,而此时,公司的总价值却开始上升,并且可能在此限度内达到最高点。但是如果公司负债筹资的财务杠杆作用超出这个限度,由于风险明显增大,使公司的债务资本和权益资本的成本率开始上升,并使平均资本成本率上升。负债比例超出这个限度越大,其平均资本成本率上升得越快,而且在负债超出此限度后,公司的总价值随着其平均资本成本的上升而开始下降。这一理论可以用图 4-7 表示。

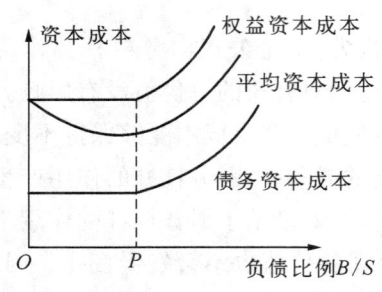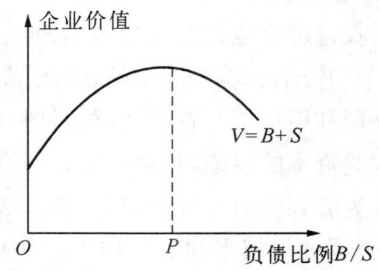

图 4-7　传统理论图

(四)资本结构理论——MM 理论

上述三种理论的差异实际上是因为各种理论所基于的假设不同而引起的,而这些假设又只是对公司所有者行为的一种推论。莫迪格莱尼和米勒于 1958 年建立的莫迪格莱尼—米勒理论(Modigliani and Miller Model,简称 MM 理论),是一种较为严格的科学的理论,引起了西方财务理论的变革。下面将对这一理论的有关内容进行简单的介绍。

1. MM 理论的假设条件

MM 理论是建立在一系列假设条件基础之上的,在其发展和完善过程中主要形成这样一些假设:

(1)资本市场是完善的,即没有交易成本和佣金,所有投资者可以免费获得市场信息,投资者可以和公司一样以相同的利率取得借款等。

(2)投资者可以按照个人的意愿进行各种套利活动,不受任何法律的制约,并且无须缴纳个人所得税。

(3)个人和公司的负债,无论举债多少都没有风险,即负债利率为无风险利率。

(4)公司的经营风险是可以衡量的,有相同的经营风险的公司处于同一风险等级。

(5)现在和将来的投资者对公司未来的息税前利润有相同的估计,即投资者对企业未来的收益及其风险的预期是一致的。

(6)公司预期的息税前利润不变,各期现金流量的预测值为固定量,即公司的增长率为零。

2. 不考虑公司税的 MM 理论

在没有企业所得税的情况下,公司资本结构与公司价值之间的关系,通过以下两个命题论述。

命题一　当不存在企业所得税时,公司的价值与资本结构无关。即不考虑企业所得

税时,公司运用不同的债务资本与权益资本的比例,对整个公司的价值不产生影响。在这一命题中,公司的价值可以用公式表示为:

$$V_L = S_L + B = \frac{EBIT}{K} = \frac{EBIT}{K_U} = V_U \tag{4-27}$$

式中:V_L——有负债的公司的价值;

　　　V_U——没有负债的公司的价值;

　　　S_L——公司普通股的市场价值;

　　　B——公司债务的市场价值;

　　　$EBIT$——息税前利润;

　　　K——适合该公司风险等级的加权平均资本成本;

　　　K_U——没有负债的公司的权益资本成本率。

上述公式表明,公司价值是独立于其负债比例的。因为 $EBIT$ 是固定的,并且加权平均资本成本与公司的资本结构无关,对于同一风险等级的公司来说,加权平均资本成本就等于没有负债的公司的权益资本成本率。

命题二　有负债公司的权益资本成本率等于同一风险等级的无负债公司的权益资本成本率 K_U 加上风险报酬。这一命题用公式表示为:

$$K_S = K_U + \frac{B}{S}(K_U - K_B) \tag{4-28}$$

式中:K_S——有负债公司的权益资本成本率;

　　　K_B——公司的债务资本成本率;

　　　$\dfrac{B}{S}(K_U - K_B)$——风险报酬。

可以看出,风险报酬等于无负债公司的权益资本成本率和债务资本成本率之差乘以公司的债务资本与权益资本的比例。利用了财务杠杆的公司的权益资本成本率与其负债比例成正比。

因此在不考虑企业所得税时,MM 理论认为,低成本的负债筹资正好被权益资本成本率的上升抵销,更多的负债筹资将不会增加公司的价值,即公司的价值与资本结构无关。

3. 考虑公司税的 MM 理论

莫迪格莱尼和米勒在 1963 年发表的第二篇有关 MM 理论的论文中,考虑了企业所得税对模型的影响,因为企业所得税是客观存在的,主要有以下两个命题。

命题一　有负债公司的价值等于相同风险等级的无负债公司的价值加上税收节余的价值,即公司的所得税税率与公司债务的市场价值的乘积,可以用公式表示为:

$$V_L = V_U + TB \tag{4-29}$$

式中:T——公司的所得税税率。

从公式(4-29)中可以看出,考虑了公司税以后,有负债公司的价值会超过无负债公司的价值,债务资本越多差异越大,因为债务资本的利息具有减少公司应缴纳的所得税的作用。

命题二 在考虑公司所得税的情况下,有负债公司的权益资本成本率等于同一风险等级的无负债公司的权益资本成本率 K_U 加上风险报酬。这一命题用公式表示为:

$$K_S = K_U + \frac{B}{S}(K_U - K_B) \times (1 - T) \tag{4-30}$$

这里,风险报酬为 $\frac{B}{S}(K_U - K_B) \times (1 - T)$,不同于不考虑公司税的情况下风险报酬的计算。由于 $(1-T)$ 总是小于 1,债务资本利息的税收节余作用使权益资本成本率的上升幅度低于不考虑公司税时的上升幅度,降低了公司所有者面临的风险。

考虑了公司税的 MM 理论认为,由于利息的税收节余作用,债务资本的增加会提高公司的价值,当负债比例达到 100% 时,公司的价值最大。

(五)税负利益——破产成本权衡理论

MM 理论是建立在严格的假设前提基础之上的,这些假设显然不十分切合实际,所以它们往往只能作为该理论研究的起点。为了解决各种实际问题,莫迪格莱尼和米勒以及以后不少的学者试图逐步放宽上述假设,并将现实中的各种因素引入资本结构模型中。税负利益—破产成本权衡理论,就是综合考虑了负债带来的利益和费用并对它们进行适当平衡,来分析资本结构与公司的价值之间的关系的一种理论。

权衡理论建立了破产成本(也称为财务危机成本)和代理成本的概念。破产成本是指当公司没有足够的偿债能力,不能及时偿还到期债务时,产生的额外费用或机会成本,它是由负债造成的,会降低公司的价值。代理成本是指由于公司所有者将公司交给经理人员代管而发生的额外费用或机会成本,它的存在会提高企业的债务成本而降低负债带来的利益。

考虑了财务危机成本和代理成本后,公司的价值计算公式变为:

$$V_L = V_U + TB - FPV - TPV \tag{4-31}$$

式中:FPV——财务危机成本的现值;

TPV——代理成本的现值。

该理论如图 4-8 所示。

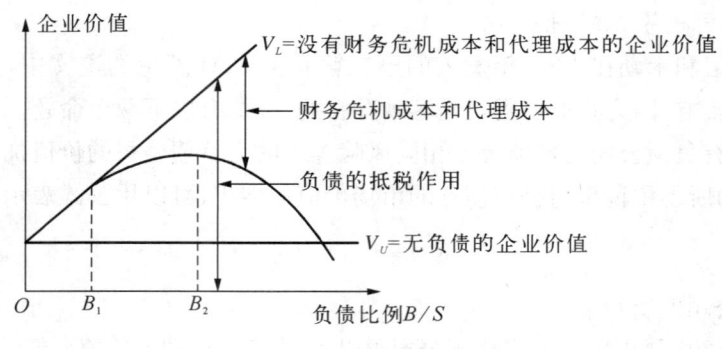

图 4-8 权衡理论图

图中：V_L——只有负债节税而没有破产成本和代理成本的企业价值；

　　　B_1——破产成本变得重要时的负债水平；

　　　B_2——最佳资本成本，对应最大的企业价值。

现在对图4-8作出几点说明如下：

（1）图中直线表示在纯MM理论下，公司的负债比例与公司价值之间的关系。

（2）由于纯MM理论的假设条件不成立，债务资本成本率会随着负债比例的增加而增加，并且息税前利润在财务杠杆很大时会下降，公司应缴纳的所得税也会随之下降，从而使负债的抵税利益相应减少，同时使公司的财务危机成本上升。

（3）当负债比例小于B_1点时，财务危机成本和代理成本的副作用并不明显；当负债比例上升并且超过B_1点时，财务危机成本和代理成本便开始抵销负债的抵税利益，但是由于财务危机成本和代理成本还不足以将负债的抵税利益全部抵销，所以此时增加负债比例对公司是有利的，公司的股价从B_1点开始上升；当负债的比例上升至B_2点时，公司的风险进一步增大，此时破产成本和代理成本刚好抵销了负债的抵税利益，即边际负债抵税利益等于边际财务危机成本和代理成本，企业的价值上升到最高点；如果公司再扩大负债比例而超过B_2点，那么边际财务危机成本和代理成本便会大于边际抵税利益，使公司的价值开始下降。所以B_2点代表了公司最佳的资本结构，此时公司的价值最大并且平均资本成本最低。

（4）虽然理论研究和实证研究的结果都支持税负利益—破产成本权衡理论的上述观点，但是到目前为止的统计技术尚不足以正确判断出公司的B_1点和B_2点的资本结构。

此外，还有代理理论、信号传递理论等。各种资本结构理论只是提供了一个研究问题的有用的思路框架，可以让我们以此来思考如何进行最佳资本结构的决策，实际决策时还必须充分考虑各个公司的实际情况和客观经济环境等因素的影响，而不能教条地去进行纯理论模型的套用。

巩固　训练与提高

■　概　念　■

信用借款　担保借款　保证　抵押　质押　税盾效应　资金成本　债券　固定利率债券　浮动利率债券　平价发行　溢价发行　折价发行　可转换债券　BLACK-SCHOLES模型　普通股　股利增长模型　可持续增长率优先股　累积股利　参与股利　权益资本成本　债务成本　经营性租赁（传统租赁）　金融租赁（融资租赁）　等额租金先付法　等额租金后付法　个别资金成本　综合（加权平均）资本成本（WACC）　边际资金成本　经营杠杆　财务杠杆　经营风险　财务风险　资本结构　债务资本成本　权益资本成本　息税前利润　每股净收益　MM理论　净收益理论　营业收益理论　传统理论　税负利益—破产成本权衡理论

课后练习题

1. 比较发行债券与普通股的成本构成有何异同。

2. 可转换债券的成本构成有哪些？

3. 什么是公司资本成本？影响资本成本的主要因素有哪些？

4. 请分析相对于普通股和债券，公司发行优先股具有哪些优势和弊端。

5. 租赁的利弊分别是什么？

6. 融资租赁与经营租赁的区别在哪些方面？

7. 租金的决定因素有哪些方面？如何进行计算？

8. 某公司的全部资本为 1 000 万元，债务资本比率为 0.4，债务利率为 12%，所得税税率为 25%，公司实现息税前利润 100 万元，税后利润为 60 万元，试计算公司的财务杠杆系数。

9. 某公司发行面额为 100 元的 10 年期的债券，票面利率为 12%，发行费率为 5%，所得税税率为 25%，溢价 20% 发行。计算该债券的资本成本。

10. 若无风险报酬率为 6%，市场组合的要求报酬率为 12%，某股票的贝塔系数为 0.4，求这种股票的要求报酬率。

11. 某企业年销售净额为 3 000 万元，息税前利润为 1 000 万元，固定成本为 300 万元，变动成本率为 60%；资本总额 2 000 万元，资产负债率为 50%，债务利率 10%。分别计算该企业经营杠杆系数、财务杠杆系数和总杠杆系数。

12. 某公司的财务杠杆系数为 2，税后利润为 675 万元，所得税税率为 25%，公司全年的固定成本总额为 2 700 万元。请计算：

(1) 计算当年息税前利润。

(2) 计算当年利息总额。

(3) 计算当年税前利润。

(4) 计算当年经营杠杆系数。

13. 某公司发行债券筹资，面值为 1 000 元，15 年期，票面利率为 14%，发行费率为 6%，公司所得税税率为 25%。请问：

(1) 如果以平价发行，债券的发行成本是多少？

(2) 如果以溢价发行，设实际发行价格为 1 200 元，债券的成本又是多少？

14. 某公司欲添置一台设备，其寿命期为 5 年，有购买和租赁两种方案。若购买，需款 60 万元，期末残值 2 万元；若向租赁公司租用设备，每年需付租金 13 万元。设备年运营成本为 10 万元，各种维修费用平均每年为 2 万元。设年利率为 5%，请进行成本比较分析，并作出选优决策。

15. 某租赁设备的成本为 200 000 元，租期 3 年，每半年等额支付租金一次，年利率为 10%，每半年复息。分别计算在后付和先付租金的情况下的每期租金和租金总额是多少？

第五章

股利政策与内部融资

1. 了解利润分配次序和股利的总类
2. 了解股利无关论和股利相关论的主要观点和理由
3. 了解影响公司股利政策的因素
4. 掌握股利政策的内容和主要股利政策的特点

能力 目标

1. 能够根据实际情况选择适当的股利形式
2. 能够根据公司具体情况选择适当的股利政策
3. 能够分析不同的股利政策对公司发展产生的不同影响

案例 导入

实物股利的尝试

上市公司一般采用分红或派股来回报股东,2013 年 4 月,南方食品却给股东发放自家食物产品,成为 A 股市场一景,并引起热议。南方食品决定给持有公司 1 000 股股份的股东派发一礼盒黑芝麻乳产品,这属于国内首起实物股利。截至公司 2013 年第一次临时股东大会的股权登记日(2013 年 4 月 11 日)下午收市在中国证券结算登记有限责任公司深圳分公司登记在册的持有本公司 1 000 股股份以上(含 1 000 股)的股东(除大股东黑五类集团外),每持有公司 1 000 股的股份赠发一礼盒装(12 罐装)黑芝麻乳品尝产品,持股数量超过 1 000 股的,则按每 1 000 股一礼盒折算赠发,每一股东持股余数少于 1 000 股的则不赠发。该公司解释说,公司近期开发了黑芝麻乳新产品,并开始向市场推广销售,为使新产品更精益求精、更适合消费者的消费习惯和消费需求,扩大新产品的宣传和影响,同时为了感谢公司的股东对公司的关心和支持,董事会同意公司在股东中开展新产品品尝活动,即以免费方式赠送黑芝麻乳产品给公司股东品尝,广泛向股东征集对公司新产品的意见。公司预计本次赠饮品尝活动产生的费用约为 500 万元,包括产品成本及给各股东配送发运产品的物流费用,该费用将列入公司本年度的销售费用。

你认为,南方食品向公司股东赠发黑芝麻乳的做法会给市场带来正面还是负面影响呢?

股利决策与投资决策、融资决策一起构成公司的三大基本决策。股利政策主要讨论股利分配等方面的方针和策略问题,如股利支付程序中各种日期的确定、股利支付比率的确定、股利支付形式及公司连贯的股利分配策略等内容的确定。一方面,股利政策与公司筹资、投资活动密切联系;另一方面,恰当的股利分配政策,不仅可以树立良好的公司形象,而且能够改善公司的资本结构,降低资本成本和财务风险,从而能使公司获得长期、稳定的发展条件和机会。

第一节 股利分配

一、利润分配项目

股利,除少数建设周期极长的投资项目或其他特殊情况外,一般从公司税后利润中支付,坚持"无利不分"的原则,但并不是全部的税后利润都用于支付股利。根据我国《公司法》的相关规定,公司税后利润分配主要涉及以下几个项目。

(一)盈余公积

盈余公积主要用于弥补公司亏损、扩大公司生产经营规模或者转增公司资本。盈余公积分为法定盈余公积和任意盈余公积。公司在分配当年税后利润时,应提取利润的10%,作为法定盈余公积;但是,当盈余公积累计余额达到公司注册资本的50%时,可以不再提取;任意盈余公积的提取由公司章程或股东会议决定,但要有合理的比例,上市公司的任意盈余公积应在支付优先股股利后提取,提取任意盈余公积时应考虑下列因素。

1. 公司的盈利状况

当公司盈利较多时可以多提,盈利状况不佳时应当少提或者不提,公司发生亏损时不提,这样可以尽量满足股东对股利分配的要求。

2. 盈余公积累计余额

公司提取的公积金累计余额占公司注册资本的比例较低时,应当尽量多提;该比例较高时可以少提或不提。

3. 兼顾大小股东的长期与短期利益

公积金是对税后利润的扣除,必然影响公司股利的支付,如果股东普遍要求多分配股利时,任意盈余公积应当少提,因为多计提任意盈余公积会影响公司股东的短期利益。公积金属于公司的所有者权益,仍由公司支配,公积金的增加可以改善公司资本结构,降低资产负债率和提高公司资产的流动性,对公司的长远发展是有利的。此外,多提任意盈余公积对实际掌握公司控制权的少数大股东更为有利。因此,公司在计提任意盈余公积时应当权衡大小股东的利益。

4. 对股票价格的影响

计提盈余公积对公司的股票价格会有一定的影响,具体的影响在不同的市场环境下是不同的。所以,公司计提盈余公积时对此不得不予以考虑。

（二）股利

公司只有在计提盈余公积后才能向投资者支付股利。公司应当以各股东(投资者)持有股份(投资额)的数额为依据,按其持有股份(投资额)占总股份(投资额)的比例支付股利。一般说来,股份有限公司应当从累计盈利中分派股利,无盈利时不得支付股利,即所谓"无利不分"原则。但若公司用盈余公积抵补亏损以后,为维护其股票信誉,经股东大会特别决议,也可用盈余公积支付股利,但支付股利后留存的法定盈余公积不得低于注册资本的 25%。

二、利润分配顺序

公司分配税后利润,应该按照一定的顺序进行。按照我国的相关规定,公司的利润分配顺序如下。

1. 计算本年度可供分配的利润

公司的上一年度亏损额可用本年度的税前利润来弥补,本年度税前利润不足以弥补的,可以逐年延续弥补,但延续弥补期最长不得超过 5 年;超过 5 年的,需要用税后利润弥补。公司应计算出本年度是累计盈利还是累计亏损,如果累计亏损,则不能进行后续的分配。此时公司可以用有权支配的其他资金弥补该项亏损,其中最重要的补亏资金是公积金。

2. 计提法定盈余公积

如果公司本年度累计盈利,则应该按照抵减年初累计亏损后的本年度净利润计提法定盈余公积。

3. 计提任意盈余公积

任意盈余公积计提标准由股东大会确定,如确因需要,经股东大会同意后,也可用于分配。

4. 支付股利

公司应该严格按照上述分配顺序对税后净利润进行分配,对此,我国《公司法》规定:"股东会、股东大会或者董事会违反规定,在公司弥补亏损和提取法定公积金之前向股东分配利润的,必须将违反规定分配的利润退还给公司。"

三、股利支付的方式和种类

公司相继提取法定公积金、法定公益金之后再向股东支付股利,常见的股利支付方式有现金股利、股票股利、财产股利和负债股利等。在我国公司实务中,主要采取现金股利和股票股利两种方式,而财产股利和负债股利并不常见,但并非为法律所禁止。

（一）现金股利

现金股利(cash dividends)是最常见也是最主要的股利支付方式,它是指公司将应分配给投资者的股利直接用现金支付给股东,在我国通常称之为"红利"。一般情况下,股东偏好现金股利,特别对于一些"食利层"的股东或者要求获得现金收入的投资者更是如此。但是公司支付现金股利除了要有累计盈余外,还要求备有充足的现金,因为支付巨额的现金股利,会带来巨大的现金流出,降低公司的流动性,因此公司必须在具有充足的现金时,才可以支付较高的现金股利。一般只有成熟型的公司才会支付较高的现金股利。

(二)股票股利

股票股利(stock dividends)也是较为常见的一种股利支付形式,它是指公司将应分配给股东的股利以本公司股票的形式支付,在我国通常称之为"红股"。在支付股票股利时,公司往往为所有股东按一定的比例增配股票。支付股票股利实际上相当于把公司盈利转为普通股股票,即盈利资本化,是一种增资行为,因而必须按法定程序办理增资手续。从财务角度来看,虽然股票股利增加了股东持有的股票数量,但送股后公司股票的每股权益也相应降低,因而它实际上并不影响公司的股东权益总额,不改变资本结构;一般也不会改变股东的股权比例,同时还不会引起公司资产的流出或负债的变化。股票股利的最大好处是不会给公司带来现金流出的压力;最大缺陷是它将降低每股股票的权益和收益,会导致股价下跌。如果公司没有良好的成长性,每股股票的权益不能够迅速恢复,导致下跌的股价不能够迅速恢复的话,会严重影响公司的声誉,这种股价的恢复叫做"填权"。因此,一些缺乏现金的、处于高速发展期的成长型公司常采用这种方式分配股利。如果支付的股票股利很高的话,与股票分割没有本质的区别,在美国,股票股利发放率低于25%时称为股票股利,高于25%时称为股票分割。股票分割将在后文介绍。

(三)财产股利

有时公司可以用现金以外的资产支付股利。这种资产有时是公司拥有的其他公司的有价证券,如债券、股票等。财产股利是现金股利的替代。

(四)负债股利

负债股利是公司以负债形式支付的股利,通常公司以应付票据(如本票)作为股利交付给股东,在未来一定日期再偿付该项负债,有时,公司也可以发行公司债券抵付股利交付给股东。负债股利不会影响公司分配股利当时一段时间的现金流,也是现金股利的替代。

后两种股利在我国没有发生过,但是法律并没有禁止。负债股利的实行存在法律障碍。我国《票据法》规定,本票即指银行本票,其他公司没有发行本票的权利;同时《证券法》对发行债券也有非常严格的规定。因此,公司要用本票或者债券来抵付股利交付给股东是很难办到的。

(五)股利支付的顺序

股份有限公司在股利支付的程序中有四个重要的日期,即:股利宣告日、股权登记日、除息日和股利支付日。

1. 股利宣告日

股利宣告日是指公司董事会将股利支付决定予以公告的日期。公告中将宣告每股支付的股利金额、股权登记期限、除去股息的日期和股利支付日期。

2. 股权登记日

股权登记日即有权利领取股利的股东资格登记的日期,只有在股权登记日持有公司股票的股东,才有权分享股利。股权登记日又称做除权日,一般在股利宣告日后的 2～3 周内。

3. 除息日

除息日就是除去股利的日期。在除息日前,股利权属于股票,买入股票就享有了股利权;在除息日后,股利权属于股东了,买卖的股票不再含有股利权,因此价格将下跌。过去,由于结算的技术原因,除息日一般在股权登记日之前若干天(一般为 1～4 天)。由于从股票委托成交到股票交割、过户往往需要一定时间,因而,在股权登记日之前成交的股票通常在股权登记日还未完成交割、过户手续,新股东的名字也就不会出现在公司的股东名册中。为了避免混乱和不必要的矛盾,通常规定能够获得股利的股票的交易日与股权登记日之间要有一定的时间间隔。只有在除息日之前进行股票交易的股东,才有资格领取分派的股利,在除息日当日或以后购买股票的股东,都不能领取这次分派的股利。除息日到股权登记日之间进行的股票交易称为无息交易,其股票称为无息股,其价格通常较低。现在,先进的计算机结算系统可以在当前完成过户,因此,除息日在股权登记日的次日(下一个工作日)。

4. 股利发放日

股利发放日是正式支付股利的日期,又称付息日,股利实际支付日一般在分红通知书上列出。从这一天起公司应将股利支付给各位股东,同时冲销公司的股利负债。

【例 5-1】　假定某公司 2019 年 6 月 1 日发布公告:"本公司董事会在 2019 年 6 月 1 日的会议上决定,本年度发放每 10 股 5 元的现金股利;本公司将于 2019 年 8 月 2 日将上述股利支付给已在 2019 年 7 月 16 日登记为本公司股东的人士。"

在该例中:

2019 年 6 月 1 日——该公司的股权宣告日;

2019 年 7 月 16 日——股权登记日;

2019 年 7 月 17 日——除息日;

2019 年 8 月 2 日——股利支付日。

第二节　股利对公司价值的影响理论

在西方国家,关于股利的研究经历了两个阶段。20 世纪 70 年代以前,围绕着股利政策是否会影响公司的价值展开讨论的,形成了 MM 股利无关论和戈登(Gordon)等为代表的股利政策对公司价值有直接影响的股利政策重要论。20 世纪 70 年代以后,开始讨论股利政策为什么对公司价值产生影响,产生什么样的影响的理论。关于公司股利政策对公司价值的影响传统上形成了以下几种观点。

一、MM 股利无关论

1958 年,莫迪格莱尼和米勒共同发表了《资本成本、公司融资和投资理论》(*The Cost of Capital*, *Corporate Finance*, *and the Theory of Investment*)的论文,米勒和莫迪格莱

尼于 1961 年发表的论文《股利政策、增长和股票价值》(*Dividend Policy, Growth and the Valuation of Shares*)提出公司的价值是由其投资收益决定的,与资本结构、股利政策无关。MM 股利无关论的含义很简单:投资者并不关注其收益是以股利形式获得还是以股票增值形式获得,而股利分配对公司的市场价值(或股票价格)不会产生任何影响,公司价值完全是受由其投资决策所决定的获利能力影响的。这一理论建立在资本市场是完美的等假设的基础上,这些假设包括:

(1) 存在一个完全资本市场。在该市场上,任何投资者都无法通过其自身交易来影响操纵证券价格;投资者可以平等地免费获取影响股票价格的任何信息;证券的发行、买卖不存在发行成本、经纪人佣金及其他交易费用;资本利得和股利之间不存在税收差异,即交易各方地位平等、信息对称,并且不存在交易费用。

(2) 理性行为假设。每个投资者都是个人财富最大化的追求者,增加的财富是以现金支付或表现为所持股票资本的增值并不重要,即实质重于形式。

(3) 不存在个人或公司所得税。这一条件保证了公司发行新股获得的资本收入等于新股东实际支付的现金。另外,政府对股利收入不征税,这可保证股东获取 1 元股利与公司留存 1 元利润是等价的,他们都将之用于再投资,这样,也就消除了资本增值与股利的差异。

(4) 公司的投资决策与股利决策彼此独立,即投资决策不受股利分配的影响。

(5) 公司的投资者和管理当局可以相同地获得关于未来投资机会的信息。

(6) 没有财务危机或财产清算的成本;没有股东和管理者之间的利益冲突。

上述假定描述的是一种完美无缺的市场,因而股利无关论又被称为完全市场理论。

一方面,如果公司获得了良好的投资机会,因而留存较多的利润用于再投资,尽管投资者获得的股利相对减少,但是再投资将会刺激股票价格的上升,从而使得投资者的财富增加,投资者的流动性需求也可以通过股票交易得到满足。所以两种情况下,投资者的境况并无差别。另一方面,公司也可以在满足再投资的情况下发放较多的红利,但必须增发新股进行筹资,增发新股将使股票价格下跌,于是股东的实际财富仍没有差异。因此,无论公司的股利政策如何,投资者都能维持其应有的财富状况,基于这一原因,投资者对股利和资本利得无偏好,从而,股利支付比率不会影响公司的股价。

MM 股利无关论成功地利用数学模型,解释了股利政策与股票价值的正确关系。但是其理论的前提条件过于脱离现实,以致使其结论与现实情况不相吻合。但是股利无关论至少说明:投资失败的公司无法通过提供更多的股利来弥补它的形象损失,事实上,股利政策和股票总收益之间的相关关系是十分微弱的。

二、股利相关论

股利无关论赖以生存的完全市场假设与现实有一定的距离,经验并不支持其观点。与之相对立的是股利相关论,其基本观点是:投资者对股利收入和资本利得有不同的偏好;公司的股利政策影响公司股票的价格和公司的总体价值。

(一) *存在税收条件下的股利政策重要论*

法尔阿(Farrar)和塞尔文(Salwyn)(1976)认为:只要股息收入的个人所得税高于资

本收益的个人所得税,股东将情愿公司不支付股利,他们认为将资金留存在公司里或者用于购回股票时他们的收益更高,即这种情况下股价将比股息支付时高;如果股息未支付,股东若需要现金可以随时出售其部分股票,这时他们支付的资本收益所得税比他们收到股息时需要缴纳的收入所得税要低。

MM 理论假设新增投资所需资金可以无代价地从外部取得,资本利得可以转化为等额的现金股利。如果股利水平低于投资者所期望的水平,投资者可以出售部分股票以获取期望的现金收入;如果股利水平高于投资者所期望的水平,投资者可以用股利收入购买一些该公司的股票。但这只有在无发行成本和其他交易成本的情况下才可能,而在现实世界中,市场交易是相当昂贵的。

(二)"在手之鸟"理论

"在手之鸟"理论可以说是流行最广泛和最持久的股利理论。其初期表现为股利重要论,后来经过威廉姆斯(Williams,1938)、林德勒(Lintner,1956)、华特(Walter,1956)和戈登(Gordon,1959)等的发展而逐步完善。

该理论认为,很多投资者都信奉"双鸟在林,不如一鸟在手"的谚语。也就是说,在不确定的条件下,在投资者眼里,股利收益要比留存收益带来的资本利得更为可靠,又由于投资者一般均为风险厌恶型,宁可收到较少的股利,也不愿承担较大的风险来等到将来收到金额较多的股利,因而投资者将偏好股利而非资本利得。在这种思想的影响下,当公司提高其股利支付率时,就会降低投资者的风险,投资者可要求较低的必要报酬率,公司股票价格上升;如果公司降低其股利支付率或延付股利,则会增加投资者的风险,投资者必然要求较高的必要报酬率,以作为承担额外风险的补偿,从而导致公司股票价格下降。由此可见,"在手之鸟"理论认为股利政策与公司的价值密切相关,支付股利越多,股价越高,则公司的价值越大。

"在手之鸟"理论虽然流行时间最久,也广泛地被实际工作者所采纳,但它很难解释投资者在收到现金股利后又购买公司新发行普通股的现象,这一理论实际上混淆了投资决策和股利决策对股票价格的影响。赫斯(Hess,1981)指出:"在未来资本利得贴现率大于未来股利所得贴现率的情况下,戈登的论点实际上建立在高风险投资政策与低市场价值之间的因果关系上,而非建立在股利本身的某些内在价值之上。"如果公司发放较少的股利而将资金留下来用于再投资,这些投资的未来收益具有很大的不确定性,而市场之所以对低股利的公司采用较高的贴现率,是因为投资决策的高风险而不是低股利。因此,用留存收益再投资所形成的资本利得的风险取决于公司的投资决策而非股利政策。股利支付并未改变整个公司投资的风险程度。在投资决策既定的前提下,公司的股利政策变化不影响投资者在此期间的总报酬,或者与总报酬相关的不确定性。或许有人通过观察发现,在其他条件相同的情况下,发放股利高的公司通常风险较小。但是必须明确的是,风险与股利之间的因果关系是高风险导致低股利,而不是低股利导致高风险。

股东的总财富包括收到的股利和股价增值,如果一家公司增加股利支付而投资决策仍保持不变,则在股利上获益的投资者就会发现在股价增值上损失了以现值表示的相同数量。从长远来看,公司给予投资者的现金流风险最终是由公司经营的现金流风险所决定的,而不是孤立政策。

(三)税收差异的影响

股利收益与出售股票的资本收益是不同的,一般来说,股利收入的税率高于资本利得税的税率,仅从这点考虑,投资者理应更偏好资本利得。最早从事这方面研究的是法尔阿和塞尔文,后来布伦南(Brennan)通过创建一个股票评估模型,将法尔阿和塞尔文的研究扩展到一般均衡情况。税差理论的结论主要有两点:

(1)股票价格与股利支付率成反比。

(2)权益资本成本与股利支付率成正比。

按照税差理论,公司在制定股利政策时,必须采取低股利支付率政策,才能使公司价值最大化。

然而,约翰·朗(John Long)经过深入研究后发现,与税差理论的观点不同,市场上存在着大量的偏好现金股利的投资者。这个问题可以从以下几个方面进行解释:

(1)投资者非理性。

(2)有的投资者收入不高,需要支付的税收不多,因而不关心两者在税率上的差异。

(3)有些投资者需要改善资产流动性,因而急需现金。

(4)股票的交易成本较高,并且可能存在交易股数的限制。

不管何种原因,不同的投资者对股利收入和资本利得确实存在不同的偏好,这足以说明公司的股利政策确实影响市场投资,进而影响股价走势。

以上几种理论的争论主要集中于股利政策与股票价格和公司价值是否有关的研究上,股利无关论认为股利不会引起股价变化,"在手之鸟"理论和税差理论认为股利会引起股价变化,但前者赞成高股利政策,认为股利发放得越多越好,后者支持低股利。经过激烈的论战后,股利无关论在其严格的假设条件下基本为理论界所接受,然而,在现实经济生活中,却很少有公司信奉股利无关论。为了解决理论和实务的矛盾,西方学者分别从不同的角度,运用不同的方法进行了大量的理论和实证研究。进入 20 世纪 80 年代以后,股利之争主要集中于股利为什么会引起股票价格的变化,相应地形成了顾客效应、信号理论、代理理论和行为学派等。现将其基本观点简单介绍如下。

(四)顾客效应理论

顾客效应理论(clientele effect)的代表人物是厄尔顿(Elton)和古鲁鲍(Gruber),顾客效应学派是对税差学派的进一步发展,可以说是广义的税差学派。该学派从股东的边际所得税率出发,认为每个投资者所处的税收等级不同,由此会引致他们对待股利的态度不一样,例如,边际税率高的投资者(富人)偏好低股利支付率或不支付股利的股票,而边际税率低的投资者(穷人)则喜欢高股利支付率的股票。据此,公司会相应调整其股利政策,使股利政策符合股东的愿望。达到均衡时,高股利支付率的股票将吸引边际税率较低的顾客;而低股利支付率的股票将吸引边际税率较高的顾客,投资者将选择实施满足自己偏好的股利政策的公司的股票,这种现象称为"顾客效应"。按照该学派的观点,公司的任何股利政策都不可能同时满足所有股东对股利的要求,公司股利政策的变化,只是吸引了喜爱这一股利政策的投资者,而另一些不喜欢这一股利政策的投资者则会出售该股票,转而投资于其他公司的股票。对不同股票的供求会通过市场机制达到一个动态均衡,一旦市场处于均衡状态,则没有公司能够通过改变股利政策来影响股票价格。这实际上从另一个角度证明了股利无关论。

"顾客效应"最早由米勒和莫迪格莱尼提出,后来的许多经济学家都对此进行了研究,但对于现实经济中是否存在"顾客效应"仍没有达成普遍一致的意见。不过,顾客效应理论可以较好地解释为什么公司股利分配政策要保持相对的稳定。

(五)信号假说

信息不对称普遍存在于现实社会。信号假说(signaling hypothesis)放松了 MM 理论关于投资者和管理当局拥有相同信息的假定,认为管理当局与公司外部投资者之间存在着信息不对称,管理当局占有更多的有关公司前景方面的内部信息。而股利是管理当局向外界传递其掌握的内部信息的一种手段,因为金融市场对公司采取的对将来现金流量和公司价值产生潜在影响的每一个行动都会作出相应的反应。公司宣布改变股利政策,无疑向投资者传递了公司收益状况的信息,或者反映了公司管理层改善经营状况的决心。但是,股利政策的变化所传递的是有利的还是不利的信号,还需要作出具体的分析。

(1)增加股利。当公司获得了很好的投资机会,并可能因此得到持续发展时,如何向市场传递这样的信息?简单地向市场宣布这一信息是成本最低的方法,但往往也是效果最差的,因为市场通常对公司的宣布持怀疑态度。信号传播原理认为,增加股利是公司向市场传递信息的有效方式。投资者会认为,增加股利无疑增加了公司的成本,但既然公司愿意这样做,说明公司相信自己有能力在长期内创造出所需的现金流量。这个积极的信号因此也就会使投资者对公司的价值进行重新评估并引起股票价格的上扬。

但是,并不是所有的公司都可以采用这样的方式向市场传递信息。对于规模较小的公司来说,传递信息的方式相对较少,采用增加股利的方式传递信息可能是不错的选择。但对于规模很大的公司来说,他们拥有大量的传递信息的方式,股利未必是成本最低、效果最好的方式,例如,通过公司的分析报告,信息或许能更有效地进行传递。

增加股利并不总是向市场传递积极的信号,如果一家公司发展迅速,投资项目的收益率很高,但是从未支付过股利。当这家公司开始发放股利时,股东们可能反而会把它作为公司投资收益开始下滑的信号。

(2)减少股利。减少股利通常向市场传递不利于公司的信号,所以公司往往都不愿意削减股利,一旦公司采取这样的行动,投资者会认为公司陷入了长期的财务危机,于是纷纷抛售股票,引起股价下跌。

(六)代理成本理论

真正让金融经济学家困惑的公司股利行为是,公司在支付大量股利的同时,或几乎同时,再通过金融市场筹集新的资金以满足投资的需要。这对于公司本身、投资者而言是双重不利,支付股利使投资者增加税负,筹集资金需要支付较高的交易成本,但为什么公司不愿意采纳既可提高投资者利益,又可降低公司交易成本的股利削减策略呢?弗兰克(Frank H. Easterbrook)在 1984 年第 9 期的《美国经济评论》上发表了一篇题为"*Two Agency — Cost Explanations of Dividend*"的论文,较系统地介绍了股利的代理成本理论,认为:股利支付可以经常使公司处于资本市场的监督下,迫使管理者尽可能考虑投资者利益,从而降低代理成本,这部分代理成本的降低甚至超过因股利支付而增加的资本成本、税收成本、交易成本。具体论述如下:

当公司要发行新的证券(股票、债券、商业票据时)或申请辛迪加银团贷款时,投资银行和相关的其他中介机构如会计师事务所、律师事务所、审计师事务所就会对公司所有经营状况进行全面审查监督,在这个过程中,投资者(股东)对管理层的监督利益进行决策。长期保持公司与金融市场接触最主要意义就在于资本市场是对管理层最好的监督者。公司现存股东可通过"用手投票"(但在股权相当分散的情况下几乎无效)和"用脚投票"(即出售股票)来影响管理层的行为,股票的买入者只愿意就管理者现有的管理水平所可能带来的未来收益支付股价,除非他准备对该公司发起收购行为(不过收购的成本是相当高的),其结果,作为较复杂资本结构公司的管理层因为谨慎而变得"懒惰",为了自身利益而经常"揩油"。

新的投资者不会像公司老股东那样因为股权分散而无力影响管理者行为。他们投资之前仔细考察管理者行为,除非感到可改变的管理代理成本已得到补偿(比如股票发行价降低),他们不会认购公司新发行的融资工具。管理者认识到新投资者的这一特点之后,为了尽可能抬高新融资工具价格以筹集更多发展资金,会积极、自觉降低代理成本。亦即新的投资者相对于老投资者更有可能影响公司管理层降低代理成本。当然,新的投资者需要搜集有关公司的各方面信息,而搜集信息是很困难的。因为管理者和审计师都是完全不可信的,其他渠道的信息来源比如股东的分析、证券经纪人的研究,由于所持有公司的股份比例较低,所愿付出努力有限,所搜集到的信息也有限。如果有那么一些搜集公司信息的人掌握了公司较高比例的股份,或具有获得信息成本较低的渠道,对于所有投资者来说都是求之不得的。证券承销商和大的债权人就是能给投资者提供较低成本的信息,获得渠道的机构,他们把大量资金押在所承销证券或所贷款的公司上,从他们风险投资的行为可以推断出许多有关该公司的有价值的信息,这也是股利支付迫使公司面向资本市场筹资而给投资者的补偿之一。

可见,定期持续发放股利迫使公司进入资本市场筹集资金,会引致有利于投资者(股东)的监管机制的形成和公司负债—股权比例的调整,即使股利支付后公司并没有通过资本市场筹资,它们至少可以提高负债—股权比例,不至于利益转移给债权人。不过,代理成本解释也可以归入显示理论的一种,我们可这样理解:投资银行或其他中介机构通过把大量利益押在某个证券品种上向投资者传递新发行的证券所代表公司未来业绩的信息。对代理成本理论作如此理解,至少可能得出这样一种不太有说服力的解释:为什么股利政策,而不是公司业绩报告,包含着公司实际质量的重要信息。

(七)其他理论

除了顾客效应、信号假说和代理成本学说,经济学家还从行为学的角度探讨了股利政策。

从行为学的角度对股利政策进行研究始于20世纪80年代,主要代表人物有米勒、塞勒(Thaler,R.)、谢弗林(Shefrin,H.M.)和施特德曼(Statman,M.)。目前这方面的成果并不多,但可以预见,它将逐步成为一个重要的、具有广阔发展前景的研究方向。

第三节　股利政策的制定

股利政策是公司在支付股利方面所坚持的策略。股利决策是股份公司的一项重要工作,它影响到公司的市场价值、筹资能力以及公司的未来发展。公司应该考虑本公司的具体情况,制定适合本公司的股利分配政策。

一、股利政策的内容

公司的净利润主要有两个用途,作为股利发放给股东,或者作为留存收益用于再投资。股利政策是公司以发展为目标,以股价稳定为核心,在平衡公司内外相关利益集团长、短期利益的基础上,对于净利润在提取了各种公积金后在这两者之间进行分配而采取的基本态度和方针政策。股利政策的内容一般包括以下几个方面:

(1)股利支付率的确定,即确定每股实际分配盈余与可分配盈余的比率的高低。

(2)股利支付形式的选择,即确定合适的分红形式。

(3)股利支付率增长政策,即确定公司未来股利的增长速度。

(4)选择股利发放策略,是采取稳定增长股利政策,还是剩余股利政策,或是固定股利政策等。

(5)股利发放程序的策划,如发放频率、股利宣告日、股权登记日、除息日和股利支付日。

二、影响股利决策的主要因素

(一)法律因素

公司进行股利决策时不得不考虑法律方面的约束。为了保护债权人和股东的利益,有关法规经常对公司的股利分配施以各种限制。

1. 资本保全要求

各国法律都要求公司在支付股利时要保全资本,禁止资本损害行为。资本是由股东投资形成的,如果将资本作为股利发放给股东,债权人的利益就有可能受到损害。

2. 公司积累

公司应该按照净利润的一定比例提取法定盈余公积和法定公益金。我国的《公司法》规定:"股东大会或者董事会违反规定,在公司弥补亏损和提取法定公积金、法定公益金之前向股东分配利润的,必须将违反规定分配的利润退还给公司。"

3. 净利原则

各国的法律都规定,公司的利润只有在弥补全部亏损之后才能发放股利。

4. 超额累积利润

为了鼓励公司积累资本以期得到更好的发展,很多国家对资本利得征税的税率都很低。但有的公司却通过累积利润,使股价上涨,帮助股东避税,因而许多国家均规定公司不得超额积累利润。我国目前尚无这种限制性规定。

（二）债权人的要求

公司对外举债时,要与债权人签订债务合同,尤其是长期债务。债权人为防止股东、公司管理当局滥用权力,以保护自身利益,往往要在合同中加入关于现金支付的限制性条款,比如规定公司每股股利的最高限额等,这些限制有可能使公司的股利分配受到约束。

（三）股东的要求

股东从自身的利益出发,也会对公司的股利分配产生一定的影响。

1. 稳定的收入和避税要求

大多数投资者都是风险厌恶型的,特别是需要依靠股利维持生活的那些人,因而会要求公司支付稳定的股利,并且倾向于高股利支付率;另外一些投资者则倾向于承担风险,出于避税的考虑(股利收入的所得税高于股票交易的资本利得税),他们往往会反对高股利支付率,而是偏好资本利得。

2. 防止控制权的稀释

如果公司支付较高的股利,必然导致留存盈余减少,这意味着将来发行新股的可能性加大,而发行新股将稀释老股东对公司的控制权,如果这些老股东无力购买新股的话,他们宁愿少分配股利而反对增发新股。

（四）公司内部因素

1. 盈余的稳定性

公司能否获得长期稳定的盈余,是其股利决策的重要基础。盈余相对稳定的公司能够较好地把握自己,有可能支付比盈余不稳定的公司更高的股利;相反,如果公司的盈余不稳定,则一般采取低股利政策,这样可以减少因盈余下降而造成的股利无法支付、股价急剧下降的风险,此外还可以将更多的盈余再投资,以提高公司权益资本的比重,减少财务风险。

2. 资产的流动性

资产的流动性是指公司资产的变现能力。支付现金股利是公司的现金流出,会降低公司资产的流动性,资产流动性过低必将加大公司的经营风险,甚至出现严重的财务危机,所以公司可能会出于保持公司资产流动性的需要而减少股利支付。

3. 偿债能力

支付现金股利后,可能会影响到公司的偿债能力,严重的甚至会导致公司破产,因此,公司在确定股利政策时,必须考虑偿债问题。

4. 举债能力

发放股利和留存盈余是一对矛盾,存在此消彼长的关系,如果公司的举债能力不强,不得不更多地依靠留存盈余进行筹资,则应该支付少量或不支付股利;如果公司具有较强的举债能力,能够及时筹措所需的资金,则可以采取较为宽松的股利政策。

5. 投资机会

公司可行的投资机会和现行的投资项目也是公司确定股利政策时不得不考虑的因

素。如果公司预期将来会有较好的投资机会并且需要大量的资金支持,则可能会采取低股利政策,而将大部分盈余用于投资;相反,如果公司缺乏良好的投资机会,则保留过多的盈余会造成资金的闲置,于是倾向于支付较高的股利。一般来说,处于成长中的公司多采取低股利政策;处于成熟期的公司往往采取高股利政策。

6. 资本成本和资本结构

保留盈余是公司一项重要的资金来源,而且具有较低的资本成本,因而,保留盈余是公司调整加权资本成本,提升公司价值的一项重要选择。当公司决定更多地通过保留盈余筹集资本时,必然会导致股利支付的减少。

7. 通货膨胀

在通货膨胀的情况下,一方面,大多数公司的盈余会随之提高,但多数股东往往希望公司支付较多的股利以抵销通货膨胀的不利影响;另一方面,公司的折旧基金购买力下降,严重的情况下甚至不能重置固定资产,致使公司正常的生产经营受到影响,这时公司往往会留存较多的盈余以弥补资金不足。所以,公司应该综合考虑通货膨胀这两方面的影响,制定适宜的股利政策。

三、衡量股利政策的标准

判断公司的股利政策是否宽松,不能仅仅着眼于股利发放额的绝对大小,因为每家公司的经营规模、投资收益等不同;也不能只看每股股利的多少,因为,在我国,虽然每股股票的面值都是 1 元,但是发行价格和每股净资产都是不同的。下面我们介绍两种常用的衡量股利政策的指标。

（一）股利收益率

股利收益率是一个重要的指标,它将股利支付和股票的价格联系起来,即:

$$股利收益率 = \frac{每股年股利}{每股价格} \times 100\% \tag{5-1}$$

通常,股利收益率越大,说明公司的股利政策越宽松,投资者投资的现金收益越高;相反,如果该比率很小,甚至接近于 0,则一般说明公司盈利能力或者现金收支有困难。

利用股利收益率,我们还可以衡量股票全部收益中分别来自股利支付和股价增值的份额:

$$股票的预期收益率 = 股利收益率 + 股价增值率 \tag{5-2}$$

（二）股利支付率

股利支付率是另一种常用的衡量股利政策的指标,它将股利支付同公司的收益状况联系了起来,即:

$$股利支付率 = \frac{股利}{净利润} \times 100\% \tag{5-3}$$

股利支付率的用途很多。如果能够对公司预期收益的增长作出估计,投资者就可以利用股利支付率对股利支付作出预计,从而预计公司股价的走势。在公司的生命周期中,当在公司处于高速增长的阶段,股利支付率一般变化很小,公司通常保留相对稳定的较大量盈余用于满足再投资的需要,因而公司倾向于采用固定股利分配率的股利政策;而在公司相对成熟及增长前景下降的阶段,股利支付率的变化则会较大,因为公司此时会采用更灵活的股利政策。另外,留存比例(留存比例=1-股利支付率)反映了公司盈余中用于再投资的比率,可以利用该比率对公司未来收益的增长进行估计(可持续增长率=留存比率×净资产收益率)。高留存比例(低股利支付率)的公司往往比低留存比例的公司具有更快的可持续增长能力。

四、股利政策

总体看来,公司的股利政策可以分成以下几类。

(一)剩余股利政策

所谓剩余股利政策(residual dividend policy)是指公司在面临良好的投资机会时,根据目标资本结构的要求将净利润首先用于满足投资所需要的资金,然后将剩余的利润再用于分配股利。在这种股利政策下,认为满足投资所需要的资金是第一位的,而满足股东分配股利的要求则是第二位的,股东取得的股利收入是不稳定的、没有保障的。这种政策可以使公司保持目标资本结构,使综合资本成本最低,满足投资的需求,但是无法满足希望取得稳定收入的股东的要求,不利于公司树立良好的形象。

采用剩余股利政策,应当按照下述顺序进行操作:

(1)根据投资决策测算公司新投资所需要的资本额。

(2)设定目标资本结构,即确定股权资本和债务资本的比率,以保证加权平均的综合资本成本最低。

(3)确定在目标资本结构下投资所需的股权资本金额。

(4)尽量使用保留盈余来满足投资方案所需的股权资本数额,如果公司的净利不足,则可以考虑增发普通股来筹资。

(5)如果满足了投资所需的股权资本后仍有剩余利润,则将其作为股利分配给股东。

剩余股利政策的坚持者认为,在完备的资本市场条件下,股东对股利和资本利得并无偏好,只要投资项目可行,能带来较高的投资回报,且保持理想的资本结构,公司的价值便能达到最大,这实际上是在坚持 MM 理论。但是由于在剩余股利政策下,股利与利润无直接关系,因而可能会导致股利支付的不连贯。

(二)固定股利政策

固定股利政策(constant payout policy)是指如果公司有较高且相对稳定的利润和现金流量,则可以将每年的股利稳定在某一固定的水平上并在较长的时期内不变,只有当公司预期未来盈利会显著地、不可逆转地增长时,才提高年度的股利发放额。

固定股利政策有以下特点:

(1)稳定的股利会向市场传递公司正常发展的信息,有利于树立公司的良好形象,增强投资者对公司的信心,稳定股票的价格。

（2）稳定的股利有利于投资者安排股利收入和支出，尤其是对于那些对股利有很高依赖性的股东更是如此，这些股东可能更喜欢相对平滑的现金流。

（3）如果公司拥有比较好的投资机会，往往实施剩余股利政策，但如果考虑到股东的心理状态和其要求对公司价值的影响，则将股利维持在稳定的水平，甚至推迟投资或暂时偏离目标资本结构可能对公司更有利一些。

固定或稳定增长的股利政策的缺点也较为明显，它使股利支付和公司盈利和投资机会相脱节，因而显得不够灵活，尤其是在公司盈利较少时仍要支付固定的股利，就可能会导致财务状况紧张，甚至发生财务危机；面临良好投资机会时可能由于留存利润不足而放弃。此外，采用固定或稳定增长的股利政策也经常会增大公司的资本成本，影响到公司的价值。

因此，在固定股利政策下，股东的股利分配是第一位的，而公司的投资、发展则退居第二位了。

（三）固定股利增长率政策

固定股利增长率政策（stable dividends with growth）是指公司的股利每年都按照一个固定的比率增长，以树立公司更良好的形象。这种股利政策与固定股利政策具有相同的特点，都是股利支付和公司盈利、面临的投资机会相脱节，因而显得不够灵活，尤其是在公司盈利较少时仍要支付固定增长的股利，就可能会导致财务状况紧张，甚至发生财务危机；面临良好投资机会时可能由于留存利润不足而放弃。如果公司的收益不能持续提高，那么公司股利负担会越来越重，以至无法承担。

（四）固定股利支付率政策

固定股利支付率政策（stable payout ratio policy）是指公司确定一个股利分配比率，长期按此比率支付股利的政策。这种政策将股利和公司盈余状况较好地结合起来，股利多少完全取决于盈利状况，因而与前两种股利政策相比更为灵活，体现了多盈多分、少盈少分、不盈不分的原则。但是，如果公司经营状况不稳定，导致股利支付额也随之上下波动，投资者就很可能会认为公司陷入困境，从而抛售股票造成股价下跌。另外，这种政策也没有考虑公司面临的投资机会和可用于支付股利的现金流量的状况。

（五）低正常股利加额外股利政策

在低正常股利加额外股利政策（regular plus bonus policy）下，一般情况下公司每年只支付固定的、数额较低的股利；在经营状况较好、盈余较多的年份，再根据实际情况向股东发放额外股利。但额外股利并不固定化，不意味着公司永久地提高了规定的股利率。

采用这种股利政策，对公司来讲，具有以下好处：

（1）这种股利政策具有较大的灵活性，当公司盈余较少或投资需要较多资金时，可维持较低但正常的股利，从而股东不会有股利跌落感，同时又不会给公司带来过大的财务负担。

（2）当盈余有较大幅度增加时，适度提高股利支付额，可以增强股东对公司的信心，有利于稳定股票的价格。

但是需要注意的是,如果公司支付额外股利的次数过于频繁,股东会形成较高的预期,一旦公司减少或停止支付额外股利,就很可能会给投资者造成不良的印象,不利于公司股价的稳定。

以上介绍的几种股利政策各有利弊。公司不可能完全照搬某种股利政策模式,应当根据自身的具体情况,如所处的发展阶段、资金状况、稳定性、投资机会等,制定适合本公司的股利政策。

【例 5-2】 某公司发行在外的普通股共 100 万股,净资产 200 万元,今年每股支付了 1 元股利,预计未来 3 年的净利润和需要追加的资本性支出如表 5-1 所示。

表 5-1 未来 3 年的净利润和需要追加的资本性支出　　　　　　　单位:万元

年	1	2	3
净利润	200	250	200
资本性支出	100	500	200

假设公司目前没有负债,并希望逐步利用借款资金来增加负债,但是,无论在何种情况下,资产负债率不得超过 30%;假设表中的净利润已经考虑了负债增加的利息支出。公司筹资时,优先使用留存收益,然后使用借款,必要时,可以发行股票,增发股票每股面值 1 元,发行价 2 元,筹资手续费不考虑,并且当年不支付股利。

要求:计算在公司采用剩余股利政策和固定股利政策两种情况下,未来 3 年需要进行的筹资活动及其筹资金额。

解:

(1)在固定股利政策下,首先满足每股 1 元的股利,然后将留存收益用于投资,不足的进行外部筹资。核算如表 5-2 所示。

表 5-2 筹 资 核 算 表　　　　　　　金额单位:万元

	1	2	3
资本支出	100	500	200
净利润	200	250	200
每股股利	1	1	1
股利总额	100	100	155
留存收益	100	150	45
借款	0	$800 \times 30\% = 240$	$1\,000 \times 30\% - 240 = 60$
增发股票(万股)	0	$110 \div 2 = 55$	$95 \div 2 = 47.5$
增发股票筹资	0	$500 - 150 - 240 = 110$	$200 - 45 - 60 = 95$
净资产	300	$300 + 150 + 110 = 560$	$560 + 45 + 95 = 700$
股本	100	$100 + 55 = 155$	$155 + 47.5 = 202.5$
总资产	300	$300 + 500 = 800$	$800 + 200 = 1\,000$

（2）在剩余股利政策下,首先满足投资需要,然后将剩余留存收益用于股利分配,无剩余则不分配。核算如表 5-3 所示。

表 5-3　筹 资 核 算 表　　　　　　金额单位:万元

	1	2	3
资本支出	100	500	200
净利润	200	250	200
留存收益	100	250	200
借款	0	$800×30\%=240$	0
增发股票(万股)	0	$10÷2=5$	0
增发股票筹资	0	$500-250-240=10$	0
股利总额	$200-100=100$	0	0
每股股利	1	0	0
净资产	$200+100=300$	$300+250+10=560$	$560+200=760$
股本	100	105	105
总资产	300	$300+500=800$	$800+200=1\,000$

第四节　与公司股利政策相关的其他问题

一、股票股利和股票分割

（一）股票股利

公司以本公司股票形式发放股利形成股票股利。股票股利并不改变现有股东对公司的控制权,不会引起公司资产的流出或负债的增加,同时也不会增加公司的财产,但会引起所有者权益各项目的结构性变化。

1. 股票股利的会计处理

公司发放股票股利,在公司账面上,只需将相应的资本公积、盈余公积、未分配利润转变为资本,并增加股东的持股数量即可,现举例说明。

假定某公司有股本 5 000 万股,该公司宣布发放 10% 的股票股利,若当时的市价为 11 元/股,则该公司应增发股票股数为:500 万股(5 000×10%)。从"未分配利润"中转出的资金为:5 500 万元(500×11)。其中 500 万元转为股本,其余 5 000 万元转为资本公积,而股东权益总额不变。发放股票股利后,某股东原持有 100 万股公司股票,占 2% 的股份,那么现在持有 110 万股股票,仍持有 2% 的股份。

2. 发放股票股利对公司每股盈余和每股市价的影响

发放股票股利相应增加了股票总数,由于公司盈余总额不变,故每股盈余减少:

$$发放股票股利后每股盈余 = \frac{发放股票股利前每股盈余}{1 + 股票股利发放率} \tag{5-4}$$

股票股利没有改变公司的现金流量和总价值,所以随着股票总数的增加股价会有所下降:

$$发放股票股利后每股股份 = \frac{发放股票股利前每股股价}{1 + 股票股利发放率} \tag{5-5}$$

虽然股票价格下降了,但由于每位股东所持的股票数额增加了,因而股票股利不会改变股东的状况。如上例中,发放股票股利后,股价从每股 11 元下降为每股 10 元,该股东所持股票市值原为 1 100 万元(100×11),现仍为 1 100 万元(110×10)。

3. 股票股利对股东的意义

如果股票股利不会改变股东的状况,那么为什么股东会接受股票股利,而不向公司要求现金股利呢? 这可以从以下几个方面考虑:

(1) 如果公司在发放股票股利的同时发放现金股利,股东会因所持股数的增加而得到更多的现金。

(2) 在某些特定的情况下,公司发放股利并不一定引起股价成比例的下降;有研究表明,在发放少量股票股利(如 2%～3%)后,股价不会立即发生变化,这样,股东的股票总价值可能会因此而上升;另外高成长性的公司的股价也会比较快的恢复到原来的价位,这样股东的资产就会增加。

(3) 发放股票股利可以使股东享受税收上的优惠。在很多国家,对股票股利是不征个人所得税的,因为股东并没有收到现金,而且股东所持的财富也没有增加。因而,股票股利可以推迟纳税时间,只有当股东转让股票时,政府才向其征收资本利得税,而资本利得的税率也低于现金股利所缴纳的所得税税率。

4. 股票股利对公司的影响

(1) 发放股票股利可以使股东分享公司的盈余而无需支付大量的现金,这使公司留存了大量的现金,便于进行再投资,有利于公司的长期发展。

(2) 当公司的股票价格过高时,无疑会减少股票的潜在市场。公司可以通过支付一定比率的股票股利将股价维持在某一有利于交易的范围内,以便于吸引不同层次的投资者。

(3) 发放股票股利往往会向市场传递公司将会继续发展的信息,从而提高投资者对公司的信心,在一定程度上稳定股票价格。但在某些情况下,发放股票股利也会被认为是公司资金周转不灵的征兆,从而降低投资者对公司的信心,加剧股价的下跌。

(4) 发放股票股利的费用比发放现金股利的费用大,一定程度上增大了公司的负担。

(5) 如果公司的成长性不够高,利润摊薄后不能尽快增加,股价下跌后不能尽快恢复,对公司形象不利。

(二)股票分割

股票分割(stock splits)是指将面额较高的股票转换成面额较小的股票的行为。实行股票分割后,股票面额按一定比例减小,同时股票数量按同一比例增多。例如,公司实行一分为二的股票分割,则股票面额为原来的一半,而普通股总数增加为原来的二倍。

与发放股票股利相似,股票分割使发行在外的股数增加,每股面额降低,每股盈余下降,但是公司价值、股东权益总额并不改变。但是两者也有显著的区别,主要表现在:股票分割后股东权益各项目的金额及其相互之间的比例都不会发生变化,而发放股票股利则不然;此外,股票分割向市场传递的通常是有利的信息,因为公司股价急剧上升且预计短期内无法降下来的时候才采用这种方法稳定股价,此时,投资者往往相信该公司每股收益会继续大幅度增加,而发放股票股利向市场传递的信息则比较复杂,既可能是有利的信息也可能是不利的信息。

从实践效果来看,由于股票分割与股票股利非常接近,所以一般要根据证券管理部门的具体规定对两者加以区分。例如,美国证券交易机构规定,发放 25％以上的股票股利即属于股票分割。

（三）股票合并

股票合并(reverse stock split)是一种减少流通在外的普通股股数的措施。当公司认为自己的股票价格太低时,可以通过股票合并来提高股价。股票合并计划也向市场传递一种信息,但该信息对公司来说往往是不利的,有时候,公司实行股票合并可能只是想降低交易与服务费用,将合并后的股票提升到一个高价位而已,但投资者对股票合并的反应多数是怀疑公司可能出现了重大的财务危机。经验说明,在其他因素不变的情况下,一旦宣布股票合并,则该股票的价格会有大幅度的下跌,所以,公司在实施股票合并计划时,必须谨慎从事,做好事前宣传工作,以免造成股价波动,从而对公司价值带来负面影响。

 **延伸阅读 5-1**

香港交易所西伯利亚矿业股票合并案

2010 年春,受未决诉讼影响,在香港交易所上市的西伯利亚矿业股票价格持续走低,最低时低至 1 分左右。该公司为避免股票价格持续过低,决定进行股票合并。基准为每20 股现有普通股(旧股)合并为 1 股新普通股(新股)。由 2010 年 4 月 12 日起,一个证券代号为 2901 及证券简称为西伯利亚矿业的以每 1 000 股新股为交易单位的临时版面将会设立,以取代以每 20 000 股旧股为交易单位的版面(证券代号:1142)。

该股票合并前最后一个交易日 2010 年 4 月 9 日的收盘价为每股 0.031 元;合并后第一个交易日的开盘价为每股 0.395 元(折合原来 20 股);其后 19 个交易日持续下跌,最低达 0.189 元。

二、返还现金的其他方式

现金股利并不是向股东返还现金的唯一方法。根据股东的特性和目标,公司还可以采取其他的方式,如股票回购、签订远期合同等。

（一）股票回购

公司出资购回本公司的股票，减少了流通在外的普通股股数，相应地股价会上涨，股东则获得资本利得。因而股票回购可以看作是现金股利的一种替代方法，20世纪80年代以来，越来越多的公司选择以股票回购的方式向股东返还现金。

1. 股票回购的途径

广泛使用的股票回购方法有三种：

（1）股票回购招标。公司确定招标价格、要购买股票的数量以及招标的有效期限，邀请股东呈交股票进行回购。招标价格一般高于当时股票的市场价格，以吸引部分股东尤其是小股东。在很多情况下，公司保留在呈交股票数量不足时撤标，以及对招标进行展期的权利。这种方法主要用于大规模的股票回购。

（2）公开市场购买。公开市场购买是股票回购的主要方式。在公开市场购买中，公司直接在市场上以现行价格购买股票，而无需就回购股票进行信息披露。但这种收购行为往往会受到种种限制。比如在美国，证券交易委员会规定在公开市场买进已发行股票不能用私下谈判的方式进行；在进行股票回购时也不能发行新股，等等。与股票回购招标相比，公开市场购买能够在一个更长的时期内进行，而且更为灵活，公司可以自行决定何时购买、购买多少。

（3）私下协议回购。在私下协议回购中，公司从一个大股东手中按照协议的价格回购股票。用这种方法进行交易时应注意保持公正合理的回购价格，以避免损害其余股东的利益。这种方法用得不多，当公司的经营者或所有者要强化控制权，排除有潜在威胁的股东时可以采取这种方式。

2. 股票回购的意义

股票回购作为现金股利的替代形式的优势包括：

（1）有规律的股利支付往往意味着对将来持续支付股利的允诺，而股票回购则不同，它只是被视作返还现金的一次性行为。因此，如果公司拥有过剩现金流量，但不能保证未来仍能持续地保有这些现金流量时，那么该公司应该实行股票回购。当然，也可以选择支付特别股利的方式，因为特别股利也没有允诺将来进行类似的支付。

（2）与支付股利相比，股票回购赋予公司更大的灵活性，因为股票回购可以撤销或展期。大量的数据表明很多宣称进行大规模股票回购的公司最后都没有完成其计划。

（3）对股东来说，股东在回购过程中处于主动地位，拥有出售的选择权，当部分股东满意收购价格时，他们会放弃股权而获取资本收益。而且，由于流通在外的股票股数减少，股价上涨，其余的股东也同样可以获得资本收益。

（4）与支付股利相比，股票回购可使股东享受税收上的便利。股利按照所得税税率征税，而从股票回购中获得资本收益则按照资本利得税率征税，后者比前者的税率低。

（5）当公司的股权资本比例过高时，可通过股票回购调整资本结构。实施股票回购后，财务杠杆增大，普通股股数减少，使股票价格增加，从而在一定程度上使股东受益。当内部人选择不出售股票，他们就会拥有公司更多的股份和对公司更大的控制权，因而股票回购也是公司提高内部人控制程度的重要手段。

（6）股票回购还可以用来防止某些股东的恶意控股和恶意兼并。

股票回购的局限性包括：

（1）股票回购体现了公司对未来现金流量的信心不足，如果市场形成这样的认识，必然会对公司的经营进行重新评价，从而对公司股票的价格和公司价值产生不利的影响。因此，公司宣布股票回购时，应当详细说明回购股票的原因。

（2）股票回购计划撤销或者展期，一方面使公司的政策选择更为灵活；另一方面也可能会引发市场的怀疑。

（3）政府对股票回购有严格的限制。政府如果认为公司的回购是为了帮助股东逃税，或者为了操纵股价，就会对公司进行调查或处罚。我国《公司法》对股票回购行为作了十分严格的限制。我国《公司法》第 149 条规定："公司不得收购本公司的股票，但为了减少公司资本而注销股份或者与持有本公司股票的其他公司合并时除外。"

（二）购买股票的远期合同

前面我们提到，许多宣布了股票回购的公司事实上并没有按期完成回购计划。虽然这种灵活性可以视做股票回购的一个优点，但它却降低了股票回购的信息传递优势。为了弥补这种缺陷，公司可以选择另一种替代策略——远期购买合同。通过与股东签订购买股票的远期合同，既可以保留股票回购的税收优势，又可以提高它信息传递效应。因为这些规定了回购价格和回购数量的合约是公司必须履行的硬性承诺，市场通常认为这种行为是真实可靠的，并会作出相应的反应。

远期合同规定了回购价格和回购数量，因而同股票回购的灵活性和不确定性相比，远期合同对每股收益的影响和相互之间的乘数关系更容易被准确地估算出来。

远期合同的不利之处在于，它增大了公司的风险，因为远期合同规定公司按照固定的价格回购股票，即使股价下跌时公司也必须按照承诺进行，这无疑成为公司一个十分沉重的负担。所以，公司在选择是否采用远期合同的方式回购股票时，应当充分考虑远期合同的信号传递优势能否弥补其带来的风险及损失。

（三）向股东返还非现金资产的其他方式

股本缩减（divestiture）、股本剥离（spin off）、股本分拆（split up）和股本转移（split off）是向公司股东返还非现金资产的其他选择。

假设某公司是一家多元化经营的公司，由于某种原因，该公司部分行业的资产价值被低估了，那么公司应该如何处理这部分资产呢？一般来说，公司有四种选择。

1. 股本缩减

公司可以停止被低估行业的经营，在市场上将这部分资产按照其真实价值出售，所得现金通过股票回购或支付股利的形式返还给股东。股本缩减的结果是公司的股本规模减小，但股东的利益得到了保障，股权的减少可以通过获取现金资产得到补偿。

2. 股本剥离

公司也可以将被低估的资产剥离出来，并以其为基础成立一家新的公司，新公司的股权按照原公司的股权持有比例分配给股东，这样做不会影响公司的所有权结构。

3. 股本分拆

将这家公司按照不同的经营范围分拆为几个部分,并成立几家新的公司,新公司的股票按照原始所有权结构分配给股东,同时原公司注销,这样也不会影响到股东的控制权。

4. 股本转移

股本转移与股本剥离相类似,也是将被低估的资产剥离出去成立一家新的公司,但股本转移的情况下,原公司的股东拥有将母公司股票转换成新公司股票的选择权,如果股东行使这种转换权,则母公司的所有权结构将发生变化。

股本缩减、股本剥离、股本分拆以及股本转移的主要原因在于公司部分或全部资产被低估,但是根据低估的原因不同,公司也应选择不同的处理方式,具体来说:

(1) 如果公司资产价值被低估是因为子公司的管理质量低下造成的,则公司最好选择股本缩减,将子公司出售,割断其与母公司的联系;如果资产低估的原因是母公司的管理不善,则公司可以选择股本剥离。

(2) 如果资产低估是因为该资产和公司其他资产相冲突造成的,并且仅涉及某一行业,则公司可以采取股本剥离的方式;如果冲突涉及多个行业,则应当选择股本分拆。

(3) 如果部分股东认为公司的部分资产被低估了,则公司可以采取股本转移,允许股东用他们的股票交换成新股。

此外,公司选择上述某种措施,还可能是出于税收或监管方面的考虑。比如,如果国家对某种行业实施税收优惠,则公司可以将涉及该行业的资产剥离出来,成立一家新的公司,以享受这种优惠;又如,国家往往对某些小公司的监管弱于对母公司的监管,这也可能导致公司将某些资产剥离出来,以规避严格的监管。

巩固 训练与提高

■ 概 念 ■

股利　现金股利　股票股利　财产股利　负债股利　实物股利　股利分配率　利润留存率　剩余股利政策　固定股利政策　固定股利支付率政策　固定增长股利政策抵正常股利加额外股利政策　股利宣告日　股利登记日　除息日　除权日　股利发放日股票合并　股票分割　股票回购　股本缩减　股本剥离　股本分拆　股本转移

■ 课后练习题 ■

1. 股利类型有哪些?各有什么优缺点?

2. 股利政策有哪些?比较这些股利政策的优缺点。

3. 比较剩余股利政策与固定股利政策对公司发展产生的影响有何不同。

4. 某股份公司有普通股 2 000 000 股,每股面值 2 元,无优先股,该公司明年的计划投资总额为 8 000 000 元,今年的预计税后利润为 20 000 000 元,假定该公司明年投资计划的资金来源完全以今年的留存收益内部筹资完成。请计算:

(1) 今年以剩余资金发放股利所能达到的每股股利是多少?

(2) 今年的股利发放率是多少?

5. 某公司 2016 年发放股利共 255 万元。过去 10 年该公司盈利按固定的 10% 速度持续增长,2016 年税后盈利 1 381 万元,而投资机会总额为 1 000 万元,预计 2018 年以后仍会恢复 10% 的增长率。公司如采用下列不同的股利政策,请分析计算 2017 年的股利:

(1) 股利按盈利的长期增长率稳定增长。

(2) 持续 2016 年的股利支付率。

(3) 采用剩余股利政策(投资 1 000 万元以 30% 负债融资)。

(4) 2017 年的投资 30% 用外部权益融资,30% 用负债,40% 用保留盈余,未投资的保留盈余用于发放股利。

6. 某公司某年提取了公积金、公益金后的税后净利润为 1 000 万元,第二年的投资计划拟需资金 1 200 万元。该公司的目标资金结构为自有资金占 60%,借入资金占 40%。另外,该公司流通在外的普通股总额为 2 000 万股,没有优先股。要求:试计算该公司当年可发放的股利额及每股股利。

第六章 短期融资与资产管理

学习 目标

1. 了解短期借款、商业信用、票据贴现、出售应收账款等短期融资方式及特点
2. 了解营运资金政策的内容和特点
3. 了解公司的现金需求及现金管理方法
4. 掌握随机现金管理模型、信用期间确定和经济订货量模型
5. 掌握固定资产经济寿命和更新决策

能力 目标

1. 能够通过适当的方式为公司筹集短期资金
2. 能够进行现金、应收账款、存货等流动资产管理
3. 能够通过计量,确定固定资产的经济寿命和更新决策

案例 导入

物理寿命、技术寿命与经济寿命

你的手机或者汽车,应该使用到什么时候进行更新呢? 使用到报废? 使用到因为技术落后而遭到淘汰? 还是使用到其他一个什么时间呢?

使用到报废,就是无法修复或者修复在经济上是不合算的,这是固定资产的物理寿命,它由制造质量和使用方式决定。使用到因为技术落后而遭到淘汰,这是固定资产的技术寿命,它由技术进步速度决定。而经济寿命是指固定资产在经济上最佳的使用年限,这一因素受很多因素影响,在物理方面,新设备生产效率高,而维修保养成本低,旧设备不仅生产效率低,而且维修保养成本高,这可能导致经济寿命早于物理寿命结束;在技术方面,技术先进的新型设备的出现会使生产成本更低,而技术落后的老型号设备可能因此变得不经济了;在经济方面方面,如折旧和所得税的影响,如果可以采用加速折旧法,老设备只能计提有限的折旧,如果购买新设备则可以计提更多的折旧,多计提折旧意味着生产成本上升,利润下降,缴纳的所得税减少,而公司实实在在的现金流量会增加。

公司的各类资产,占用了大量的资源,加强其科学管理,可以降低资源占用,提高资产周转率,从而增进公司效益。

短期融资是指 1 年以下的融资。短期融资的目的不是为投资项目筹集资金,而是增加公司资产的流动性。本章介绍的资产管理是指公司对本公司占有、使用的资产的管理,包括流动资产管理和固定资产管理,不包括长期投资的管理。资产管理的目的是降低成本、减少资金占用、提高公司的收益水平。

第一节　短　期　融　资

一、短期融资的特点

短期融资所筹集的资金可使用时间短,一般不超过 1 年。短期融资的目的不是为投资项目筹集资金,而是增加公司资产的流动性。短期融资具有以下一些特点。

1. 筹资速度快,容易取得

长期融资的债权人为了保护自己的利益,往往对债务人进行全面的财务调查和分析,因而需要的时间较长而且不容易取得。短期融资在较短时期内就会归还,风险较小,故容易取得。

2. 筹资富有弹性

长期融资会受到很多限制性条件的制约;而短期融资的限制性条件相对较宽松,筹资公司可以更灵活的使用资金,富有弹性。

3. 筹资成本较低

由于短期融资的风险较小,因此其利率一般低于长期借款,短期负债的资金成本也就比较低。

4. 筹资风险高

短期负债需要在短期内偿还,因而要求筹资公司在短期内拿出足够的资金来清偿债务,否则会陷入财务危机。

5. 利率波动性大

短期负债利率受货币供给和需求因素和政府政策的影响,波动性比较大,甚至有时会高于长期借款的利率,如东南亚金融危机中中国香港政府采用的高利率政策,就使短期利率达到了不可置信的高度。

二、商业信用筹资

商业信用是指在商品交易中由于延期付款或者预收账款的赊销、赊购行为所形成的企业间的借贷关系。商业信用的形式具体有应付账款(挂账信用)、应付票据、预收账款等。

(一)应付账款

应付账款是公司购买货物暂时未付而欠对方的款项。应付账款有付款期、现金折扣等信用条件。付款期可以分为免费信用期、有代价的信用期和强制信用期。免费信用期是指买方公司在规定的折扣期内付款而能够获得现金折扣的最后付款期限；有代价的信用期是指买方公司在放弃现金折扣的情况下比免费信用期多出来的信用期限；强制信用期是指买方公司超过规定的信用期限仍然推迟付款而强制获得的信用期限，也称展期信用。

一般而言，强制信用期会破坏公司的信用形象，给人造成欠钱不还的无赖形象，因此，一般情况下不可使用。而是否使用有代价的信用期则取决于商业信用的资金成本。

商业信用的资金成本是一种机会成本。一般而言，当卖方公司没有提供现金折扣时，买方公司不会产生商业信用的资金成本；当卖方公司提供了现金折扣并且买方公司享受了现金折扣时，即买方公司只享受了免费信用期时，买方公司也不存在商业信用的资金成本；只有当卖方公司提供了现金折扣并且买方公司放弃了现金折扣时，即买方公司享受了免费信用期和有代价的信用期时，才会产生商业信用的资金成本，这时它是一种机会成本。商业信用资金成本计算公式为：

$$商业信用的资金成本 = \frac{折扣百分比}{1-折扣百分比} \times \frac{360}{信用期-折扣期} \times 100\% \tag{6-1}$$

【例 6-1】 某公司购入货物 100 万元。卖方给的信用条件是"2/10、n/30"。请计算该商业信用的资金成本。

解：

"2/10、n/30"的含义是在 10 天内付款，可以享受 2% 的现金折扣；在 30 天内按发票付款；30 天后则要支付利息（滞纳金）或损坏公司的信用形象。

分析：第 0~10 天，是免费信用期，此时付款只需付 98 万元，公司一定会把免费信用期用足，到最后一天，第 10 天付款。

第 11~30 天为有代价的信用期，此时付款需比免费信用期时多 2 万元，付 100 万元，如果此时付款，公司也一定会把有代价的信用期用足，到最后一天，第 30 天付款；第 31 天开始为强制信用期，公司一般是不考虑使用的。这样就只要决定是在第 10 天付 98 万元还是在第 30 天付 100 万元了。这个问题就演变为为了把 98 万元的资金多使用 20 天，而付出了 2 万元的代价，这个行为的资金成本为：

$$商业信用的资金成本 = \frac{2\%}{1-2\%} \times \frac{360}{30-10} \times 100\% = 36.73\%$$

当公司自己的综合资金成本高于商业信用的资金成本时，则应选择较低的成本，即商业信用的资金成本，要承担商业信用的资金成本就要放弃现金折扣；当公司自己的综合资金成本低于商业信用的资金成本时，仍应选择较低的成本，即本公司自己的综合资金成本，放弃商业信用的资金成本，要放弃商业信用的资金成本，则要享受现金折扣。

【例 6-2】 某公司购入货物 100 万元。卖方给的信用条件是"5/10、2/30、n/60"。请计算该商业信用的资金成本，并分析公司何时付款最经济。

解：

分析：在本例中，公司有三个选择：

（1）第 10 天付款，付 95 万元。

（2）第 30 天付款，付 98 万元。

（3）第 60 天付款，付 100 万元。

第 10～30 天的资金成本为：

$$商业信用的资金成本 = \frac{3\%}{1-5\%} \times \frac{360}{30-10} \times 100\% = 57\%$$

第 30～60 天的资金成本为：

$$商业信用的资金成本 = \frac{2\%}{1-2\%} \times \frac{360}{60-30} \times 100\% = 25\%$$

第 10～60 天的资金成本为：

$$商业信用的资金成本 = \frac{5\%}{1-5\%} \times \frac{360}{60-10} \times 100\% = 38\%$$

（1）公司的综合资金成本小于 25% 时，公司一定选择自己的综合资金成本而放弃所有商业信用的资金成本，即享受所有现金折扣，在第 10 天付款。

（2）司的综合资金成本大于 57% 时，公司一定选择所有的商业信用的资金成本，放弃自己的综合资金成本，即放弃所有现金折扣，在第 60 天付款。

（3）公司的综合资金成本大于 25% 时且小于 38% 时，公司要做两个比较：

第一，放弃第 10～30 天的商业信用资金成本，享受现金折扣，即在第 10 天还是第 30 天付款中选择第 10 天。

第二，由于公司的综合资金成本小于 10～60 天的商业信用资金成本，因此放弃第 10～60 天的商业信用资金成本，享受现金折扣，即在第 10 天还是第 60 天付款中选择第 10 天。

所以，此时选择第 10 天付款。

（4）公司的综合资金成本大于 38% 时且小于 57% 时，公司要做两个比较：

第一，放弃第 10～30 天的商业信用资金成本，享受现金折扣，在第 10 天还是第 30 天付款中选择第 10 天。

第二，享受第 10～60 天的商业信用资金成本，放弃现金折扣，即在第 10 天还是第 60 天付款中选择第 60 天。

所以，此时选择第 60 天付款。

（二）应付票据

根据承兑人的不同，应付票据分为商业承兑汇票和银行承兑汇票两种，支付期最长不超过 6 个月。应付票据可以带息，也可以不带息。应付票据的利率一般比银行借款的利率低，且不用保持相应的补偿余额和支付协议费，所以应付票据的筹资成本低于银行借款成本。但是应付票据到期必须归还，如若延期便要交付罚金，因而风险较大。

（三）预收账款

预收账款是卖方企业在交付货物之前向买方预先收取部分或全部货款的信用形式。对于卖方来讲，预收账款相当于向买方借用资金后用货物抵偿。预收账款一般用于生产周期长、资金需要量大的货物销售。

除预收账款外，企业往往还存在一些在非商品交易中产生，但也是自发性筹资的应付费用，如应付工资、应交税金、其他应付款等。应付费用使企业受益在前、费用支付在后，相当于享用了收款方的借款，一定程度上缓解了企业的资金需要。应付费用的期限具有强制性，不能由公司自由使用，但是通常不产生资金成本。

（四）商业信用筹资的特点

商业信用筹资最大的特点在于易于取得。商业信用是公司生产经营过程中一种持续性的信用形式，并且无须办理筹资手续和支付筹资费用，而且它在一些情况下是不承担资金成本的。商业信用筹资的缺点在于期限较短，放弃现金折扣的机会成本很高。

三、短期借款

短期借款指企业向银行和其他非银行金融机构借入的期限在 1 年以内的借款。

（一）短期借款的种类

我国目前的短期借款按照目的和用途分为若干种，主要有生产周转借款、临时借款、结算借款等。按照国际通行做法，短期借款还可依偿还方式的不同，分为一次性偿还借款和分期偿还借款；依利息支付方法的不同，分为收款法借款、贴现法借款和加息法借款；依有无担保，分为抵押借款和信用借款等。

企业在申请借款时，应根据各种借款的条件和需要加以选择。

（二）借款的取得

公司举借短期借款，必须首先提出申请，经审查同意后借贷双方签订借款合同，注明借款的用途、金额、利率、期限、还款方式、违约责任等；然后公司根据借款合同办理借款手续；然后就可以取得借款了。

（三）信用条件

银行发放短期贷款的信用条件有以下几种。

1. 信贷额度

信贷额度是银行对贷款人无担保贷款的最高限额。信贷额度的有效期一般为 1 年，最长不超过 2 年。通常情况下，公司在获得银行批准的信贷限额后，可以随时根据需要使用银行借款。但是，如果出现公司财务状况恶化等情况，银行会减少甚至取消公司的信贷额度，银行不负法律责任。

2. 周转信贷协定

周转信贷协定是银行具有法律义务的承诺提供不超过某一最高限额的贷款的协定。在协定有效期内，只要公司的借款总额没有超过最高限额，银行必须满足公司任何时候提出的借款要求。公司要为签订的周转信贷协定中未使用金额部分支付给银行一笔承诺费（commitment fee）。

3. 补偿性余额

补偿性余额是银行要求借款企业在银行中保持按贷款限额或实际借用额一定百分比

（一般为 $10\%\sim20\%$）的最低存款余额。从银行的角度讲,补偿性余额可降低银行贷款风险,补偿遭受的贷款损失。对于借款公司来讲,补偿性余额则提高了借款的资金成本。

4. 借款抵押

银行向财务风险较大的公司或对其信誉不甚了解的公司发放贷款,有时需要有抵押品担保,以减少自己蒙受损失的风险。短期借款的抵押品经常是借款企业的应收账款、存货、股票、债券等。银行接受抵押品后,将根据抵押品的价值决定贷款金额,一般为抵押品价值的 $30\%\sim90\%$。这一比例的高低,取决于抵押品的变现能力和银行的风险偏好。抵押借款的成本通常高于非抵押借款,这是因为银行主要向信誉好的客户提供非抵押贷款,而将抵押贷款看成是一种风险投资,故而收取较高的利率;同时银行管理抵押贷款要比管理非抵押贷款困难,为此往往另外收取手续费。

公司向贷款人提供抵押品,会限制其财产的使用和将来的借款能力。

5. 偿还条件

贷款的偿还有到期一次偿还和在贷款期内定期（每月、季）等额偿还两种方式。一般来讲,企业不希望采用后种偿还方式,因为这会提高借款的实际利率;而银行不希望采用前种偿还方式,是因为这会加重企业的财务负担,增加企业的拒付风险,同时会降低实际贷款利率。

6. 其他承诺

银行有时还要求企业为取得贷款而作出其他承诺,如及时提供财务报表、保持适当的财务水平,如特定的流动比率等。如企业违背所作出的承诺,银行可要求企业立即偿还全部贷款。

（四）短期借款利率及其支付方法

短期借款的利率多种多样,利息支付方法也不相同,银行将根据借款企业的情况选用。

1. 借款利率

优惠利率。优惠利率是银行向财力雄厚、经营状况好的企业贷款时收取的名义利率,为贷款利率的最低限。

浮动优惠利率。这是一种随其他短期利率的变动而浮动的优惠利率,即随市场条件的变化而随时调整变化的优惠利率。

非优惠利率。银行贷款给一般企业时收取的高于优惠利率的利率,这种利率经常在优惠利率的基础上加一定的百分比。

非优惠利率与优惠利率之间差距的大小,由借款企业的信誉、与银行的往来关系及当时的信贷状况所决定。

2. 借款利息的支付方法

一般来讲,借款企业可以用三种方法支付银行贷款利息,即收款法、贴现法和加息法。收款法是在借款到期时向银行支付利息的方法。银行向工商企业发放的贷款大都采用这种方法收息。贴现法是银行向企业发放贷款时,先从本金中扣除利息部分,而到期时借款企业则要偿还贷款全部本金的一种计息方法。采用这种方法,企业可利用的贷款额只有本金减去利息部分后的差额,因此贷款的实际利率高于名义利率。加息法是银行发放分期等额偿还贷款时采用的利息收取方法。在分期等额偿还贷款的情况下,银行要将根据名义利率计算的利息加到贷款本金上,计算出贷款的本息和,要求企业在贷款期内分期偿还本息之和的金额。由于贷款分期均衡偿还,借款企业实际上只平均使用了贷款本金的半数。这样,企业所负担的实际利率便高于名义利率了。

(五)企业对银行的选择

随着金融信贷业的发展,可向企业提供贷款的银行和非银行金融机构增多,企业有可能在各贷款机构之间作出选择,以选择对己最为有利的方案。选择银行时,重要的是要选用适宜的借款种类、借款成本和借款条件,此外还应考虑下列有关因素。

1. 银行对贷款风险的政策

通常银行对其贷款风险有着不同的政策,有的倾向于保守,只愿承担较小的贷款风险;有的富于开拓,敢于承担较大的贷款风险。

2. 银行对企业的态度

不同银行对企业的态度各不一样。有的银行乐于积极地为企业提供建议,帮助分析企业潜在的财务问题,为具有发展潜力的企业发放大量贷款,在企业遇到困难时帮助其渡过难关;也有的银行很少提供咨询服务,在企业遇到困难时一味地为清偿贷款而施加压力。

3. 贷款的专业化程度

一些大银行设有不同的专业部门,分别处理不同类型、行业的贷款。企业与这些拥有丰富专业化贷款经验的银行合作,会更多地受益。

4. 银行的稳定性

稳定的银行可以保证企业的借款不致中途发生变故。银行的稳定性取决于它的资本规模、存款水平波动程度和存款结构。一般来讲,资本雄厚、存款水平波动小、定期存款比重大的银行稳定性好;反之则稳定性差。

(六)短期借款筹资的特点

在短期负债筹资中,短期借款的重要性仅次于商业信用。短期借款可以随企业的需要安排,便于灵活使用,且取得也比较简便。但其突出的缺点是短期内要归还,特别是在带有诸多附加条件的情况下更使公司承担的风险加剧。

四、出售应收账款

公司也可以采用出售应收账款的方式来筹集资金。但是,出售应收账款时往往有一个比较大的折扣。折扣的大小取决于三个因素:一是距应收账款到期的时间,时间越长,由于货币时间价值,应收账款的价值越小;二是发生坏账的可能性,发生坏账的可能性越大,应收账款的价值越小;三是收账过程中的手续费用的高低。三个因素中最重要的是发生坏账的可能性大小。现实中,出售应收账款的公司出售的大多是质量较高的、发生坏账的可能性不大的优质资产;当然如果是资产管理公司(asset management corporation,AMC)出售的不良资产,那么折扣会很大,有时只有1～2折,甚至更低。

五、票据贴现

公司将未到期的票据到金融机构贴现也是一种短期融资方式。在国外,公司可以像发行债券一样发行商业票据,票据具有资金融通的功能。由于我国《票据法》规定公司不得签发没有对价的票据,因此这种功能被削弱了。关于票据贴现的内容见第一章,在此不再详述。

六、短期融资的匹配原则

短期融资的匹配原则(marching principle)包含两层含义:一是长、短期资金的匹配使用;二是预期收入和支出在时间上的匹配。

第一层含义上的筹资匹配原则,是指长期资金应尽量由长期融资支持,短期资金应尽量由短期融资支持。

将长期融资资金用于短期项目,至少有两个问题:首先,它将导致长期资金的闲置,而闲置是资金管理中的浪费;其次,即使公司能够尽量避免长期资金的闲置,用于短期项目,也是不合算的。因为长期资金的筹资成本一般要大于短期资金。

将短期融资资金用于长期项目,按理应该是更加经济的。因为短期资金的成本一般要比长期的低,而且,与一次性的长期借款相比,连续多次的短期借款意味着公司对利率波动有着更大的主动性。但是,有两个原因导致这一策略也是不明智的。首先,频繁地进行短期融资,必然会发生大量的筹资成本,这些成本可能完全抵销了利率低的好处;其次,这种策略将极大地提高企业的财务风险。用短期资金来进行长期投资,如果在投资项目没有产生现金流之前资金就已经到期,企业虽然在这时可以通过不断地借短期借款来推迟这一债务的清偿,但万一企业的现金流发生波动、不足以支付不断增加的短期利息时,就会发生支付困难,甚至导致企业破产。

因此,即使企业从自身利益角度愿意选择用短期资金支持长期项目的话,贷款方出于自身的财务安全也不会答应,同样,他总是希望公司的融资期限要短于项目的实际经济寿命。

不过,我们也不应该将这两种筹资完全对立起来。因为任何一项长期债务融资总会到期,也就是说会转变为短期债务,并由营运资产偿付。因此,在考虑短期资金的计划时,我们始终要把这一点考虑进去。而且,即使是某些属于短期资金的营运资本,在某种性质上也有长期资金的特征,尤其是"永久性营运资本",由于其连续性,它更像长期资金。因此,匹配原则仅仅是向我们提供了一种比较稳健的筹资思想,具体的操作还需要取决于公司的实际情况。

第二层含义上的筹资的匹配原则,是指公司在做资金计划时,应充分考虑现金的流入时间与流出时间对应匹配。一般而言,与一笔现金流出相匹配的现金流入应略早于现金流出的时间发生。如果这个时间提前量太大,则会造成资金的闲置;如果现金流入晚于与之匹配的现金流出,则会发生资金短缺,产生支付困难,导致财务危机。

七、营运资金政策

营运资金包括流动资产和流动负债两部分。流动资产随公司业务量的增加而增加，但是两者之间并非呈正比的。由于规模经济、资金的使用效率等原因，流动资产的递增比例应小于业务量的递增比例。

（一）营运资金持有政策

营运资金持有量的高低，影响着公司的收益和风险。当固定资产、业务量和流动负债一定的情况下，较高的流动资产持有量，即公司持有较多的现金、有价证券、原材料和存货时，会使公司资产的流动性增强，更能够保证公司的正常运营和到期债务的及时偿还，使公司面临的风险减少；但是过多的流动资产占用了大量资金，流动资产的收益率低于固定资产，这样会造成资金使用效率降低，影响公司的收益能力。如果公司采用较低的流动资产持有量政策，则公司的收益会得到提高，但是会增加原材料供应中断、被迫停产、无力按时支付到期债务等风险。

因此，营运资金持有量的高低，是在风险和收益之间进行权衡取舍，寻找平衡，本章将分项目介绍流动资产的管理。

（二）营运资金筹集政策

按照用途，将流动资产分为临时性流动资产和永久性流动资产。临时性流动资产是指那些受季节性、周期性因素影响的流动资产，如季节性存货、销售和经营旺季的应收账款等；永久性流动资产是指那些即使公司处于经营低谷时也仍然需要保留的、用于满足公司长期稳定需要的流动资产。可将固定资产和永久性流动资产称为永久性资产。

公司的负债，以1年为界，分为长期负债和短期负债，短期负债也称流动性负债。流动性负债又分为临时性负债和自发性负债。临时性负债是指为了满足临时性流动资产的需要发生的负债，如为季节性生产而发生的流动资金借款等。自发性负债是指公司直接产生于持续经营中的负债，如商业信用筹资和日常运营中产生的其他应付款、应付工资、应付利息、应付税金等。

在运营资金管理上，首先要保证流动负债小于流动资产，流动资产金额要大约是流动负债金额的两倍，这样才能保证公司不发生支付困难。因为流动负债只能用流动资产来偿还，而偿还流动负债后，公司的流动资产不能为0，流动资产必须有一部分通过长期负债或者权益资本来筹集，而不能完全由流动负债来筹集。流动资产与流动负债的比率称为流动比率。除存货以外的其他流动资产又称为速动资产，速动资产与流动负债的比率称为速动比率。一般的公司，流动比率不应小于2，速动比率不应小于1，否则容易发生短期支付困难。

更进一步，考虑到临时流动资产和永久性流动资产的差异，有三种筹资政策，即配合型筹资政策、激进型筹资政策和稳健型筹资政策。

1. 配合型筹资政策

配合型筹资政策的特点是：对于临时性流动资产，运用临时性负债筹集资金；对于永久性资产（包括永久性流动资产和固定资产），运用长期负债、自发性负债和权益资本筹集资金。具体如图 6-1 所示。

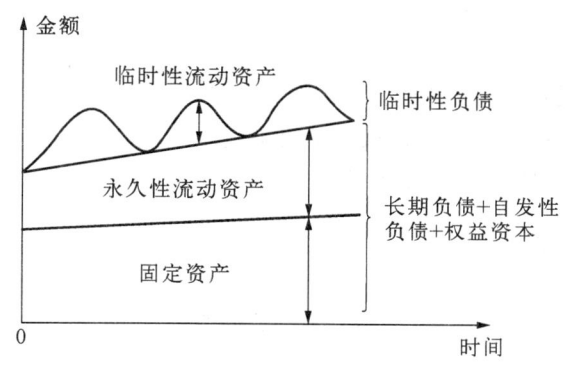

图 6-1　配合型筹资政策

配合型筹资政策要求企业临时负债筹资计划严密,实现现金流动与预期安排相一致。在季节性低谷时,企业应当除了自发性负债外没有其他流动负债;只有在临时性流动资产的需求高峰期,公司才举借各种临时性债务。

这种筹资政策的基本思想是将资产与负债的期间相配合,以降低公司不能偿还到期债务的风险和尽可能降低债务的资本成本。但是,事实上由于资产使用寿命的不确定性,往往达不到资产与负债的完全配合。一旦企业生产经营高峰期内的销售不理想,未能取得销售现金收入,便会发生偿还临时性负债的困难。因此,配合型筹资政策是一种理想的、对企业有着较高资金使用要求的营运资金筹集政策。

2. 激进型筹资政策

激进型筹资政策的特点是:临时性负债不但融通临时性流动资产的资金需要,还解决部分永久性资产的资金需要。该筹资政策如图 6-2 所示。

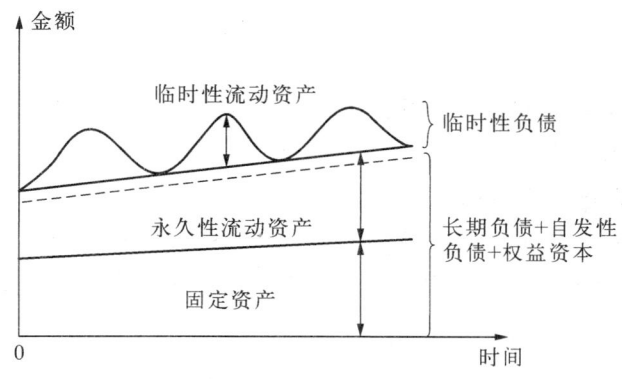

图 6-2　激进型筹资政策

一般情况下,临时性负债的资本成本低于长期负债和权益资本的资本成本,而激进型筹资政策下临时性负债所占比重较大,所以该政策下公司的资本成本较低。但是,为了满足永久性资产的长期资金需要,企业必然要在临时性负债到期后重新举债或申请债务展期,这样公司便会更为经常地举债和还债,从而加大筹资困难和风险;还可能面临由于短期负债利率的变动而增加企业资本成本的风险。所以,激进型筹资政策是一种收益性和风险性均较高的营运资金筹资政策。

3. 稳健型筹资政策

稳健型筹资政策的特点是:临时性负债只满足部分临时性资产的资金需要,而长期负债、自发性负债和权益资本的资金来源不仅满足永久性资产的需要,而且满足部分临时性资产的资金需要。具体如图 6-3 所示。

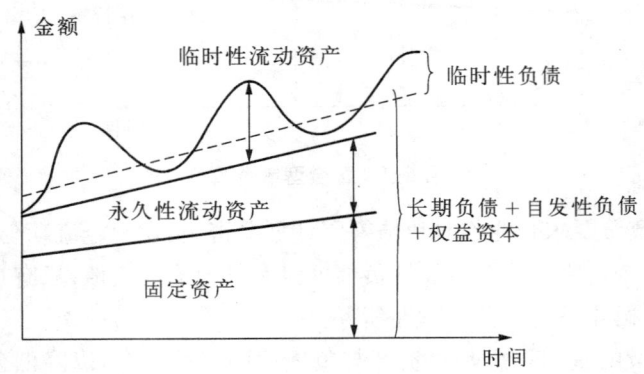

图 6-3 稳健型筹资政策

在这种筹资政策下,公司临时性负债比重较小,所以面临的无法偿还到期债务的风险较小;但是资金成本较高,资金的利用率较低,在淡季有长期筹资供应临时性负债的部分闲置,降低公司的收益。稳健型的筹资政策是一种低风险和低收益的营运资金筹集政策。

第二节 货币资金管理

一、货币需求

凯恩斯(Keynes)将人们持有货币的动机,称为流动性偏好,所以凯恩斯的货币需求理论也被称为流动性偏好论。

(一)持有货币的三种动机

凯恩斯将人们持有货币的动机分为三类,即:交易性动机、预防性动机和投机性动机。相应的,货币需求也被分为三部分:交易性货币需求、预防性货币需求和投机性货币需求。

1. 交易性需求

凯恩斯认为,交易性货币需求是指企业或个人为了应付日常的交易而愿意持有一部分货币。这是由于货币的交易媒介职能而导致的一种需求。由于收入的获得和支出的发生之间总会有一定的间隔,在这段间隔内,企业或个人固然可以把收入转换成货币以外的资产形式加以保存,但是为支付时的方便起见,仍必须持有一定量的货币。例如,当你在月初领到工资之后,不会把它都变成储蓄或定期存款,而总会留出一部分工资以货币(现金或支票存款)的形式保存着,以备日常的开销。这部分货币需求就构成货币的交易性需求。凯恩斯认为,虽然货币的交易性需求也受其他一些次要因素的影响,但它主要还是取决于收入的大小,收入越大,则交易性货币需求越大;反之,则越小。另外,交易性货币需求还受到两次收入之间的间隔时间的长短的影响,间隔时间越长,则交易性货币需求越大;反之,则越小。

2. 预防性需求

货币的预防性需求是指企业或个人为了应付突然发生的意外支出,或者捕捉一些突然出现的有利时机而愿意持有一部分货币。因为,未来是充满不确定性(风险)的,人们不可能把一切支出都计算好,并据此来决定持有多少货币,而总要在日常的支出计划之外,留出一部分机动的货币,来应付如生病、原材料涨价之类的突发事件,或者捕捉一些意料之外的、有利的购买机会(如商品降价等)。这部分货币需求就构成货币的预防性需求。根据凯恩斯的观点,货币的预防性需求也是同收入成正比的。

3. 投机性需求

凯恩斯货币需求理论的真正创新之处在于他引入了对货币的投机性需求的分析,从而强调了利率在货币需求中的影响。

所谓货币的投机性需求是指人们为了在未来某一适当的时机进行投机活动而愿意持有一部分货币。决定这部分货币需求的因素是什么呢?为分析方便起见,凯恩斯假定人们可以以两种形式来持有其财富:货币或生息资产,后者可以用长期政府债券来作为代表。因此,影响财富在这两者之间进行分配的因素也就是影响货币投机性需求的因素。

那么究竟有哪些因素会影响人们在货币和生息资产之间的选择呢?凯恩斯认为,这主要取决于这两种资产分别能给人带来多少预期报酬。他假定,货币的预期报酬率为零。在凯恩斯生活的时代,支票存款是不支付利息的,所以他作出这个假定是很自然的。但实际上我们的目的仅仅是比较两种资产的相对报酬率,货币的预期报酬率是不是真的为零并不重要。和货币不同的是,债券等生息资产却可能有两种报酬:利息和资本利得。

利息收入显然取决于利率的高低。资本利得则是指债券的卖出价和买入价之间的差额,它也是和利率相关的。我们知道,债券的价格是和利率成反向变化的。利率升高,债券的价格就降低;反之亦然。因此如果你现在买入一张债券,3个月后利率下降了,你的债券就能升值,你也就可以获得一笔资本利得;反之,如果3个月后利率上升,你就必须蒙受资本损失(也就是负的资本利得)。可见,预期资本利得的大小(包括正负)取决于预期的利率波动。那么人们又是如何预测未来利率波动的呢?凯恩斯假定,每个人心目中都会有一个利率的"安全水准"。当利率低于这个安全水准时,人们就会预期它将上升;反之,当利率高于这个安全水准时,人们就预期它将下降。因此,预期资本利得就取决于当前利率与安全利率的偏离程度。

由此我们就至少有两个理由相信,货币的投机性需求与利率成反向变化。首先,当利率较高时,持有生息资产的利息收入较大;其次,当利率较高时,它高于安全利率,从而在未来时期内下降的可能性也较大,所以持有生息资产获得资本利得的可能性也较大。这两方面因素加起来,就使利率越高,生息资产越有吸引力,货币的投机性需求越小;反之,当利率水平很低时,从生息资产上获得的利息收入还不足以补偿可能的资本损失,所以人们就宁愿持有货币。在极端情况下,当利率水平低到所有人都认为它肯定将上升时,货币的投机性需求就可能变得无限大,任何新增的货币供给都会被人们所持有,而不会增加对债券的需求,结果使利率进一步下降。这就是后人所谓的"流动性陷阱"。对于这种情形是否真的存在,经济学家们有着广泛的争论。有人认为前几年我国出现了这种现象。

(二)交易性需求的发展

在凯恩斯的流动性偏好理论中,货币的交易性需求被假定为主要是收入的函数,而与利率无关。20世纪40年代末,凯恩斯的一个重要追随者汉森(A. H. Hansen)就对此提出了质疑。进入50年代后,美国经济学家威廉·鲍莫尔(William J. Baumol)和詹姆斯·托宾(James Tobin)分别发展了相似的理论模型,证明交易性需求同样是受到利率影响的。他们的模型被合称为鲍莫尔—托宾模型。下面就对该模型作一个简单的介绍。

假定一个消费者每隔一段时间就获得一定量的收入(Y),并且在这段时间内均匀地将它都花费出去。显然该消费者可以在期初获得这笔收入之后,全部以货币的形式持有,然后均匀地将它用于消费,直到期末全部花费完为止。这样他平均的货币持有额就为$Y/2$(期初和期末的平均值)。由于持有货币是没有利息收入的,因此如果债券的利率为i的话,该消费者损失掉的利息总收入就为$Y \cdot i/2$。

为了获得利息收入,消费者可能将收入中暂时不用的部分去用于购买债券等生息资产。在极端情况下,他甚至可以在期初将全部的收入都变成债券,然后在每笔支出发生时卖出一部分债券,这样他就能最大限度地获得利息收入。但是这样做也不是毫无成本的,因为消费者必须为债券的出售耗费时间和精力,并且要支付一定的手续费。所有这些构成了债券的交易费用。假定每次出售债券的交易费用为b,那么当交易次数达到一定程度时,消费者的交易费用就可能超过利息收入。

因此,消费者必须在利息收入和交易成本之间进行权衡。他持有的货币余额越少,损失的利息收入就越小,但是需要出售债券的次数就越多,从而交易成本就越大。一个理性的决策者将会选择一个最优的货币持有量,使利息损失和交易成本之和最小,下面我们就来推导一下这个最优的交易性需求货币持有量。

假定消费者在期初全部以债券的形式持有其收入Y,然后定期出售K数量的债券以获得交易所需的货币。这样债券出售的次数就为Y/K,交易成本则为$b \cdot Y/K$;同时其平均货币持有额就为$K/2$,损失的利息收入就为$K \cdot i/2$。也就是说,消费者这样做时,其总成本C为:

$$C = b \cdot Y/K + K \cdot i/2 \qquad (6\text{-}2)$$

消费者将通过选择K来使上式最小化。为此我们可以得到:

$$K = \sqrt{\frac{2bY}{i}}$$

当时,总成本最小。平均货币持有量为:

$$L_1 = \frac{K}{2} = \frac{1}{2}\sqrt{\frac{2bY}{i}} \qquad (6-3)$$

公式(6-2)就是著名的"平方根公式"。它表明货币的交易性需求与收入 Y 和债券的交易费用 b 呈正向变化，同时与利率 i 呈反向变化。进一步的，该式还得出了定量的结果，那就是交易性需求的收入弹性和利率弹性分别为 0.5 和 -0.5。

(三)预防性需求的发展

根据和鲍莫尔—托宾模型大致相同的思路，我们不难得出预防性需求也和利率呈反向变化的结论。这方面的模型化工作是由惠伦(Edward L. Whalen)等经济学家完成的。惠伦模型的基本思想可以表述如下：

和银行持有超额准备金相似，人们持有预防性货币余额是为了避免因流动性资金不足而造成的损失。在流动性资金不足，也就是货币的净支出大于预防性货币余额的情况下，个人或企业要么必须设法获得贷款，要么必须变卖手中的非流动性资产。如果这两种渠道都不能获得足够的资金，那么企业就可能陷入破产的境地。为方便起见，我们可以假定出现流动性不足的损失为 b。剩下的问题是，我们如何来估计出现流动性不足的概率呢？按照惠伦的方法，假定未来某一时间内的净支出 X(支出减去收入)遵从某一随机分布，且均值为 0(即平均说来收入等于支出)，方差为 S^2，企业或个人持有的预防性货币余额为 L_2，那么根据切比雪夫不等式，可得最优预防性货币需求余额持有量为：

$$L_2 = \sqrt[3]{\frac{2S^2 b}{i}} \qquad (6-4)$$

公式(6-4)便是惠伦模型的结果。它表明最优预防性货币需求是和净支出的方差以及出现流动性不足时的损失大小呈正向变化关系的，同时与利率呈反向变化关系。在上述结果中，收入对预防性货币需求的影响是通过净支出的方差间接表现出来的。

(四)投机性需求的发展

凯恩斯对于投机性需求的分析拓展了经济学家的视野，但是其分析方法的简陋却使他的追随者们感到不满意。按照凯恩斯的假设，人们对于货币和债券这两种财富持有形式的选择仅仅取决于它们的预期报酬率，那么人们就可以据此推论，除非在极其偶然的情况下，即货币和债券的预期报酬率相等时，人们才会同时以这两种资产形式储存财富；否则人们就会只选择其中预期报酬率更高的那种形式来储存财富，即人们要么持有货币，要么持有债券，而不会既持有货币又持有债券。而这显然是与现实不符的。为弥补这一明显的不足，詹姆斯·托宾将马科维茨等人所开创的均值—方差分析法引入货币需求分析中，从而进一步丰富了人们对货币需求的认识。

托宾假定，人们可以选择货币和债券的不同组合(即资产组合)来持有其财富。人们在不同的资产组合之间进行选择时，不仅要考虑到各种资产组合的预期报酬率(以资产组合在不同情况下的报酬率的均值来衡量)，而且要考虑到风险(以这一组合的报酬率的标准差来衡量)。对于一个风险规避者来说，他总希望在既定的预期报酬率下实现风险的最小化，或者在既定的风险下实现预期报酬率的最大化。也就是说，任何风险的增加都必须伴随着预期报酬率的增加才可能对他有一定的吸引力。

托宾认为,持有债券是可以获得收益的,但也要承担由于债券价格下跌而遭受损失的风险,因此债券称为风险性资产;持有货币虽然没有收益,但是也不必承担风险(排除物价变化的情况),因此货币被称为安全性资产。一般来说,如果某人将其全部资产都投资于风险性资产,那么他的预期收益最大化,与此同时,风险也最大化;如果某人将全部资产都以货币形式保存在手中,那么他的预期收益和承担的风险均为0,风险和收益是同方向变化的、同步消长的。人们面对风险的态度不同,那么作出的选择就不同。大部分人是风险规避者,他们注重安全,尽可能避免冒险。托宾认为,收益的正效用随着收益的增加而递减,风险的负效用随风险的增加而递增。当一个人认为当新增加的债券带来的收益的正效用与风险的负效用之和为0时,他就会停止将货币转换为债券的行为。托宾证明,货币投机性需求的变动是通过调整资产组合来实现的。

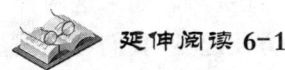

延伸阅读 6-1

一个货币投机性需求的例子

长期以来,我国证券一级市场上股票的发行价格和二级市场上的交易价格有比较大的差距。如果在一级市场上购买到原始股,到二级市场上抛售,股票一般可以获得$50\%\sim100\%$的收益,而且,几乎是没有风险的。而一级市场上股票的发行采用的是申购制度,凡希望购买原始股的股民在缴足申购保证金后,都会获得一个申购号码,由于有大量的申购,只有少数人能够买到,因此便采用抽签、摇号的方法来决定"中奖"号码,中签率一般低至千分之几,甚至万分之几。申购新股是不收费的,但是申购者的资金必须被冻结几天,绝大多数申购者也是买不到新股的。有多少资金来申购新股,就是一个投机性货币需求。

假设银行利率为5%,买到新股可以无风险的获得50%的收益,每只股票筹集的资金为2亿元,以每年发行50只股票计算的话,对于一个投资者而言,只要10年能够中得一只新股就不比把钱存银行吃亏,也就是将新股的中签率只要大于2‰,就会不断地吸引资金进入一级证券市场,那么,按照每只股票筹集的资金为2亿元,一级证券市场将聚集1 000亿元的资金,这笔资金就是投机性货币需求占用的资金。事实上,过去几年,我国证券市场就是如此。

二、现金收支管理

为提高现金的使用效率,在现金收支中应注意以下几个问题。

(一)力争现金流量同步

如果公司能够安排现金流入和流出发生的时间趋于一致,那么就会将持有的交易性现金量降到最低,提高现金的使用效率。

(二)使用现金浮游量

现金浮游量是指从公司开出支票到收款人将款项划出公司的账户这段时间现金的占用量。这段时间里,虽然公司已经开出支票,但是存款仍然可以使用。不过,在动用现金浮游量时,一定要注意时间,否则会发生透支,甚至使支票成为"空头支票",影响公司的信誉。

(三) 加速收款

尽量缩短应收账款的收款期。具体的收账策略,将在下一节介绍。

(四) 推迟应付款的支付

公司在不影响自己信誉的情况下,可以尽可能地推迟应付款的支付,充分运用对方提供的商业信用。当然,是否利用有代价的商业信用期间,如上一节介绍的那样,还要看商业信用的资金成本的高低。

三、最佳现金持有量

最佳现金持有量的决定,常用的有成本分析模型和随机模型两种,另有一种就是前面介绍过的鲍莫尔模型。

1. 成本分析模型

成本分析模型通过分析公司持有现金的各项成本,最终找到持有现金成本最低的现金持有量。

公司持有现金的成本可以分为机会成本、管理成本和短缺成本三种。

(1) 机会成本。公司持有现金的机会成本是指现金是没有收益的,如果将它用来购买债券就可以获得收益,那么持有现金就损失了购买债券可以获得的收益。在市场利率一定的情况下,机会成本的大小,显然和持有现金的数量成正比,持有的现金越多,产生的机会成本也越多。如果公司持有的现金量远远超过公司经营的需要,那么产生的机会成本就会很高,这样,虽然公司的流动性很强,但是经济上是不合算的。

(2) 管理成本。公司持有现金的管理成本是指管理人员的工资、采取的安全措施的费用等。现金的管理成本一般而言是一种固定成本,与现金持有量之间没有明显的数量关系。

(3) 短缺成本。公司持有现金的短缺成本是指当公司持有的现金量不足以满足经营活动的需要时,而使公司蒙受的损失和付出的代价,这些损失和代价包括不能及时采购货物而导致停产的损失、不能及时支付货款而导致的信用受损等。短缺成本显然与公司持有的现金量成反比,持有的现金越多,短缺成本越小;反之,则短缺成本越大。这样,持有现金的三项成本与总成本的关系如图 6-4 所示。

公司的最佳现金持有量就是总成本的最低点对应的现金持有量。机会成本就是现金持有量乘以利息率或公司的综合资金成本;管理成本不影响现金持有量;最困难的是短缺成本的估算,短缺成本受很多因素的影响,比如金融市场的发达程度、公司的信誉、商品市场是卖方市场还是买方市场等,短缺成本的大小一般只能

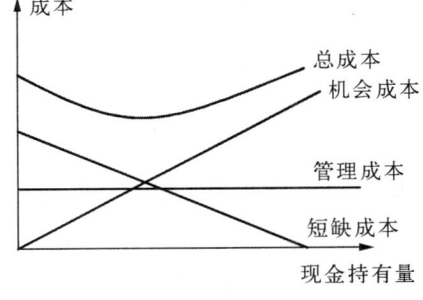

图 6-4 持有现金的成本分析图

根据经验估计。

2. 随机模型

随机模型也称为米勒—厄尔模型,是在公司的现金收入和支出金额都难以预测的情况下使用的最佳现金持有量的控制方法。采用这种模型,公司在现金收入和支出没有规律可言的情况下,首先要制定出最低现金持有量,这个量也是受很多因素的影响的,比如金融市场的发达程度、公司的信誉、商品市场是买方市场还是卖方市场等,它的大小一般只能根据经验估计。然后可以统计在过去一段时间内,公司每日现金余额的均值、方差和标准差,并收集到有价证券的利息率(换算成日利息率)和每次有价证券转换的成本。最后,按下面公式来计算。

$$R = \sqrt[3]{\frac{3b\delta^2}{4i}} + L \qquad (6\text{-}5)$$

$$H = 3R - 2L \qquad (6\text{-}6)$$

式中:R——现金返回线;

H——最高现金控制量;

L——最低现金控制量;

b——每次有价证券转换的成本;

i——有价证券的日利息率;

δ——每日现金余额变化的标准差。

如图 6-5 所示,当公司的现金余额在最高现金持有量和最低现金持有量之间波动的时候,并不加以人为的干预;当现金余额达到最高现金持有量时,将($H-R$)这么多的资金用于购买有价证券,从而使现金持有量返回 R;当现金余额达到最低现金持有量时,将一部分有价证券出售,要获得($R-L$)这么多的现金,从而使现金持有量返回 R。这个模型实际上是从前文介绍的惠伦模型发展出来的。

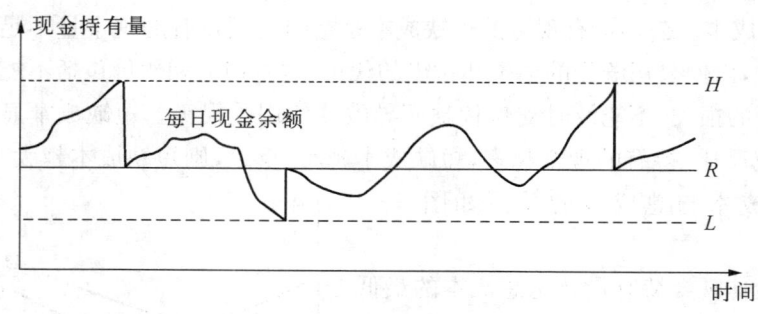

图 6-5　随机模型

【例 6-3】　某公司确定的最低现金持有量为 2 000 元,有价证券的年利率为 8%,每次有价证券转换的固定成本为 50 元,根据过去现金余额的变化测出现金余额波动的标准差为 500 元,请计算现金返回线和最高现金持有量。

解:

$$R = \sqrt[3]{\dfrac{3 \times 50 \times 500^2}{4 \times \dfrac{8\%}{360}}} + 2\,000 = 5\,481(元)$$

$$H = 3 \times 5\,481 - 2 \times 2\,000 = 12\,443(元)$$

这样,当公司的现金余额达到 12 443 元时,就应将 6 962 元(12 443－5 481)的现金去购买有价证券,使现金余额回落到 5 481 元;当公司的现金余额达到 2 000 元时,就应卖出价值 3 481 元(5 481－2 000)的证券,时现金余额返回 5 481 元。具体如图 6-6 所示。

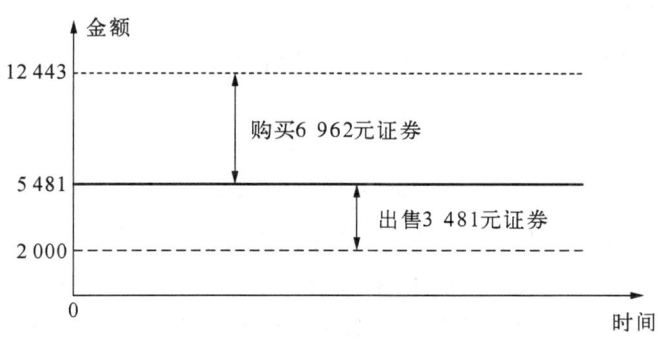

图 6-6 随机模型操作图

第三节 商业信用管理

一、商业信用管理的目标

商业信用主要表现为应收账款。发生应收账款的原因,主要有以下两种。

1. 商业竞争

商业竞争是发生应收账款的主要原因。在市场经济的条件下,存在着激烈的商业竞争。竞争机制的作用迫使企业以各种手段扩大销售,赊销是扩大销售的重要手段之一,对于同等的产品价格、类似的质量水平、一样的售后服务,实行赊销的产品或商品的销售额将大于仅实行现金销售的产品或商品的销售额。这是因为顾客将从赊销中得到好处。由竞争引起的应收账款,是一种商业信用。

2. 销售和收款的时间差距

商品成交的时间和收到货款的时间通常不一致,这也导致了应收账款。当然,现实生活中现金销售是很普遍的,特别是零售企业更常见。不过就一般批发和大量生产企业来讲,发货的时间和收到货款的时间往往不同。这是因为货款结算需要时间的缘故。结算手段越是落后,结算所需时间就越长,销售企业只能承认这种现实并承担由此引起的资金垫支,由于销售和收款的时间差而造成的应收账款,不属于商业信用,也不是应收账款的主要内容,本书不再对它进行深入讨论,而只论述属于商业信用的应收账款的管理。

既然企业发生应收账款的主要原因是扩大销售,增强竞争力,那么其管理的目标就是增加利润。应收账款是企业的一项资金投放,是为了扩大销售和盈利而进行的投资。而投资肯定要发生成本,这就需要在应收账款信用政策所增加的盈利和这种政策的成本之间作出权衡。只有当应收账款所增加的盈利超过所增加的成本时,才应当实施应收账款赊销;如果应收账款赊销有着良好的盈利前景,就应当放宽信用条件增加赊销量。

二、信用政策的确定

信用政策包括信用期间、信用标准和现金折扣政策。

1. 信用期间

信用期间是公司允许顾客从购货到付款之间的时间。信用期间越长,会吸引到更多的顾客,使公司销售额上升,销售利润增加;但是信用期间延长,也会使公司的应收账款余额增加,承担的资金成本上升,同时发生的坏账损失和收账费用等也会上升。

信用期间的确定,主要是考虑信用期间的改变对收入和成本的影响,即如果延长信用期间,那么因此增加的销售利润是否大于增加的资金成本、坏账损失和收账费用等;如果缩短信用期间,那么因此节约的资金成本、坏账损失和收账费用等是否大于减少的销售利润。如果能够使净利润增加,那么这种改变就是合理的。

【例 6-4】 某工业企业现在采用 20 天按发票付款的信用期间,拟放宽到 50 天,假设该公司的综合资金成本为 12%,其他数据见表 6-1 所示。

表 6-1 不同信用期间下的相关数据　　　　　金额单位:元

	20 天	50 天
销售量(件)	100 000	120 000
单价(元/件)	10	10
销售额	1 000 000	1 200 000
变动成本(8 元/件)	800 000	960 000
固定成本	100 000	100 000
销售毛利	100 000	140 000
可能发生的收账费用	5 000	7 000
可能发生的坏账损失	10 000	20 000

解:

利润＝销售毛利－收账费用－坏账损失－应收账款的资金成本

在 20 天信用期间下的资金成本计算为:

年销售额 1 000 000 元,则每天的销售额为:

$$\frac{1\,000\,000}{360}(元)$$

因为信用期间为 20 天, 第 1 天销售的货物, 第 20 天才能收到货款, 第 2 天销售的货物, 第 21 天才能收到货款, 以此类推, 应收账款余额为 20 天的销售额, 即:

$$\frac{1\,000\,000}{360} \times 20(元)$$

又因为公司每件产品售价 10 元, 变动成本 8 元, 即公司垫付 8 元资金, 生产一件产品, 销售后形成 10 元应收账款, 这样应收账款余额的 80% 为公司垫付的资金, 即:

$$\frac{1\,000\,000}{360} \times 20 \times 80\%(元)$$

这样, 应收账款占用资金的资金成本每年为:

$$\frac{1\,000\,000}{360} \times 20 \times 80\% \times 12\% = 5\,333(元)$$

那么:

利润 = 销售毛利 - 收账费用 - 坏账损失 - 应收账款的资金成本
　　 = 100\,000 - 5\,000 - 1\,000 - 5\,333 = 79\,667(元)

同样, 可得 50 天信用期。应收账款占用资金的资金成本每年为:

$$\frac{1\,200\,000}{360} \times 50 \times 80\% \times 12\% = 16\,000(元)$$

那么:

利润 = 销售毛利 - 收账费用 - 坏账损失 - 应收账款的资金成本
　　 = 140\,000 - 7\,000 - 20\,000 - 16\,000 = 96\,000(元)

显然, 在 50 天信用期间下利润更高, 因此应该放宽信用期间。

【例 6-5】　某商业公司由于目前收账政策过于严厉, 不利于扩大销售, 并且收账费用过高, 拟修改。该公司销售毛利率为 20%, 综合资金成本为 15%。现提出 A、B 两个方案, 如表 6-2 所示。

表 6-2　A、B 方案

金额单位: 万元

	现 行 方 案	A 方 案	B 方 案
年销售额	2 400	2 600	2 700
年收账费用	40	20	10
平均收账期	2 个月	3 个月	4 个月
坏账损失	2%	2.5%	3%

解：

（1）现行方案的销售毛利为：

$$2\,400 \times 20\% = 480（万元）$$

现行方案的资金成本为：

$$\frac{2\,400}{12} \times 2 \times (1 - 20\%) \times 15\% = 48（万元）$$

现行方案的坏账损失为：

$$2\,400 \times 2\% = 48（万元）$$

现行方案的利润为：

$$利润 = 销售毛利 - 收账费用 - 坏账损失 - 应收账款的资金成本$$
$$= 480 - 40 - 48 - 48 = 344（万元）$$

（2）A 方案的销售毛利为：

$$2\,600 \times 20\% = 520（万元）$$

A 方案的资金成本为：

$$\frac{2\,600}{12} \times 3 \times (1 - 20\%) \times 15\% = 78（万元）$$

A 方案的坏账损失为：

$$2\,600 \times 2.5\% = 65（万元）$$

A 方案的利润为：

$$利润 = 销售毛利 - 收账费用 - 坏账损失 - 应收账款的资金成本$$
$$= 520 - 20 - 65 - 78 = 357（万元）$$

（3）B 方案的销售毛利为：

$$2\,700 \times 20\% = 540（万元）$$

B 方案的资金成本为：

$$\frac{2\,700}{12} \times 4 \times (1 - 20\%) \times 15\% = 108（万元）$$

B 方案的坏账损失为：

$$2\,700 \times 3\% = 81（万元）$$

B 方案的利润为：

$$利润 = 销售毛利 - 收账费用 - 坏账损失 - 应收账款的资金成本$$
$$= 540 - 10 - 81 - 108 = 341（万元）$$

显然,A方案利润最高,是最优方案。

2. 信用标准

信用标准是指顾客获得企业的交易信用所应具备的条件。如果顾客达不到信用标准,便不能享受企业的信用或只能享受较低的信用优惠。

企业在设定某一顾客的信用标准时,往往先要评估他赖账的可能性。这可以通过"5C"系统或者"5P"系统来进行。所谓"5C"系统,是评估顾客信用品质的五个方面,即:品质(character)、能力(capacity)、资本(capital)、抵押(collateral)和条件(conditions)。"5P"系统指个人因素(personal)、目的因素(purpose)、偿还因素(payment)、保障因素(protection)和前景因素(perspective)。下面以"5C"系统为例解释一下信用标准的五个方面。

(1)品质。品质是指顾客的信誉,即履行偿债义务的可能性。企业必须设法了解顾客过去的还款记录,看其是否有按期如数付款的一贯做法,及与其他供货企业的关系是否良好。这一点经常被视为评价顾客信用的首要因素。

(2)能力。能力是指顾客的偿债能力,即其流动资产的数量和质量以及与流动负债的比例。顾客的流动资产越多,其转换为现金支付款项的能力越强。同时,还应注意顾客流动资产的质量,看是否有存货过多、过时或质量下降,影响其变现能力和支付能力的情况。

(3)资本。资本是指顾客的财务实力和财务状况,表明顾客可能偿还债务的背景。

(4)抵押。抵押是指顾客拒付款项或无力支付款项时能被用作抵押的资产。这对于不知底细或信用状况有争议的顾客尤为重要。一旦收不到这些顾客的款项,便以抵押品抵补。如果这些顾客提供足够的抵押,就可以考虑向他们提供相应的信用。

(5)条件。条件是指可能影响顾客付款能力的经济环境。比如,出现经济不景气,会对顾客的付款产生什么影响,顾客会如何做等,这需要了解顾客在过去困难时期的付款历史。

3. 现金折扣政策

现金折扣是企业对顾客在商品价格上所做的扣减。向顾客提供这种价格上的优惠,主要目的在于吸引顾客为享受优惠而提前付款,缩短企业的平均收款期。另外,现金折扣也能招揽一些视折扣为减价出售的顾客前来购货,借此扩大销售量。折扣的表示常采用如"5/10、3/20、n/30"这样一些符号形式。这三种符号的含义为:"5/10"表示10天内付款,可享受5%的价格优惠,即只需支付原价的95%,如原价为10 000元,只需支付9 500元;"3/20"表示20天内付款,可享受3%的价格优惠,即只需支付原价的97%,若原价为10 000元,只支付9 700元;"n/30"表示付款的最后期限为30天,此时付款无优惠;30天以后付款要支付利息或者会损害购货方的信誉。

企业采用什么程度的现金折扣,要与信用期间结合起来考虑。比如,要求顾客最迟不超过30天付款,若希望顾客20天、10天付款,能给予多大折扣? 或者给予5%、3%的折扣,能吸引顾客在多少天内付款? 不论是信用期间还是现金折扣,都可能给企业带来收益,但也会增加成本。现金折扣带给企业的好处前面已讲过,它使企业增加的成本则指的是价格折扣损失。当企业给予顾客某种现金折扣时,应当考虑折扣所能带来的收益与成本高低,再进行决策。

第四节 存货管理

存货是指公司在生产经营中为生产或者销售而储备的物资,包括原材料、燃料、低值易耗品、在产品、产成品等。存货需要占用公司的资金。

一、存货管理的目标

存货管理的目标有两个:一是保证生产经营的正常进行;二是在保证生产经营的正常进行的前提下,使存货成本达到最低。

1. 保证生产经营的正常进行

为保证生产经营的正常进行,公司储存一定的存货是必要的,即使在市场供应充足的情况下,也会由于意外情况导致生产或运输出现问题,不能保证及时供应。而一旦原材料等出现短缺,公司的生产经营活动将被迫停止,不仅会失去销售机会,而且可能造成其他损失,如正在进行生产的在产品可能会因为某种原料短缺而报废。为了减少和避免由于原材料供应不上导致的停工、停产的损失,公司必须储存一定的存货。

2. 存货成本最小化

购买货物需要支付运输和手续费用,储存存货需要一定的保管费用,存货又要占用一定的资金,因此,在保证生产经营的正常进行的前提下,要想方设法使存货相关的成本达到最低,这也是存货管理的目标。

二、存货相关的成本

与存货相关的成本可以分为取得成本、储存成本和短缺成本。

1. 取得成本

取得成本是指为了取得某种货物而支出的成本,又分为订货成本和购置成本。

(1) 订货成本。订货成本是指订购货物的成本,不包括货物本身的买价。订货成本包括为订货发生的差旅费、通讯费、结算费用等。我们着重考虑的是与订货次数相关的成本。每次订货成本用 K 表示。当然也有一些与订货次数无关的订货成本,如采购人员的固定工资等。如果某种货物的年需求量用 D 来表示,每次订货数量用 Q 来表示,则每年需要订货 D/Q 次,发生订货成本 KD/Q。

(2) 购置成本。购置成本指货物本身的买价。在不考虑购一次买量大有折扣的情况下,购置成本就是年需求量与单价的乘积,用 P 表示单价,则购置成本为 DP,与每次订货量无关。考虑到一次购买量大有折扣的情况将在下文介绍。

存货的取得成本为:

$$\frac{D}{Q}K + DP$$

2. 储存成本

储存成本是指为保持存货而发生的成本,包括存货占用的资金的资金成本、仓库保管费用、保险费用、存货损坏变质造成的损失等。

储存成本也可以分为固定储存成本和变动储存成本。前者如仓库的折旧费、保管人员的工资等,后者如存货占用的资金的资金成本、保险费用、租借仓库的费用等。我们着重考虑的是变动储存成本,它与存货的多少成正比,如果一件货物储存1年的费用用 C 来表示的话,不考虑保险储备的储存成本,平均库存为每次订货量的一半,则储存成本为:

$$\frac{Q}{2}C$$

3. 短缺成本

短缺成本是指由于存货不能满足生产经营的正常进行的需要而发生断货、停产、停工的损失,包括失去销售机会的损失、紧急高价购买货物的损失和停产、停工造成的其他损失。这种成本的高低与每次订货量无关,而与公司设立的保险储备有关。具体将在保险储备中做详细论述。

三、经济订货量模型

经济订货量模型是计算使与存货相关的成本降到最低的每次订货量的模型。使与存货相关的成本降到最低的每次订货量称为经济订货量。

经济订货量基本模型需要设立的假设条件是:

(1)企业能够及时补充存货,即需要订货时便可立即取得存货。

(2)能集中到货,一次入库,而不是陆续入库。

(3)不允许缺货,即缺货成本为零,这是因为良好的存货管理本来不应该出现缺货成本。

(4)需求量稳定,并且能预测,即 D 为已知常量。

(5)存货单价不变,不考虑现金折扣。

(6)企业现金充足,不会因现金短缺而影响进货。

(7)所需存货市场供应充足,不会因买不到需要的存货而影响其他。

(一)基本模型

基本模型是在严格遵守假设条件下推导出来的。与存货相关的成本用 TC 表示,则

$$TC = \frac{D}{Q}K + DP + \frac{Q}{2}C \qquad (6-7)$$

因为 D、K、P、C 都是常数,并且已经知道其数值,那么总成本的大小就取决于 Q 的数值。由于 DP 是常数,TC 的大小就取决于 $\frac{D}{Q}K$ 和 $\frac{Q}{2}C$ 之和了。由于这两项的积是 $\frac{DCK}{2}$,

是常数,那么可知当这两项相等的时候其和最小,即 TC 最小满足 $\dfrac{D}{Q}K = \dfrac{Q}{2}C$ 这个条件。

当然,也可以用求导的办法解出 TC 最小值。

当 $\dfrac{D}{Q}K = \dfrac{Q}{2}C$ 时:

$$Q = \sqrt{\frac{2DK}{C}} \tag{6-8}$$

公式(6-7)就是经济定货量的计算公式。每年的订货次数 N 为:

$$N = D/Q \tag{6-9}$$

经济定货量占用的资金 I 为:

$$I = \frac{Q}{2}P \tag{6-10}$$

【例 6-6】 某公司销售某产品,销售量稳定,每天销售 1 000 千克,每千克 20 元。一次订货成本 2 500 元,单位储存成本两元,计算经济定货量为:

解:

$$Q = \sqrt{\frac{2DK}{C}} = \sqrt{\frac{2 \times 1\,000 \times 360 \times 2\,500}{2}} = 30\,000(千克)$$

$$N = D/Q = 1\,000 \times 360 \div 30\,000 = 12(次)$$

$$I = \frac{Q}{2}P = \frac{30\,000}{2} \times 20 = 300\,000(元)$$

所以,该公司对这种产品的经济订货量为每次 30 000 千克,1 年订货 12 次,平均占用资金 300 000 元。

(二)有保险储备的模型

经济订货量基本模型假设企业能够及时补充存货,即需要订货时便可立即取得存货;不允许缺货,即缺货成本为零,这是因为良好的存货管理本来不应该出现缺货成本;所需存货市场供应充足,不会因买不到需要的存货而影响其他。但是事实上公司总面临着缺货风险,如由于不可抗力导致的供货暂时中断等,会产生缺货成本的。为了减少缺货成本,公司往往根据经验来确定一定的保险储备,即在正常情况下,这一储备是不使用的,仅供不时之需。市场上容易购买的货物可以少储备一些,难购买到的货物要多储备一些;意外情况发生可能性小时,货物可以少储备一些,发生可能性大时要多储备一些。像一些火电厂,由于每年夏天进入汛期后,道路被洪水破坏,煤炭运输中断的可能性上升,都要在汛期之前多储备些煤炭。保险储备只是增加了库存,增加了每年的储存成本和资金占用,并不影响经济订货量,如图 6-7 所示。

一旦发生意外情况,保险储备被消耗,那么在下一次订货时要马上补充。

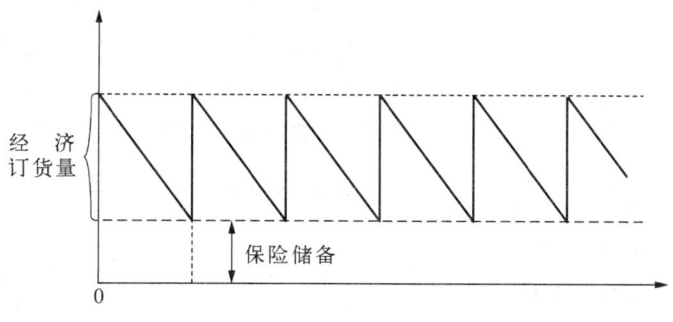

图 6-7 保险储备示意图

【例 6-7】 承[例 6-6]，如果该公司确定的保险储备为 5 天的销售量，求其占用的资金是多少。

解：

分析：保险储备不影响经济订货量和订货次数，5 天的销售量即 5 000 千克，这是最高库存量为进货日，达 35 000 千克（30 000＋5 000），最低库存为进货日的前1 天，为 5 000 千克；平均库存为 20 000 千克[（35 000＋5 000）÷2]，则占用资金为：

$$\frac{35\,000＋5\,000}{2} \times 20 = 400\,000（元）$$

（三）再订货点模型

有些货物订货后由于运输等原因并不能马上到货，有些货物到货后并不能马上使用，需要经过检验、分拣甚至整理之类的程序，这都需要时间，因此需要提前订货，以确保不发生断货。再订货点是将订货的提前期转变为一个仓库中的存货点，即当存货下降到这个点时，就应马上去订货了。在没有保险储备的情况下，再订货点等于订货提前期与每日消耗量的乘积；存在保险储备的情况下，再订货点等于订货提前期与每日消耗量的乘积再加上保险储备。

【例 6-8】 承[例 6-6]，如果该货物的到货期为 5 天，则在没有保险储备的情况下，再订货点是 5 000 千克（1 000×5）；存在没有保险储备的情况下，再订货点等于 10 000 千克（1 000×5＋5 000）。如图 6-8 所示。

再订货点只是将订货的时间提前，并不影响经济定货量、订货次数和存货占用的资金数量。

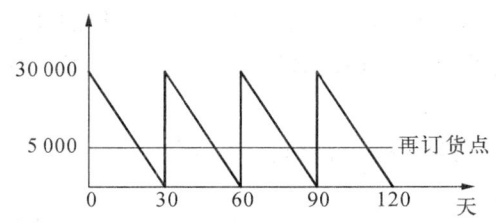

图 6-8 再订货点示意图

1. 陆续供货模型

前面都是假设订货可以在一天内送到，但是事实上，当订货数量较大时，供货方可能没有能力一天送到全部订货，会分几天送到，当然，每天送货的数量必须大于每天消耗的数量，设每天送货是数量为 b，每日消耗是数量为 d，则必须存在 $b>d$。这样经济订货量

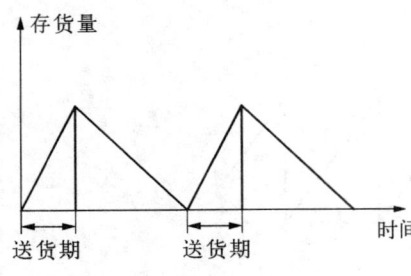

图 6-9　陆续供货模型

模型会发生变化,如图 6-9 所示。

在陆续供货模型下,一次定货量为 Q,每日到货 b,则送货期为 Q/b 天,在送货期内,每天送货 b 件,每天消耗 d 件,则有$(b-d)$件存入仓库,当送货期结束时,最高存货量为 $\frac{Q}{b} \times (b-d)$,最低存货量为 0(不考虑保险储备),平均存货量为 $\frac{1}{2} \times \frac{Q}{b}(b-d)$,则与存货相关的成本公式为:

$$TC = \frac{D}{Q}K + DP + \frac{1}{2} \times \frac{Q}{b}(b-d)C \tag{6-11}$$

可得,经济订货量为:

$$Q = \sqrt{\frac{2DK}{C} \times \frac{b}{b-d}} \tag{6-12}$$

【例 6-9】　承[例 6-6],如果该货物送货时每天送 10 000 千克,其他数据不变,计算经济订货量。

解:

$$Q = \sqrt{\frac{2DK}{C} \times \frac{b}{b-d}} = \sqrt{\frac{2 \times 1\,000 \times 360 \times 2\,500}{2} \times \frac{10\,000}{10\,000 - 1\,000}}$$
$$= 31\,623(千克)$$

此时,经济订货量为 31 623 千克。

【例 6-10】　某公司需要某种零件,该零件可以自制也可以外购。如果外购,单价 4 元,一次订货成本 10 元;如果自制,单位变动成本 3 元,每次生产准备成本 600 元,日产量 50 件。该零件每天需要 10 件,一年需要 3 600 件。储存成本主要是资金成本,为零件价值的 20%。请决策该零件应该自制还是外购。

解:

外购零件经济订货量为:

$$Q = \sqrt{\frac{2DK}{C}} = \sqrt{\frac{2 \times 3\,600 \times 10}{4 \times 20\%}} = 300(件)$$

外购零件的总成本为:

$$TC = 3\,600 \times 4 + \frac{3\,600}{300} \times 10 + \frac{300}{2} \times 4 \times 20\%$$
$$= 14\,400 + 120 + 120 = 14\,640(元)$$

自制零件经济批量为:

$$Q = \sqrt{\frac{2DK}{C} \times \frac{b}{b-d}} = \sqrt{\frac{2 \times 3\,600 \times 600}{3 \times 20\%} \times \frac{50}{50-10}} = 3\,000(\text{件})$$

自制零件总成本为：

$$TC = 3\,600 \times 3 + \frac{3\,600}{3\,000} \times 600 + \frac{1}{2} \times \frac{3\,000}{50} \times (50-10) \times 3 \times 20\%$$

$$= 10\,800 + 720 + 720 = 12\,240(\text{元})$$

该公司应自制零件。

2. 带有折扣的模型

以上分析都不考虑由于一次购买量大卖方可能给予的折扣。如果给予折扣的话，则要分析总成本的高低，以确定经济订货量。

【例6-11】 承[例6-6]，如果卖方给出一次订货60 000千克，可以享受9.8折的优惠，那么请决定每次订货量。

解：

见[例6-6]，经济订货量为30 000千克，总成本为：

$$TC = 360 \times 1\,000 \times 20 + \frac{360 \times 1\,000}{30\,000} \times 2\,500 + \frac{30\,000}{2} \times 2$$

$$= 7\,200\,000 + 30\,000 + 30\,000$$

$$= 7\,260\,000(\text{元})$$

如果每次订货60 000千克，则总成本为：

$$TC = 360 \times 1\,000 \times 20 \times 98\% + \frac{360 \times 1\,000}{60\,000} \times 2\,500 + \frac{60\,000}{2} \times 2$$

$$= 7\,056\,000 + 15\,000 + 60\,000$$

$$= 7\,131\,000(\text{元})$$

显然，享受折扣会使总成本更低。

四、存货占用流动资金的核算

我们将存货分为原材料存货、在产品存货和产成品存货，下面分类介绍这些存货占用流动资金的核算。

（一）原材料占用流动资金的核算

影响原材料占用流动资金数量的有以下几个因素。

1. 供应间隔天数

在经济订货量模型中，介绍了经济订货量的计算和每年订货次数的计算。供应间隔天数是指每两次订货之间的间隔天数。供应间隔天数越长，则每次订货量越大，占用的资金就越多。

2. 保险天数

在有保险储备的经济订货量模型中，我们介绍了保险储备。保险天数就是保险储备可以维持公司正常生产经营的天数。保险天数越长,则保险储备量越大,占用的资金也就越多。关于保险储备量的决定因素见有保险储备的经济订货量模型。

3. 整理准备天数

一些原材料收到后并不能马上投入生产,需要进行整理、质量检测、时效处理等,这些工作需要的时间称为整理准备天数。整理准备天数客观上使存货增加,占用的资金也增多了。

这样,在正常情况下,一种原材料的储备量为:

$$最高储备天数 = 供应间隔天数 + 保险天数 + 整理准备天数 \tag{6-13}$$

$$最低储备天数 = 保险天数 + 整理准备天数 \tag{6-14}$$

4. 材料在途天数

材料在途天数并不是指材料在运输途中的天数。当材料在运输途中的时候,也要占用资金,在货款结算前,占用的是供货方的资金;在货款结算后,占用的才是本公司的资金,因此,材料在途天数为:

$$材料在途天数 = 材料运输天数 - 结算天数 \tag{6-15}$$

采用不同的结算手段,结算天数是不同的,当计算出的材料在途天数出现负数时,应该按 0 计算。

5. 供应间隔系数

每一种原材料的库存都是从最高储备逐渐下降到最低储备,然后再恢复到最高储备,然后再逐渐下降到最低储备,不断循环的。公司的原材料不止一种,那么不同的原材料占用的资金就可以相互调剂,完全没有必要按照每种原材料的最高储备拨付流动资金,而只要按照平均储备拨付流动资金就可以了。供应间隔系数就是材料的平均占用额比上最高占用额,计算公式为:

$$供应间隔系数 = 材料的平均占用额 \div 材料的最高占用额 \tag{6-16}$$

原材料占用流动资金的核算为:

$$原材料储备定额天数 = 供应间隔天数 \times 供应间隔系数 + 保险天数$$
$$+ 整理准备天数 + 材料在途天数 \tag{6-17}$$

$$原材料占用流动资金 = 原材料储备定额天数 \times 每天消耗量 \times 单价 \tag{6-18}$$

【例 6-12】 某公司耗用 A、B、C 三种原材料,单价均为 1 000 元/单位,每天耗用量各为 1 单位,三种材料的供应间隔天数分别为 4 天、3 天、2 天。假设无保险天数、整理准备天数和材料在途天数,核算原材料占用的流动资金。

解:

存货变动如表 6-3 所示。

表 6-3 存 货 变 动 表

日 期	1	2	3	4	5	6	7	8	9	10	11	12
A	4	3	2	1	4	3	2	1	4	3	2	1
B	3	2	1	3	2	1	3	2	1	3	2	1
C	2	1	2	1	2	1	2	1	2	1	2	1
合 计	9	6	5	5	8	5	7	4	7	7	6	3

该公司的存货以 12 天为周期呈周期性变动。在一个周期中,最高储备量为 9 单位,占用资金 9 000 元,平均储备量为:

$$(9+6+5+5+8+5+7+4+7+7+6+3) \div 12 = 6(单位)$$

平均占用的资金为 6 000 元,则

供应间隔系数 $= 6\,000 \div 9\,000 = 2 \div 3$

A 材料储备定额天数 $= 4 \times 2 \div 3$

B 材料储备定额天数 $= 3 \times 2 \div 3$

C 材料储备定额天数 $= 2 \times 2 \div 3$

A 材料占用流动资金 $= 4 \times 2 \div 3 \times 1 \times 1\,000$

B 材料占用流动资金 $= 3 \times 2 \div 3 \times 1 \times 1\,000$

C 材料占用流动资金 $= 2 \times 2 \div 3 \times 1 \times 1\,000$

原材料占用流动资金合计为:

$$4 \times 2 \div 3 \times 1 \times 1\,000 + 3 \times 2 \div 3 \times 1 \times 1\,000 + 2 \times 2 \div 3 \times 1 \times 1\,000 = 6\,000(元)$$

(二)在产品占用流动资金的核算

在产品是指工业企业正在生产加工中的产品。在生产加工中,主要材料一般是在期初一次投入的,而辅助材料和工费则是随着加工的深入逐渐投入的,一般认为是均匀投入的。在产品的特点是随着加工深度的不同,每件在产品占用的资金是不同的,刚刚投入的只占用原材料,马上就要完工的几乎就是一件产成品占用的资金,不仅包括原材料,还包括辅助材料和工费等。在产品占用流动资金可以用以下公式计算:

$$在产品占用流动资金 = 在产品平均每天的生产费用 \times 生产周期 \times 在产品生产系数 \tag{6-19}$$

$$在产品生产系数 = \frac{单位产品原材料费用 + \dfrac{其他费用}{2}}{单位产品成本} \tag{6-20}$$

【例 6-13】 某公司生产一种产品,生产周期 5 天,每件原材料费 50 元,加工费 50 元,产品实际成本 100 元,原材料期初一次投入。该公司每天生产 10 000 件该产品。计算在产品占用的流动资金。

解:

$$在产品生产系数 = \frac{50 + \dfrac{50}{2}}{100} = 0.75$$

在产品占用流动资金 $= 100 \times 10\,000 \times 5 \times 0.75 = 3\,750\,000$（元）

也可以这样理解，该公司每天生产 10 000 件产品，该产品生产周期 5 天，故该产品的在产品共有 50 000 件（10 000×5），如图 6-10 所示，在产品最低资金占用为 50 元/件，最高资金占用为 100 元/件，则平均资金占用为 $\dfrac{50 + 100}{2} = 75$（元/件），则共占用资金 3 750 000 元（75×50 000）。

天数	原材料	工费	在产品价值
0	50		50
1		10	60
2		10	70
3		10	80
4		10	90
5		10	100

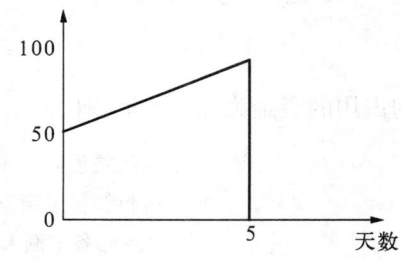

图 6-10　在产品成本示意图

（三）产成品占用流动资金的核算

产成品存货的定额天数由储备天数、发运天数和结算天数组成。产成品存货占用的流动资金为：

产成品流动资金定额 ＝ 日销售量×单位产品经营成本×定额天数　　　　　(6-21)

对于产成品存货，除季节性生产和拿到订单外，存货不宜太多，应根据市场制定一个合理的储备天数，防止产成品生产太多而销售不出去，导致产品积压，流动资金沉淀，导致公司现金周转出现失灵，发生支付困难。

第五节　固定资产管理

一、固定资产经济寿命的管理

固定资产的寿命包括物理寿命、技术寿命和经济寿命。经济寿命是指固定资产在经济上最佳的使用年限，这一因素受很多因素影响，如物理方面的新设备生产效率高，而维修保养成本低，旧设备不仅生产效率低，而且维修保养成本高，这可能导致经济寿命早于物理寿命结束；在技术方面，先进技术的新型设备的出现会使生产成本更低，而技术落后的老型号设备可能因此变得不经济了；经济方面的原因如折旧和所得税的影响，如果可以采用加速折旧法的话，老设备只能计提有限的折旧，如果购买新设备则可以计提更多的折旧，多计提折旧意味着生产成本上升，利润下降，缴纳的所得税减少，而公司实实在在的现金流量会增加。

与固定资产相关的年成本包括购置成本的分摊和维修操作成本。

购置成本的分摊是指购买固定资产的支出与期末固定资产变现收入之间的差额在固定资产使用期间的分摊。一般而言,随着固定资产使用年限的增加,购置成本的分摊会越来越小。

维修操作成本是指为维持固定资产的正常使用,每年发生的维修成本、保养成本和操作成本。一般而言,新设备每年发生的维修保养成本较低,随着设备使用年限的增加,设备越来越旧,损耗越来越大,每年发生的维修操作成本会越来越高。

总成本是购置成本的分摊和维修操作成本之和。固定资产成本变化如图 6-11 所示。

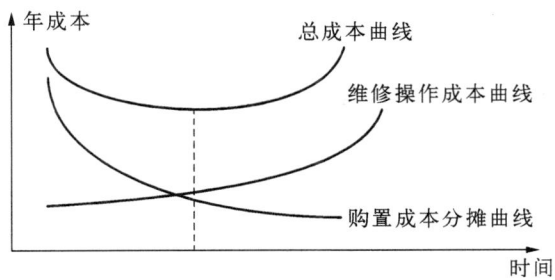

图 6-11　固定资产成本变化图

固定资产在满足一定的生产经营需要的情况下,是一个成本单元,因此成本越低越好,常用净年值最低的年限作为固定资产的经济寿命。

【例 6-14】　某设备购买价格 36 000 元,物理寿命 10 年,各年的维修费用和年末残值如表 6-4 所示,折现率取 10%,不考虑企业所得税的影响,计算其经济寿命。

表 6-4　各年残值和维修操作成本表　　　　　　　　　　单位:元

年　限	年 末 残 值	维修操作成本
1	30 000	1 000
2	24 600	1 200
3	19 800	1 500
4	15 600	2 000
5	12 000	2 700
6	9 000	3 500
7	6 600	4 500
8	4 800	5 800
9	3 600	7 300
10	3 000	9 000

解：

与该设备使用相关的现金流量为期初购买设备流出 36 000 元,每年的维修和操作成本是各年的现金流出,年末残值为使用到最后 1 年的流入,计算使用各年的净现值和净年值为：

使用 1 年：

$$NPV_1 = 36\,000 + \frac{1\,000}{1.1} - \frac{30\,000}{1.1} = 9\,636(元)$$

$$NAV_1 = NPV_1(A/P, 10\%, 1) = 10\,600(元)$$

使用 2 年：

$$NPV_2 = 36\,000 + \frac{1\,000}{1.1} + \frac{1\,200}{1.1^2} - \frac{24\,600}{1.1^2} = 17\,570(元)$$

$$NAV_2 = NPV_2(A/P, 10\%, 2) = 10\,124(元)$$

使用 3 年：

$$NPV_3 = 36\,000 + \frac{1\,000}{1.1} + \frac{1\,200}{1.1^2} + \frac{1\,500}{1.1^3} - \frac{19\,800}{1.1^3} = 24\,152(元)$$

$$NAV_3 = NPV_3(A/P, 10\%, 3) = 9\,712(元)$$

依次计算可得：

$$NAV_4 = 9\,382(元)$$
$$NAV_5 = 9\,133(元)$$
$$NAV_6 = 8\,947(元)$$
$$NAV_7 = 8\,826(元)$$
$$NAV_8 = 8\,775(元)$$
$$NAV_9 = 8\,790(元)$$
$$NAV_{10} = 8\,862(元)$$

这样,与最低年成本对应的是第 8 年,也就是说,该设备的经济寿命是 8 年。

【例 6-15】 承[例 6-14],如果考虑该设备用直线法折旧,使用年限 10 年,预计净残值 6 000 元,该公司适用的企业所得税率为 30%,请确定该设备的经济寿命。

解：

每年计提折旧：

$$(36\,000 - 6\,000) \div 10 = 3\,000(元)$$

折旧每年可以抵税：

$$3\,000 \times 30\% = 900(元)$$

每年的维修保养费用为税前金额,也要乘以（1－30%）换算到税后对现金流量的影响。

年末净残值与各年末账面折余价值的差额会起到抵税或者缴税的作用。这样与设备相关的现金流量有以下几笔：

（1）设备购买价格 36 000 元，现金流出。

（2）每年维修操作成本乘以(1－30%)换算到税后的现金流出。

（3）年末净残值现金流入。

（4）年末净残值与各年末账面折余价值的差额会起到抵税或者缴税的作用引起的现金流入或者流出。

（5）各年折旧抵税引起的现金流入。

使用 1 年，账面折余价值为：

$$36\ 000 - 3\ 000 = 33\ 000(元)$$

$$NPV_1 = 36\ 000 + \frac{1\ 000 \times (1-30\%)}{1.1} - \frac{30\ 000}{1.1} - \frac{(33\ 000 - 30\ 000) \times 30\%}{1.1} - \frac{900}{1.1}$$

$$= 7\ 727(元)$$

$$NAV_1 = NPV_1(A/P, 10\%, 1) = 8\ 500(元)$$

使用 2 年，账面折余价值为：

$$36\ 000 - 3\ 000 \times 2 = 30\ 000(元)$$

$$NPV_2 = 36\ 000 + \frac{1\ 000 \times (1-30\%)}{1.1} + \frac{1\ 200 \times (1-30\%)}{1.1^2} - \frac{24\ 600}{1.1^2}$$

$$- \frac{(30\ 000 - 24\ 600) \times 30\%}{1.1^2} - \frac{900}{1.1} - \frac{900}{1.1^2}$$

$$= 14\ 099(元)$$

$$NAV_2 = NPV_2(A/P, 10\%, 2) = 8\ 124(元)$$

使用 3 年，账面折余价值为：

$$36\ 000 - 3\ 000 \times 3 = 27\ 000(元)$$

$$NPV_3 = 36\ 000 + \frac{1\ 000 \times (1-30\%)}{1.1} + \frac{1\ 200 \times (1-30\%)}{1.1^2} + \frac{1\ 500 \times (1-30\%)}{1.1^3}$$

$$- \frac{19\ 800}{1.1^3} - \frac{(27\ 000 - 19\ 800) \times 30\%}{1.1^3} - \frac{900}{1.1} - \frac{900}{1.1^2} - \frac{900}{1.1^3}$$

$$= 19\ 382(元)$$

$$NAV_3 = NPV_3(A/P, 10\%, 3) = 7\ 794(元)$$

依次计算到第 10 年，如表 6-5，该表的计算比较复杂，是借助于计算机进行的，详细的运算过程见第十三章。净年值最低对应的那一年就是该设备的经济寿命。

表 6-5　各年净现值和净年值的计算结果

年　限	NPV	NAV
1	7 726.99	8 499.60
2	14 098.74	8 123.44

续表

年 限	NPV	NAV
3	19 381.92	7 793.61
4	23 846.11	7 522.57
5	27 709.56	7 309.51
6	31 107.80	7 142.35
7	34 186.90	7 021.92
8	37 094.36	6 952.84
9	39 913.13	6 930.24
10	42 705.50	6 949.79

在考虑折旧和所得税的情况下，该设备使用 9 年最经济。

二、固定资产更新决策

前面介绍的固定资产经济寿命管理是在假设不发生技术进步的情况下进行的，即某设备经济寿命终止后更新的设备仍然与原设备相同。但是，现实情况下，由于科学技术在不断进步，功能更先进的新型设备会不断出现。新型设备可能自动化程度更高，因此需要的操作人员会减少，因此人工成本会降低；新型设备可能原材料利用率更高，生产同样的产品，耗用的原材料更少，因此运营成本更低；新型设备也可能是更节能，能源耗费更低。总之，新设备的维修操作成本会更低。那么，当新型设备出现后，公司是否应该更新原有设备，取决于更新设备在经济上是否有利，如果新旧设备使用年限相等的，可以用净现值指标；如果新旧设备使用年限不等的，那么用净年值指标。无论用哪个指标，注意这是一个成本单元，因此绝对值小的那个方案是优秀的。

【例 6-16】 某公司在决策是否更新某设备。旧设备原值 14 950 元，尚可使用 5 年，每年发生维修操作成本 2 150 元，预计残值 1 750 元，目前的变现价值是 8 500 元。新型设备技术先进，购置价格 13 750 元，可以使用 6 年，每年维修操作成本只需要 850 元，预计残值 2 500 元，折现率 12%，不考虑折旧和企业所得税，请决策是否应该购置新设备。

解：旧设备的现金流量图如图 6-12 所示。

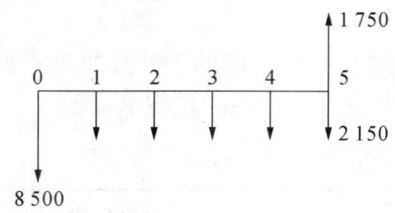

图 6-12　旧设备现金流量图

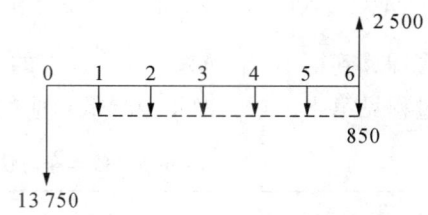

图 6-13　新设备现金流量图

新设备的现金流量图为图 6-13。

旧设备的净现值为：

$$NPV = 8\,500 + 2\,150 \times (P/A, 12\%, 5) - 1\,750(P/F, 12\%, 5)$$
$$= 8\,500 + 2\,150 \times 3.604\,8 - 1\,750 \times 0.567\,4 = 15\,257(元)$$
$$NAV = 15\,257(A/P, 12\%, 5) = 15\,257 \times 0.277\,4 = 4\,232(元)$$

新设备的净现值为:

$$NPV = 13\,750 + 850 \times (P/A, 12\%, 6) - 2\,500(P/F, 12\%, 6)$$
$$= 13\,750 + 850 \times 4.111\,4 - 2\,500 \times 0.506\,6 = 15\,978(元)$$
$$NAV = 15\,978(A/P, 12\%, 6) = 15\,978 \times 0.243\,2 = 3\,886(元)$$

使用新设备成本更低,应该更新。

【例 6-17】 某公司在决策是否更新某设备。旧设备账面折余价值 12 万元,变现价格 7 万元,预计尚可使用 5 年,净残值为 0,税法规定尚可计提 5 年折旧,直线法折旧。新设备市价 48 万元,预计可以使用 5 年,清理净残值 1.2 万元,税法规定计提 4 年折旧,采用双倍余额递减法折旧,法定净残值 4 万元。采用新设备每年可以节约维修操作成本 14 万元,企业所得税率为 30%,折现率取 10%。请问是否应该更新设备。

解:方法一:

旧设备现金流量图如图 6-14 所示。

在图 6-14 中,第 0 年现金流出中的 1.5 万元是机会成本。因为如果采用新设备,则旧设备卖掉可以获得 7 万元现金,同时,由于旧设备账面折余价值为 12 万元,这样亏损 5 万元,可以少缴企业所得税 1.5 万元(5×30%)。现在继续使用旧设备,则不能将旧设备卖掉,这样不仅 7 万元价款拿不到,1.5 万元抵税也不会发生,因此这一项是机会成本。

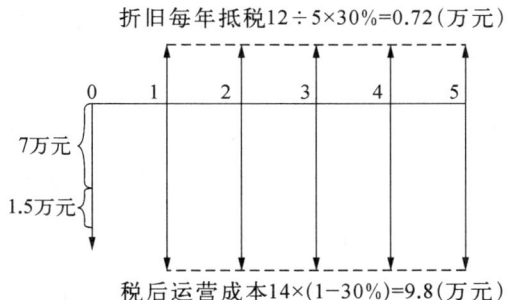

图 6-14 旧设备现金流量图

$$NPV = 8.5 + 9.8 \times (P/A, 10\%, 5) - 0.72 \times (P/A, 10\%, 5)$$
$$= 8.5 + 9.8 \times 3.790\,8 - 0.72 \times 3.790\,8$$
$$= 42.92(万元)$$

新设备的折旧如下:

第 1 年:$48 \times 50\% = 24$(万元)

第 2 年:$(48 - 24) \times 50\% = 12$(万元)

第 3、第 4 年:$(48 - 24 - 12 - 4) \div 2 = 4$(万元)

第 5 年:

新设备净残值 1.2 万元,同时抵税:

$$(4 - 1.2) \times 30\% = 0.84(万元)$$

所以,新设备的现金流量图如图 6-15 所示。

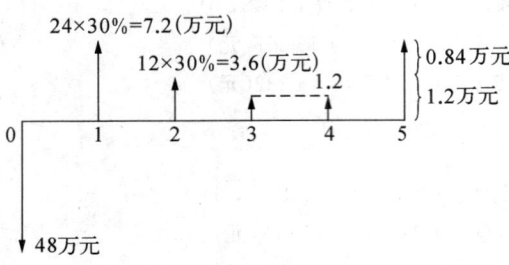

图 6-15　新设备现金流量图

新设备的净现值为：

$$NPV = 48 - 7.2 \times (P/F, 10\%, 1)$$
$$- 3.6 \times (P/F, 10\%, 2) - 1.2$$
$$\times (P/F, 10\%, 3) - 1.2$$
$$\times (P/F, 10\%, 4) - (1.2 + 0.84)$$
$$\times (P/F, 10\%, 5)$$
$$= 35.5 (万元)$$

所以采用新设备更经济，应该更新。

方法二：

更新方案的现金流量图为图 6-14 与图 6-15 之差，如图 6-16 所示。

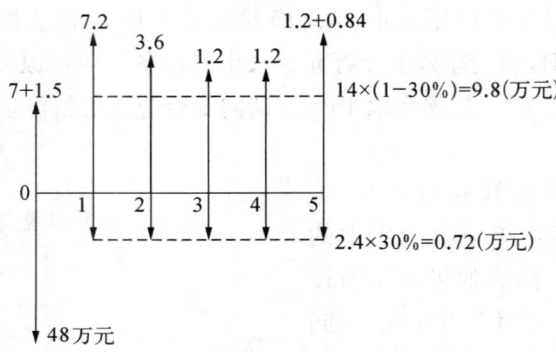

图 6-16　更新方案现金流量图

更新方案的净现值为：

$$NPV = -48 + 7 + 1.5 - 0.72 \times (P/A, 10\%, 5) + 9.8 \times (P/A, 10\%, 5) + 7.2$$
$$\times (P/F, 10\%, 1) + 3.6 \times (P/F, 10\%, 2) + 1.2 \times (P/F, 10\%, 3)$$
$$+ 1.2 \times (P/F, 10\%, 4) + (1.2 + 0.84) \times (P/F, 10\%, 5)$$
$$= -48 + 7 + 1.5 - 0.72 \times 3.790\ 8 + 9.8 \times 3.790\ 8 + 7.2 \times 0.909\ 1$$
$$+ 3.6 \times 0.826\ 4 + 1.2 \times 0.751\ 3 + 1.2 \times 0.683\ 0 + 2.04 \times 0.620\ 9$$
$$= 7.43 (万元)$$

因为 NPV 大于 0，所以更新方案是可行的。

巩固 训练与提高

■　概　　念　■

短期融资　商业信用　票据贴现　出售应收账款　配合型筹资政策　激进型筹资政策　稳健型筹资政策　最佳现金持有量　信用期间　信用标准　经济订货量　保险储备　再订货点　陆续供货模型　固定资产经济寿命

课后练习题

1. 营运资本的构成有哪些? 三种筹资政策各有什么特点?

2. 确定现金最佳持有量的方法有哪些?

3. 怎样制定合理的信用政策?

4. 如何加强应收账款管理,加速货款回笼?

5. 存货相关成本有哪些?

6. 如何确定固定资产的经济寿命?

7. 固定资产经济寿命与哪些因素有关?

8. 如何有效管理存款?

9. 某企业预计在全年内(365天)需要货币资产10 000 000元,准备用有价证券变现取得,货币资金与有价证券的转换成本为每次200元,有价证券的市场年利率为7.3%,则计算最佳货币资金持有量及转换成本和机会成本。

10. 某厂全年需要单价为8元的甲材料20 000吨,储存成本率为20%,每次取得成本为4元。则计算经济订货量和订货次数。

11. 某企业全年需从外购入某零件1 200件,每批进货费用400元,单位零件的年储存成本6元,该零件每件进价10元。销售企业规定:客户每批购买量不足600件,按标准价格计算,每批购买量超过600件,价格优惠3%。请计算:

(1) 该企业进货批量为多少时,才是有利的。

(2) 该企业最佳的进货次数。

(3) 该企业最佳的进货间隔期为多少天。

(4) 该企业经济进货批量的平均占用资金。

第七章 风险管理

学习 目标

1. 了解风险管理的程序和风险管理矩阵
2. 掌握盈亏平衡分析和敏感性分析等风险管理方法
3. 掌握利用金融市场和金融工具规避风险的原理和操作方法

能力 目标

1. 能够识别风险因素
2. 能够利用风险管理矩阵选择不同风险的管理对策
3. 能够通过金融市场、金融工具规避市场市场风险

案例 导入

风险管理者的困境:是工作效果好,还是运气好

一位诸侯宴请扁鹊。席间,诸侯问:"扁鹊,你兄弟三人都是医生,你名气最大,你讲讲你们兄弟三人,谁的医术最高?"扁鹊说:"我大哥医术最高,我二哥医术第二,我的医术最差。"诸侯很惊讶的问:"那为什么你的名气最大呢?"扁鹊饮了一口酒,叹息说:"我大哥,在病刚刚萌芽的时候,就能明察秋毫、对症下药,用一些很轻微的药就能够治愈。但是这个时候病人往往还没有认识到自己生病了,所以他往往被当做江湖骗子。我二哥在病发出来不久,还不严重的时候,就能认清病的本质,用一点儿稍微重些的药,就能药到病除。但是这个时候病人往往觉得自己没什么大病,所以他往往被人认为能治愈一些小毛小病。我最愚笨,要等到病灶完全发出来,病人病得很重的时候,才能够认清病的本质,用很重的药或者毒副作用很大的药,才能治好。但是人们却说我能够起死回生。"

如果你是一名风险管理师,你应该做扁鹊还是扁鹊的大哥或者扁鹊的二哥?

风险贯穿了整个公司金融理论和实务工作,风险管理也是公司金融最重要的内容之一。本章将介绍除保险以外的各种风险处理方法,介绍从风险识别、估测、评价、控制到管

理的全部内容和方法。

第一节 风险管理概述

一、风险管理的概念

风险管理是指人们对各种风险的认识、控制和处理的主动行为。它要求人们研究风险发生和变化规律,估算风险对社会经济生活可能造成损害的程度,并选择有效的手段,有计划、有目的地处理风险,以期用最小的成本代价,获得最大的安全保障。

风险管理的对象是风险,作为人类社会对客观存在的风险的主观能动行为和经验总结,古已有之。但是,作为独立的管理系统而成为一门新兴的学科,则是到了 20 世纪 50 年代才在美国开始兴起,迄今风险管理的科学方法尚未充分发展。尽管如此,它的一般适用原则已经形成,各经济单位都凭此处理风险。其所涉及的范围业已超出静态风险,包括了动态风险。

二、风险管理的基本程序

风险管理的基本程序是风险识别、风险估测、风险评价、风险控制和管理效果评价等环节。

(一)风险识别

风险识别是风险管理的第一步,它是指对企业面临的以及潜在的风险加以判断、归类和鉴定风险性质的过程。存在于企业自身周围的风险多种多样、错综复杂,无论是潜在的,还是实际存在的;是静态的,还是动态的;是企业内部的,还是与企业相关联的外部的,所有这些风险在一定时期和某一特定条件下是否客观存在、存在的条件是什么,以及损害发生的可能性等,都是在风险识别阶段应予以回答的问题。识别风险主要包括感知风险和分析风险两方面的内容。

(二)风险估测

风险估测是指在风险识别的基础上,通过对所收集大量的详细损失资料加以分析,运用概率论和数理统计知识,估计和预测风险发生的概率和损失幅度。风险估测不仅使风险管理建立在科学的基础上,而且使风险分析定量化,为风险管理者进行风险决策,选择最佳管理技术提供了可靠的科学依据。

(三)风险评价

风险评价是指在风险识别和风险估测的基础上,把风险发生的概率、损失的严重程度,结合其他因素综合起来考虑,得出系统发生风险的可能性及其危害程度,并与公认的安全指标比较,确定系统的危险等级,然后根据系统的危险等级,决定是否需要采取控制措施,以及控制措施采取到什么程度。风险评价通过定性、定量分析风险的性质以及比较处理风险所支出的费用,来确定风险是否需要处理和处理的方法。

（四）选择风险管理技术

根据风险评价结果，为实现风险管理目标，选择最佳风险管理技术并实施是风险管理的第四步。风险管理技术分为控制型和金融型两大类。前者的目的是降低损失频率和减少损失幅度，重点在于改变引起意外事故和扩大损失的各种条件，后者的目的是以提供基金的方式，消化发生损失的成本，即对无法控制的风险所做的金融安排。

（五）风险管理效果评价

风险管理效果评价是指对风险管理技术适用性及其收益性情况的分析、检查、修正和评估。风险管理效益的大小取决于是否能以最小风险成本取得最大安全保障，同时，在实务中还要考虑与整体管理目标是否一致，具体实施的可行性、可操作性和有效性。

三、风险处理方式及其比较

风险处理是指通过采用不同措施和手段，用最小的成本达到最大安全保障的经济运行过程。风险处理的方式很多，但最常用的是避免、自留、预防、抑制和转嫁。

（一）避免

避免是指设法回避损失发生的可能性，即从根本上消除特定的风险单位和放弃某些既存的风险单位。它是处理风险的一种消极技术。

采用避免技术通常在两种情况下进行：

（1）特定风险所致损失频率和损失幅度相当高时。

（2）处理风险时其成本大于其产生的效益时。

避免风险虽简单易行，但意味着利润的丧失，且避免的采用通常会受到限制。有时试图避免某种风险也许是不可能的，如世界性经济危机、能源危机都是不可避免的；或者采用避免在经济上是不适当的，即无经营就无风险，但无经营就无利润，故从经济利益上看采用避免是不适当的。而且有时避免了某一风险有可能产生新的风险。

（二）自留

自留风险是指对风险的自我承担，即企业或单位自我承受风险损害后果的方法。自留风险是处理风险的一种重要的技术。自留风险有主动自留和被动自留之分。通常自留风险在风险所致损失频率和幅度低、损失短期内可预测以及最大损失对企业或单位影响不大时采用。在这样的情况下采用风险自留，其成本要低于其他处理风险技术的成本，且处理方便有效。虽然自留风险可减少潜在损失、节省费用支出和取得基金运用收益等，但自留风险有时会因风险单位数量的限制而无法实现其处理风险的功效，一旦发生风险损害，可能导致财务调度上的困难而失去其作用。

（三）预防

损失预防是指在风险损失发生前为了消除或减少可能引发损失的各种因素而采取的处理风险的具体措施，其目的在于通过消除或减少风险因素而达到降低损失发生频率的目的。损失预防通常在损失频率高且损失幅度低时采用。

（四）抑制

损失抑制是指在损失发生时或之后为缩小损失幅度而采取的各项措施。它是处理风险的有效技术，例如，安装自动喷淋系统和火灾警报器等。损失抑制的一种特殊形态是割离，它是指将风险单位割离成许多独立的小单位而达到缩小损失幅度的一种方法。损失抑制常在损失幅度高且风险又无法避免和转嫁的情况下采用。

（五）转嫁

转嫁风险是指一些单位或个人为避免承担风险损失，有意识地将损失或与损失有关的财务后果转嫁给另一单位或个人去承担的一种风险管理方式。风险管理者会尽一切可能回避并排除风险，把不能回避和排除的风险尽可能地转嫁给第三者，不能转嫁的或损失较小的可以自留。转嫁风险的方式主要有两种，即保险转嫁和非保险转嫁。保险转嫁是指向保险公司投保，以缴纳保险费为代价，将风险转嫁给保险人承担。当发生风险损失时，保险人按照合同约定责任给予经济补偿。非保险转嫁又具体分为两种方式：一是出让转嫁，二是合同转嫁。

在现实生活中，究竟选择哪一种方式最为合理，要根据风险的不同特性并结合行为主体本身所处的环境和条件而定。对于那些出现机会不多，损失金额不大，或者出现机会较多，但损失金额很小的风险，宜采用自留的方式。而对那些出现机会多，损失金额也大，或者出现机会很少，但损失金额巨大的风险，则宜采用转嫁的方式。风险处理如图7-1所示。

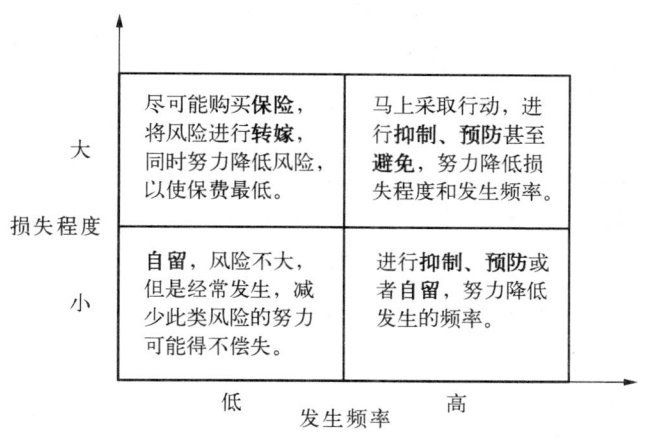

图7-1 风险处理示意图

保险虽然仅仅作为整个风险管理过程中财务金融手段之一，但它却比其他风险的处理手段优越得多，因而得到广泛运用。

第二节 风险估测方法

常用的风险估测方法有期望值—方差分析法、盈亏平衡分析法和敏感性分析法。其中期望值—方差分析法已经在第三章作了详细的介绍，本章在此只作盈亏平衡分析法和敏感性分析法的介绍。

一、盈亏平衡分析法

盈亏平衡分析法(break-even analysis)又称为量本利分析法。它是根据投资项目在正常情况下产品的年产销量、成本费用、销售价格和销售税金等内容来计算和分析产量、成本和利润这三者之间的关系的,从中找出这三者之间的联系并确定该投资项目的盈亏平衡点(break-even point)的一种分析方法。在盈亏平衡点上,投资项目利润为0,没有盈利,但是也不亏损。我们可以通过盈亏平衡分析来估测投资项目对市场需求变动这种风险的适应能力。

(一)成本分类

我们把投资项目建成后,正常年份的全部成本分为固定成本(fixed cost)、变动成本(varied cost)和混合成本(mixed cost)。

1. 固定成本

固定成本是指在一定时期内,不随产量的变动而发生变动的成本费用,如固定资产计提的折旧、无形资产计提的摊销以及广告费、管理人员工资等管理费用。固定成本的特点是总额不变,不随产量的变化而发生变化;但是对单位成本而言,单位产品成本中分摊的固定成本随产量的增加而减少。

2. 变动成本

变动成本是指在一定时期内成本总额随产量的增加而增加的成本,如直接材料和人工费用。变动成本的特征是,就总额而言,变动成本总额与产量成正比关系;但是在单位产品成本中变动成本不变。

3. 混合成本

在实际生产中,还存在一类费用既不与产量的变化成正比,也不是固定不变,而是随产量的变化呈非线形变化的成本费用,这些成本费用称为混合成本,如机器设备日常维修费用、辅助生产费用等。这类费用既具有固定成本又具有变动成本的特征,在分析中往往将其分解成固定成本和变动成本。

(二)盈亏平衡方程式

1. 基本盈亏平衡方程式

基本盈亏平衡方程式推导如下:

因为:

$$收入 = 单价 × 产销售量$$
$$成本 = 固定成本 + 变动成本 = 固定成本 + 单位变动成本 × 产销售量$$

所以:

$$利润 = 收入 - 成本 = 单价 × 产销售量$$
$$- (固定成本 + 单位变动成本 × 产销售量) \tag{7-1}$$

公式(7-1)即基本盈亏平衡方程式,利用它可以估测投资项目在正常生产销售情况下的利润。

【例 7-1】 某公司生产一种软饮料,每月固定成本 30 万元,每瓶饮料售价 10 元,单位变动成本 5 元,预计每月销售该软饮料 10 万瓶,估算每月利润是多少。

解:

$$利润 = 单价 \times 产销售量 - (固定成本 + 单位变动成本 \times 产销售量)$$
$$= 10 \times 10 - (30 + 5 \times 10) = 20(万元)$$

2. 盈亏平衡方程式的变形

基本盈亏平衡方程式是计算利润的,如果把它进行变形,可以得到计算销量的、计算单价的、计算固定成本和计算变动成本的方程式。

计算销售量的方程式为:

$$销售量 = \frac{固定成本 + 利润}{单价 - 单位变动成本} \tag{7-2}$$

计算单价的方程式为:

$$单价 = \frac{固定成本 + 利润}{销售量} + 单位变动成本 \tag{7-3}$$

计算单位变动成本的方程式为:

$$单位变动成本 = 单价 - \frac{固定成本 + 利润}{销售量} \tag{7-4}$$

计算固定成本的方程式为:

$$固定成本 = 单价 \times 销售量 - 单位变动成本 \times 销售量 - 利润 \tag{7-5}$$

3. 包含期间费用的盈亏平衡方程式

将期间费用也分解成变动期间费用和固定期间费用,包含期间费用的盈亏平衡方程式为:

$$利润 = 销售收入 - (变动成本 + 固定成本)$$
$$- (变动期间费用 + 固定期间费用) \tag{7-6}$$

$$利润 = 单价 \times 销售量 - (变动成本 + 变动期间费用) \times 销售量$$
$$- (固定成本 + 固定期间费用) \tag{7-7}$$

4. 计算税后利润的盈亏平衡方程式

$$税后利润 = 利润总额 - 所得税 = 利润总额 \times (1 - 所得税率)$$
$$= (单价 \times 产销售量 - 固定成本 - 单位变动成本 \times 产销售量)$$
$$\times (1 - 所得税率) \tag{7-8}$$

计算达到目标利润需要的销售量时,可用如下公式:

$$销售量 = \frac{固定成本 + \dfrac{税后利润}{1 - 所得税率}}{单价 - 单位变动成本} \tag{7-9}$$

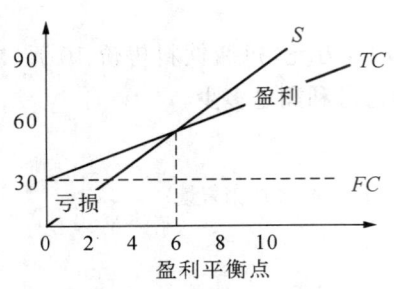

图 7-2　盈亏平衡分析示意图

（三）盈亏平衡图形表示

【例 7-2】　承［例 7-1］，用图形表示该饮料公司的盈亏平衡情况。

解：

收入：

$$S = 10Q$$

成本：

$$TC = FC + VC = 30 + 5Q$$

当利润为 0 时：

$$单价 \times 产销售量 = 固定成本 + 单位变动成本 \times 产销售量$$

整理得：

$$盈亏平衡点销售量 = \frac{固定成本}{单价 - 单位变动成本} \tag{7-10}$$

（四）盈亏平衡分析

1. 盈亏平衡点作业率

盈亏平衡点作业率是指盈亏平衡点销售量占正常销售量的比率。所谓正常销售量是指在正常开工和正常市场情况下的销售量。盈亏平衡点作业率计算公式为：

$$盈亏平衡点作业率 = \frac{盈亏平衡点销售量}{正常销售量} \times 100\% \tag{7-11}$$

盈亏平衡点作业率越低，则该投资项目受市场变动风险的影响就越小。

2. 安全边界和安全边界率

安全边界是指正常销售额超过盈亏平衡点销售额的部分，它表示销售额下降多少，公司仍然不会亏损。安全边界计算公式为：

$$安全边界 = 正常销售额 - 盈亏平衡点销售额 \tag{7-12}$$

安全边界与正常销售额的比率称为安全边界率。计算公式为：

$$安全边界率 = \frac{安全边界}{正常销售额} \times 100\% \tag{7-13}$$

安全边界和安全边界率的值越大，则公司受市场变动影响而发生亏损的可能性越小，该投资项目就越安全。

安全边界率与盈亏平衡点作业率之和等于 1。

更复杂的盈亏平衡分析需要借助于计算机进行，详见第十三章。

二、敏感性分析法

敏感性分析(sensitivity analysis)的目的是,考察与投资项目有关的一个或多个主要因素发生变化时对该项目投资价值指标的影响程度。敏感性分析的技巧与动态盈亏平衡分析中所使用的技巧非常相似,只是在每一个具体的分析目标上有一些差异。

(一)敏感性分析的方法和步骤

1. 确定敏感性分析的对象

敏感性分析是为了测算相关因素变动对考查价值指标影响的敏感程度。因此,从理论上说,我们在前面介绍的指标都可以成为敏感性分析的具体对象,如利润、净现值、内部收益率、投资回收期等。

2. 确定需要分析的影响因素

每一个指标都是受到多个因素制约的,我们要确定分析哪些因素对指标的影响,如敏感性分析的对象是利润,那么受到销售量、单价、变动成本、固定成本等多个因素影响;如果敏感性分析的对象是净现值,那么受到净现金流量和折现率的影响,净现金流量又受到净利润的影响,净利润受到销售量、单价、变动成本、固定成本等多个因素影响,我们要确定在如此多的因素中分析哪几个。

3. 分析不确定性因素对分析对象的影响程度

不确定性因素对分析对象的影响程度本质上是经济学上讲的弹性,即这些不确定性因素变化1%,那么分析对象会向哪个方向变化百分之几。我们用敏感性系数来表示不确定性因素对分析对象的影响程度,敏感性系数的计算公式为:

$$敏感性系数 = \frac{目标值变化百分比}{参量值变化百分比} \tag{7-14}$$

4. 确定敏感性因素

不确定性因素对分析对象的影响程度越大则风险越大,越是我们需要控制好的因素。对价值指标影响大的不确定因素称为敏感性因素。

(二)敏感性分析法的应用

【例7-3】 承[例7-1],分析销售量、单价、变动成本、固定成本对该饮料公司利润的影响程度。

解:

在正常生产和销售情况下该公司的利润为:

$$10 \times 10 - 30 - 5 \times 10 = 20(万元)$$

(1)销售量对利润的敏感性分析:

当每月销售量上升20%,即达到12万瓶时,每月利润为:

$$10 \times 12 - 30 - 5 \times 12 = 30(万元)$$

比原来增长50%,则销售量对利润的敏感性系数为:

$$50\% \div 20\% = 2.5(倍)$$

其含义为销售量上升 1%，利润可以上升 2.5%；同样，销售量下降 1%，利润会下降 2.5%。

(2) 单价对利润的敏感性分析：

当单价从 10 元上升 20%，达到 12 元时，每月利润为：

$$10 \times 12 - 30 - 5 \times 10 = 40(万元)$$

比原来增长 100%，则销售量对利润的敏感性系数为：

$$100\% \div 20\% = 5(倍)$$

其含义为单价上升 1%，利润可以上升 5%；同样，单价下降 1%，利润会下降 5%。

(3) 变动成本对利润的敏感性分析：

当变动成本上升 20%，从 5 元上升到 6 元时，每月利润为：

$$10 \times 10 - 30 - 6 \times 10 = 10(万元)$$

利润下降了 50%，则变动成本对利润的敏感性系数为：

$$-50\% \div 20\% = -2.5(倍)$$

其含义为变动成本下降 1%，利润可以上升 2.5%；同样，变动成本上升 1%，利润会下降 2.5%。

(4) 固定成本对利润的敏感性分析：

当固定成本上升 20%，从 30 万元上升到 36 万元时，每月利润为：

$$10 \times 10 - 36 - 5 \times 10 = 14(万元)$$

利润下降了 30%，则固定成本对利润的敏感性系数为：

$$-30\% \div 20\% = -1.5(倍)$$

其含义为固定成本下降 1%，利润可以上升 1.5%；同样，固定成本上升 1%，利润会下降 1.5%。

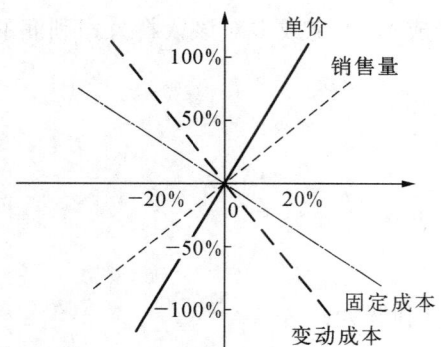

图 7-3　各个因素对利润的
　　　　敏感性系数示意图

在该例题中，单价的敏感性系数最大，因此单价的变动对公司利润的影响最大，需要对影响单价变动的风险进行预防和管理，其次是变动成本和销售量，最后是固定成本。也可以用图 7-3 进行表示。

第三节　利用金融市场和金融工具规避风险

本节介绍利用货币市场、远期、期货、期权和互换等金融市场和金融工具来规避风险。能够利用这些金融市场和工具规避的风险包括原材料价格上涨的风险、产成品价格下跌的风险、进出口和对外投资中的汇率风险、利率风险等。

一、远期合约

远期合约（forward contract）是在确定的未来某一日期，按照确定的价格买卖一定数量的某种资产的协议。在远期合约中，双方约定买卖的资产称为标的资产，约定的成交价格称为协议价格，同意以约定的价格卖出标的资产的一方称作空头，同意以约定的价格买入标的资产的一方称作多头。远期合约的概念我们已经在第一章做了介绍，在此不再重复。

远期合约可以用于防范原材料价格上涨风险、产品价格下跌风险、利率风险以及进出口、对外投资中面临的汇率风险。

（一）远期合约的交割

有些远期合约会以实物资产交割；有些远期合约可以进行现金结算（cash-settled），即只对合约价格与未来日期的即期价格之间的差额进行交易。

远期合约的买方（多头）获得的利润为：

$$利润 = （合约到期时的即期价格 - 合约价格）× 合约的单位数量 \tag{7-15}$$

远期合约的卖方（空头）获得的利润为：

$$利润 = （合约价格 - 合约到期时的即期价格）× 合约的单位数量 \tag{7-16}$$

（二）远期合约的风险

远期合约本身也存在着执行风险。远期合约本身是一个零和博弈，一方的利润就是另一方的损失，如果遭受损失的一方到期拒绝履行合约，那么获得利润的一方就会遭受损失，这是一种信用风险。因此，参与远期市场的往往是大公司、金融机构和政府机构，不适合个人和小公司参与。

（三）外汇远期

主要货币大多数都存在远期交易，通常以标准期限1个月、2个月、3个月、6个月、9个月和1年，也存在以谈判为基础确定的不规则日期的远期合约。

外汇远期合约的内容包括远期价格、交易数量、交割日期和交割地点。

1. 远期汇率

如果现在可以用数量为 Q_1 的货币1交换到数量为 Q_2 货币2，即期汇率 S 为：

$$S = \frac{Q_1}{Q_2}$$

如果货币1的利率为 r_1，货币2的利率为 r_2，则一定时期后的远期汇率 F 为：

$$F = \frac{Q_1 \times (1+r_1)}{Q_2 \times (1+r_2)} = S \times \frac{1+r_1}{1+r_2} \tag{7-17}$$

由公式(7-17)可以得到:

$$\frac{F}{S} = \frac{1+r_1}{1+r_2} \tag{7-18}$$

公式(7-18)说明远期汇率与即期汇率的比率反映了两国的利率关系,哪个国家的利率高,那么该国的货币在远期市场上就比较弱;反之,则比较强。

【例7-4】 如果即期美元/英镑为1.2500,1年期英镑的利率为3%,1年期美元利率为4%,那么1年以后的远期汇率应该为:

$$F = S \times \frac{1+r_1}{1+r_2} = 1.2500 \times \frac{1+0.04}{1+0.03} = 1.2621$$

2. 远期外汇交易分类

(1) 固定交割日的远期外汇交易。固定交割日的远期外汇交易是交易双方商定某一日期作为外汇买卖的交割日,交割日期既不能提前,也不能延后,如果一方延后交易,另一方则要收取滞后的利息。

(2) 选择交割日的远期外汇交易。选择交割日的远期外汇交易也称为择期交易,是指外汇交易的双方在签订远期合约时,确定交易的货币、金额、汇率和期限,但是交割可以选择在这一期限内的任何一日进行,选择权由约定的一方行使,另一方只能被动地接受。因此,银行一般都会选择从择期开始到结束期间最不利于客户的汇率作为择期交易的汇率。

当某一出口商可以预测在3个月内会收到一笔外汇货款,但又不知道具体何时收到时,为避免该种外汇贬值带来的风险,就可以与银行签订一个择期的远期外汇卖出合约;同样,当一个进口商可以预测在6个月内要用外汇支付一笔货款,但是又不知道具体何日支付时,为了避免这种外汇升值带来的风险,也可以与银行签订一个择期的远期外汇买入合约。

3. 规避汇率风险的远期外汇交易

在国际贸易中,从进出口商签订贸易合同到合同的执行、结算往往有比较长的一段时间,在这段时间内如果汇率发生变动,就会给某一方造成损失。在国际借贷中,持有债权或者负有债务的一方,也会因为汇率发生对自己不利的变动而遭受损失。这些人都可以通过远期交易来防范汇率变动带来的风险,锁定用本币表示的自己的成本或者收益。如果不对此进行风险防范,那么相当于在进行汇率投机,即当汇率发生有利于自己的变化时,可以获得额外的收益;但是当汇率发生不利于自己的变化时,则将遭受损失。

(四)远期利率协定

如果公司在未来某一时期内需要借入一笔资金使用,那么为了防范利率上升带来的风险,公司就需要锁定这笔资金的成本。我们可以用远期利率协定来解决这个问题。

远期利率协定(forward rate agreements,FRA)是交易双方在名义本金基础上进行协议利率与参照利率差额支付的远期合约。协议利率为双方在合同中同意的固定利率,参照利率为合同结算日的市场利率。远期利率协定是管理远期利率风险的金融工具。

远期利率协定的一方为了规避利率上升的风险,另一方为了规避利率下降的风险,双方就未来某个期限的一笔资金的使用确定一个双方商定的利率。支付该协议利率的为买方,含义为买到资金的使用权;获得该协议利率的为卖方,含义为出让资金的使用权。在结算日,交易双方根据当时的市场利率与协议利率的利差,由利息金额大的一方支付一个利息差额的现值给利息金额小的一方。买方防范利率上涨的风险,卖方规避利率下跌的风险。

远期利率协议的表示是 $n \times m$,表示 n 个月以后开始的 $m-n$ 期的远期利率协定。如 3×6 表示 3 个月以后开始的 3 个月期的远期利率协定。

远期利率协定的本金并未实际支付,故称为名义本金,仅以利息差额进行结算。远期利率协定具有简单、灵活和不需要支付保证金等特点,也不在交易所成交。

如果远期利率协定在到期日(m 个月后)进行结算,那么结算金为:

$$结算金 = (参考利率 - 合约利率) \times 合约金额 \times 合约期 \tag{7-19}$$

现实中,是在结算日支付结算金的,即 n 个月后,因此需要对 $m-n$ 个月进行贴现。

【例7-5】 现在是 2 月 1 日,某公司 3 个月后需要使用 100 万元,使用期限 6 个月。目前的利率为 5%,为了防范利率上升带来的损失,需要用远期利率协定进行风险防范。这是一个 3×9 远期利率协定,该公司为该远期利率协定的买方,假设确定的协议利率为 5%,如果 3 个月后,即 5 月 1 日利率上升到 6%,则该公司在市场上借款 100 万元,使用 6 个月需要多支付利息:

$$100 \times (6\% - 5\%) \times 6 \div 12 = 0.5(万元)$$

则该远期利率协定的卖方需要在 11 月 1 日(到期日)支付给该公司 0.5 万元,从而使该公司规避了利率上升带来的损失。现实中,该结算金一般在 5 月 1 日支付,即结算日支付,因此需要将 0.5 万元在贴现半年:

$$0.5 \div (1 + 6\% \times 6 \div 12) = 0.485\ 4(万元)$$

二、期货

远期合约交易解决了现货交易中存在的一些问题,但是它不能够为厂商理想的转移原材料和产成品价格波动风险。期货合约可以看作是标准化的远期合约,期货与远期的异同如表 7-1 所示。

表 7-1　期货合约与远期合约的异同

	远　　期	期　　货
交易方式	根据合约交割实物	买卖标准化的合约
交易目的	依据既定的价格买卖远期商品	保值或者投机获利
交易形式	在合约规定场所一对一交易	固定交易场所竞价买卖

期货与远期最大的区别是远期合约是买卖双方根据自己的需要量身打造的,到期需要进行实物交割或差额交割的,在到期前是很难转让的;期货合约是标准化的,在到期前可以很方便地转让,因此有一个非常活跃的交易市场,通过竞价进行交易。

期货合约交易的资产非常广泛,包括谷物、原油、金属、牲畜等实物和国库券、股票指数、外汇等金融产品。

(一)期货交易的功能

期货交易具有转移价格风险和实现价格发现两个功能。

1. 转移价格风险

转移价格风险的功能也称为套期保值功能,套期保值交易也称为对冲交易,是指交易者利用期货合约在期货市场上比较容易交易这个特点,在现货市场上买入或者卖出实物商品或金融工具的同时,在期货市场上卖出或者买入最接近数量的该种实物商品或金融工具的期货合约。这种交易利用的避险原理是实物商品或金融工具的价格在现货市场上和期货市场上的变动是非常接近的,虽然达不到完全同步,但总是方向相同、幅度相近的,因此,同时在现货和期货市场上进行数量最接近、方向相反的交易,不论市场价格如何变化,都可以用一个市场上的盈利去弥补另一个市场上的亏损,从而达到规避风险的目的。

2. 价格发现功能

期货市场与现货市场相比是一个更正规化的有组织的统一市场,是由以期货交易所为核心建立起来的,期货价格是在期货市场上进行竞价交易而形成的,能够吸收各种对实物商品或金融工具价格及其变化产生影响的有关信息,所以期货市场比现货市场具有更好的价格发现机制。

(二)期货交易

期货合约是交易双方在交易所达成的高度标准化的、受法律保护并规定在将来某一特定的时间和地点,交割某一特定商品或者规定最终以现金结算的合约。期货合约除价格由双方在交易所公开议定外,其他所有条款都由交易所统一规定。

期货合约的卖方叫空头,卖方叫多头,双方都需要向结算机构交付一笔履行合约的担保金,称为保证金。价格变动保证金是结算会员公司在市场价格波动期间按逐日盯市原则依据每日结算价所算得的额外履约保证金。

多数期货交易者在期货交割日前就已经平仓。商品期货可以进行实物交割,金融期货一般只就差额进行现金结算。

【例7-6】 现在是某年的2月份,小麦的市场价格为1 600元/吨。某农场预计在6月份可以收获小麦1 000吨左右,为了防止小麦价格下跌带来损失,可以现在卖出小麦期货进行套期保值。该农场必须选择现在在交易的、在6月份之后进行交割的合约,比如选7月或8月进行交割的合约比较合适,假设选择了7月进行交割的合约。在数量上应与预计数量最接近,假设该交易所的小麦期货是每手100吨,则可以选择10手卖出。假设现在7月交割的小麦期货价格为1 580元/吨。6月份该农场实际收获了小麦1 020吨,6月份现货价格下跌为1 530元/吨,7月交割的小麦期货价格为1 508元/吨。分析该农场利用期货规避价格风险的效果。

解：

如果不进行期货套期保值，该农场只在现货市场上出售小麦，则会损失：

$$(1\,600 - 1\,520) \times 1\,020 = 81\,600(元)$$

进行期货交易，该农场在 6 月份以 1\,520 元在现货市场上出售小麦的同时，在期货市场上买入 7 月交割的小麦期货 10 手进行平仓，期货操作获得盈利：

$$(1\,580 - 1\,508) \times 1\,000 = 72\,000(元)$$

这样该农场实际由于小麦价格下跌造成的损失为：

$$81\,600 - 72\,000 = 9\,600(元)$$

这样比不进行套期保值少损失 72\,000 元。

9\,600 元未能规避的损失是由两个原因造成的：一个原因是现货与期货的价格变动并非完全同步，现货下跌了 80 元（1\,600－1\,520），而期货下跌了 72 元（1\,580－1\,508），差异为 8 元，由此产生的损失为 8\,000 元（8×1\,000）；另一个原因是该农场实际收获小麦 1\,020 吨，而进行保值的只有 1\,000 吨，另外 20 吨并未进行保值，由此造成的损失是 1\,600 元（80×20）。

【例 7-7】 现在是 6 月份，某食品厂在 10 月份需要大豆 1\,000 吨。现在的大豆现货价格为 2\,400 元/吨，12 月交割的期货价格为 2\,410 元/吨。为防止大豆价格上涨，该食品厂可以买入 12 月交割的大豆 100 手（每手 10 吨）。10 月份时，大豆的现货价格为 2\,440 元/吨，12 月交割的期货价格为 2\,445 元/吨，该食品厂卖出该期货 100 手进行平仓。分析该食品厂利用期货避险的效果。

解：

如果不进行期货交易，则该食品厂在现货市场损失：

$$(2\,440 - 1\,400) \times 1\,000 = 40\,000(元)$$

进行了期货交易，在期货市场盈利：

$$(2\,445 - 2\,410) \times 1\,000 = 35\,000(元)$$

该食品厂实际损失为 5\,000 元，是由于期货与现货价格未能完全同步变化造成的。

（三）外汇期货合约

外汇期货合约（foreign futures contracts）是一种法律契约，合约双方通过协商达成在未来一定时期就某种外国货币按规定内容进行交易的具有法律约束力的文件，双方依此文件可以获得结算公司的保证。外汇期货合约的具体内容包括交易币种、交易时间、交割月份、交割地点、报价方式、交易单位、最小变动单位、购买数量等。如美国芝加哥国际货币市场（IMM）英镑期货的交易单位为 62\,500 英镑，报价方式为美分/英镑，最小变动单位为 2 点，即 0.000\,2 美元，最小变动值为 12.5 美元（62\,500×0.000\,2），交割月份在每年的 3 月、6 月、9 月、12 月。

【例 7-8】 现在是某年 5 月份，某美国进口商从英国进口一批货物，需要在 8 月份支付

260 000 英镑。目前英镑的即期汇率为 1.433 0,9 月份交割的期货合约的价格为 1.433 4；8 月份即期汇率为 1.434 2,9 月份交割的期货合约的价格为 1.434 4。如果该进口商为了防止美元贬值带来的损失,选择利用期货规避风险,应该如何操作,效果如何?

解:

如果该进口商选择了利用期货规避风险,应该做如下操作:

(1) 在 5 月份买入 9 月份交割的期货合约 4 份。

因为每份英镑期货合约的交易单位为 62 500 英镑,因此 4 份最接近于 260 000 英镑。每份合约的成本为:

$$62\,500 \times 1.433\,4 = 89\,587.5（美元）$$

4 份合约的成本为:

$$89\,587.5 \times 4 = 358\,350（美元）$$

(2) 在 8 月份买入即期外汇 260 000 英镑,同时卖出 4 份 9 月份交割的期货合约以平仓。

买入即期外汇的成本为:

$$260\,000 \times 1.434\,2 = 372\,892（美元）$$

如果 5 月份购买即期外汇,成本为:

$$260\,000 \times 1.433\,0 = 372\,580（美元）$$

即期市场损失:

$$372\,892 - 372\,580 = 312（美元）$$

卖出 4 份 9 月份交割的期货合约获得:

$$62\,500 \times 1.434\,4 \times 4 = 358\,600（美元）$$

期货市场获利:

$$358\,600 - 358\,350 = 250（美元）$$

实际损失:

$$312 - 250 = 62（美元）$$

比不利用期货保值少损失 250 美元。

(3) 差异分析。

由于即期汇价与期货汇价未完全一致变化,造成损失:

$$[(1.434\,2 - 1.433\,0) - (1.434\,4 - 1.433\,4)] \times 62\,500 \times 4 = 50（美元）$$

货款为 260 000 美元,期货只购买了 250 000 美元,所以 10 000 美元未保值,造成损失:

$$(1.434\ 2-1.433\ 0)\times 10\ 000=12（美元）$$

共损失 62 美元。

（四）利率期货合约

利率期货是对未来发生的一笔期限固定的名义存款交易事先确定在未来存款期内适用的固定利率和成交条件,买入一份利率期货合约相当于进行存款;卖出一份利率期货合约相当于提取存款或者借入资金。

利率期货合约根据基础资产证券期限的长短,可以分为两类:短期债券期货合约和中长期债券期货合约。基础资产证券的期限不超过 1 年的利率期货合约为短期债券期货合约;基础资产证券的期限在 1～10 年的利率期货合约为中期债券期货合约;基础资产证券的期限超过 10 年的利率期货合约为长期债券期货合约。

三、期权

期权(options)是一种选择权合约,它赋予期权合约的买方在合约约定的日期或期间内以预先确定的价格买进或者卖出一定数量的某种资产的权利。期权合约的买方享有是否行使该约定的买进或者卖出权利的选择权,即他只有买进或者卖出的权利,而没有买进或者卖出的义务;期权合约的卖方在合约达成时会收到一笔期权费,但是在期权合约达成后只能被动地接受合约买方的选择。

（一）期权的分类

赋予期权合约买方买进某种资产的权利的期权称为看涨期权(call options);赋予期权合约买方卖出某种资产的权利的期权称为看跌期权(put options)。

约定只能在到期日行使选择权的期权为欧式期权;约定在到期日前任何一天都可以行使选择权的期权为美式期权。

（二）期权的要素

(1) 买权,又称看涨权,即期权的买方拥有按照期权合约约定的条件选择购买一定数量某种资产的权利。

(2) 卖权,又称看跌权,即期权的买方拥有按照期权合约约定的条件选择出售一定数量某种资产的权利。

(3) 协议价格,又称履约价格,是期权合约中规定交易双方未来行使选择权时买卖某种资产的交割价格。

(4) 期权费,是期权买方为了获得选择权而支付给卖方的代价。期权费由买方在双方确立期权合约交易时支付给卖方。

（三）期权的特点

因为期权的买方只拥有买进或者卖出某种资产的权利,而没有买进或者卖出某种资产的义务,因此,他有权决定期权合约约定的资产交易是否进行。当市场价格有利于期权买方时,即在看涨期权中市场价格超过协议价格,在看跌期权中市场价格低于协议价格,他会选择交易,从而获得收益;当市场价格不利于期权买方时,即在看涨期权中市场价低于协议价格,在看跌期权中市场价格高于协议价格,他会选择不与期权卖方交易,而在市场上另行交易,这时期权的买方只损失有限的期权费。所以,期权最显著的特点是代价有限(限于期权费),收益无限。看涨期权和看跌期权买方的收益曲线可以如图7-4、图7-5所示。

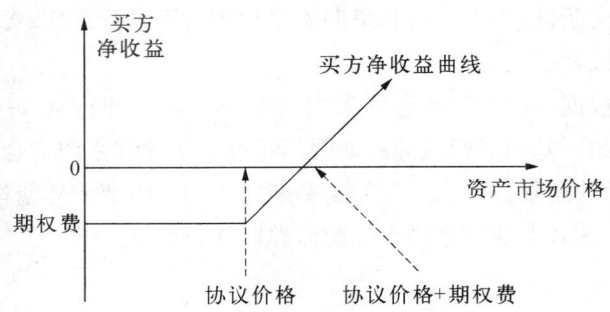

图7-4　看涨期权买方收益曲线图示

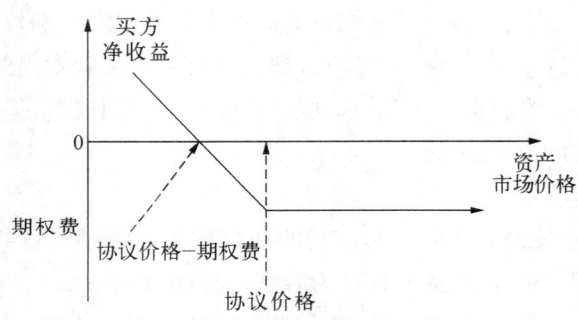

图7-5　看跌期权买方收益曲线图示

(四)外汇期权

外汇期权买卖的都是标准化的合约。当公司确定利用外汇期权规避汇率风险的时候,需要确定协议价格、合约期限、交易数量以及选择欧式期权还是美式期权等问题。

【例7-9】　现在是1月份,一家英国进口公司将在5月份支付给一家美国公司400 000美元货款,即期汇率为1.420 0美元兑换1英镑。英国公司担心美元升值带来的风险,决定利用期权规避风险。英镑的合约单位为31 250英镑/份。英国公司选择购买了协议价格为1.400 0美元兑换1英镑,期权费为4.00美分1英镑的英镑看跌期权。分别核算,当5月份即期汇率为1.340 0美元和1.510 0美元兑换1英镑时,该英国公司的收益或损失情况。

解:

(1)该英国公司需要购买期权合约的份数为:

$$\frac{400\,000}{1.400\,0} \div 31\,250 \approx 9(\text{份})$$

(2)支付期权费:

$$0.040\ 0 \times 31\ 250 \times 9 = 11\ 250(\text{美元})$$

$$11\ 250 \div 1.420\ 0 = 7\ 922.54(\text{英镑})$$

（3）当5月份即期汇率为1.340 0美元兑换1英镑时,该公司会选择行使以1.400 0美元兑换1英镑的价格出售英镑换取美元的权利,共出售英镑数为:

$$31\ 250 \times 9 = 281\ 250(\text{英镑})$$

换取美元数为:

$$1.400\ 0 \times 31\ 250 \times 9 = 393\ 750(\text{美元})$$

公司仍短缺美元:

$$400\ 000 - 393\ 750 = 6\ 250(\text{美元})$$

这些美元需要按即期汇率购买,需要英镑:

$$6\ 250 \div 1.340\ 0 = 4\ 664.18(\text{英镑})$$

这样,为筹集400 000美元,共耗费英镑:

$$7\ 922.54 + 281\ 250 + 4\ 664.18 = 293\ 836.72(\text{英镑})$$

如果不购买期权,共需耗费英镑:

$$400\ 000 \div 1.340\ 0 = 298\ 507.46(\text{英镑})$$

使用期权使英国公司节约了:

$$298\ 507.46 - 293\ 836.72 = 4\ 670.74(\text{英镑})$$

（4）当5月份即期汇率为1.510 0美元兑换1英镑时,该英国公司会放弃期权,在市场上另行购入美元,英国公司共耗费英镑:

$$400\ 000 \div 1.510\ 0 + 7\ 922.54 = 272\ 823.20(\text{英镑})$$

如果不购买期权,英国公司可以节约期权费7 922.54(英镑)

四、互换

互换(swap)是指互换双方达成协议并在一定的期限内转换彼此的货币种类、利率基础或其他金融资产的一种交易。

互换的理论基础是经济学上的比较优势。即使一方全面优于另外一方,具有绝对优势,但是只要在各方面具有的优势程度是不一样的,那么处于绝对劣势的一方也会具有比较优势,双方可以通过互换改善自己的处境。公司可以通过互换交易提高对利率和货币风险的管理效率,改善资本结构。

(一)利率互换

利率互换是交易双方在相同的期限内,交换币种相同、名义本金相同但是付息方式不同的一系列现金流的金融交易。常见的利率互换是固定利率对浮动利率的互换,也可以是一种计息方式的浮动利率对另一种计息方式的浮动利率的互换。由于交换币种相同、名义本金相同,因此利率互换不涉及本金互换而只需进行利息互换。

【例 7-10】 有 A、B 两家公司,现在都需要借入 1 000 万元的资金,A 公司需要借入浮动利率的资金,B 公司需要借入固定利率的资金。A 公司的信用等级比较高,因此不论在浮动利率还是固定利率的借款上,其资金成本都比 B 公司低,见表 7-2 所示。

表 7-2 A、B 公司在两个市场上的资金成本

公 司	固 定 利 率	浮 动 利 率
A	6%	LIBOR+0.5%
B	8%	LIBOR+1%

如果两公司按照各自的需求借款,A 公司借入浮动利率的资金,承担的利率为 LIBOR+0.5%;B 公司借入固定利率的资金,承担的利率为 8%,两公司共承担的利率为:

$$LIBOR + 0.5\% + 8\% = LIBOR + 8.5\%$$

如果让两公司按照各自的比较优势去借款,A 公司借入固定利率的资金,承担的利率为 6%;B 公司借入浮动利率的资金,承担的利率为 LIBOR+1%,两公司共承担的利率为:

$$6\% + LIBOR + 1\% = LIBOR + 7\%$$

这样会比原来共节约 1.5% 的资金成本。假设这 1.5% 由双方平分,那么双方各自节约:

$$1.5\% \div 2 = 0.75\%$$

A 公司实际承担的利率为:

$$LIBOR + 0.5\% - 0.75\% = LIBOR - 0.25\%$$

B 公司实际承担的利率为:

$$8\% - 0.75\% = 7.25\%$$

要达到上述目的,两公司只需在按照各自比较优势在金融市场上筹集资金后进行利率互换,即 A 公司每期将 LIBOR 的利息支付给 B 公司,而 B 公司将 6.25% 的利息支付给 A 公司即可。

这样 A 公司有三笔现金流量:

(1) A 支付给金融市场 6% 的利息。

(2) 支付给 B 公司 LIBOR 的利息。

(3) 收到 B 公司 6.25% 的利息。

最终 A 公司承担 LIBOR-0.25% 的利息。

同样 B 公司也有三笔现金流量：

（1）B 支付给金融市场 LIBOR＋1％的利息。

（2）支付给 A 公司 6.25％的利息。

（3）收到 A 公司 LIBOR。

最终 B 公司承担 7.25％的利息。

（二）货币互换

货币互换是互换双方交换币种不同、计息方式相同或者不同的一系列现金流的金融交易。货币互换包括期内的一系列利息交换和期末的本金交换，可以包括也可以不包括期初的本金交换。双方交换的不同币种的名义本金按即期汇率折算成相等或基本相等的金额。

【例 7-11】 一家英国公司将为一家美国公司在美国建设一个工厂，现在购买土地需要 6 000 万美元；第 1 年工程投资需要投入 8 000 万美元，会得到美国公司 9 000 万美元的分期付款；第 2 年工程投资需要投入 4 000 万美元，会得到美国公司 1.2 亿美元的分期付款。英国公司决定利用货币互换规避美元现金流量的汇率风险，银行提供的互换条件是：期限 2 年，本金 4 000 万英镑，互换汇率 1 英镑兑换 1.5 美元，向银行支付美元利率 3％。

对于互换未能规避的风险利用远期外汇交易避险。即期汇率为 1 英镑兑换 1.502 0 美元；1 年期远期汇率为 1 英镑兑换 1.512 0 美元；2 年期远期汇率为 1 英镑兑换 1.517 0 美元。

该公司在工程上的现金流量为：

现在：流出 6 000 万美元；

1 年后：流入 1 000 万美元；

2 年后：流入 8 000 万美元。

互换的步骤为：现在首先交换本金；每年支付一次利息；到期后再次交换本金。

该公司在互换上的美元现金流量为：

现在：流入 6 000 万美元；

1 年后：流出 180 万美元（6 000×3％）利息；

2 年后：流出 180 万美元（6 000×3％）利息和 6 000 万美元本金。

这样，该公司的美元现金流量实际为：

现在：0；

1 年后：流入 820 万美元（1 000－180）；

2 年后：流入 1 820 万美元（8 000－180－6 000）。

因此，该公司还需要对 1 年后和 2 年后的美元现金流量进行远期外汇交易避险，卖出 1 年期远期 820 万美元，汇价：1 英镑兑换 1.512 0 美元，1 年后可得英镑：

$$820 \div 1.512\,0 = 542.33（万英镑）$$

卖出 2 年期远期外汇 1 820 万美元，汇价：1 英镑兑换 1.517 0 美元，可得英镑：

$$1\,820 \div 1.517\,0 = 1\,199.74（万英镑）$$

在进行了互换和远期外汇避险后,该项目的英镑现金流量为:

现在:流出 4 000 万英镑,用于互换;

1 年后:流入 542.33 万英镑;

2 年后:流入 5 199.74 万英镑(1 199.74＋4 000)。

 职业判断专栏 7-1

套期保值还是投机

——"中信泰富"澳元过度对冲事件

2008 年 10 月 20 日,"中信泰富"公告称,其与银行签订的澳元累积目标可赎回远期合约(AUD target redemption forward contracts),因澳元贬值到 0.7 美元/澳元,而跌破锁定汇价,按公允价值计,损失约 147 亿港元。该公司公告中称,交易是为对冲澳元升值风险,锁定公司位于澳洲铁矿项目开支成本。

但是令人难以理解的是"中信泰富"的澳元开支预算只有 16 亿澳元,远低于它在衍生产品中接收澳元总额(94 亿澳元以上);另外,假如真为了套期保值,完全可以用最简单的远期货和外汇互换合约实现,这样不仅定价简单,而且符合会计准则中的对冲会计处理要求,即使衍生产品仓位有亏损也可以与开支预算合并,不必单独报亏损。

香港分析师对此的评价是"中信泰富做了过度对冲"。

很显然,"中信泰富"是在做高杠杆投机,而非套期保值。

"中信泰富"进行投机的动机不得而知,但从一般来看,不外乎三种:一是确实以套期保值为初衷,但不懂衍生产品,过度相信了交易对手推荐的衍生产品,结果变成了高杠杆投机。二是从一开始就在投机,有了小的亏损后,为了补回损失而放大赌博的额度,最终欲罢不能。三是一开始确实在做套期保值的对冲,由于澳元持续上扬,特别是受加拿大元对美元突破 1:1 的影响,从而走向投机的。

巩固 训练与提高

◾ 概 念 ◾

风险 风险避免 风险自留 风险预防 风险抑制 风险转嫁 盈亏平衡分析 固定成本 变动成本 混合成本 敏感性分析 远期 期货 期权

◾ 课后练习题 ◾

1. 会计盈亏平衡和财务盈亏平衡的区别是什么?

2. 敏感性分析的局限性有哪些?

3. 若某公司项目初始投资为 150 亿元,项目持续期为 10 年,按直线法对初始投资折旧,折现率为 10%,税率为 35%,其他情形如表 7-3 所示。试算出此项目的净现值,并对项目进行会计盈亏均衡点和净现值盈亏平衡分析。

表 7-3 某公司其他情形

市场规模	100 万套/年
市场份额	10%
单位价格	40 万元
单位可变成本	32 万元
固定成本	30 亿元/年

4. 对题 3 中项目,公司重新估计如表 7-4 所示。

表 7-4 公司重新估计

	悲观	期望	乐观
市场规模	80 万套/年	100 万套/年	120 万套/年
市场份额	4%	10%	16%
单位价格	30 万元	38 万元	40 万元
单位可变成本	35 万元	30 万元	27.5 万元
固定成本	50 亿元	30 亿元	10 亿元

请对项目进行敏感性分析。并说明项目的主要不确定性是什么?

5. 某食品公司正考虑一新项目的可行性。项目的初始投资额为 300 万元,预计项目寿命期为 10 年。每年的广告费用预计为 30 万元,单位产品成本为 4 元,预期售价为每件 10 元,假设折现率为 10%,公司所得税为 25%。试分别计算该项目的会计盈亏均衡点和净现值盈亏均衡点。

6. 假设投资 1 亿元建设一家工厂,它成功时所能产出的现金流现值是 1.4 亿元,但失败时就只有 5 000 万元,该生产线只有大约 40% 的成功概率。请分析:

(1) 你打算建此工厂吗?

(2) 如果生产线经营不佳时,工厂可以以 9 000 万元的价格出售给另一家汽车生产商,这时你是否愿意建厂?

7. 你公司有一座尚待开发的金矿,着手开矿的投资为 100 000 元。如果你开采金矿,可望在今后 3 年每年提炼出 500 盎司的黄金,此后,矿藏即已全部开采完毕。当前的金价为每盎司 1 300 美元,每年的金价比前 1 年的价格可能地上升或下降 100 美元,每盎司金矿的开采成本为 900 美元,贴现率为 10%。你是应该立即开矿,还是延后 1 年等待金价的上涨后再开矿?

第八章 公 司 治 理

💭 **学习** 目标

1. 了解公司治理的内容和原则
2. 了解公司内部治理结构和外部治理结构的构成
3. 了解独立董事制度和激励机制设立一般原则

💭 **能力** 目标

1. 能够识别公司治理问题
2. 能够利用内部外部治理结构来解决常见的公司治理问题
3. 能够通过独立董事制度和设立激励机制来解决一些常见的问题

💭 **案例** 导入

分粥的故事

有 7 个人住在一起从事重体力劳动,每天共喝一锅粥,每天的粥都不够吃,大家长期处于半饥饿状态。一开始,他们选举出一个组长负责粉粥,当选的人确实道德高尚、处事公平。但是过了一段时间,大家发现组长自己碗里面的粥比别人的更稠,再过一段时间发现不仅组长,而且与组长关系好的 2 个人的粥也比别人更厚了。于是受到不公正待遇的四个人强烈反对,召开了第二次会议,选举出了一个副组长负责对组长进行监督,而当选的副组长正是对组长意见最大的那个人。但是不久大家发现,组长与副组长的粥都比别人的更厚。于是召开了第三次会议,会议决定每天每人轮流分粥。于是每周下来,他们只有一天是饱的,就是自己分粥的那一天。于是他们去请教了一位智者,智者提出:依然轮流分粥,但分粥的人要等其他人都挑完后拿剩下的最后一碗。于是,困扰大家的分粥问题迎刃而解了。

好的制度,不需要额外的资源投入,就能达到治理目标。

公司治理是现代公司制在基本产权结构下对公司进行控制和管理的体系,它是控制、管理公司的一种机制。狭义和广义的公司治理具有不同的含义。从狭义上讲,公司治理是关于董事会的结构和功能、有关公司董事会与经理层的权利和义务方面的制度安排,这是公司所有权与经营权相分离的结果。在现代公司制企业中,拥有所有权的股东并不直接经营、控制公司,而拥有公司经营权的经理层与股东的利益不可能完全一致,会违背股东价值最大化目标。这种公司内部界定和调节股东和管理层关系的一套规则基于股东价值观,我们将其理解为公司治理结构。从广义上讲,公司治理是包括公司组织结构、激励机制、财务杠杆、公司发展战略以及外部控制权在内的一系列制度安排。这种基于利益相关者价值观的治理通过一套制度来协调公司与所有利益相关者(股东、债权人、供应者、雇员、政府、社区等)之间的关系,我们称这种治理观为公司治理机制。

第一节　公司治理概述

一、公司治理的定义和相关概念

公司治理(corporate governance),又译为"公司管治"或"公司督导",是现代企业制度中最重要的组织架构。

所有企业都需要治理,只是在所有权与控制权合一的情况下治理问题比较容易处理,而在现代企业制度中则需要妥善处理所有者与经营者之间的矛盾,以及大股东与小股东之间的矛盾,股东与其他利益相关者之间的矛盾。简而言之,公司治理就是管理和控制公司的系统,是一种能够在所有者和经营者之间建立制衡关系的机制。

公司治理的概念,最初是由巴利与敏斯于1932年在他们合著的《近代股份公司与私有财产》一书中提出的,其后的数十年,"公司治理"这个概念得到了广泛的传播。

公司治理狭义的定义即股东价值观,其含义是公司治理是公司投资者确保投资收益的诸种方式。投资者确保投资收益的方式包括:设计合理的工资合同激励经理为股东利益服务;以法律手段给予股东恰当的权利;赋予董事会监督经理的信托责任。股东价值观通常从这样的理念来寻求合理化依据:企业是股东的财产,其他要素如人力资本和中间品的提供者可以从合同获得法律保障的收益。

公司治理较为广义的定义是利益相关者社会观,它认为公司的董事(长)不仅是股东的信托人,同时还应是公司其他成员的信托人,他们包括雇员、消费者、银行、政府,甚至整个社会。公司治理是公司对利益相关者的权利和希望作出响应的过程。在这里,利益相关者为能够影响组织目标或受到组织目标影响的人。

公司治理是由法律、文化和制度安排组成的一个整体,该整体决定了公司能够做些什么、谁来控制公众公司、如何行使控制,以及如何分配由于这些活动而产生的风险和收益。公司治理使企业能够吸引资本、有效运作、达到企业目标、在合乎法律的同时满足社会期望。

公司治理至少涉及以下内容。

1. 规则和绩效

公司治理关心的是如何保障决策能够有效制定,公司治理所要解决的是规则如何制定,规则如何执行才能使得规则能够激励绩效。公司治理改革也就是从遵守规则的状态过渡到激励绩效的状态的过程。

2. 内部治理和外部治理

内部治理是指规范控制公司的利益相关者,如公司股东、雇员、债权人和社会之间关系的规则。外部治理是指那些并不直接同公司利益发生关系的规则或管制,包括竞争、反垄断和证券市场等。

3. 利益相关者

好的公司治理应当涉及决定组织发展方向和绩效的众多参与者之间的关系,这些参与者包括股东、董事、管理层以及顾客、雇员、供应商、债权人以及社区等。没有一个企业可以忽视社会而简单追求利润最大化,诸多利益相关人的利益也是企业运营所要考虑的因素。

从这个角度讲,公司治理是一系列定义了股东、管理者、债权人、政府和其他利益相关者之间关系的规则。这些利益相关者直接或间接地影响着上述规则。

钱颖一在《转轨中的公司治理结构:内部人控制和银行的作用》一书中指出,"在经济学家看来,公司治理结构是一套制度安排,用以支配若干在企业中有重大利害关系的团体——投资者(股东和贷款人)、经理人员、职工——间的关系。公司治理结构的内容包括:如何配置和行使控制权;如何监督和评价董事会、经理人员和职工;如何设计和实施激励机制。一般而言,良好的公司治理结构能够利用这些制度安排的互补性质,并选择一种结构来降低代理人成本"。

OECD公司治理准则关于公司治理的定义是:公司治理是涉及公司管理层、董事会、股东和其他利益相关者之间的关系。公司治理同时还提供一套结构体系,通过该结构设定公司目标,决定实现目标和考察绩效的方法。良好的公司治理方案应当为董事会和管理层提供激励机制,使其追求那些对公司和股东有利的目标,并且建立有效的监督机制,促使公司更加有效的利用资源。

二、公司治理与公司管理

管理是运营公司,而治理则是确保这种运营处于正确的轨道上。公司治理与公司管理既有联系也有区别,谁也不能脱离谁而存在。公司治理指的是董事、董事会用来监督管理层的过程、结构和联系;公司管理则是管理人员确定目标以及实现目标所采取的行动。在一个公司中,优化公司董事会与管理层之间的联系是非常必要的。

公司治理规定了整个企业运作的基本网络框架,公司管理则是在这个既定的框架下完成企业的目标。缺乏良好治理模式的公司,即使有很好的管理体系,也就像一座建立在沙滩上的大厦,没有稳固的根基;同样,如果没有公司管理体系的畅通,单纯的治理模式也只能是一个美好的蓝图,而缺乏实际的内容。但是,我们必须知道这是两个有本质区别的概念。从终极目的看,公司治理和公司管理均是为了实现财富的有效创造,只是各自扮演不同层次的角色。公司治理模式主要考察的是构成公司的各项管理利益主体之间的责权利的划分,是建立一套制度安排或制衡机制,用以解决若干在企业中有重大利害关系的团体如股东、管理层、职工和其他利益相关者之间的关系。公司管理则是在既定的治理模式下,管理者为实现公司目标而采取的行动。有效公司治理的目标,从微观看,是实现股东价值的最大化,从而实现股东代理人及利益相关者的价值和利益;从宏观看,则是维持社会经济的健康运行和社会生产力的发展。公司管理则是通过公司高效运作来实现公司的效益,可持续发展等目标的过程。两者间的联结点在于公司的战略管理层次。

公司治理和公司管理控制的因素和指标不同。公司治理需要考虑控制的事项是公司的战略发展方向,投资人和相关利益人的权利分配,高层经理人员的选拔和薪酬,公司政策,公司的风险控制及财务审计等内容;而公司管理关注的是公司的长期和短期利益,公司的竞争力和市场份额,公司的利润和资产回收率等内容。公司治理偏重于战略导向,公司管理偏重于任务导向。

公司治理与公司管理的运作方式也不同。公司治理是随着所有权与经营权的分离而产生的,股东拥有企业但不直接参与经营管理,股东通过选举董事会作为他们在公司决策中的代理人来监督经营者的行为。董事会是股东的代理人,股东因提供资本而拥有公司的剩余控制权,他们最基本的权利是选举董事会作为他们在公司决策中的代理人,股东介入公司治理是通过董事会的运作来具体实现的。据此,公司治理被看成与公司的内在性质、目的和整体形象有关,与该实体的重要性、持久性和诚信责任等内容有关;而公司管理则更多地与具体经营活动有关,公司管理是公司经理人员运用计划、组织、领导、控制等具体的管理职能来实施公司战略方针的执行过程。

目前,有关公司治理和公司管理的研究存在着两种倾向,即公司治理研究只考虑狭义的公司治理范围,其中主要研究内部监控机制和激励约束机制,而公司管理研究中,又只注意企业外部环境、公司文化、管理风格的影响,而很少把公司管理系统与公司治理系统结合起来综合研究。其实,公司治理与管理也是存在紧密关系的,公司治理与公司管理之间潜在的冲突是构成公司治理问题的内容之一,因此公司治理的目标就包括协调公司的治理和公司的管理。企业治理和管理又是密不可分的,公司治理和管理都可能直接对公司管理运作过程产生影响,但在通常情况下,公司治理系统主要是通过影响公司管理系统来间接达到影响公司管理运作的目的和提高公司的管理效率与管理效益的。在实践中,通常认为专司公司治理的董事会在很大程度上参与了企业管理。特别是在董事长又是公司的首席执行官(CEO),许多高层经理又是董事会成员的情况下。鉴于公司治理与公司管理这种交叉关系,有学者指出应该将公司治理与公司管理综合起来加以研究。表8-1对公司治理与公司管理的异同进行了归结。

表 8-1　公司治理与公司管理

类　　别	公　司　治　理	公　司　管　理
所涉及的主体	所有者、债权人、经营者、雇员、顾客	顾客、经营者、债权人、雇员、所有者
在公司发展中的地位	规定公司的基本框架,以确保管理处于正确的轨道上	规定公司具体的发展路径及手段
职能	监督、制定责任体系和指导	计划、组织、指挥、控制和协调
层次结构	企业的治理结构	企业内部的组织结构
实施的基础	契约关系	行政权威关系
法律地位	主要由法律、法规决定	主要由经营者决定
政府的作用	政府发挥重要作用	政府基本不直接干涉
资本结构	体现债权人和股东的相对地位	反映各企业的资本状况以及管理水平
股本结构	体现各股东的相对地位	反映所有者的构成,以及管理的影响

三、公司治理的产生和发展

(一)公司治理的产生

公司治理问题的产生是与股份有限公司的出现联系在一起的,其核心是由于所有权和经营权相分离,所有者与经营者的利益不一致而产生的代理问题。

现代公司的控制权掌握在两种人手中:一种是掌握在不持有公司的股份或者仅持有少量股份的公司管理层手中;另一种是掌握在控股股东的手中。由于管理层不拥有或只拥有很少的股份,公司利益的大小与其自身利益没有太大的关系,因此,管理层掌握公司的控制权,就可能追求自身利益最大化而偏离公司利益最大化的目标,在经济学上这个问题被归结为代理问题(an agency problem or a principle-agent problem)。

早期的公司由创办人管理,创办人既是所有者,又是经营者,公司大多是家族式的管理,不存在代理问题。但是由于公司规模的扩大,公司业务的日益复杂,家族式和所有者经营模式已不适应公司发展的需要,而需要委托有专业知识和经验的职业经理人来经营。客观上存在管理层追求自身利益最大化而偏离公司利益最大化的可能。

股份公司的产生,为所有权和经营权相分离创造了条件。股份有限公司的特点是作为投资者的股票拥有者和作为经理层的公司决策者相分离,大部分股东实际上不参与公司的日常经营管理。

在代理关系中,委托人在知晓代理人的行为原则是使其自身的利益(效用)最大化的情况下,必须设计出一种契约或者一种机制,能给代理人提供某种激励和约束,使代理人在自身效益最大化的条件下,让委托人的效用或利益最大化。这就是公司治理产生的经济学背景。

由于代理问题的存在,引发了企业组织内部出现了包含组织成员,包括组织或者公司本身在内的利益的冲突,主要包括:大股东和中小股东之间的冲突,大股东可能通过滥用权力来侵害中小股东的权益;管理者和非执行董事之间的冲突,如后者会确定前者的薪酬水平和考核前者的经营业绩;股东和董事、管理者之间的冲突,如董事和管理者可能没有尽到勤勉诚信的义务;债权人和股东的冲突,股东可能通过增加负债和发放过多股息来损害债权人的利益;以及雇员和管理者、董事、股东在雇佣条件,尤其是薪金和其他激励措施等事项上的冲突等。公司治理的出现就是为了解决这些冲突的。

公司治理,特别是股东和经营者在股份有限公司治理结构中的地位和作用,经历了一个从管理层中心主义到股东会中心主义,再到董事会中心主义的变化过程。在股份公司发展早期,股东的权利是得不到保障的,因为公司管理人员直接决定公司的全部事项。发展到 19 世纪中期,股东大会成为股份有限公司的最高决策机构,这主要是受民主思潮的影响。各国立法逐渐开始规定股东大会是股份有限公司的最高权力机关,与公司有关的任何事项,股东大会均有权决定。进入 20 世纪以来,由于股份公司的规模日益扩大,股权日益分散化,同时公司的经营也日益复杂,一般的股东由于不具备足够的专业知识,无法对公司经营十分了解。股东大会成为一种形式,权力日益集中到公司的经营者手中。而经营者的利益可能与所有者的利益发生冲突,这种不一致引发了很多问题。为控制经营者的权力,在股东大会的基础上又成立了董事会,企业的重大决策由董事会作出。权力由经理层转移到了董事会,公司治理以董事会为核心。

但是董事会的出现还是没有解决因公司所有权与控制权分离而产生的委托—代理问题。这一问题变得日趋严重,主要是因为经理层进入董事会,并且在许多公司的董事会中占了多数。一些公司的首席执行官同时又兼董事长,由此导致了由于偏离企业价值最大化目标而产生的各种道德风险和逆向选择行为。

(二)公司治理研究的发展

我们从企业绩效、利益机制和管理能力三方面来分析公司治理所要研究的内容。

从提高企业绩效的角度来看,公司治理所要研究的问题,大概可以分为两大类。第一类是经理层、内部人的利益机制及其与企业的外部投资者利益和社会利益的兼容问题,这里既包括经理层的激励控制问题,也包括企业的社会责任问题;这是经济学家研究的焦点。第二类是经理层的管理能力问题,亦即由于企业领导层(总裁、董事会)的管理能力、思想方式与环境要求错位而引起的决策失误问题。

从利益机制的角度来看,公司治理改革所要回答的是什么样的企业制度最有利于"确保投资者在上市企业中的资产得到应有的保护和获得合理投资回报"的问题,或者更具体地说,是如何保证外部投资者的合法权益不被企业的"内部人"(经理层和占有控股权的大股东)侵吞的问题。

从管理能力的角度来看,公司治理要研究的是应当如何构架企业内部的领导体系以确保企业的关键人事安排和重大决策的正确有效问题。

20 世纪七八十年代,一方面,美国的许多公司在设备更新、产品开发与市场占有方面,明显落后于日本和德国,企业的国际竞争力也较弱;另一方面,公司经理的报酬却急剧上升,而同时期的雇员收入却趋于下降。许多人认为这可能是由于股东控制权弱化和经营者失控而引起的,与公司的所有权结构和控制方式有关。继而出现的是遍及美国的兼并浪潮,出现了大量的敌意收购、杠杆收购和公司重组等兼并形式,这些兼并实际上代表了股东和所有者对经营者经营责任的追究形式。但在这一过程中也出现了经营者对股东利益的背离,他们为了自己的利益往往置股东利益于不顾,设计出一些反收购方式来阻挠有益的企业并购。因此,如何保护股东权益就成了这一阶段公司治理研究的核心。

进入 20 世纪 90 年代,国外公司治理的研究主要集中在机构投资者的兴起,公司社会责任、跨国公司的治理以及知识经济下的公司治理等前沿性问题。特别是 90 年代中后期的亚洲金融危机和随之而来的资本市场动荡,更加推动了公司治理研究的深入。

第二节　有效公司治理

一、有效公司治理的含义

公司治理的目的是建立一种问责制度(accountability),以使公司的董事会和管理人员切实承担其责任,有效地运用他们受托管理的资金,为投资者(股东)谋取利益。因此,有效的公司治理必须具备某些重要的条件,以便股东行使其权利和对公司的经营业绩施加积极影响,实现股东价值最大化。

虽然各国的公司治理没有统一的模式,但是还是可以总结出良好有效的公司治理所必备的共同要素。现在得到国际社会普遍承认的比较具有权威性的对公司治理原则当数 OECD 于 1999 年通过的"OECD 公司治理原则",其基本原则包括以下五个部分:

(1) 公司治理应保护股东权利。

(2) 公司治理应确保平等对待所有股东,包括小股东和外国股东受到平等待遇,如果他们的权利受到损害,应当有机会得到有效补偿。

(3) 公司治理应确认利益相关者的合法权利,并且鼓励公司和利害相关者为创造效益和工作机会以及为保持企业良好财务状况而积极地进行合作。

(4) 公司治理应保证及时准确地披露与公司有关的任何重大问题,包括财务状况、经营状况、所有权状况和公司治理状况的信息。

(5) 公司治理应确保董事会对公司的战略性指导和对管理人员的有效监督,并确保董事会对公司和股东负责。

一般认为,有效的公司治理基础应该包括以下重要的基本条件:

(1) 透明。透明是产生和运用有效协作和激励所需信息的必备条件。

(2) 公平。公平能保护所有股东的法律和合约权力,并且帮助制定管理层受托完成的公司目标;公平要求充分保护中小投资者的利益。

(3) 诚信。诚信是为董事和管理层提供足够的激励与约束的关键。

二、公司治理的重要性

公司治理问题的重要性在于良好的公司治理是现代市场经济和证券市场健康运作

的微观基础。一个完善的公司治理体系能够吸引资本流入,增强企业的融资能力,从而促进资源的有效配置和经济增长。良好的公司治理还有利金融体系的稳定,增强抗风险的能力。同时,机构投资者的发展壮大,从客观上推动了全球公司治理运动的兴起。

(一)良好的公司治理能够提高经济运行效率

资本追逐利润。资本流向那些以最有效的方式进行投资,提供市场最为需求的产品和服务,同时又能提供最高回报率的企业。良好的公司治理能够保证稀缺的资源适应社会的需求,也能激励企业的经营者将稀缺资源进行最有效的配置,使董事会和管理层有效地实施有益于公司和股东的目标,也能提供有效的监督,从而激励公司更有效地利用资源,提高经济效率。

同时,良好的公司治理也提升了公司管理层应对变化和危机的能力,同时防止企业出现管理层腐败等现象。

(二)良好的公司治理能够提高企业融资能力

在资本市场上,一个公司是否遵守公司治理的基本原则,对投资者的投资决策有重要的影响。一家公司要从资本市场上吸引到投资者,该公司的公司治理必须让投资者感到可以信赖和接受。良好的公司治理能够增强投资者对该公司的投资信心,从而降低融资成本,最终能够吸引更多、更稳定的资金来源。良好的公司治理结构能够吸引投资者,企业治理越好,投资回报也就越高,从而增加企业的融资能力。

(三)良好的公司治理可以满足社会的期望

良好的公司治理能够使公司董事会在合乎法律和监管的前提下作出决策,同时,良好的公司治理也为企业更好地吸引政府、社会和公众的关注。

第三节 公司治理的发展趋势

一、公司治理的全球化趋势

自 20 世纪 90 年代以来,由于经济全球化的影响,公司治理越来越受到世界各国的重视,形成了一个公司治理运动的全球化浪潮。

这一浪潮首先是从英国开始的。20 世纪 80 年代英国由于不少著名公司相继倒闭,引发了其对公司治理问题的讨论,由此而产生了一系列的委员会和有关公司治理的一些最佳准则。

1991 年 5 月,由英国的财务报告委员会、伦敦证券交易所等机构合作成立了一个由 12 名权威人士成员组成的委员会。委员会主席是 Adrian Cadbury,因此也称为 Cadbury 委员会。这是世界上第一个关于公司治理的委员会。该委员会的盖伯(Cadbury)报告强调公司治理的外部人模式,强调外部非执行董事在内控和审计委员会中的关键角色,突出董事会的开放性、透明性、公正与责任。该报告提出的一系列原则和理念,已成为今天公司治理最佳做法的核心内容的一部分。Cadbury 委员会的活动,成为现代公司治理运动的重要里程碑。

在 Cadbury 报告的基础上,英国接着又出版了关于董事会薪酬的 Greenbury 报告,以及关于公司治理原则的 Hampel 报告,制定了一整套关于董事、董事报酬、股东角色、信息披露义务与审计四大方面内容的广泛的公司治理原则。在这三个报告的基础上,还出现了一个三合一的综合准则。同时,伦敦证券交易所以三个报告为基础,推出一个对上市公司具有约束力的超级准则,以提升公司的治理标准。

自 1997 年亚洲金融危机以来,公司治理结构更是成为全球关注的热点。各国证券监管部门、交易所以及国际机构纷纷加入推动全球公司治理运动的行列。其中最具有代表性的就是经济合作与发展组织(OECD)于 1999 年推出的"OECD 公司治理原则"。1999年 5 月,OECD 在总结市场经济国家的经验、重点分析所有权与经营权分离所导致的公司治理问题的基础上,通过了"OECD 公司治理原则"。

除了 OECD 之外,其他国外机构也纷纷加入了推动公司法人治理运动的行列。如世界银行与 OECD 合作,建立了全球公司治理论坛(Global Corporate Governance Forum)以推进发展中国家公司治理的改革。另外,国际证监会组织(IOSCO)也成立了新兴市场委员会(Emerging Market Committee)并出版了《新兴市场国家公司治理行为》的报告。该报告是建立在对新兴市场国家的问卷调查基础之上,并根据 OECD 的治理原则,对这些国家的上市公司治理情况进行比较分析,以寻找差距,提出改进建议。这些国际组织所倡导的公司治理基本原则得到了国际社会的普遍认可。

包括世界银行和国际货币基金组织在内的国际机构开始对那些需要西方资本的新兴市场国家企业施加公司治理改革的压力。同时,权益资本的提供者——养老基金、共同基金和投资银行还有国际股票交易所也发出了进行公司治理改革的呼声,以使它们作为股东的权益能够得到保护。OECD 等国际组织同政府一道起草了公司治理的国际标准。世界上许多重要的证券交易所也开始关注公司治理,对上市公司的监管不仅包括财务信息披露,而且还越来越强调建立良好的上市公司治理。

职业机构、大学商学院、审计和管理咨询公司通过与当地国家的机构合作一起为政府和企业提供公司治理改革方面的建议和培训。

二、公司治理的监管趋势

由于所有权和控制权的分离,加上现代公司通过股票上市而成为公众公司,使企业的股东数量大大增加,因而无法有效地监督公司管理层,出现了委托代理问题。

因而如何对管理层进行监管成为公司治理的重要内容。目前,公司治理的监管趋势主要体现以下两个方面。

1. 通过杠杆收购提升公司治理水平

杠杆收购公司以后,旧的管理层可能被新加入的管理者所替代,或者现有管理层的薪酬待遇得到提高,这在一定程度上提高了公司绩效,减少了所有权同控制权的分离程度。

2. 引入独立董事

独立董事的引进被认为是保护股东权益的最有效的做法。某位高层经理在美国公司董事协会的年会上说："董事的独立性并不能保证在董事会上比内部董事有更大的贡献。独立董事比那些常年关注公司财务状况的董事们或许对公司的了解要少，所作的适宜的决策要少，但是独立董事为投资者们在管理的诚信方面提供了更大的保障。"

随着近年来的发展，外部董事越来越获得主导地位，最终在数量上已经超过了内部董事。独立董事不仅在数量上有所增加，而且，由独立董事构成的审计、薪酬和提名委员会影响日益加大。这种趋势旨在加强董事会和管理层的责任感。包括建立首席执行官绩效评估；建立董事会绩效评估；要求退休 CEO 离开董事会；要求 CEO 和董事们持有一定量的公司股份；在 CEO 缺席的前提下召开独立董事会议；由董事会而不是由 CEO 来指定某个委员会主席和成员；在董事会中增加独立董事的比例等。

三、公司治理的技术趋势

资本技术同资本市场是一种互动的关系。资本的有效配置促进了资本技术的发展，反过来，资本技术的运用促进了资本市场的蓬勃发展。小企业在需要融资时，为了避免过高的风险投资或投资银行的费用，可以通过互联网来进行。另外，电子商务的发展，使公司可以在全球范围内进行采购和分销，推动了经济的全球化。随着互联网保密性的提高，越来越多的公司通过互联网交易来节约成本，并改善同投资者之间的关系。例如，美国的一些技术性公司允许投资者从网上接受电子文件，在网上进行代理权投票，在网上召开股东大会，甚至在网上进行投资。我国电子签名法案的实施也会推动这一发展趋势。

四、公司治理的私有秩序趋势

私有秩序（private ordering）主要是指各利益相关人（主要是股东）通过拟定一个详细的包含有保障条款的合约来进行公司治理。这一合约主要靠企业自己监督管理；发生纠纷时不会选择执行成本较高的法院或其他第三方进行仲裁，而是自己私下解决。如果一方违反合约，另一方一般也只能终止合约。

由于世界经济的依存度日益增强，国际市场需要企业具备国际化的应变能力和调整能力。公司不仅要在本国的经济规则下运行，同时也要在国际规则下运行。因此，通过企业内部自行制定专门的合约来进行公司治理，可能会提升企业应对变化的能力和企业绩效水平。

五、从管理到治理的发展趋势

在传统的管理型公司中，高层经理负责领导和决策，董事会的作用仅仅是把合适的经理们安排到合适的岗位上并监督他们的表现。

在今天的企业环境中，这种模式已经失去意义。大部分的经理并不拥有过度的权力，大部分公司的失败并不是由于权力失衡，而是由于缺乏对管理决策的有效质疑而导致决策失败。

公司治理的核心不是权力而是保证有效的决策。新的公司治理改革应当设法创造和保证有效率的决策过程。它的目标是防止公司战略出现重大错误和保证发生的错误得到迅速的纠正。我们称采用这种新模式的公司为治理型公司。

治理型公司的公司治理改革的变化就在于公司在讨论、评价和制定政策等方式上的积极变化。

第四节　公司治理原则

一、公司治理原则的由来

（一）公司治理原则的意义

良好的公司治理不仅成为现代公司制度中最重要的架构,而且也成为企业增强竞争力和提高经营绩效的必要条件。市场环境的快速变化和市场竞争的日益加剧,使许多国家和组织认识到,制定与市场环境变化相适应的、具有非约束性和灵活性的公司治理原则的重要性。广义的公司治理原则包括有关公司治理的准则、报告、建议、指导方针和最佳做法等,它通过一系列规则来谋求建立一套具体的公司治理运作机制,维护投资者和其他利害相关者利益,促进公司健康发展,实现公司的有效治理。

公司治理原则可以帮助政府对本国公司治理方面的法律、制度和管理机制框架进行评估、改进,也可以为公司建立良好的公司治理提供指导、借鉴,还对股票交易所、投资者和其他在建立良好的公司治理中起作用的机构提出了参考和建议。尽管世界上并不存在唯一的良好的公司治理模式,但是许多经济组织和研究机构都认为,良好的公司治理是构建在一些共同要素的基础之上的。因此构建在这些共同要素的基础之上的,并且包容已有的各种不同模式的公司治理原则,是有相当的实用价值的。它既是改善公司治理的标准和方针政策,也是公司管理层次的实务原则,对政府的政策制定和市场参与者的实务操作都有重要的参考作用。

（二）公司治理原则的兴起

世界上最早涉足公司治理原则的是英国。20 世纪 90 年代初,由于会计准则不严密,缺乏明确的框架来保证董事对经营活动的控制,而且公司和审计人员都面临着的竞争压力使审计人员无法抵制董事会的影响力,造成了人们对当时财务报告可信度和审计人员职业道德的深刻怀疑。一些大公司的意外倒闭事件,以及对董事薪酬问题的争议等因素更使公司治理问题受到社会各界的广泛关注。为了适应形势的变化,英国的财务报告委员会、伦敦证券交易所与会计职业界合作成立了由安德恩·盖伯担任主席的委员会,这是世界上第一个公司治理原则委员会。委员会在充分吸取各界的建议的基础上,通过 1 年多的努力,完成了题为《公司治理的财务视角》的报告,即《盖伯(Cadbury)报告》。其后,在1995 年年初和 1995 年 11 月,为解决董事报酬等公司治理问题,在英国又成立了三个非官方委员会,并同样以委员会主席的名字来命名他们的报告,即《Greenbury 报告》(1995)、《Hampel 报告》(1998)和《Tumbull 报告》(1999)。上述四个报告为英国建立制度化的、自律基础上的现代公司治理机制打下了基础。

在英国制定公司治理原则之后,许多国家、国际组织、机构以及公司等,相继推出了旨在建立良好的公司治理的原则、准则、报告等。在法国,两个工业联合组织委托制定了《Vienot 报告》(1995,于 1999 年更新),在荷兰阿姆斯特丹证券交易所发布了《Peters 报告》(1997);在西班牙,部长会议委托制定了《Olivencia 报告》(1998);在比利时,布鲁塞尔证券交易所(1998)、银行和金融委员会(1998)和比利时工业联盟(1998)都单独发布了一项报告;同样的在 1998 年,德国通过了《透明与控制法》(KonTraG)及促进资本市场发展的第三法(3. Kapitalmarktforderungs gesetz)。总的说来,公司治理原则的制定者可以归纳为以下几个类型。

1. 国际性组织

在国际性组织中,既有全球性的组织,也有区域性的组织,主要包括:经济合作和发展组织(OECD)、国际公司治理网络(ICGN)、英联邦、欧洲政策研究中心(CERS)、欧洲证券商自动报价协会(EASDAQ)、欧洲证券商协会(EASD)以及国际性股东协会等。这些组织制定公司治理原则的目的,是促进其成员国建立公司治理与企业经营的良好标准,确立能够使这些标准得到提升和推广的制度。

2. 政府和社会组织

目前世界上已有 20 多个国家制定了公司治理原则。但由政府部门直接组织制定的国家较少,主要有德国(联邦司法部)、意大利(财政部)、日本等,这些国家有的是由政府部门直接参与制定,有的则是组成了专门委员会。而更多的国家是由社会组织如股东协会、董事协会、会计师协会等进行公司治理原则的制定工作的。

3. 机构投资者

近年来,随着机构投资者比重的增长,越来越多的机构投资者加入到公司治理的行列中来。在制定公司治理原则的热潮中,机构投资者也扮演着重要角色,例如,美国的教师保险及年金协会(TIAA—CRFF)作为机构投资者,认为其有责任提倡改善公司管理及运营原则,于 1997 年 10 月出台了《TIAA—CRFF 公司治理政策说明》;美国另一个著名的机构投资者——加州公职人员退休系统(CalPERS),于 1998 年 4 月制定《公司治理市场原则》,以此作为标准来规范其投资的公司。

4. 金融机构

金融机构主要是指证券(股票)交易所和银行,它们出于管理与规范上市公司的目的,也成为制定公司治理原则的倡导者和促进者。著名的《Cadbury 报告》就是伦敦证券交易所参与制定的。

5. 公司

一些大型的跨国公司也积极从事公司治理原则的制定。最成功的例子就是美国通用汽车公司(General Motor),制定和实施了《通用汽车公司董事会公司治理准则》,并起到了示范作用,使一些公司也相继制定董事会准则,并积极采用了这些准则。

(三)公司治理原则兴起的原因

公司治理原则在全球范围内的兴起,说明要维持良好的公司治理不仅仅需要法律制度的规范作用,还需要对公司有指导作用的管理实务原则。导致公司治理准则兴起的原因包括:公司的良好绩效对经济的稳定、发展具有重要的意义,而有效的公司治理准则有助于企业实现良好的公司治理,从而提高企业的绩效。一方面,国际经济一体化的发展使机构投资者逐渐开始在全球范围内寻找资金来源与投资对象,并用严格的标准衡量投资对象的公司治理状况,这种标准往往就是它们制定的公司治理原则。而另一方面,为了吸引长期资本,许多国家也纷纷通过推出可以信赖的公司治理原则来争取各国的充分理解,从而充分享受资本市场全球化所带来的利益。亚洲金融危机以及随之而来的区域性资本市场的暴跌和大公司的倒闭,使政府、银行、企业等部门认识到,公司治理问题是公共经济利益的基本保证。不规范的公司治理极有可能带来不堪设想的后果。公司更加注重自身的社会角色,越来越多的公司加强了对环境、商业伦理、种族问题等的关注,它们重新订立或者采用了符合国际性规范的准则。总而言之,公司治理原则在全世界的盛行,充分说明了合理的公司治理原则已经成为良好的公司治理的基本保障。

二、OECD 公司治理原则

20 世纪 90 年代,发生了一场规模盛大、种类繁多的公司治理原则运动。由于各种原则产生的背景不同,其覆盖范围、详细程度、侧重点等都会有一定的差异。当然,随着市场经济在全球范围内的发展,以及各国的社会、文化的相互渗透,各国的市场状况表现出越来越相似的特征,其制定的公司治理原则也体现了一些共同的特点和趋势。

根据各自的特点,可以制定出最适合自己的治理原则。当然,人们也已经从实践中总结了一些带有经验性、普遍性的原则,例如 OECD 治理原则、ICGN"操作守则"中的一些重要原则等,代表了建立良好的公司治理的最先进的基本观点,在不同的国家和地区具有很强的适应性。

OECD 公司治理原则的起草工作是由 29 个成员国的政府、欧洲委员会、私人团体、世界银行、国际货币基金组织和其他国际组织共同组成任务组合作完成的。从一开始,该原则的制定就采取各种渠道广泛采纳公众的意见,包括通过网络的方式,几易其稿。几个重要的非 OECD 成员国家,也参与了相关的咨询工作,并提供了书面意见。该原则于 1999 年 6 月为 OECD 部长级会议所采纳。

从 OECD 公司治理原则的角度来讲,公司治理的概念包含有两层含义:即公司治理的行为和公司治理的规则。前者指有限责任公司中不同代理人之间的关系和相关行为模式;公司管理人员、股东,还有雇员、债权人、主要顾客以及社区之间相互作用,共同形成公司发展战略的方式;后者指设计这些关系和私人行为的,从而限制公司战略制定的规则体系,比如,公司法、证券监管、上市规则等,当然也可以是自我调节方式的。OECD 公司治理原则同时涉及了这两个方面。一方面,它们点明了对公司治理的重要规则要求,例如按照法律,应当给予股东足够的保护和公平的对待;另一方面,它们也督促私营部门在公司层面采取行动,这些行动包括:机构及其代理人积极行使所有权,进行公司治理;强化董事会的职权;公司考虑众多相关者的利益,制定长期战略等。

在目前这个发展阶段,该原则对于政策制定者、公司、投资者和其他与公司治理有关的人来说,更多的是一个概念框架。但是它确实提出了一些创建公司治理环境的关键性要求,不论各国具体国情如何,都可以在作充分的权衡利弊之后应用该原则建立公司治理的框架。但是这也并不意味着实体规范的强制统一,因为该原则为各国的差异留下了足够的空间。不过,由于市场机制的力量不断增强,同时世界各国的文化和法律越来越接近,各国的公司治理框架也确实形成了一些统一的趋势。

OECD公司治理原则主要包括五个主要方面:股东的权利及保护,各类股东的平等待遇,雇员和其他利益相关者的作用,公司结构与运作的及时披露和透明度,董事会对公司和股东承担的责任。

股东权利及保护是形成有效公司治理制度的支柱。通过参加股东大会参与公司基本决策是一项重要的权利。如果公司控制权的再分配背离了与股权成比例的原则,就必须按照原则的要求在事前对该种安排进行完全的公开。

但是公司治理框架应该同时确保所有的股东得到公平的对待,包括小股东和外国股东。应当禁止内部人交易和自我交易,后者恰恰是多数新兴市场的祸根。如果董事会和管理层成员在对公司有影响的事务上涉及个人利益,那么此种事实应当公开。

而利益相关者,比如,雇员、债权人、长期供货商、顾客及其他,是出于一种对自身长期利益的关注,才积极参与到公司治理当中来的。利益相关者的法律权利应该得到有效的尊重。另外,其他因素,比如商业道德、公司的环境意识和所在社区的社会利益,对公司的声誉和长期发展都有着深远的影响。

该原则还要求建立一个强有力的信息披露机制,强调透明度是建立有效公司治理制度的关键因素。对于一些信息,该原则要求进行及时、准确的披露,如公司的财务和经营状况、公司的目标、主要股份所有权人和投票权人、主要执行人员的报酬、可预见的重大风险因素等。这些信息的准备和审计必须遵照高质量标准。应用会计、审计的高质量标准(包括审计人员道德准则),是保持、提高资本市场质量和可信性的最有效手段之一。除实现商业目标之外,还要鼓励公司披露其关于商业道德、环境的政策及其他公共政策承诺。可以用这些信息来对公司与所在社区的关系、公司为实现其目标所采取的措施进行更好的评价。

最后,董事会应该成为对管理层进行有效监督、为公司提供战略指导的主要机构。该原则很清楚地表明,公正地对待各类股东和利益相关者,确保公司遵守相关法律是董事会的义务。董事会成员应该对公司事务作出独立于管理层的客观判断。

为推动中国上市公司建立和完善现代企业制度,规范上市公司运作,促进中国证券市场健康发展,中国证监会参照了OECD公司治理原则等国外公司治理实践中普遍认同的标准,制定了《上市公司治理准则》。该准则由中国证监会和原国家经贸委于2002年1月联合发布。

第五节　公司治理结构

公司治理结构可以分为内部治理结构和外部治理结构。

一、公司内部治理结构

公司的内部治理结构实际上是建立在委托代理关系基础上的。在现代公司委托代理关系下,作为委托人的股东的集合体构成了公司权力机构的一极,作为代理人的经营管理者的集合体构成了公司权力机构的另一极,而代表公司从事商事活动的权力在这两极权力机构之间的分配就是公司的内部治理制度。换言之,公司的内部治理就是公司的出资者为保障投资收益,就控制权如何在由出资者、董事会和高级管理层组成的内部结构之间的分配所达成的安排。股东、董事、管理层三者之间的相互关系构成了公司内部治理的基本内容。

(一)股东(会)

作为权益资本的提供者,股东的目的在于获得更大的投资回报。而其投资的非偿还性(企业生命周期内)又使股东的回报更大程度上依赖于企业这种经营组织。随着企业所有权和经营权的分离,作为公司所有者的股东,并不具备经营企业的能力与经验,或者没有足够的时间与精力,而需要将企业经营的大权交由专业管理人员来掌管、执行,则股东与管理人员之间的关系即为委托人与代理人的关系。相应地,"代理"关系所生成的股东或公司债权人与公司董事、经理之间的利害冲突即为"代理问题"。代理问题必会衍生出一定的成本——代理成本(agency costs)。因为对委托人和被代理人而言,实难以零成本得以确保代理人所作决策可以永恒达到委托人所希望的最佳决策,因此造成代理成本的产生。由此公司治理问题就产生了。

在早期的公司内部治理实践中,人们认为股东是公司的最终所有者对公司拥有完全的控制权,董事会作为股东或公司的代理人应当受到股东会的控制,没有独立于股东会的权力。在股东会和董事会的权力分配上,股东会不仅拥有公司章程及其细则所明示列举的权力,而且还有权剥夺公司章程已经授予由董事会行使的权力。股东会和董事会之间的这种权力分配,造成了董事会完全依附于股东会的权力分配格局,进而形成了股东会控制董事会的股东会中心主义的内部治理制度。进入 20 世纪以来,公司的迅速成长与发展带来了公司股东与股权的高度分化,同时为了更好地适应经营环境,董事会的独立权力渐渐也得到了公司法上的承认,这一切都使公司在内部治理机制上发生了根本性的变化,股东会的地位受到了极大的削弱,形成了董事会控制公司权力的董事会中心主义的公司内部治理机制,近年来随着机构投资者的兴起,公司控制权大有重回股东手中之势,股东利益也再度成为公司经营的主要目标。

目前,各国股东会的权力普遍都体现在了以下几个方面:股东会就公司组织运营中的基本事项享有决策权;股东会对董事会成员享有选任和解聘权;股东会依法作出的决议对董事会和管理层具有约束力。

(二)董事(会)

董事会是由股东会选举产生的,由全体董事所组成的,行使公司经营管理权的,集体决定公司业务执行意志的机关。作为公司权力代表的董事会应该通过决策和监督职能最大限度地维护包括股东在内的公司所有利益相关者的利益。因此如何发挥董事会的作用,强化董事会的职责和提高董事会的效率已成为公司治理机制的核心问题。出于对董事会监督职能与执行职能之间关系的不同认识,各国的董事会在建制上存在着双层制和单层制之分。

1. 双层制

德国是典型的实行双层董事会制度的国家,其公司中一般设有监督董事会(即监事会)和执行董事会。监督董事会行使监督和控制的职能,负责选任解聘执行董事会的成员,考核和监督执行董事会的行为是否符合公司章程;对公司的经营战略及其他重大事项进行决策;在必要时召集股东大会等。执行董事会由监督董事会选任并受其监督,其主要负责公司的经营管理,向监督董事会报告和负责。

2. 单层制

英美国家股权高度分散,市场机制比较发达,在公司的内部治理中更加重视战略决策的制定,董事会的执行职能得到极大的彰显,而其监督功能则主要通过董事会中的独立懂事在专门委员会中发挥作用来实现。

(三)管理层

在大多数公司中董事会一般被规定为公司常设的业务执行机构,它负责作出经营决策,也负责实际管理和代表公司进行对外活动。但由于现代公司对经营水平和管理能力的更高要求,董事会通常会在很大程度上把自己的权力委派给管理层,管理层成为公司内部治理中的重要一环。近年来,尤其是在股权比较分散的公司,出现了管理层独揽公司一切决策大权,董事会会议不过是使这些决策合法化而已的现象。在公司组织改革方针、重大财务战略、股息水平、薪俸水平、拓展新业务方面、兼并收购方面以及公司风纪方面,实际上最具有决定权的是最高经营者。可见管理层已经成为公司治理中不可忽视的一极力量,如何制约激励管理层也自然成为各国公司内部治理所要解决的问题。

二、公司的外部治理

公司的外部治理包括机构投资者、员工、其他利益相关者和市场等几个部分。

(一)机构投资者

20世纪80年代以来,各发达市场经济国家中,个人持股在整个股票市场中所占的份额呈不断下降趋势,各类投资基金、养老基金等机构投资者的势力逐渐壮大,在公司治理中成为一股不可忽视的力量。

其实,早期的机构投资者并不关心公司的治理结构,许多投资基金也主要是利用股票的短线操作来赚取差额,当公司不能为投资者带来预期的收益时,机构投资者通常选择用脚投票的方式,一走了之。然而随着机构投资者在公司中持股份额的增加和各种反收购策略的不断出新,使得其不可能再在不影响股价的情况下大量抛售所持有的股票,可见个人股东以出售股票来保护自己投资的用脚投票方式已不能适用于机构投资者。因此进入20世纪80年代,大部分机构投资者都放弃了消极的投资态度,开始采取向董事会施加压力、参与公司重大决策等方式间接地监督管理层,积极地参与到公司治理中来。而机构投资者也成为股东觉醒运动和公司治理运动的骨干力量。

在公司治理方面,较之势单力薄的个人投资者,机构投资者更具优势:

(1)有利于克服集体行动的困境和搭便车问题。机构投资者资金多、实力雄厚,在特定的公司可以持有较多的股份,这些机构投资者是否参加股东大会、是否赞同经营者的经营方案,对于股东会能否形成合法的决议、在职经营者能否继续留任具有举足轻重的影响力,经营者不得不重视其意见,所以还是愿意听取其建议,愿意与其私下进行磋商、谈判的,为了避免股东会形成僵局,愿意事前就与其在大多数问题上达成共识的。

(2)经济上的合理性,即机构投资者更有能力将其监督成本和干预成本内部化。由于机构投资者往往在数个公司持有股份,一旦它们花费资源对特定公司的治理问题进行调查研究,形成了特定的改革方案,并在特定公司试验获得成功,这些经验可以移植到其所持股的数十家、数百家公司中去。这就把监督成本内部化了,如果所持股公司相对较多,且具有同质性,分摊监督成本的范围就越大,就越有规模经济效益。

(3)强化机构投资者的影响本身就有利于整个社会,因为每个机构投资者都可以被看作是诸多个人投资者的代表,其利益与整个社会利益更趋一致。

(二)员工

现代经济学已基本摒弃了传统理论上认为只有资本家独享企业剩余索取权才是最优的企业治理结构安排的观点,而普遍承认了员工应享有的剩余索取权和剩余控制权。

目前世界各国员工参与公司治理大约有以下两种模式。

1. 共同参与模式

自第二次世界大战以来德国公司理念就将公司定义为是劳动与资本之间的一种伙伴关系,两者密不可分。该理念认为员工把劳动力投入公司与股东把资本投入公司之价值同等重要,因此员工应与股东一样享有选派代表进入公司监督董事会和执行董事会的权利。而公司中的监督董事会更被认为是资本要素所有者与劳动要素所有者对公司进行共同治理的场所。德国公司法规定,监督董事会由股东代表、员工代表和其他人员组成。而且在2 000人以上的大公司中,监督董事会成员的一半以上必须是员工代表。员工共同参与制有利于公司决策的公开,便于对公司经营的监督,也有助于公司的长期稳定和持续发展。

2. 对抗式集体谈判模式

在英美国家中没有专门的制度或机构供员工参与公司的治理。但在这类国家中工会的力量一般比较强大,员工可以通过工会集体谈判这样一种途径来实现自身的利益,影响公司的治理。

(三)其他利益相关者

随着公司制度的不断发展,公司的运营不仅影响到公司所有者的利益,而且影响到了其他利益相关者的利益,如债权人、客户、交易商、社区、政府等。当前,来自其他利益相关者的制衡对公司的经营正在产生越来越大的影响。

公司制的特征之一就是有限责任,也就是说股东、董事等一般情况下不会以个人的财产偿付公司的债务,那么当公司破产而无力全数清偿其债务时,全部或者部分债权人就将无法得到完全的清偿。从这个角度看,债权人承担了很多与公司经营成败有关的风险。

因此,债权人为了保全自己的债权有动力也有权利对公司治理施加一定的影响。通常来讲,债权人可以通过在借贷合同中加入规范公司行为的条款或是对借款公司进行评级等措施对该公司的治理提出建议和约束,以达到保护自己债权的目的。

而客户和交易商是公司产品或服务的消费者或者原料的提供者,社区则是公司赖以生存的大环境,公司的存在和发展很难离开它们的影响。一方面,作为越来越社会化的公司对上述利益相关者负有不可推卸的责任;另一方面,上述利益相关者也在通过它们的行为影响着公司治理的发展。

可见,随着生产和交易社会化程度的深入,公司不能仅仅以股东利益最大化作为唯一目标,而应该更加广泛地考虑到其他相关者的利益。这不仅有别于公司治理结构的完善,也有利于公司自身的长期发展。

(四)市场

公司作为一个法人实体,股东、债权人与公司之间的关系,分别体现为股票市场和借贷市场;在经营者、员工和客户方面则分别表现为经理市场、劳动力市场和产品市场。由此可以看出,作为公司治理中的各利益行为主体的来源,是紧密与各市场环境相关联的,市场环境的健全与否将直接影响公司治理的模式。

市场机制在英美等外部控制为主的公司治理模式中更是发挥着极其重要的作用,其中产品市场以及技术市场能对公司的产品和技术作出迅速的评价,这种评价影响公司的财务;公司财务的变化通过金融市场的信息披露机制披露出来,金融市场对这种变化也进行评价,并通过股权市场和债权市场加以反映,表现为公司股票价格的升降和外部融资的可能性;透明的证券市场使公司潜在的收购者能不受阻碍地收购公司的股票,从而使公司的所有权易手,新的股东通过改组公司的管理层解雇不称职的管理者;经理劳动市场对经理的人力资本进行评价,从而使不称职的经理的人力资本贬值,直接影响其未来收入。这些市场在客观上驱动经理人将自己的利益同公司的利益合一,达到双赢。因此外部市场环境是影响公司治理成效的一个重要的因素。

第六节 独立董事制度和激励机制问题

一、独立董事制度

独立董事,一般认为是指不在公司担任除董事之外的其他职务,并与其所受聘的公司及其主要股东不存在可能妨碍其进行独立判断的关系的董事。就是说,独立董事是除了他们的董事身份和在董事会中的角色之外,既不在公司内担任其他职务,又不在公司内有其他实质性利益关系的那一部分(而不是全部)非执行董事或外部董事。

(一)独立董事的资格

总的来说对独立董事的要求主要集中在两个方面:独立性和专业知识与经验方面。在美国法律上,独立董事的主要特点是:独立董事是公众持股公司中的董事会或者委员会成员;独立董事不得为该公司雇员或经营管理人员或者不得在一定期间内曾经为该公司的雇员或经营管理人员或是上述人员的直系亲属；在公司交易活动中无实质利害关系（或与公司管理层无重要经济联系）；拥有商业、法律或者财务等方面的工作经验（有一定的工作年限）或专业知识。其中，最重要的是独立董事的独立性，但其界定并没有严格的统一标准，但通常都包含以下标准：与公司无商业关系；非公司雇员或公司行政官员及其直系亲属；与公司任何行政人员之间不存在关联关系。

我国的独立董事按照《关于上市公司建立独立董事制度的指导意见》（以下简称《指导意见》）的规定，在满足《公司法》关于董事任职资格的规定的基础上还需要满足以下的条件。

1. 积极资格

担任独立董事应当符合下列基本条件：

（1）根据法律、行政法规及其他有关规定，具备担任上市公司董事的资格。

（2）具有《指导意见》所要求的独立性。

（3）具备上市公司运作的基本知识，熟悉相关法律、行政法规、规章及规则。

（4）具有 5 年以上法律、经济或者其他履行独立董事职责所必需的工作经验。

（5）公司章程规定的其他条件。

2. 消极资格

下列人员不得担任独立董事：

（1）在上市公司或者其附属企业任职的人员及其直系亲属、主要社会关系（直系亲属是指配偶、父母、子女等；主要社会关系是指兄弟姐妹、岳父母、儿媳女婿、兄弟姐妹的配偶、配偶的兄弟姐妹等）。

（2）直接或间接持有上市公司已发行股份 1% 以上或者是上市公司前十名股东中的自然人股东及其直系亲属。

（3）在直接或间接持有上市公司已发行股份 5% 以上的股东单位或者在上市公司前五名股东单位任职的人员及其直系亲属。

（4）最近 1 年内曾经具有前三项所列举情形的人员。

（5）为上市公司或者其附属企业提供财务、法律、咨询等服务的人员。

（6）公司章程规定的其他人员。

（7）中国证监会认定的其他人员。

独立董事对上市公司及全体股东负有诚信与勤勉义务。独立董事应当按照相关法律法规、《指导意见》和公司章程的要求，认真履行职责，维护公司整体利益，尤其要关注中小股东的合法权益不受损害。独立董事应当独立履行职责，不受上市公司主要股东、实际控制人，或者其他与上市公司存在利害关系的单位或个人的影响。

（二）独立董事的意义

有经验的高素质的独立董事的引进可以改善公司的决策质量，进而影响公司在未来的成功，甚至生存，许多著名的私营公司都在董事会中引入外部董事，以促成事业多样化和解决更广泛的问题。

1. 对董事会的强化

在从前人们普遍认为董事会主要是为公司的首席执行官提供建议和咨询的机构。作出业务决策,尽管被认为是董事会的主要职责之一,但在这方面董事会经常是力所难及的,因为董事经常不参与公司的经营,董事在董事会上通常只有三个基本职责:

（1）向管理层提供建议和咨询。如果说在董事会上能听到不同的声音或者有一定难度的问题,这对公司的发展很有好处。

（2）监督经理层,或者要求后者向董事会提供信息并对自己的商业决定作出解释。

（3）在危机时刻决策。

独立董事的引进可以有效地提升董事会的作用。其直接的作用就表现在对形同虚设的董事会的强化。这种强化一方面来自独立董事独立于经理层客观的判断;另一方面也表现在使董事会内部的权力配置趋于平衡,使董事会的运作更加健康。《OECD公司治理准则及注释》中指出:"独立的董事会成员能对董事会的决策作出重大贡献,对董事会和经理层的业绩作出客观评价。另外,当经理层、公司和股东在某些方面利益不一致时,比如执行官报酬、职位继承计划、公司控制权的变化、反收购计划、大规模收购以及审计职能等,他们都能发挥重要作用。"该准则还规定:"董事会应考虑选任足够数量的非执行董事,他们有能力对可能发生利益冲突的事件作出独立判断。像这样的主要责任有财务报告的制作、董事会和执行官的提名以及他们的报酬等(当董事会全面负责财务报表、报酬和提名等事宜时,独立的非执行董事会成员能向市场参与者提供附加的保证,保证他们的利益得到保护。董事会也可能考虑建立特别委员会,专门考虑哪些地方会有潜在的利益冲突。这些委员会可能要求最低数量的执行成员,或全部成员都由非执行成员组成)。"

2. 对经营层的有效制衡

就目前国内经过股份制改造上市的公司董事会建设的实际状况来看,存在明显的不足:一方面是部分公司董事长与总经理职位的合二为一;另一方面则是经营层占据董事会的大多数席位,形成内部董事占据优势的格局,于是管理层可以对自我表现进行评价。董事会实际上很大程度地掌握在内部人手中。这种局面的产生当然与上市公司的股权结构过分集中有关,同时也与第一大股东对董事会过分渗入,第一大股东与上市公司"混为一体",使上市公司董事会失去应有的独立性有关。

公司管理层的道德风险和逆向选择行为,损害股东的利益。管理层与股东之间存在信息不对称的情况,在缺乏相应的监督机制的情况下,管理人员为了追求其自身的利益,可能会采取风险过度的机会主义行为,很容易将公司置于高风险的状况下,或者可能是管理人员采取掠夺性的资产转移行为,使公司所有者的利益受到损害。而且,无能经营导致公司利益受损。无能经营在我国是一个相当严重的问题,之所以会发生这种情况,是因为缺乏相应的监督机制,或者是虽然有相应的监督机制但缺乏具有超然地位的监督人员来给管理层"打分",使得管理层不会因其无能而承担诸如下台之类的不利后果。一些公司的决策水平不高,导致公司利益受到损害。现代公司活动的专业性和复杂性,即使是专门从事企业经营决策的人员,由于其自身知识和技术的有限性,其决策水平不可避免地要受到一定的限制。而决策水平的高低对公司利润最大化的目标能否实现有密切的联系。在我国,无能经营的问题相当严重。以上的缺陷其实都或多或少地与缺乏独立的监督机制有关系。

希望通过对董事会这一内部机构的适当外部化,引入外部的独立董事来增加董事会的独立性,从而对内部人形成一定的监督制约力量是独立董事制度产生和发展的原因之一。从某种程度上讲,独立董事制度是美国在既有法律框架制约下所作的一种改良,它在美国公司治理中,确实发挥了一定的积极作用,这说明该制度中确有符合现代公司发展规律要求的内容。

董事会作为所有者——股东和经营者——经理阶层间的重要枢纽,若不能较好地实现其在公司治理结构中应有的作用,则对股份公司的长期发展和保护外部股东利益危害甚大。从实际情况分析,要解决以上问题其核心要素在于保证董事会相对独立于公司控股股东、内部经理阶层,从而保证董事会独立判断公司事务、决策公司经营。

3. 更好地代表股东,特别是中小股东的利益

我国公司股权高度集中,公司董事会的运作通常被关键人或控股股东所控制,而不是以集体决策为基础。在公司的多数股东尤其是控股股东与少数股东之间,其利益冲突是结构性的、普遍性的。控股股东对公司拥有控制权,从而少数股东有理由担心控股股东可能把公司财产据为己有,或把公司的业务转移给控股股东直接或间接拥有的企业。在公司信息披露过程中,常常出现明显的利润操纵和股权的内幕交易现象。于是,一个简单的逻辑就是:股东董事代表股东利益——大股东董事控制董事会——董事会代表大股东利益。可以说,董事会永远受到大股东的操纵。控股股东控制董事会,经常侵犯中小股东的利益。控股股东因其占有的股份,选取自己一方的人员担任公司管理层,这样就会形成一个局面,即控股股东一方的人在董事会中占据多数的地位,可以轻易地操纵公司的活动,以满足其利益需求。这一过程中,因其出发点并非公司利益最大化,所以常常会损害公司的利益,并间接地损害了其他中小股东的利益。

由于规模巨大,股东数量众多且分散,同时,又涉及众多的其他利益相关者,如债权人、公共部门、政府、居民等,因此,上市公司往往面临着一系列更为复杂的委托——代理问题,如股东——高层经营管理人员、中小股东——大股东、债权人——股东、公共部门(政府、社区)——股东等。对此,上市公司董事会,作为利益相关者与经营者以及利益相关者之间(如中小股东与大股东、债权人与股东等)协调关系的机构或“斗争的场所”,无疑发挥着重要作用。而这一系列委托——代理问题能否得到有效解决,在很大程度上取决于董事会的独立性,即公司董事会不被某一或某些利益相关者所控制,独立于任何一个利益相关者的程度。显然,公司董事会独立性强,公司经营中的代理成本就会降低,有利于公司绩效的提高;否则,公司经营就可能被某一或某些利益集团所操纵,从而损害公司其他利益相关者的利益,增大公司经营的代理成本。因此,国外,尤其是英美等国的上市公司纷纷实行独立董事制度以保证董事会的独立性。

独立董事有利于制衡控股股东,监督经营者。独立董事有助于保持董事会独立性,维护所有股东利益,增加股东价值。董事会中的独立董事能为董事会提供知识、客观性、判断和平衡,从全体股东利益出发监督和监控公司管理层。一个整体上或很大程度上由管理层控制的董事会,不能很好地发挥其信托义务,维护股东利益,代理成本将很高。独立董事制度将使企业“内部人控制”现象在源头上得到控制,从而对投资者的信心和上市公

司的价值产生重大而积极的影响。

4. 提高公司业绩、提升公司的公司治理形象

出任独立董事的人员,绝大多数都是在其自身领域有所建树的专家或者成功人士,他们对各自专业领域的拥有的丰富知识和经验,对公司来说是一笔财富。

独立董事是国际范围内加强公司治理的所普遍采用的措施。独立董事已经成为在世界范围内强化公司治理的措施之一。

二、激励机制问题

由于经营者的目标会背离股东价值最大化的目标,所以需要设立激励机制对此进行校正,使经营者在达到自己的目标的同时也在客观上达到股东价值最大化的目标。

(一)激励机制的一般原则

从总体上来说,任何企业为保证所实施的激励体系的有效性,都必须遵循以下指导原则。

1. 利于企业发展和目标实现的价值驱动原则

企业高层经理人激励体系必须能够增强、巩固、促进和倡导并鼓励有助于企业战略发展和组织目标实现的活动,必须把对高层经理人的认可和报酬与企业或业务单位的关键成功因素紧密地联系起来。此外,还必须考虑到企业经营活动和管理环境的特殊本质。

2. 激励体系的设计与实施应坚持直接、易懂和便于有效沟通的原则

也就是说,为了把高层经理人激励机制与企业战略联系在一起和鼓励理想行为,设计的激励体系必须具有如下特点:可信性;切实可行性;简洁性;可理解性或透明性;柔性。为此,企业至少必须做好两件事:一是构建起有效的信息支持系统,以便及时、经济有效地收集到足够的信息,准确地测量高层经理人的绩效;二是实施富有建设性的管理流程,以便推动经理人员更出色地完成自己的工作。

3. 最大化激励效果原则

在设计、实施和评价高层经理人激励机制时,除了要适当地反映当前企业高层经理人激励体系的流行实践,提供富有竞争力的一揽子报酬体系,并根据相关绩效水平作出任免决策,千方百计留住关键的管理人员以外,企业还应该实施按绩效取酬制,确定富有挑战性、但具有可实现性的目标(一般可以把实现目标的可能性控制在75%左右),并使员工个人对自己的结果负责。同时,为了增强报酬体系对高层经理人的激励作用,企业除了要严格按照彼此认可的合同支付报酬以外,还应该以具有激励性的报酬形式支付绝大部分报酬,并在努力激励长期行为和短期行为之间求得平衡的原则下,对长期行为的激励有所侧重。

4. 即时跟踪与重新评价原则

它要求企业应该随时跟踪劳动市场动态,并对正在实施的激励体系进行重新评价。不过,应该明确的是,竞争对手的激励实践只是需要关注的一个方面,更需要关注的是,正在实施的激励体系是否能够在成本与绩效以及股东价值之间求得很好的平衡。例如,在激励方法中包括所有权激励计划,尽量在高层经理团队的报酬体系中体现所有权激励方

式,可以把他们的利益与股东或所有者的利益一致起来,从而更容易实现有效激励之目的。

（二）人的"饥饿"层次

在制定激励机制时,要考虑到经营者的"饥饿状态"。马斯洛认为人有五个层次的需要,即生理的需要、安全的需要、交往的需要、尊重的需要和自我实现的需要。同样,经理人的"饥饿"可以分为饥饿的胃、饥饿的心、饥饿的脑和饥饿的灵魂。饥饿的胃表现为期待物质上的奖励,以摆脱经济上的不安全感,这相当于安全的需要;饥饿的心表现为期待上级器重、下级尊敬、周围人羡慕,以此摆脱内心的自卑感和孤独感,这是相当于交往的需要和尊重的需要;饥饿的脑表现为期待参与有利于学习和不断获取新知的活动,通过接受教育与培训获得持续成长的潜能,以摆脱对加速度变化着的环境的恐惧感,这也是一种安全的需要;饥饿的灵魂表现为期待发现和投入真正有意义的生命活动,以摆脱人生茫然和生命价值的失落感,这相当于自我实现的需要。

巩固 训练与提高

■ 概　　念 ■

公司治理　激励机制　内部治理　外部治理　独立董事

■ 课后练习题 ■

1. OECD 公司治理原则包括哪些内容?

2. 有效的公司治理应该包括哪些基本条件?

3. 良好的公司治理可以为企业带来哪些利益?

4. 公司治理的发展趋势有哪些?

5. 公司内部治理结构由哪些部门组成?

6. 公司外部治理结构包括哪些部分?

7. 设立独立董事有哪些意义?

8. 独立董事需具备哪些资格?

9. 设立激励机制需要具备哪些基本原则?

学习目标

1. 了解资产经营及其形式、效应和企业参与的动机
2. 了解借壳上市及壳公司的选择原则
3. 了解各类并购形式
4. 了解资产证券化及其具体形式、作用、风险

能力目标

1. 能够根据资产经营的动机来选择适当资产经营的形式
2. 能够选择"壳公司"及分析各类并购的优缺点
3. 能够识别资产证券化中的各类风险

案例导入

联想的并购之旅

2004 年 12 月 8 日上午 9 点,联想集团正式宣布以总价 12.5 亿美元收购 IBM 的全球 PC 业务,其中包括台式机业务和笔记本业务。具体支付方式为 6.5 亿美元现金和 6 亿美元的联想股票。收购完成后,中方股东、联想控股将拥有联想集团 45％左右的股份,IBM 公司将拥有 18.5％左右的股份。新的联想集团在 5 年内有权根据有关协议使用 IBM 的品牌,并完全获得商标 thinkpad 及相关技术,这就使联想的产品在全球 PC 市场上具有了最广泛的品牌认知。

2014 年 1 月 23 日联想春节年会上,联想总裁杨元庆宣布联想以 23 亿美元并购了 IBM x86 服务器业务,其中约 90％的金额以现金方式支付,而其余 10％会以股票方式支付。本次交易所涉及的产品包括 BladeCenter、Cluster、IBM Flex System、System z、IBM PureFlex、System x 等 x86 架构系统网络产品,而无形资产更是包括 x86 服务器相关的部分知识产权、7 500 名正式员工和 1 500 名合同员工,在 IBM 这些具有潜力的员工融入联想的大家庭时想必会产生更加强烈的"化学反应"。联想通过本次并购将会获得全

球 14% 以上的市场份额,稳居第三,而在国内市场联想将获得 22% 以上的市场份额居于首位。

2014 年 1 月 30 日凌晨,联想集团证实将以 29 亿美元从谷歌收购摩托罗拉移动。摩托罗拉移动的 3 500 名员工、2 000 项专利、品牌和商标,以及全球 50 多家运营商的合作关系都归入联想移动业务集团。根据双方达成的协议,收购价约为 29 亿美元,包括在收购完成支付 14.1 亿美元,其中包括 6.6 亿美元的现金,以及 7.5 亿美元的联想普通股股份支付,而余下 15 亿美元将以 3 年期本票支付。

联想为什么要不停的进行并购呢?

证券业公司业务主要是资产经营。资产经营是指资产的所有者和代理者以追求最大盈利和促进资产最大增值为目的,以价值形态经营为基本特征,通过对生产要素的优化配置与资产结构的动态调整,实现对多种资源、多种信息进行综合运行的经营活动。常见的资产经营活动包括改制、上市、兼并、收购和资产证券化等。

第一节　资产经营概述

一、资产经营的概念

资产经营是指资产的所有者和代理者以追求最大盈利和促进资产最大增值为目的,以价值形态经营为基本特征,通过对生产要素的优化配置与资产结构的动态调整,实现对多种资源、多种信息进行综合运行的经营活动。

资产经营的目的是追求最大盈利和促进资产的最大增值,这和公司金融的目的是完全一致的。资本市场中的价值增值可以分为五级:在私募资本市场中,公司通过溢价增资扩股实现原股东价值和公司价值的增值,这构成一级增值;在初级证券市场中,证券发行上市的溢价收益形成二级增值;在证券交易市场中,投资者进行证券交易的差价收益是三级增值;上市公司的并购重组等活动可以带来四级增值;应用期货、期权等衍生金融工具可以产生五级增值。

资产经营的手段是对生产要素的优化配置与资产结构的动态调整,这是实现资产经营目的的最主要环节。

资产经营的实质是对多种资源、多种信息进行综合运行使其具有最大的市场价值,实现最大的增值。

二、资产经营的形式

资产经营有两种类型:一类是依托资本市场进行的资产运作;另一类是在产权市场和无形资产市场中进行的资产及产权的流动与重组活动。

资本市场的资产经营主要有上市经营、增资配股、分拆套现、股份回购和出售、可转换债券、国际租赁和杠杆融资、抵押、投资基金等形式。产权市场的资产经营主要有资产股份经营、兼并与收购、资产重组、资产托管、资产租赁经营、资产承包经营、资产联合经营、产权转让等形式。

三、资产经营的效应

1. 结构放大效应

资产经营对经营对象作了极大的扩展,它把整个公司的一切资源,如厂房、设备、产品、货币、债权等有形资产,以及商标、专利技术、非专利技术(专有技术)、人才、商誉、管理、营销网络等无形资产,全部利用起来,通过在资本市场上的运作,实现资源的优化配置和资产的快速增值,即把经营对象由产业经营中的单一产品或劳务的简单平面结构,转换成由所有生产环节和生产要素乃至生产空间和时间有机构成的一个能创造极大经济效益的立体结构,带来资产价值急速上升。

2. 交易放大效应

随着经营对象的扩大和优化配置,资产经营的交易规模也随之急速扩大,交易量与产品交易相比往往会呈几何级数增长,是产品经营无法比拟的。

3. 市场放大效应

在资本市场全球化的今天,资产经营不仅可以利用资本市场的各种投资工具,而且可以利用资本市场特有的流动性强,不受空间、时间的限制,可与世界上任何地方的投资者进行交易等特点,这使市场容量几乎是无限的扩大。

4. 融资放大效应

资产经营把产业资本与金融资本结合起来融资,与一般融资相比,具有非常明显的特点:一是直接融资,它依托资本市场,资本来源面广;二是融资工具多元化,可根据条件和时机,灵活运用配股、注资、分拆、可转换债券、股份出售等各种融资工具;三是资金量大,目前所有国际化证券市场,集资量从几亿到几百亿元都有;四是股本型,无负债,增强了企业财务基础;五是无次数限制,只要企业经营得好,在资本市场上进行扩股和配售,基本上不受时间约束;六是具有兼容性,它不排斥一般融资方式,成功的资产经营还可以提高企业的知名度和资信度,更有利于企业进行其他方式的融资。

5. 时间放大效应

资产经营的投入和产出的周期是浓缩在一个特定的时间内,然后在特定市场交易中释放出来。因此,它的投入和产出的时间大为缩短,资金循环的速度加快。一般而言,企业收购其他企业资产,半年后就可包装上市,可使资金周转速度提高 10 倍以上。

6. 效益放大效应

资产经营通过对资产存量和增量进行管理、重组和交易,能在短期内使资产获得大幅度的增值,为企业带来巨大经济效益。而且,资产经营交易不是以资产的当时实际价值进行,而是以溢价方式进行,它不仅包括了当时价值,还包括了未来价值,即资产的未来盈利能力,使资产的未来价值和利润能够提前获得,这就大大提高了资产经营的投入产出比,实现了效益放大效应。

四、资产经营的动机

（一）利润与资产增值动机

企业追逐利润最大化的动机，是公司资产经营的原始动因与归宿。

追逐利润最大化与资产最大增值得以实现的更深层的原因是，本质上资产经营是资源优化配置带来的价值增值与资产控制、支配力的增强，即利润的新增长与资产支配力的新提高。众所周知，企业经营过程，是多种资源配置形成的生产与交换过程，由于企业管理体制与运行机制不可能始终处在最优的状态，由于市场始终处在千变万化之中，由于社会生产技术每时每刻都在不停地进步，由于社会需求时时刻刻都在发生变化，由于企业竞争格局与实力不断打破原有平衡……因此，各个企业的经营实际上不是在资源最优化配置的状态下进行的。资源配置的非优化，企业的盈利就不可能最大。企业资产经营从本质上说就是为了解决资源的非优化配置问题而进行的再配置，以实现利润最大化与资产最大增值。

（二）利用别人优势的动机

由于各种原因，各企业的经营状况客观上存在着很大的差别，例如，有的企业因为资源优势或者组织优势、人力资源优势、技术优势等而有着较高的利润率，而其他企业因为缺乏这些优势而利润率较低。于是，为了获取这些优势从而获得更高的利润，经常会有一些企业千方百计去兼并一些经营状况良好、利润率大于本公司利润率的企业。一旦完成兼并，兼并企业就能把被兼并企业的有利条件立即转化为整个企业的有利条件，进而使兼并企业利润增长与资产支配力提高。

（三）追求垄断利润的动机

追逐垄断利润是垄断产生的根源，也是垄断资本与企业始终不变的目标。众所周知，企业的垄断程度越高，对市场的控制能力也就越强，"垄断价格"也就越易形成，通过"垄断价格"获得的垄断利润也就越多。大企业兼并是形成和维护其垄断地位，实现其攫取垄断利润的最直接、最迅速的途径与方法。

（四）管理者获利的动机

现代公司制度的突出特点是所有权同经营管理权广泛地分离。股东同管理者之间的关系在法律上是委托人同代理人的关系。这种管理模式中，从理论上看，管理者理所当然地就是委托人利益最忠实的代理人。但在复杂的社会关系与经济活动中，管理者并不总是委托人最佳利益的忠实扮演者。当一项收购兼并既能使股东获利，又能使管理者获利，管理者一定会千方百计努力使这一兼并顺利实现；当一项收购兼并并不能使股东获利，甚至受损，但却能使管理者获利较大时，管理者同样会全力以赴地去促使这一兼并的实现。这种获利主要是表现在两个方面：一是使管理者获得更多的物质利益。由于现代大型企业的经营非常复杂，管理者的报酬往往是同企业的经营规模相联系。二是使管理者的无形资产增加。管理者管理的企业越大，其权力与社会地位等无形资产也会相应增大。

五、资产经营的作用

（一）加速资本集中的作用

资本是经济发展最基本、最具有启动功能、转化功能与替代功能的经济资源,不论是过去还是现在,尤其是在经济全球化的今天,资本对于企业的发展在许多情况下往往起着决定性的作用。因此,占有资本,特别是资本集中历来就成为投资者与经营者追逐企业迅速发展首先瞄准的目标。资产经营,特别是收购兼并活动,加速了资本的集中。

（二）扩大公司规模

企业规模是生产力诸因素在企业内的聚集程度,这种聚集程度上的差异,使企业规模表现为大、中、小三种类型。大型化使大型企业便于采用先进设备和先进工艺;有条件综合利用资源,进行技术开发、智力开发和产品开发,有利于合理组织生产以提高劳动生产率,降低成本,取得较高的规模经济效益等。因此,扩大经济规模,追求规模经济既是股东的愿望与企业领导者追逐的主要目标,又是现代工业化的客观要求。企业可以通过资产经营,特别是兼并收购活动,来造就规模庞大的企业。

（三）获得优质资产

此处的优质资产一般是无形资产,包括先进的技术、工艺、管理经验、品牌、销售渠道等。这些资产对公司的获利能力有很大影响,而且一般不可重置,或者重置需要花费相当长的时间,所以,拥有这些优质资产的公司往往与资本雄厚的公司通过资产经营的方式进行合作。那些资产雄厚的大公司也往往愿意花比较大的代价获得这些资产。

（四）增强竞争力

在激烈的市场竞争中,一些公司往往通过合并来增强自身的竞争力。很多并购都是专门对付竞争对手的。当一家公司感觉到市场上出现了强大的竞争对手威胁到自己的安全时,就会寻求增强自身实力的方法,这种方法往往是收购或者合并其他公司。

（五）抢夺市场份额

如中石油和中石化抢夺各地加油站的竞争就在于抢夺市场份额。

（六）加强专业化合作

加强专业化协作是现代社会化大生产的基本趋势之一。由于科学技术的飞速发展,使社会生产分工越来越细。专业化生产与协作,既有利于增加产量与提高质量,又有利于全社会的资源优化配置;现代企业规模越来越大,既有必要又有可能进一步实行专业化协作的发展;现代化交通与通信的迅速发展,为专业化协作的加强提供了十分便利的条件。尤其是在高科技条件下,部门间、行业间和产品间的相互渗透不断加强,许多新的甚至是跨部门的专业化与协作关系不断出现。因此,许多大公司或是通过兼并,重新按本企业产品生产的内在联系进一步加强本企业生产全过程的专业化协作,或是通过兼并一些专业化程度高,或有利于本企业协作进一步发展的企业来强化本企业的专业化协作关系。

（七）风险分散、释放和规避

1. 分散风险

（1）分散本企业或新进入行业可能产生的种种风险。任何企业都客观存在风险，随时都可能发生，尤其是那些经营单一产品的企业。通过混合兼并发展多种经营或多地区经营，即风险突然出现，企业也因多种经营或多地区经营完全有可能将风险分散，企业抗风险的能力大大增强。另外，企业如果想进军新的行业，所有经营业务都得重新熟悉起来，企业为此将会付出很大的成本代价。尤其是要与原有企业保持均势竞争乃至优势竞争，还必须承担由于价格低于成本或接近成本而引发的投资亏损风险。如果通过混合兼并来实现进军新行业的发展，不但可以迅速获得进军新行业的原有企业的生产能力和各种资源，还获得了原有企业的经验。经验—成本曲线效应在这种混合兼并中有着特别重要的作用。混合兼并后新形成的混合一体化企业的各部分可以实行经验分享，形成一种有利的竞争优势，能有效地分解乃至化解兼并企业进军新的行业所带来的风险。

（2）兼并分散了退出壁垒成本过高的风险。有些行业如冶金、钢铁业的资产具有高度的专业性，并且固定资产的比重大，从事这些行业生产经营的企业很难退出这一经营领域。这使行业内过剩的生产能力难以减少，整个行业的平均利润率只能保持在较低的水平上。通过兼并或被兼并，既可调整本行业内部结构，淘汰低效和陈旧设备，又可将资金、人力等资源顺利地转向被兼并或兼并企业，稳妥而有效地分散乃至化解退出壁垒成本过高的风险问题。

2. 释放和规避风险

横向兼并可以完全释放与规避企业发展所带来的各种风险，尤其是通过投资新建企业（或开发新产品）的方法发展，企业必须要花费大量的时间和财力去获取稳定的原材料、燃料来源，寻找合适的销售渠道，开拓和争夺市场。这种方法由于受到多种客观因素的影响而存在许多的不确定性，风险较大，资本市场上筹融资的风险成本高。而通过横向兼并来发展，企业可以迅速地利用被兼并企业的原材料、燃料来源、销售渠道和已占领的市场，原有企业对资本市场也较熟悉，筹融资的风险成本可以降低，其他各种风险也能自然地释放和规避。

第二节 改制与上市

一、改制的目的

（一）筹集资金

股份公司这一企业制度的产生和发展是与筹集资本、分散风险密切联系在一起的。通过发行股票，能在短时期内把社会闲散资金集中起来，达到社会化大生产、大规模经营所需要的巨额资本量。

（二）建立现代企业的运行机制

现代企业运行机制实际上就是公司治理结构。一般认为,公司治理结构是一套联系各相关利益主体的正式和非正式的制度安排,其根本目的在于通过这种制度安排,达到相关利益主体之间的权力、责任和利益的相互制衡,实现效率和公平的合理统一。具体来说,公司治理结构就是在股东大会、董事会、监事会和经理之间形成权力授予和制衡。

（三）优化资源配置

在传统计划经济体制下,由于我国国有企业采取了"国家所有,分级管理"体制,因而长期存在投资使用分散、重复建设、重复生产、生产要素流动性差等弊端,严重影响经济结构的调整和优化。通过股份制改组,能使企业产权有明确的归属,便于资产在全社会范围内流动,为调整产业结构提供了良好的条件,有利于突破部门、地区和所有制界限,协调各方利益,综合利用各部门、地区的投资能力,优化资源配置,推动企业的专业化发展和联合,调整不合理的产业结构。此外,通过股份制改制,可以吸收非公有制经济成分,既改善了国有经济的质量,也大大增强了国有经济的控制力。

（四）增强企业凝聚力

企业股份制改造可以从多方面增加企业凝聚力。首先,增加了股东的凝聚力,原有的企业,尤其是国有企业,承担了大量的非生产经营性的社会职能,非生产经营性资产存量很大,企业生产效率低。因此,出资人往往陷入常年补贴企业的状况,并且受到行政因素的影响,股东的权利难以保证。在企业改制过程中,这些对企业的获利能力没有贡献的风险会被剥离,从而提高企业的经营效率。企业股份制改造后,生产性资产与非生产性资产相分离,企业的经营职能与社会职能相分离,股东可以简单地依据出资比例行使投票权和分红权。即使企业亏损,股东也仅仅以出资为限承担有限责任。因此,极大地提高了股东投资的积极性,促使股东关心企业的生产经营状况,提高了股东与企业间的凝聚力。其次,股份制改造增加了劳动者的凝聚力。在企业股份制改造中,一些公司职工通过认购职工股成为公司股东,一些中小企业可以采用股份合作制。这样,劳动者既是企业的所有者,又是企业的劳动者,实现了劳动者与生产资料的直接结合。这种结合使企业的效益与职工的福利水平挂钩,有利于提高劳动者的主人翁责任感,并使职工的主体地位得到巩固和完善。因此,整个企业的动力机制就处于不断地自我完善、自我调节之中,企业的凝聚力极大增强。

（五）确立法人财产权,实现政企分开

增强企业的活力,转换经营机制,实现国有企业自主经营、自负盈亏,最关键的一点就在于明确产权关系。实现所有权与经营权的分离,企业法人财产所有权与股东的终极所有权分离。

在企业改组为股份公司后,公司拥有包括各出资者投资的各种财产而形成的法人财产权。法人财产权从法律意义上回答了资产归属问题,同时,从经济意义上回答了资产的经营问题。公司法人财产的独立性是公司参与市场竞争的首要条件,是公司作为独立民

事主体存在的基础,也是公司作为市场生存和发展主体的必要条件。公司的出资者都是公司的内部成员,因此,出资者所有权与法人财产权相互独立运作。政府部门只有在尊重法人财产权独立的情况下,实行政企分开,才能推动股份公司的成长和发展。

二、改制的条件

《公司法》规定的改制的条件如下。

(一) 设立有限责任公司的条件

(1) 股东符合法定人数。一般性有限责任公司,股东的法定人数为50个以下。

(2) 股东出资达到法定最低资本限额。根据公司经营范围的不同,《公司法》对其规定了不同的最低资本限额:有限责任公司为3万元;一人有限责任公司为10万元;股份有限公司为500万元。

(3) 股东共同制定公司章程。这里包括两层意思:第一,设立有限责任公司必须制定章程;第二,章程必须由股东共同制定。因为公司章程作为公司组织、活动的准则,对全体股东均有约束力;同时,公司股东人数有限,具备共同制定的条件,故以共同制定的形式通过章程。

(4) 有公司名称,建立符合有限责任公司要求的组织机构,如股东会、董事会(股东人数较少和经营规模较小的有限责任公司,可以设一名执行董事),不设董事会、监事会(股东人数较少和经营规模较小的有限责任公司,可以只设1~2名董事)等。

(5) 有固定的生产经营场所和必要的生产经营条件。

(二) 设立股份有限公司的条件

(1) 发起人符合法定人数。这里的法定人数是指发起人应为5人以上,而且过半数在中国境内有住所;国有企业改造为股份有限公司的,发起人可低于5人。

(2) 发起人认缴和社会公开募集的股本达到法定最低资本限额,即人民币500万元。

(3) 股份发行、筹办事项符合法律规定,包括履行必要的审批程序,已具备法律规定应当具备的文件并且符合法定要求等。

(4) 发起人制定公司章程,并经创立大会通过,章程具备法律必备事项。

(5) 有公司名称,建立符合股份有限公司要求的组织机构,如股东大会、董事会、监事会、经理层等。

(6) 有固定的生产经营场所和必要的生产经营条件。

三、改制程序

(一) 改制为有限责任公司的程序

(1) 提出申请。国有企业改造为有限责任公司,必须提出改造的申请,报有关部门批准。在通常情况下,是由准备改造为有限责任公司的国有企业提出申请,经国务院或省、市、自治区政府授权部门批准。

(2) 募集股本。改造为有限责任公司的,经国务院或省、市、自治区政府授权部门批准以后,申请设立有限责任公司的企业应当根据政府批准的股本规模募集股本,通常采用个别募集的方法进行。

(3) 召开出资人会议。募集的资本达到预计的规模后,应当召开出资人会议,签订出资人协议。

(4) 按照出资人协议约定的时间认缴资本,使资金到位。用实物资本和无形资产入股的,应进行资产评估并经有关部门确认。

(5) 请具有资格的验资机构进行验资,并出具验资证明。

(6) 申请设立登记文件的准备。改造为有限责任公司的企业,按照公司登记管理条例约定的要求,准备申请注册登记的有关文件,在收到政府批准改造文件之日起 90 日内提出申请设立登记。

(7) 召开股东会,通过公司章程,选举董事会和监事会。

(8) 申请设立登记。向公司登记机关申请设立登记,需提交以下文件:设立登记申请书;全体股东指定代表或委托代理人的证明;公司章程;具有法定资格的验资机构出具的验资证明;股东的法人资格证明书或自然人身份证;载明公司董事、监事、经理的姓名、住所的文件及有关委派、选举或聘用的证明;公司法定代表人任职文件和证明;企业名称预核准通知书;公司住所证明;政府批准改建为有限责任公司的文件。

一经登记注册,即标志着有限责任公司依法设立。

(二) 改制为上市公司的程序

根据《公司法》《证券法》《股票发行与交易管理暂行条例》等法律、行政法规的规定,募集设立股份有限公司并上市大致要经过以下几个步骤:选聘中介机构;提出改制申请;制定并实施企业改制、重组的总体方案;辅导;提出股票发行及上市申请;发行股票;召开创立大会;申请设立登记;上市交易。

1. 选聘中介机构

根据有关法律、法规规定,企业改组为股份有限公司必须选聘必要的中介机构参加。选择中介机构应当综合考虑中介机构的实力、业绩、人员素质等情况。

企业股份制改组必须聘请的中介机构及其主要任务是:

(1) 主承销商。负责文件的制作、改制和发行工作的总协调以及股票的承销,并可担任发行及上市辅导机构。

(2) 具有从事证券相关业务资格的会计审计机构。负责对公司的财务状况进行审计,出具审计报告;同时对盈利预测进行审核,出具审核报告。

(3) 具有从事证券相关业务资格的资产评估机构。负责对企业的资产进行评估并出具评估报告。

(4) 具有从事证券相关业务资格的律师事务所。发行人应聘请律师,发行人律师主要负责审查企业的重大合同等法律文件,审查企业行为和中介机构的行为是否符合法律要求,并出具法律意见书和律师工作报告。

中介机构确定以后,企业应积极配合协调各中介机构工作,一般以主承销商为牵头召集人,成立专门的工作联系和协调小组,经常召开工作协调会,明确各机构的具体分工,讨论企业重组方案并确定工作时间表,及时解决各种问题,以便有组织、有计划地进行股份制改组工作。

2. 提出改制申请

企业应当充分考虑自身的实际需要和客观条件,比较直接融资和间接融资方式对企业发展的影响,在自身条件符合改组为股份有限公司的前提下,向国务院授权部门或省级人民政府提出改组申请。

拟改组的企业在提出申请前,还应当签订发起人协议,明确双方的权利义务关系,确定在设立公司中的分工和责任。此外,一般还应有股东会、董事会同意成立股份公司的决议。

3. 制定并实施企业改制、重组方案

企业改制总体方案主要包括以下三方面的内容:

(1)资产重组的设想。公司在上市前的资产重组,是公司上市的必要条件,也是世界各国的通常做法。但由于我国的国情不同于他国,以及上市公司的特殊性,导致了重组的内容和要求有许多差异。

公司上市前的资产重组要达到的目标包括提高资本利润率,以求获得尽可能好的发行价格和尽可能大的市值;避免上市公司在业务上与原企业的另一部分资产和业务发生同业竞争;减少关联交易;资产剥离。

资产重组的对象是企业资产,主要包括固定资产、流动资产、长期投资和无形资产等,这些都是资产重组的对象。各种形式的资产是否进入上市公司,受多种因素的制约,但主要是看如何处置更符合资产重组的目的。在我国当前条件下,一般的原则是,要兼顾上市要求和分离出来资产的生存与发展两个方面的需要,在两者有矛盾的情况下,应把适应上市要求放在第一位。进行了资产重组后,相应的负债也应该进行相应的分配。

资产重组的方式主要有整体改造、分立、合并等三种方式。整体改造是指拟改造的企业将其全部资产,包括经营性资产和非经营性资产都投入股份有限公司,以此作为股本,再发行股票增资扩股,原企业不再存在。分立是指拟改造企业根据一定的设想和原则将企业资产进行分割重组,一部分资产作为股本投入改造后的股份公司;另一部分资产保留在原企业内,由原企业或原企业的主管部门作为对股份有限公司的国有法人股权的管理单位。有时也采用将原企业分为两个以上的独立法人,消灭原企业的法人资格,由分立后的某一家企业作为对股份有限公司国有法人股权的管理单位。合并是指拟改造的企业与其他拟改造的企业进行合并,将资产重新组合。合并包括全部资产合并和部分资产的合并。通过良性资产的合并,可以提高改造后企业的整体效益,扩大其规模,增加其从证券市场上募集资金的能力。

资产重组方案的最后确定。资产重组方案的最后确定,通常要经过三个步骤:首先,在改制总体方案中提出资产重组初步设想,并得到政府有关部门的认可;其次,提交第一次中介机构协调会进行讨论修改,进一步完善;最后,在设立公司的申请中正式上报,由政府批准。

(2)股票发行的设想。股票发行的方案主要是确定股票发行的规模、募集资金的用途、发行价格、发行方式与上市地点等。在改制总体方案中提出股票发行的设想,主要目的在于确定发行规模。为了确定发行规模,首先,应确定资金需要量,根据已经批准的建设和改造项目,明确共需要投入多少资金。在此基础上,再明确近期(通常不少于一年半)内需要投入的资金;其次,根据当时股票市场的行情,与证券公司协商确定发行价格,报中国证监会核准;最后,明确发行方式和上市地。

(3) 需要请示政府的问题。国有企业改造为上市公司的总体方案中之所以必须包括这部分内容,是因为政府是国有企业所有者的代表。

需要请示政府的问题,随着各个上市公司情况不同而异,但通常包括以下各项:明确发起人单位;明确国有股份的持股单位;明确军工任务的处理方法;明确非经营性资产分离后需要的优惠政策;其他需要政府决定的问题。

(4) 改制总体方案上报。在国内上市的公司,中央企业需报国务院有关部门批准,地方企业需报省、市、自治区政府批准。在境外上市的公司,无论是中央企业还是地方企业,均应报国务院有关部门批准。

4. 辅导

根据中国证监会 1995 年 9 月 5 日发布的《关于对公开发行股票公司进行辅导的通知》,在股票发行与上市的过程中,应当聘请符合条件的证券经营机构进行辅导。辅导期自公司与证券经营机构签订辅导协议起,至公司股票上市后 1 年止;辅导期包括承销过程的辅导和上市后的持续辅导两个阶段。

辅导券商原则上应当与代理该公司发行股票的主承销商为同一证券经营机构。如果两者不一致的话,则需要详细说明更换理由,地方证券管理部门则视情况确定是否可以连续计算辅导期限。

承销辅导工作报告和验收报告作为公司申请投票发行和上市的必备文件,与《企业公开发行股票申报材料》一并报中国证监会。

5. 提出股票发行与上市的申请

当发行人完成企业发行准备工作以后,就应向中国证监会提出股票发行与上市的申请。如果是在境内发行,需要取得工商行政管理部门的名称预先核准登记;如果是境外发行,在发起人完成改组和重组并缴足认购的股份后,经国务院主观部门批准可以在工商部门办理设立登记手续,然后再向境外募股。

6. 预选

按照现行规定,申请发行人民币普通股(A 股)的企业需要经过预选阶段:

(1) 中国证监会审查企业预选申报材料,对符合条件且主承销商、会计师事务所、律师事务所和资产评估机构也已出具关于申报材料有关内容符合真实、公正、合规标准承诺函的企业,受理其申报材料,并登记受理时间。

(2) 中国证监会受理企业预选申报材料后 5 个工作日内,将预选材料分送有关部门,分别就基建或技改项目的可行性、相关批文的合规性,以及是否符合国家产业政策征求意见。在 15 个工作日内出具审核意见。

(3) 预选材料分送有关部门 15 个工作日后,中国证监会开始对企业改制方案、资产重组方案、收购兼并方案和财务会计资料进行审核,并在自受理材料之日起 25 个工作日内提出预选审核意见。中国证监会对符合条件的企业,同意其上报发行股票正式申报材料,并初步确定企业股权结构和社会公众发行股票的方案;对不符合条件的企业,不予同意,由地方政府和国务院有关产业部门另行推荐其他企业。

7. 审批

企业通过预选后,企业会同中介机构按国家有关规定进行各项准备工作并制作正式申报材料,报送地方政府或国务院有关产业部门初审。地方政府或国务院有关产业部门应在收到企业发行申请后 30 个工作日内,根据《公司法》《股票发行与交易管理暂行条例》及中国证监会的有关规定完成初审并出具意见,向中国证监会报送企业发行股票的正式申报材料。

中国证监会发行部根据《公司法》《证券法》《股票发行与交易管理暂行条例》及国家其他相关法律、法规、政策和中国证监会的规定,对企业申报材料进行审核,并出具书面反馈意见。企业和中介机构按照反馈意见修改材料后,送发行部验证确认,并经发行审核委员会复审同意,即可公开发行股票。

8. 发行股票

发行人在获得中国证监会同意其公开发行股票的批复以后,就可以按照批准的发行方案发行股票。

9. 召开创立大会

发行的股份缴足后,发起人应当在 30 日内主持召开创立大会,创立大会由认股人组成。发起人应当在创立大会召开 15 日前将会议日期通知各认股人或予以公告。创立大会应有代表股份总数 1/2 以上的认股人出席,方可举行。

10. 申请设立登记

董事会应当于创立大会结束后 30 日内,向公司登记机关(公司所在地的工商行政管理部门)报送申请报告及相关文件,申请登记设立。

经公司登记机关核准设立登记并发给《企业法人营业执照》后,公司即告成立。公司凭《企业法人营业执照》刻制印章,开立银行账户,申请纳税登记。

11. 上市交易

股份有限公司申请其股票上市交易,必须报经中国证监会核准。中国证监会可以授权证券交易所依照法定条件和法定程序核准股票上市申请。

向中国证监会提出股票上市交易申请时,应当提交下列文件:

(1)上市报告书。

(2)申请上市的股东大会决议。

(3)公司章程。

(4)公司营业执照。

(5)经法定验证机构验证的公司最近 3 年的或者公司成立以来的财务报表。

(6)法律意见书和证券公司的推荐书。

(7)最近一次的招股说明书。

股票上市交易申请经中国证监会核准后,其发行人应当向证券交易所提交核准文件和前条规定的有关文件。证券交易所应当自接到该股票发行人提交的前款规定的文件之日起 6 个月内,安排该股票上市交易。

四、借壳上市

"壳公司"的英文名为"shell company",在我国又被译为"空壳公司"等。简单地讲,所谓的"壳"是指保持着上市资格,但规模较小、业绩一般甚至亏损的公司。根据"壳公司"的具体情况,它可被分为三种类型:"实壳公司""空壳公司"和"净壳公司",其中,实壳公司业务规模小、业绩一般或较差;空壳公司业务有显著困难,处于停业状态,悲观前景无法扭转;净壳公司则具有壳公司的一般特征,同时无负债、无法律纠纷、无违反上市交易规则的行为、无遗留资产等。

(一)借壳上市与买壳上市

在国外,由于资本市场上没有国家股和国有法人股,借壳上市和买壳上市之间没有多大的区别,一般情况下将借壳上市和买壳上市作为同一个概念来看待。根据我国的情况,借壳上市与买壳上市还是有区别的。

买壳上市是指企业通过对上市"壳公司"的股权有偿受让或二级市场收购来获取上市公司的控制权,进而实现企业或部分资产的上市,这里主要突出了获取"壳公司"的有偿性。

借壳上市主要是指国有大中型企业(控股公司)或国家资产管理部门将其非上市子公司的资产通过一定的方式整合到其上市子公司中去,从而使这些资产间接上市。

(二)"壳公司"的选择

借壳或买壳上市的目的是取得相应的上市资格,达到企业整合业务、扩大规模、融通资金的目的。在买壳的过程中,必须根据自己企业的资金、业务和发展状况,选取相对应的"壳公司"进行操作。一般情况下,应遵守如下几个方面的原则。

1. 业务接近原则

准备借壳(买壳)上市的企业在选择"壳公司"时,必须考虑双方的业务是否接近。这主要表现在对"实壳公司"和"空壳公司"的选择上,这两种类型的"壳公司"都不同程度地拥有原来的业务和资产,如果实现了买壳,必须考虑对企业业务进行重组或转移,如果两者的业务接近,则解决上市公司的资产比较简单。如果两者的业务相差较远,则在处理上市公司的业务方面要付出较大的成本,甚至可能造成借壳上市的失败。当然对于"净壳公司"则不需考虑这些问题。

2. 规模对等、类型匹配原则

虽说"壳公司"的规模都不会很大,但是还是有区别的,一般的标准是:"净壳公司"适宜装入中型的企业;"空壳公司"适宜装入大中型的企业;"实壳公司"则适宜装入特大型和大型企业。

3. 上市公司的"股权集中度"

借壳或买壳上市的一个重要基础是对"壳公司"具有控制权。控制权分为两种:

绝对控股和相对控股。绝对控股是指掌握"壳公司"51%及以上的股份,实现对公司的绝对控制权;相对控股是指掌握"壳公司"一定的股份,一般低于50%,但是由于其他股东的股份比较分散,因而仍可以以第一大股东的身份控制"壳公司"。准备以控股的方式进入"壳公司"时,必须考虑"壳公司"原有股东的情况,如果其股权比较集中,收购时如与几个大的股东协商得好,工作将进行得很顺利,协商不好则可能带来很大的困难甚至失败;如果股权比较分散,收购时就比较顺利,而且购买的股份也不需要很高。

我国股票市场的情况与国外有所不同,由于上市公司的股份中既有不能流通的国家股、法人股,又有可流通的股份,而且往往是非流通股占有大部分,因此在我国采用非流通股的转让进行借壳或买壳上市是一条高效和低成本的方式。目前我国的借壳上市或买壳上市绝大部分是通过这种方式。通过二级市场的收购,由于相应的"壳公司"较少,成本也比较高,在我国资本市场出现较少。

(三) 借壳上市方式

借壳上市方式的选择分为两个阶段,即取得"壳"的阶段和将壳外资产注入"壳"的阶段。

取得"壳公司"的控制权的方式有两种:一种是收购壳公司(实为买壳)的股权;另一种是与壳公司的控股股东进行协商,成立新的控股公司。我国目前收购之外的借壳方式是国有资产的无偿划拨,通过将优良资产划拨给"壳公司"的控股股东或将"壳公司"的控股权无偿划拨给欲借壳上市的企业,完成企业借壳上市的前期工作。

在企业取得了"壳公司"的控股权之后,就可以进行上市的工作。根据资产上市的程度和业务对应情况一般有以下几类方式:

(1) 资产完全置换方式。即将"壳公司"中原有的业务和资产完全剥离出来,而将等值的壳外优良资产置换进去,从而完成"壳公司"规模不变条件下的资产上市。这种方式适用于两种业务完全不同的情况,其最大的优点是:资产上市过程中不需要动用大量资金。

(2) 资产逐渐置换方式。即将"壳公司"中的资产与壳外资产采取分期分批置换的方式。这种方式比较温和,利于企业的平稳发展,适用于壳内外业务较为接近的情况,同样上市过程中不需要动用大量资金。

(3) 反向收购方式。取得"壳公司"的控股地位以后,"壳公司"利用资金来收购原有企业的资产,同样达到了原有资产上市的目的。但这种方式的缺点是必须短期内动用大量资金,资金的来源一般是配股、银行信贷和发行企业债券所筹集的资金,其中配股和企业债券正是"壳公司"融资的优势之所在;这种方式适用于"壳公司"和壳外的业务都比较良好的情况。当然,采用反向收购方式使资产上市会使公司的规模迅速增大,在经营管理以及资本市场的运作上将带来一些新的问题。

第三节　公司购并

一、购并的概念

（一）国际上通行的购并概念

国际上通行的购并被称为"M & A"，即英文"merger & acquisition"的缩写。而实际"M & A"是一个内涵十分广泛的概念，它包括 merger（兼并）、consolidation（联合）、acquisition（收购）以及 takeover（接管或接收）等。

1. 兼并

兼并是指两家或更多的独立的企业、公司合并组成一家企业，通常由一家占优势的公司吸收一家或更多的公司。这种方式就是一般意义上的吸收合并。兼并的方法：

（1）可用现金或证券购买其他公司的资产。

（2）购买其他公司的股份或股票。

（3）对其子公司股东发行新股票以换取其所持有的股权，从而取得其他公司的资产和负债。

2. 联合

联合又称合并。合并有两种方式：一种是吸收合并（法律上又称之"兼并"），即一公司接收另一公司；另一种是新设合并（法律又称之"联合"，即在接收几家现有公司基础上设立一家新公司）。而实际上吸收合并也就是上面所述的"兼并"，即 merger。新设合并，也称为"联合"，英文对应的单词是"consolidation"，它的一般含义是指两个或两个以上的公司通过法定方式重组，重组后所有的公司都不再继续保留其合法地位，而是组成一新公司。

3. 收购

企业兼并、合并常常是与收购相联系的。收购是指一家公司在证券市场上用现金、债券或股票购买另一家公司的股票或资产，以获得对该公司的控制权，该公司的法人地位并不消失。收购有两种：资产收购和股份收购。资产收购是指一家公司购买另一家公司的部分或全部资产。股份收购则是指一家公司直接或间接购买另一家公司的部分或全部股份，从而成为被收购公司的股东，相应地承担该公司的债务。

4. 接管

接管（takeover）则是指某公司具有控股地位的股东（通常是该公司最大的股东）股权持有数量被他人超过而被取代的情况。此后，通常该公司的董事会将被改组。

（二）我国对购并的认识

购并概念在我国是以企业兼并以及与此相联系的产权转让或产权交易形式出现的，主要有以下几种理解：

第一种理解，认为企业购并是指一个企业吸收另一个或多个企业，购并企业依然保留法人地位，被兼并企业的法人地位消失。这实际上就是吸收合并。在这种合并形式中，兼并企业要承担被兼并企业的全部资产和负债。

第二种理解,认为企业兼并是一种对企业控制权的商品交换活动,而企业的控制权则包括了企业的经营权、使用权和部分相对所有权。企业兼并是一种商品交换活动,它的实质是在公开的市场上对企业的控制权进行的一种交换活动,交换的主要内容是由各种生产要素构成的整体商品——企业。其目的是为了要获得一个企业的控制权。

第三种理解,认为企业兼并是指企业所有权或企业产权的转移或转让。这里的所有权是指法律上的所有权。

从以上的三种理解不难看出,我国对企业购并的认识是和企业产权的转让密切相关的。而按照西方国家的惯例,产权转让只能采取企业购并的形式,产权转让可以说是企业购并的同义语。而我国企业的购并由于产权转让与国际通行的概念已有偏离,其内容要复杂得多。

二、购并的类型

按照不同的分类方法,企业购并可分为横向购并、纵向购并、混合购并、新设合并、吸收合并等多种类型。

(一)横向购并、纵向购并和混合购并

从市场结构与产业关联的角度,可分为横向购并、纵向购并、混合购并三种类型。

1. 横向购并

横向购并(horizontal merger)也称水平购并,是指同属一个产业或行业部门,生产、销售同类产品的竞争企业间的购并。通过横向购并,使资本在同一生产、销售领域或部门集中,从而优势企业可以通过吞并劣势企业组成横向托拉斯,扩大生产规模以达到新技术条件下的最佳经济规模。实质上,横向购并是两个或两个以上相互竞争企业间的购并,其目的在于消除竞争、扩大市场份额、增加购并企业的垄断实力或形成规模效应。

横向购并的主要基础是规模经济。通过购并来实现规模经济,必然要涉及企业组织的调整和改善,这是一个重要的前提条件。如果简单维持原有企业的生产组织、分工和管理,而不加以重新改组和调整,就无法实现规模经济。

横向购并历史已经很久。这种购并形式在早期购并中非常流行。西方企业在19世纪末20世纪初的横向购并促成了一些国家国内垄断的形成,如美国出现了众多规模庞大的企业,有石油托拉斯、糖业托拉斯、钢铁托拉斯、铅加工托拉斯等甚至支配了相关产业达数十年之久。企业横向购并也是企业争夺国际市场、扩大垄断的主要手段。1997年美国波音公司与麦道公司合并就是为了垄断世界飞机制造市场。

2. 纵向购并

纵向购并(vertical merger)也称垂直购并,是指生产过程或经营环节相互衔接、密切联系的企业之间,或者具有纵向协作关系的企业之间所发生的收购和兼并,以形成纵向生产一体化。纵向购并实质上是处于生产同一产品、不同生产阶段的企业间的兼并,兼并双方往往是原材料供应者和产成品购买者,所以对彼此的生产状况比较熟悉,有利于兼并后的相互融合。从兼并方向看,纵向购并又有向后购并和向前购并之分。前者是指生产原

材料和零部件的企业购并加工、装配企业或生产企业购并销售商。后者则是向生产流程前一阶段企业的购并。纵向购并主要集中于加工制造业和与此相关的原材料、运输、贸易公司,它在国外公司发展史上占有重要地位。

企业实行纵向购并,可以取得以下优势:

(1)可以通过加强生产过程各环节的配合,保证生产要素供应,加强生产流程,缩短生产周期,获得较确定的产品市场。

(2)技术上的经济性。有些行业,通过纵向购并可以把相继生产环节联系起来,以便从技术上节约成本,这种技术上的经济性会促使企业的纵向购并。在类似的流水线加工作业的行业中,纵向购并的技术经济效益显得尤其明显。

(3)减少交易费用,取得市场交易内部化效益。计划和市场是两种可以互相替代的资源配置机制,交易费用决定了企业的存在,企业的主要特征是通过计划而不是市场机制来配置资源、组织经济活动的,企业内部经济活动的协调发展可以节约交易费用,尤其当市场的交易费用很高时。在市场交易费用很高的情况下,可以通过纵向购并,把一些原本要在市场上通过市场机制的作用来完成的生产经营活动,如购买投入要素或销售产品等,转化为企业内部的供应调拨关系,即通过企业把市场交易内部化来节约组织经济活动和配置资源的成本。

(4)减少政府干预。政府对于企业的干预可以通过对价格、税收抑或利润率的规定来实施。通过纵向购并,将利润从高税率企业向低税率企业转移,以增加税后利润;或把利润从受管制的部门转移到不受管制的部门,以避开政府对利润率的限制,增加利润,以减少政府干预。

3. 混合购并

混合购并(conglomerate merger)也称双重购并,是指两个或两个以上相互间没有直接的投入产出关系和技术经济联系的企业之间的购并。混合购并又可以分为不同的形式:产品扩张型购并、市场扩张型购并和纯混合型购并。产品扩张型购并是相关产品市场上企业之间的购并;市场扩张型购并是一个企业为扩大其竞争地盘而对它尚未渗透的地区生产同类产品的企业进行兼并;纯混合购并是那些生产和经营彼此间毫无联系的产品或服务的若干企业的兼并。

与混合购并密切相关的是多角化经营战略,这种经营战略是当代一些跨国公司尤为青睐的一种全球发展战略。按照多角化经营战略,跨国公司或采取合资形式,或采取兼并方式,向本企业的非主导行业投资或开辟新的业务部门,以便减少经营局限性、分散投资风险以及扩大企业知名度。与横向购并和纵向购并相比,这种购并形态因收购公司与目标公司没有直接业务关系,其兼并目的往往较为隐晦而不易为人察觉和利用,而有可能降低购并成本。与纵向购并类似,混合购并也被认为不易限制竞争或构成垄断,故而不常成为各国反托拉斯法(反垄断法)控制和打击的对象。

(二)新设合并与吸收合并

按购并双方在购并完成后的法律地位划分,主要分为新设合并和吸收合并两种形式。

1. 新设合并

新设合并又称设立合并,是指两个或两个以上的公司合并成一个新公司的行为。新设合并具有如下特征:在新设合并中,参与合并的公司全部消失,重新设立的公司或称新设公司获得消失公司的全部财产并承担它们全部债务和其他责任。每个消失公司的股票或股份转化成新设公司股票或股份、债务或其他证券,或全部或部分地转换成现金或其他财产。

新设合并条件是,参与合并的公司董事会必须制定合并计划(该计划须经股东大会批准),并由新设公司报工商管理部门。如果公司股东对合并提出反对,则新设公司有义务向持异议的股东支付现金。

2. 吸收合并

吸收合并是指一个或几个公司并入一个存续公司的交易行为。例如,A公司吸收B公司,B公司债权、债务由A公司承担,B公司应注销,A公司应办理变更登记。

吸收合并具有如下特点:在存续合并中,存续公司获得消失公司的全部业务和资产,同时承担各消失公司的全部债务和责任。消失公司的股份得转换成存续公司或其他公司的股份、债务或其他有价证券,或全部或部分地转换成现金或其他财产。吸收合并的条件是,实施合并公司的董事会制定有效的合并计划,根据原先规定经股东大会批准并由存续公司将合并章程呈递有关政府工商部门。如果规定公司合并必须经股东大会批准,但少数股东不同意合并,则公司有责任以现金支付上述不同意合并股东的股份。在吸收合并中,存续公司要申请变更登记,消失公司应申请解散登记。

(三)其他购并形式

从购并实施的战略来看,还有以下的购并形式。

1. 购买式购并

购买式购并是指购并方出资购买目标企业的资产。一般以现金为购并条件,将目标企业的整体产权买断,购并后被购并企业的法人主体地位消失。

由于购买式购并多以现金为出资方式,所以该种购并方式具有操作简单、收购迅速等优点,并且对于购并公司而言,以现金收购目标公司,现有的股东权益不会因此而被淡化,有助于保持兼并公司股权结构的相对稳定。但是,这种购并方式要动用大量的现金,并且需要缴纳资本收益税,这不仅加重了兼并企业的现金负担,而且加重了目标公司的税收负担。而采用推迟付款或分期付款的方式,一方面可以缓解现金收购给企业带来的短期内付出大量现金的负担,购并之后目标公司的经营收益也可以成为购并企业延期付款的资金来源,进一步提高兼并公司未来付款能力。另一方面,可以为目标公司的股东带来税收上的益处,为其提供减轻资本收益税的机会,使其有足够的时间来安排收益,从而支付最少的税额。在我国企业进行跨国购并时可能会遇到资本收益税的问题,此时可以考虑选择分期付款的方式来解决。

2. 承担债务式购并

所谓承担债务式购并,是指在目标企业资产与债务等价的情况下,购并企业以承担目标企业的债务为条件接受其资产,作为被购并企业,所有资产整体归入购并企业,法人主体消失,丧失经济实体资格。

由于承债式购并方式以承接债务为特点,兼并企业在收购时可以不支付现金,所以具有减轻购并企业现金负担压力等优点,但这种购并方式会加重企业债务负担,这是此种购并方式最大的缺点。企业在采取承债式购并方式时,要仔细考虑被购并企业的负债是什么原因造成的、负债结构又如何、债务能否改善等因素,以保证承债式购并的成功。

3. 控股式购并

所谓控股式收购,是指一个企业通过购买其他企业的股票达到控股,实现购并。被购并企业作为经济实体仍然存在,具有法人资格,但要被改造成股份制企业,购并企业作为被购并企业新的股东,对被购并企业的原有债务不负有连带责任,其风险责任仅以控股出资的股金为限,这种购并不是以现金或债务转移作为交易的必要条件,而是以所占企业股份份额为主要特征,以达到控股目的,实现对被兼并企业的产权占有。一般而言,控股式购并具有迅速实现资本集中,以少量资本控制大量资本,大规模扩张企业资产等优点,但存在因控股关系复杂、协调成本较高等弊端。

4. 股权交换式购并

股权交换式购并,是指购并企业通过增加发行本公司的股票,以新发行的股票替换目标公司的股票达到收购目的的一种购并方式。当收购交易完成之后,目标公司被纳入购并公司,购并公司扩大了资产规模,购并之后的公司股东由兼并企业股东和目标公司股东共同组成,但是兼并公司的股东在经营控制权上占据主导地位。

股权交换式购并方式,购并方不需要支付大量现金,因而不影响购并公司的现金,也避免了资本收益税问题。但是,此种购并方式会改变企业的股权结构。因此,企业在决定是否选择该种购并方式时应综合考虑下列因素:兼并方的股权结构;每股收益率的变化;每股净资产值的变动;财务杠杆比率;当前股价水平等。

5. 杠杆购并

杠杆购并是指兼并公司通过大规模向金融机构借债或发行高利率风险债券(垃圾债券)筹集资本收购目标公司的行为。杠杆收购的负债比例一般在1:5～1:20之间,通常在10年以内分期偿还。在筹建过程中,债权人与债务人之间要签订"股权回购协议",即在收购方向金融机构借款或向机构投资者发行债券时,这些投资者为保证投资的安全性,要求先以这部分投资作为一种权益,待收购成功并进行结构调整和资产处置后,收购者再向其贷款者以原来的贷款额加上一定比例的利息购回贷款者在购并公司中所占的股份份额。

杠杆收购的突出特点是收购者不需要投入全部资金即可完成收购。正是由于这种做法只需要较少的资本即可完成,所以被称为杠杆收购。杠杆收购的实质就是一个公司主要通过借债来获得另一公司的产权,再从后者的现金流量中偿还负债的收购方式。在实施杠杆收购时,购并公司要考虑购并后公司能否还清负债,这可谓是选择杠杆收购方式时首要考虑的关键因素。此外,购并企业还应考虑目标对象的组织结构、财务状况等。

三、购并程序

企业购并是一项相当复杂的交易过程,涉及经济、法律等多方面,需要谨慎对待。不同性质的企业,其购并的程序也不尽相同,我们将企业分为一般公司和上市公司两种类型,分别介绍这两种企业购并基本操作过程及相关内容。

(一)一般公司的购并程序

这里所说的一般公司,指非上市的公司,这类公司购并一般遵循的程序如下:

(1)通过磋商和洽谈,初步确定购并对象。须注意如果初步确定对象是国有企业,根据有关法律、法规,要先报有关部门审批,一般说来,若该企业归地方管理,则需经相应地方政府审批;中央管理的企业由国务院有关部门报国务院审批。

(2)对被购并企业进行调查。目标企业的调查包含目标企业动机分析,产业分析,企业人、财、物等各项资源的分析,企业产、供、销等运营状况的分析等。并且,要深入了解此次购并适用的法律、规则和条例等。

(3)对被购并企业进行资产评估。在实施购并过程中,以什么样的价格购并目标企业是双方所关注的焦点,而购并价格的确定则基于对目标公司所进行的评估结果。经购并相关方协商,聘请具有公正性和权威性的资产评估机构对目标公司的资产价值和经营成果进行详细的审查、鉴定、估算与评价,确定购并的交易底价。

(4)以底价为基础,确定最终成交价。

(5)购并相关方签署协议。

(6)办理有关经济及法律手续。

(二)上市公司的购并程序

这里所介绍的上市公司购并是指投资者通过证券市场公开收购股份有限公司的股份以达到控股或收购目的的行为。在我国,购并上市公司可以通过购并法人股或流通股得以实现。以下参照《证券法》有关规定对上市公司并购重组的程序作一介绍:

(1)根据购并目的和动机,找寻购并目标和对象。

(2)对被购并企业进行调查。

(3)秘密收购目标公司不足以要求发出公开收购要约的股票。购并公司通过秘密收购目标公司股份作为下一步整体报价的一个跳板,是十分有利的,因为它不会引起目标公司股票价格的波动,收购公司可以以较低的价格收购目标公司的股票,降低购并成本。我国《证券法》明确规定,通过证券交易所的证券交易,投资者持有一个上市公司已发行股份的5%时,应当在规定期限内向有关部门及上市公司通告,并作出书面报告和公告;当其所持该上市公司已发行的股份比例每增加或者减少5%,同样必须作出通告。

(4)发出购并要约。如果购并公司持有目标公司的股票达到了法律规定要求提出收购要约的数额,购并公司必须发出收购要约。《证券法》规定,通过证券交易所的证券交易,投资者持有一个上市公司已发行股份的30%时,继续进行收购的,应当依法向该上市公司所有股东发出收购要约。大多数国家规定,要求提出收购要约的数额比例一般是30%左右。因为当收购比例达到30%左右时,就有可能对目标公司的另外一些股东的权益产生影响,因此必须对全体股东发出公开收购要约,进行全面收购,以保证公司股东的权益。

(5)报送收购报告书。《证券法》明确规定,在向目标公司发出收购要约时,收购人必须事先向国务院证券监督管理机构报送上市公司收购的决定,报告书内容包括:被收购的上市公司名称;收购目的;收购股份的详细名称和预定收购的股份数额;收购的期限、收购的价格;收购所需要资金额及资金保证;报送上市公司收购报告书时所持有被收购公司股份数占该公司已发行的股份总数的比例。

(6)目标公司对收购要约的批准和接受。收购公司公开其收购要约后,目标公司的股东将根据相关信息,决定是否出售股票。若接受收购要约,目标公司有义务在接受收购要约后提供其持有的已发行股票权,已发行股份及任何转换、认购或其他权力的详情。

(7)公布收购结果,收购上市公司的行为结束后,收购人应当在 15 日内将收购情况报告国务院证券监督管理机构和证券交易所,并予公告。

第四节　资产证券化

一、资产证券化概念

资产证券化(asset securitization)是指将缺乏流动性的资产,转化为金融市场上可以出售的证券的一种融资活动。资产证券化利用不具有流动性的资产筹集了运营所需的资金。

最初的资产证券化是将住宅抵押贷款组合作为担保或抵押,发行抵押债券,从而实现了住宅抵押贷款的证券化。在此之后,又广泛地运用了非抵押债权资产进行证券化。由非抵押债权资产为担保发行的证券一般被称为资产支持证券(asset-backed securities,ABS)。而需要抵押债权作担保的称为抵押担保证券(mortgage-backed securities,MBS)。贷款、信用卡贷款、其他分期还款的贷款、应收账款、普通工商贷款、无担保消费贷款、公用事业租赁等能够产生现金流量的应收债权都陆续进入了资产证券化的领域。

资产证券化交易中主要有这样一些参与者:发起人、借款人、投资者、服务人、发行人、受托管理人、投资银行、信用提高机构和信用评级机构:发起人(originator)就是持有原始资产并想将其证券化的机构,也称为原始权益人,借款人(borrower)是将要证券化的资产中借款的一方,借款人需要按照这种原始资产债权的约定向发起人支付本金和利息,有时也将借款人称为债务人。投资者(investor)是购买资产证券的人。服务人(servicer)是负责收取证券化资产的本金和利息的机构,在借款人发生违约时,负责追讨欠款。发行人(issuer)是发行资产证券的机构。受托管理人(trustee)是由发行人授权在资产证券化交易中代表投资者利益的机构。借款人归还的本金和利息由服务人存入一个特别账户,然后由受托管理人按照资产证券的支付条款向投资者支付本息,如果还有剩余款项,受托管理人负责将它们进行再投资,以获取更多的收益,保证了投资者投资的安全。投资银行(investment bank)是承销商,负责向投资者公开出售或私募资产证券。信用提高(credit enhancement)机构可以是发行人或第三方,负责提升所发行资产证券的信用级别,这是资产证券化中非常重要的一步。信用评级(credit rating)机构给所发行的资产证券评定信用级别。

二、资产证券化的分类

资产证券化按照是否需要抵押债权作担保来分类,可以分为 MBS 和 ABS;按照交易结构来进行分类,可以分为转手(pass-through)证券、资产支持证券(ABS)以及转付(pay-through)证券。

(一)转手证券

转手证券的最大特点是这种证券的还本付息与原贷款的还本付息是直接联系的,证券发起人作为中介机构收取一定的手续费,证券持有人(投资者)拥有抵押贷款的所有权,而在发起人的资产负债表中抵押贷款所代表的资产流失。

美国市场上四种基本的转手证券是:GNMA 转手证券、FHLMC 转手证券、FNMA 转手证券和私营机构发行的转手证券。

(1) GNMA 转手证券。由 GNMA(政府国民抵押协会,Government National Mortgage Association)进行担保,由其同意的发行人发行的转手证券,这种证券由美国政府提供了全面的信用支持,风险非常小,因此它的利率与同样期限的国债大体相同。GNMA 转手证券约占转手证券总发行量的 70%～80%。

(2) FHLMC 转手证券。由 FHLMC(联邦住宅抵押公司,Federal Home Loan Mortgage Corporation)发行的转手证券,一般为参与证书(participation certificate)形式,证券化的资产是由私营抵押保险机构保险的抵押贷款。参与证书是一种代表抵押贷款获利利息的证书,参与证书的出售人保留它以作为抵押人的记录,而参与证书的购买者拥有对抵押贷款所产生的现金流量的权利。FHLMC 转手证券因为没有政府信用支持,所以存在一定的风险,只能保证利息的适时支付和本金的最后支付,FHLMC 发行的参与证书承诺本金中没有按时偿还的部分会在 1 年内支付。因为 FHLMC 转手证券的风险更高,所以它的收益高于 GNMA 转手证券。

(3) FNMA 转手证券。由 FNMA(联邦国民抵押协会,Federal National Mortgage Association)发行的转手证券,出现较晚。与 FHLMC 转手证券基本相同,区别是能够保证本息的按时支付。FNMA 转手证券的风险介于 FHLMC 转手证券和 GNMA 转手证券之间,所以与此相应其收益一般略低于 FHLMC 转手证券,而高于 GNMA 转手证券。

(4) 私营机构发行的转手证券。由于引入信用评级制度,私营机构开始介入资产证券化的市场。

(二)资产支持证券(ABS)

转手证券的偿还期限不是固定的,当利率下降时,借款人就会通过借入较低利率的资金来偿还住宅抵押贷款,因而转手证券的期限就变短;相反,当利率提高时,转手证券的偿还期就变长。这种风险称为"提前偿付",是转手证券的最大缺陷,影响了其市场的扩大。为了解决提前偿付的问题,产生了 ABS。ABS 是以抵押贷款为担保发行的证券,与转手证券不同,抵押贷款仍是发起人的资产,留在资产负债表中,同时投资者是债权人,而不像转手证券的投资人那样拥有抵押贷款的所有权。

ABS 一般都要进行超额担保。需要有相当于 ABS 本金额 110%～200%价值的担保品(抵押担保品按照其市场价值来衡量)。抵押担保品交由独立的委托人来管理,如果出现违约,受托人就将抵押资产变现,以顺利对投资者进行清算。因为有超额担保,所以ABS 信用级别很高,常被评为 AAA 级。

因为作为抵押的资产仍体现在发起人的资产负债表中,所以发行 ABS 的机构必须用一定比例的资金对贷款进行担保,使发行费用高于转手证券。另外,因为要进行超额担保,所以,抵押资产的利用效率也非常差。所以,在实践中所发行的 ABS 的数量大大少于转手证券。

(三)转付证券

转手证券与 ABS 都有难以克服的缺点,影响了资产证券化市场的进一步发展,因此迫切需要一种既能准确预测现金收入流量,避免提前偿付风险,又能够充分利用抵押品的新型证券。在这种形势下,转付证券应运而生,它是综合转手证券和 ABS 的优点而形成的。转付证券像 ABS 一样由抵押贷款作为担保发行资产证券,抵押贷款的所有权仍属于发起人,保留在其资产负债表中;转付证券又像转手证券一样用抵押品所产生的现金流量来向投资者支付本息。

目前应用最为广泛的转付证券是担保抵押债券(collateralized mortgage obligations,CMOs)。FHLMC 于 1983 年第一次发行了 CMOs,到 1993 年,美国市场发行的 CMOs数量已近 5 000 亿美元。

普通转手证券的每一位投资者收到的是同比例的本息支付,只有当最后一批抵押贷款收回后,转手证券才最后到期,这样就形成了按月支付一次本息的平均期限与到期日的不公平地位以及本金最后支付的不确定性。而 CMOs 是针对投资者对金融工具有不同期限的要求设计的,它一般有几档,每档的到期期限不同,任何一档的投资者在其本金得到偿付之前每隔一段时间收取一次利息,本金的偿还是有先后顺序的,先偿还前一档的本金,偿还完前一档的 CMOs 本金之后再偿还后一档的本金,直到所有各档本金均被清偿。现在发行的 CMOs 可包括 3～6 个以上不同期限的债券。

到期日缩短增加了现金流量的确定性,定期(如每半年)收取一次利息使 CMOs 更适宜于投资者参与这项资本市场投资,而且由于抵押品级别比住房抵押贷款债券低,抵押贷款的利用率相对比较高。这是因为 CMOs 抵押品的价值是以抵押品带来的现金流量来衡量的,而不像 ABS 那样按照抵押品的市场价值来衡量。

CMOs 按照投资者的不同需求创造了不同期限的证券,那么反过来也可以将购买不同证券的投资者按购买期限归类。比如说,期限最短的 CMOs 证券就可以尽量争取短期投资者,和提供同等期限的金融产品竞争短期资金来源;而中等期限的 CMOs 就可以将目光调整至中期投资者身上;长期 CMOs 的就瞄准长期投资者。CMOs 在一个抵押资产组合的基础上创造出了不同风险和流动性的证券,从而扩大了投资者的范围,拓展了市场。

CMOs 证券的信用级别很高,通常是 AAA 级,如此高的信用级别来自抵押品的质量和抵押担保结构。一般说来,CMOs 抵押品的信用水平也很高,大多数的 CMOs 证券都有 GNMA、FNMA 或者 FHLMC 转手证券的支持,而这往往被评级机构作为高信用水平的标志,即使没有这些机构支持的 CMOs 证券,通常也经过私营保险机构保险。同时,相对于同样级别的公司债券,CMOs 证券提供多于 20～30 个基本点(每个基本点是 1‰)的收益。所以 AAA 级 CMOs 证券比同样级别公司债券信用质量更高。抵押品结构意味着即使借款者出现违约拖欠行为,投资者仍然会从抵押品出售中得到清偿,而一般公司债券就做不到这一点。

CMOs 在发展中不断创新,20 世纪 80 年代后期,CMOs 又被施以"剥离"(strip)手术,即一笔抵押贷款同时发行两种不同利率的债券,抵押贷款产生的本息按不同比例支付给两类债券的持有人。例如,平均合同利率为 10% 的抵押贷款组合被剥离成息票利率为 14% 和 6% 的两种债券。最极端的剥离是纯利息(interest only, IO)债券和纯本金(principal only, PO)债券。同样在 1986 年,出现了浮动利率的 CMOs,其利率随市场利率的波动而波动。这种浮动利率 CMOs 又衍生出一种"反比浮动债券",其利率逆中央银行的利率而动。

三、可以证券化资产的特点

1. 资产是可交易的标准化合约

资产不可交易就不能利用来进行证券化。如果资产不够规范、不是标准化的合约,那么就很难形成一个资产组合出售或进行担保。

2. 资产能够产生可预测的稳定的现金流

资产证券的收益一般都要依赖于原始资产未来产生的现金流,如果收入不可预测、不稳定,那么资产证券的风险就是投资者难以接受的,从而使证券化运作无法进行。借款人付款时间不确定或付款间隔期过长的资产都难以进行证券化。

3. 具有持续一定时期的低违约率、低损失率的良好记录

发起人已经持有该资产一段时期,并且资产具有持续一定时期的低违约率、低损失率的良好历史记录。历史记录可用于预测资产未来的损失率,如果资产持续较长一段时间都保持低违约率、低损失率,那么只要在未来环境不发生重大的变化,就可以预期资产在未来也可以保持低损失率。

4. 本息在资产整个存在期内分期偿还

本金到期一次偿付的资产不利于进行证券化。

5. 资产的债务人足够分散

资产的借款人分布在广泛的地域中,其自身情况也非常多样化,以降低整个资产组合的风险。投资理论中一条基本的原理是分散化可以降低风险。如果资产组合中某项资产占的比例过高,或者资产的数量比较少,那么都不能使资产的分布做到足够分散,所以无法有效地降低风险,从而不利于资产的证券化。

6. 资产的抵押物有较高的变现价值或它们对于借款人具有很高的效用

抵押物是发生违约时投资者获得还本付息的保证,价值应该足够需要,一般还需要进

行超额担保。

四、资产证券化的运作

资产证券化通过构建一个严谨、有效的交易结构来保证融资的成功。资产证券化最基本的交易结构是转手交易结构，这种结构主要由发起人、特设信托机构（special purpose vehicle，SPV）和投资者三类主体构成；发起人将自己拥有的特定资产组合"真实出售"给SPV，SPV以其所获资产组合的未来现金流为担保发行证券，用出售证券的收入支付购买证券化资产的价款，以证券化资产产生的现金流向证券投资者支付本息。

资产证券化的具体运作一般分为五个阶段。

（一）发起人将可证券化的资产组成资产池

可以进行证券化的资产具有一个共同特征，就是依据契约或承诺在未来一个时期内，可以获得现金流收入。持有这类资产的发起人一般都是为了将流动性较差的资产变现。发起人对自己拥有的可证券化资产进行梳理，依据融资目标的要求确定把多少资产用于证券化；最后把这些资产按照利率、期限、借款方、贷款方等进行组合，形成一个资产池（asset pool），即证券化资产组合。要强调的是，发起人对资产池中每项资产都必须拥有完整的所有权。

（二）组建特设信托机构，实现破产隔离

特设信托机构（SPV）基本上是一个"空壳公司"，它只从事单一业务：购买证券化资产、整合应收权益，并以此为担保发行证券。SPV可以是一个投资公司、投资信托或其他类型的实体公司，是处于发起人和投资者之间的机构，有时由原始权益人直接设立。它并不参与实际的业务操作，具体工作委托相应的投资银行、资产管理服务公司等中介机构进行。为降低资产证券化的成本，SPV一般设在免税国家或地区，如开曼群岛等处，设立时往往只投入最低限度的资本。SPV成立之后，与发起人签订买卖合同，发起人将资产池中的资产过户给SPV。

破产隔离（bankruptcy remote）是资产证券化中非常关键的一步，是保证证券化成功的重要手段。破产隔离使资产池的质量与发起人自身的信用水平分割开来，投资者购买的资产证券就不会再受到发起人的信用风险的影响。一旦发起人发生破产清算，资产池将不会列入清算的范围。要实现破产隔离，第一，必须限制SPV的业务范围，使SPV能与其自身引起的破产风险相隔离，如规定SPV不能进行证券化业务以外的其他经营活动，不能破产，不得发生重组兼并等；第二，SPV要完全独立于发起人，使SPV能同与发起人相关的破产风险相隔离，从而使自己不受发起人破产与否的影响；第三，证券化的资产组合必须以真实出售的方式转移给SPV。只有做到了这三点才可以达到破产隔离。

（三）完善交易结构，进行信用提高

SPV要与发起人指定的资产池服务公司签订服务合同，与发起人一起确定一家托管银行并签订托管合同，与银行达成必要时提供流动性支持的周转协议，与证券承销商达成证券承销协议等等，来完善资产证券化的交易结构。然后，请信用评级机构对这个交易结

构以及设计好的证券进行内部评级。信用评级机构通过审查各种合同和文件的合法性及有效性,对交易结构和欲发售的证券进行考核评价,给出内部评级结果。一般而言,这时的评级结果并不理想,较难吸引投资者,所以必须想办法提高证券的信用等级。为了解决这个问题,金融工程师们创造出了一种称为信用提高的方法,通过一些巧妙的安排,能够提高资产证券的信用级别,从而吸引投资者,改善发行条件,顺利实现证券化。

(四)设计证券,进行发行评级,安排证券销售

需要根据资产风险收益情况和当时的市场状况进行更为具体的细化设计。这时SPV应该再次聘请信用评级机构对资产证券进行正式的发行评级,将评级结果向投资者公告,然后由证券承销商负责向投资者销售资产证券。由于这时资产证券已具备了较好的信用等级——投资收益的组合,所以能以较好的发行条件售出。

(五)现金流管理服务与清算

SPV从证券承销商那里获取证券发行收入,再按资产买卖合同规定的购买价格,把发行收入的大部分支付给发起人。至此,发起人的筹资目的已达到。发起人指定一个资产管理公司或亲自对资产池进行管理,负责收取、记录由资产池产生的现金收入,并把这些收款全部存入托管行的收款账户。托管行按约定建立积累金,准备专门用于SPV对投资者还本付息。到了规定的期限,托管行将积累金拨入付款账户,对投资者付息还本。另外,还要向聘用的各类机构支付专业服务费。由资产池产生的收入在还本付息、支付各项服务费之后,若有剩余,全部退还给发起人。

整个资产证券化过程至此结束。

五、资产证券化的作用

(一)对发起人的作用

(1)为发起人提供了一条有效的融资途径。如果某些企业自身信用级别较低,无论是从银行获取贷款,还是发行股票、普通债券融资都比较困难,那么资产证券化可能是它们获得资金的唯一方式。

(2)选择空间大,融资成本低。对于信用级别较高的企业,虽然它们可以通过其他方式融资,但资产证券化融资方式灵活,在筹资规模和时间上具有较大的选择性,筹资成本也较低,不受企业效益波动的影响。据专家估计,相对于传统融资方式来说,资产证券化每年能为发起人节约至少相当于融资额0.5%的融资成本。

(3)能够盘活非流动性资产,加速资金周转率和资金循环,在相同的资产基础和经营时间内创造更多的收益。对于银行来说,在信贷额度紧缺的情况下,资产证券化融资的优势更加明显。

(4)能够改善资产负债管理。利用资产证券化技术,发起人可以把部分资产转化为长期债券,并使资产的现金收入流与这些债券的还本付息完善地匹配起来,这样就能把资产负债错误匹配的风险转移出去,改善发起人的资产负债管理。对于银行等金融机构来说,资产证券化可以提高自身的资本充足率。银行通过将证券化资产转移到资产负债表

外,来降低资产负债表上的风险资产总额,提高资本充足率。

(5) 发起人能够保守本企业的财务信息和商业秘密。在资产证券化交易中,发起人一般只需提供证券化资产的有关信息;如果发起人要充当资产池的服务人,只需再提供服务能力的证明。除此之外,发起人不必向投资者公开更多的财务信息。

(二) 对投资者的作用

(1) 可以获得较高的投资回报。中介交易层次和费用的减少等因素有利于提高收益。

(2) 投资风险大为降低。资产债务人的广泛分散,以及破产隔离、信用提高等措施可以大大降低投资的风险。

(3) 投资者能够突破投资限制。有些投资者受监管法规、行业条例和企业规章的限制,只能投资购买"投资级"(穆迪公司评级 Baa 级、标准普尔公司评级 BBB 级以上的信用级别)的债券,在传统融资方式下这意味着他们只能投资购买信用级别较高的大企业和政府部门发行的债券。资产证券化则使投资者也可以购买信用级别较低的中小企业发行的债券,极大地拓宽了投资者的投资范围。

六、资产证券化的风险

(一) 提前偿付风险

提前偿付风险(prepayment risk)是资产证券化面临的主要风险,这种风险根源于利率风险。当利率长期下降时,债务人或借款人就会提前偿付其以前所形成或借贷的较高利率的债务,因为这时获得资金的成本较低。证券化资产的权益人在得到提前偿付的资金后,由于其特殊性质的限制,即使将其用来投资,一般也只能获得与市场利率大体相当的收益率,但却需在今后相当一段时期里仍要向投资者支付发行资产证券时确定的较高的利息率,从而导致证券化过程的失败。

(二) 信用风险

信用风险(credit risk)同提前偿付风险相反,如果债务人或借款人届时不履行其还款责任,无论是发起人还是专业服务机构都无法顺利进行现金流的归集与分配。如果这种状况预期较为严重,就很难准确预计实际可归集到的现金流量,资产证券也就无法定价,或者其定价严重背离市场价值,结果都会使证券化业务无法顺利开展。

(三) 流动性风险

证券化面临的第三类风险是流动性风险(liquidity risk)。这是指由于收入流与债务流在匹配上出现了问题,使现金流没有在有效时间内收到,或是不足以用于对投资者本金与利息的支付,导致证券化业务失败。

巩固 训练与提高

■　概　　念　■

资产经营　改制　上市　上市辅导　借壳上市　并购　兼并　联合　收购　接管

横向并购　纵向并购　混合并购　新设合并　吸收合并　购买式并购　承担债务式并购 控股式并购　股权交换式并购　杠杆并购　资产证券化　转手证券　资产支持证券 转付证券

课后练习题

1. 资产经营的形式有哪些?

2. 资产经营的效应有哪些?

3. 企业参与资产经营的动机有哪些?

4. 资产经营有哪些作用?

5. 在借壳上市中,"壳"的选择应该注意哪些问题?

6. 作为资产证券化的资产,需要具备哪些特点?

7. 横向并购、纵向并购、混合并购有何异同。

8. 资产证券化对发起人有何作用?

9. 资产证券化对投资者有何作用?

10. 资产证券化具有哪些风险。

第十章 资产评估与企业价值评估

学习 目标

1. 了解资产评估的价值类型和基本方法
2. 了解成本法、市场法和收益法的基本思路和程序
3. 了解企业价值评估的思路和方法
4. 了解商誉评估的思路和方法

能力 目标

1. 能够根据资产评估目的选择适当价值类型和方法
2. 能够利用成本法、市场法、收益法对简单资产进行价值评估
3. 能够对企业价值评估和商誉评估合理性进行分析判断

案例 导入

"拼多多"的价值如何确定

2018 年年初,"拼多多"的成交额超越唯品会,成为继"阿里"、"京东"之后国内第三大电商平台。当时"京东"市值 542 亿美元,唯品会 66 亿美元。而根据"拼多多"2018 年 7 月 16 日更新的招股书显示,其最高估值 240 亿美元,看似对应其成交额规模。实际上,前两家公司成立 10 年以上,有稳固的商业模式,但"拼多多"成立仅 3 年,目前仍处于亏损状态。

2018 年 7 月 16 日,"拼多多"向美国证券交易委员会(SEC)更新了此前提交的招股书。招股书显示,"拼多多"计划在纳斯达克申请挂牌,代码 PDD,发行 85 600 000 股美国存托股票(ADS),发行价区间为 16～19 美元,最高拟融资 18.7 亿美元

从美股电商上市公司对标来看,"拼多多"的估值或许过高。如果以发行价区间最高值 19 美元计算,对标"阿里"40 倍左右的市盈率,"拼多多"的预期利润应该为 6.5 亿美元,然而"拼多多"仍然处于亏损状态。

根据招股书,"拼多多"2018 年第一季度累计亏损(含期权支出)为 13.12 亿元人民

币,2016年和2017年分别发生2.92亿元和5.25亿元人民币净亏损。2018年主要支出来自销售和市场费用,2018年第一季度达12.17亿元,占总收入的88.4%,平台单季发生2.01亿元人民币净亏损。

另一个可以参考的指标是,"拼多多"在招股书上对标的公司是"好市多"和"迪士尼",前者总市值942亿美元,市盈率31.29,"好市多"的运营利润率稳定在5%上下。

而如果采用"京东"2018财年市销率12.86推算"拼多多"的估值,"拼多多"的估值偏高——以"拼多多"2017年收入17.4亿元为基准,其股票估值应该为244亿元;若以2018年第一季度13.85亿元收入为基准,其估值为712亿。

我们应该怎样评估一家公司的价值呢?

资产业务是公司金融的重要内容,资产评估是资产业务的中介环节。在市场经济条件下,没有资产业务,就没有资产评估存在的必要;而没有科学、公允的资产评估,也就不会有资产业务的健康发展。正因为资产业务在市场经济中起着越来越重要的作用,成为市场经济活动的重要组成部分,也因为资产评估涉及的资产和资产业务的日趋多样化、复杂化,以及任何一项被评估资产不可避免地受到内在、外在等多种因素的影响,所以,在现代市场经济中,资产评估活动已是建立在科学理论指导、法律法规规范基础上进行的资产价值评定和估算活动,有着极其显著的专业特征,在市场经济中起着基础性作用。

第一节 资产评估概述

一、资产评估的定义

资产评估是对被评估资产的价值进行评定和估算的活动。所谓评定,是指对被评估资产根据资产业务的特定目的、价值类型、与之匹配的评估方法以及被评估资产的自然和社会属性等方面因素进行综合分析、判断的活动,其结论对资产价值估算提供指导。所谓估算,是指在资产评定的基础上对被评估资产的价值决定因素进行定量化分析、计量并最终给出被评估资产价格的活动。资产评定和估算是资产评估的两个属性,两者有机结合,缺一不可。一般而言,资产评定是资产估算的前提和基础,需要评估人员掌握相应的理论和法律法规;资产估算则是资产评定的结果,需要评估人员掌握相应的定量分析技术。

二、资产评估的六要素

资产评估的六要素是资产评估最基本的要素,包括资产评估的主体、客体、程序、特定目的、价值类型和方法。这六个因素是相辅相成、相互制约的,如果有一个因素是非法的、错误的或者它们之间的关系是不合乎逻辑要求的,那么资产评估的结果就是错误的、无效的。

(一)主体

资产评估的主体是指从事资产评估工作的机构和人员。

机构包括资产评估事务所、资产评估公司和一些有资产评估资格的会计师事务所。这些机构在资质上分为 A、B、C 三级。A 级资质又称为证券期货资质,具有 A 级资质的资产评估机构可以做所有的资产评估业务;具有 B 级资质的资产评估机构可以做除证券期货业务之外的所有业务;具有 C 级资质的资产评估机构只可以做一定评估金额以下的小额的评估业务。

人员主要指注册资产评估师。另外,注册房地产估价师、土地估价师所从事的工作也属于资产评估的范围。

（二）客体

资产评估的客体就是资产。能够作为资产评估对象的资产必须具有以下特点。

1. 资产必须是可被利用并能带来经济利益的经济资源

首先,资产必须是可以正当利用的资源。所谓资源,简单地说,就是人力、物力和财力的总称,可以分为可利用的和不可利用的资源。不可利用的资源是指目前人类社会还无法利用或法律、法规明确规定不可用于社会经济活动的资源。而可以正当利用的资源,则是资产评估所涉及的资源,它必须是现有科学技术能够驾驭的、符合法律法规的、有利于人类社会进步发展的资源。

其次,资产是能够带来经济利益的资源。资产能否带来经济利益,是判别资产与否的核心问题。也就是说,在可以正当利用的资源中还必须考虑到资源的经济价值,它必须具有使用价值和交换价值,从而,能通过价值实现获得经济利益。而不具有双重价值属性的,就不属于资产。比如,空气是可以正当利用的资源,具有显著的使用价值,但它不具有交换价值,也就无法作为资产评估的对象。显然,那些既无法使用又无人问津的资源,更不属于资产范畴了。

2. 资产必须能够由经济主体所控制

首先,资产必须有明确的归属主体。资产的归属问题是从社会经济角度对资产属性的规定。众所周知,在市场经济条件下,资产的归属性是决定资产使用和享有资产经济利益的前提,也是资产评估能有效进行的基础。资产的归属性包含两层含义:

一是资产由明确主体所拥有或所有,并为该主体的经济利益所服务。缺乏明确主体的资源就不属于资产范畴,起码属于有问题的资产。就资产评估而言,对这类问题资产,必须首先明确它的主体,否则不能进行评估。

二是资产被其主体使用、管理和处置。经济资源能否带来经济利益,并不在于资源本身,而在于资源的使用、管理和处置,只有通过资源主体的使用、管理和处置过程,资源才能产生或带来经济利益,才具有资产属性。在市场经济中,资产主体总是根据经济利益最大化行为原则,即合乎理性地使用、管理和处置它的资产,以实现其经济利益目标。

其次,资产由某一特定主体由于过去的交易或事项而获得或控制。在经济社会,资产不仅被主体所控制,而且其本身也是经济主体的经济活动(交易或经济事项)的结果。通常人们把资产看作企业等经济主体由于过去的经济交易或经济事项的结果,是很直观的解释。比如,机器设备不是企业自己建造就是企业从市场上购置的结果,商誉是企业长期生产经营而赢得社会信誉的结果。

总之,任何资产不是天生存在的,而是经过经济主体的经济活动而产生和存在的。从资产评估角度来看,资产必须是已经存在的客体,通常是已经使用过一段时期的资产,因此,对其合理价格就有必要进行重新评估。

3. 资产必须能够用货币计量和用价格反映

首先,资产必须具有价值属性,这是由资产的社会经济属性所决定的,即经济主体所投入的人力、物力和财力的总量所决定的。在现实经济中,资产是通过一系列经济交易形成的,而任何一项经济交易都是以货币计量的价值为基础、以价格形式来实现的。对资产主体而言,其资产的产生过程实际上也就是以货币反映的价值形成过程。

其次,资产价值是以价格形式反映的。资产能够用价格反映,是因为资产具有价值。然而,在市场经济中,价格在价值基础上会受到市场诸多因素影响,并表现出随行就市、物以稀为贵的特点。公允合理的价格往往是较充分地反映市场供求双方意愿的价格,也称之为市场竞争价格。因此,对资产评估人员而言,充分把握现行市场供求状况和价格信息,对公允合理地评估新旧资产具有十分重要的意义。

从资产评估角度,我们把资产做以下分类(见图10-1)。

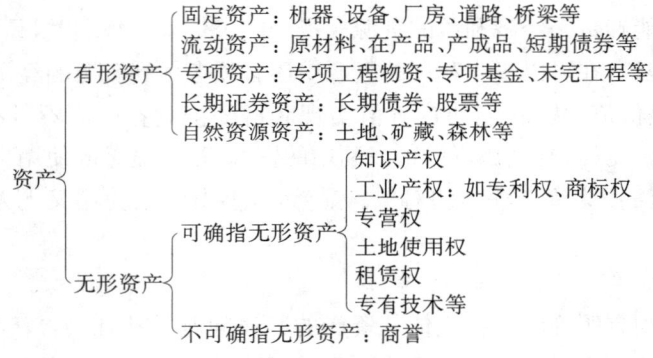

图 10-1　资产的分类

除图10-1的分类外,还有一个重要的分类,即将资产分为单项资产和整体资产。单项资产是指单台、单件的资产;整体资产是指由一组单项资产组成的、具有综合获利能力的资产综合体。单项资产一般是不具有获利能力的,因此,其价值一般由成本或市场来决定,少数具有获利能力的,如股票、债券、房地产等,其价值可以是由其收益能力决定的。整体资产虽然从其组成形态上来看是由一组单项资产组成的,但是其价值并不是由这一组单项资产价值之和决定,而是由其收益能力决定的。这样,具有高收益能力的整体资产,其价值会远远大于其单项资产价值之和,这个差额就是商誉(goodwill)。可见商誉是不能够离开单项资产而单独存在的,只能够依附于其他资产共同存在。所以,我们把它称为不可确指的资产,也叫做不可辨认的资产。

(三)程序

资产评估的程序是指资产评估工作根据其客观要求的工作步骤。资产评估程序体现了资产评估工作循序渐进的内在逻辑顺序,对保证资产评估工作规范化、科学化具有重要意义。因此,资产评估程序往往需要由国家或资产评估行业协会统一规定。资产评估程序也是体现资产评估工作管理要求的制度安排。

资产评估工作必须遵守法定的程序,否则其评估结果是无效的。对于没有法定程序规定的,评估人员可以依据真实、准确、效率的原则进行安排。

（四）特定目的

资产评估特定目的是指被评估资产即将发生的经济行为。资产评估目的是由资产业务特定要求决定的,换言之,就是为什么要进行资产评估。在市场经济条件下,由于资产业务多种多样,使资产评估目的也相应表现出多样化特征,比如,资产业务有资产转让、企业兼并、企业出售、企业联营、股份经营、中外合资合作、企业清算、抵押担保、企业租赁、征纳税款和债务重组等,那么,资产评估也就有与之一一对应的各不相同的评估目的。

明确资产评估目的的意义在于,它是选择资产评估价值类型、评估方法和评估程序的决定性因素。由于资产评估目的的不同,决定了与之匹配的价值类型、方法和程序的不同,并且,最终得出的评估结果也各不相同。因此,资产评估目的是任何一项资产评估工作首先需要明确的因素,在整个资产评估工作中居于支配地位。

（五）价值类型

所谓资产评估的价值类型,是指资产价值在市场交易和业务要求等具体条件下价值实现规律的表现形式,是资产评估价值的本质规定。由于市场交易和资产业务要求的不同,即便是同一资产,其价值实现的规律和表现形式也是不同的。比如,同样一台机器设备,在一般市场和清算市场上,以及前者业务要求资产转让,后者业务要求资产强制变现,其价值实现规律和表现形式就完全不同,前者要求以市场的均衡规律来实现资产的价值,现行市场价格是其表现形式,可称之为现行市价价值类型;而后者要求强制性变现,因此通常以市场最低购买能力规律来实现资产的价值,清算价格是其表现形式,可称之为清算价格价值类型。资产评估标准就是根据资产业务适应的价值类型作为衡量资产价值的尺度标准,根据不同的市场交易和资产业务要求,大致可分为重置成本、收益现值、现行市价和清算价格等四种价值类型和相应标准。

（六）方法

资产评估方法是指评估人员在资产评估活动中采用的技术手段。资产评估工作主要采用的评估方法有收益法、成本法、市场法和清算价格法等。

资产评估方法必须与资产评估目的、价值类型相匹配,不可随意选择和中途变更,这是由资产评估活动的内在关系所决定的。此外,资产评估方法的运用会受到评估数据、市场信息资料是否充分、适用的限制,比如,在某类资产市场欠发达时期或地区就不适宜采用现行市价法对这类资产进行评估。

三、资产评估的特点

资产评估是对资产现行价值进行评定估算的活动,表现出现时性、市场性、预测性、公正性、专业性和咨询性等特点。

1. 现时性

所谓现时性,就是指资产评估结果必须体现出被评估资产的现时价值和现时价格的特点,具体而言,现时性是以评估基准日为时间依据,对这一时点的资产实际情况进行评估。因为,一方面由于经济主体在运营期间,其资产的数量、结构、状况会发生变化;另一方面在市场经济中资产的价格受到供求和宏观经济等多方面的影响,资产的价格具有很强的时间性。所以,资产评估只是反映评估基准日的资产价值,而不是反映过去或未来的资产价值,并且,资产评估值只在现时一段时间内有效,我国法律规定为从评估基准日起1年。

2. 市场性

资产评估为资产业务服务。只有反映资产业务市场关系的价格,资产评估值才能被资产业务的当事人所接受,才具有公允性、可靠性。所以,资产评估活动离不开市场,带有明显的市场特点。一方面,资产评估活动本身就是为资产业务市场所服务的,市场要求是资产评估的起点,也是归宿点;另一方面,资产评估实质上就是以资产市场为依据对被评估资产在模拟市场状况条件下的现时价值和价格的描述。

3. 预测性

预测性是由资产属性决定的,我们已经了解到,任何资产都具有为经济主体获取经济收益的未来使用价值和价值的属性。然而,未来收益、未来的使用价值和价值毕竟不是现有资料所能直接反映的,需要评估人员借助现有市场信息、宏观经济情况和被评估资产的有关历史资料,采用科学方法进行合理推算得出。例如,在资产评估中,就需要用预测未来收益来反映整体资产的现时价格,需要用预期使用年限和功能来估算机器设备等固定资产的重置成本,等等。所以,任何一项资产评估活动总带有一定的主观预测性质。当然,预测质量高低将直接影响到资产评估结果质量。

4. 公正性

资产评估具有公正性特点,表现在资产评估结果所具有的真实、公平和合法效力。因为,资产评估结果直接关系到资产业务当事人各方的经济利益,违背客观公正的基本原则,就会使资产业务的一方或几方蒙受损失。这就要求评估人员遵守公正、客观、中立的原则,不屈从任何外来压力和任何一方的片面要求,客观、公正地进行资产评估。另外,在许多国家资产评估结果通常具有一定的法律效力,经常作为财产起诉和政府对财产的征用和管理的重要依据。所以,资产评估要求评估结构和评估人员必须按照公允的、法定的准则和程序进行评估,以公允的行为规范、业务规范和组织规范来保证资产评估的公正性。

5. 专业性

资产评估是一项专业技术性很强的工作。这种专业技术性主要表现在:评估人员不仅需要掌握资产评估自身的专业理论、操作技能和法律法规等基本专业知识和技术,而且需要掌握各种被评估资产涉及的相关专业知识。比如,有形资产评估涉及大量工程技术问题,无形资产评估涉及经济学、企业管理学和国家法律法规等相关专业和法律问题,在资产估算过程中自然还要涉及多种测算、计量技术和方法的运用问题。

6. 咨询性

资产评估的咨询性特点,主要反映在它只是为资产业务当事人提供资产估价服务,资产评估结论只是作为资产业务当事人确定资产价格的依据,而不是资产实际交易价格。一方面,资产评估结论本身不具有市场定价功能,它只向资产业务当事人提供资产估价意见。资产交易价格仍需交易双方自主决定。另一方面,资产评估的过程和结论,为资产拥有者提供了大量被评估资产的有关信息,使资产拥有者对其资产的现时功能、现时价值和价格以及类似资产的市场状况等能够全面了解、心中有数。此外,在一般情况下,资产评估结论本身不具有法律强制执行效力,资产交易一方可把它作为讨价还价的依据,但不能视作为法律文件,强迫另一方接受。

四、资产评估的假设

资产评估和其他学科一样,其理论体系也是建立在一系列合理的前提假设基础之上的,其中继续使用假设、公开市场假设和破产清算假设是资产评估中的基本前提假设。

(一)继续使用假设

继续使用假设是假定被评估资产具备的使用价值属性可以持续使用的假设说明。继续使用假设包括三种继续使用形式。

1. 在用续用

所谓在用续用,是指被评估资产按其现行使用的方式和用途继续使用,如企业继续生产就是在用续用的典型例子。其典型性在于,企业作为生产经营的实体,不管其所有权、经营权发生如何变化,几易其主,但企业作为整体性资产的使用方式和用途并不发生实质性的变动,继续生产经营的属性依然如故。当然,在用续用假设,不把被评估资产的使用方式和用途的变动列入其假定的范围之内的。

2. 转用续用

由于被评估资产可能具有多样性功能并由此决定了其用途的多样性,因此,转用续用假设是指被评估资产在原有功能范围内从现行使用用途转变为其他使用用途的假定说明。如多功能的机器设备,过去可能只被作为某一用途来使用,未使用它的其他功能和用途。转用续用假定,就为这类资产评估确定了可以使用它的其他功能和用途的前提条件,并在此基础上来推测该类资产的使用价值和价值。转用续用要注意被评估资产用于新用途时,在经济上是否有利、技术上是否可行以及法律上是否允许等问题。

3. 移地续用

与上述考虑的角度不同,移地续用是对资产发生地理位置变动后仍然可以继续使用的假定说明,如企业搬迁、资产转移等。移地续用假设又可以细分为移地在用续用假设和移地转用续用假设。

继续使用假设能否成立,是其具有实际意义的关键,通常要求评估人员确认如下条件:被评估资产的功能是否发生性质上的变动;被评估资产是否具有剩余寿命;被评估资产功能和用途是否具备转用条件;被评估资产是否具有完整性、独立性,也就是,在不影响资产功能的前提下,能否进行资产地理位置的转移;被评估资产的产权是否清晰、明确,即是否具备产权转让的条件。

（二）公开市场假设

所谓公开市场假设，是假定被评估资产可以置于公开、公平的竞争市场上进行资产交易的假设说明。该假设包括如下含义：一是被评估资产具备公开、公平竞争市场，即假设资产所有者可以在这一市场上不受任何干预地自主转让、出售资产，并且，资产所有者总能够在这个市场上找到不受任何干预的买主；二是资产交易价格是市场充分竞争的结果，是市场的竞争价格，而非垄断价格。也就是说，被假设置于市场交易中的资产不是独一无二的，不具有自然垄断和人为垄断属性。

公开市场假设一般要求交易双方的地位是平等的、掌握的信息是对称的、进行的判断是理智的。

公开市场假设常被运用在那些具有较广泛用途资产的评估，如固定资产中的通用机器设备、土地使用权等，因为这些资产通常具有十分活跃、竞争充分的资产市场，为被评估资产提供了较为公允的资产价格参照依据。

（三）破产清算假设

破产清算假设是一项十分特殊的假设，即假定资产所有者在特殊情况下被迫出售或快速变现其资产的假设条件说明。其含义如下：假定被评估资产处于破产清算状况；假定资产所有者受到强制力约束必须在较短时间内出售或变现资产；清算价格存在合理低估现象，即清算价格明显低于正常交易价格，因为，清算价格必须充分考虑到快速变现可能存在的风险损失，在理论上，清算价格是在充分竞争市场价格基础上扣除快速变现风险损失的价格。

破产清算假设体现了资产业务中债权人对资产安全性的要求，有着广阔的运用范围。比如，在银行金融资产业务中，资产债权人往往以资产的安全性作为开展金融资产业务的首要条件，需要对其资产债权相对应的金融资产或实物资产的变现能力进行评估，即需要采用破产清算前提假设，来评定估算资产的价格，以此降低和控制风险损失。

第二节　资产评估方法

资产评估有三种基本方法，即收益法、成本法和市场法。

一、收益法

（一）收益现值标准的含义及组成要素

1. 收益现值标准

收益现值标准是指以收益现值来衡量被评估资产价值的一种价值类型。也就是指，将被评估资产在未来时间取得的收益进行折现后的价值来估量该资产的现时价格的一种价值类型。

收益现值是反映本金市场等价交换特征的计价概念。本金也可称作资本金，是指在未来时期内可以带来收益的价值,是各种组成要素资源经过企业化配置后形成具有独立的生产经营和盈利能力的资产。而本金市场则是这类本金化资产进行交易的市场。因此,在本金市场中,交易双方考虑的将不是形成这个本金化资产投入的成本,其价值也就不能由组成它的各生产要素的价值总和来衡量,而是将该整体性资产作为所有者权益的载体,考虑它能给所有者带来多少剩余产品价值,考虑它的获利能力,并以未来年份收益现值总额来确定本金化资产价值。

2. 收益现值标准的组成要素

(1) 收益额。收益是投资回报,是反映资产获利能力的指标。收益通常可用利润总额、净利润和净现金流量来表示。

利润总额,是指企业在一定时期内(通常为 1 年)实现的全部利润额数,它是反映企业收益能力和收益水平的重要指标之一。

净利润,是指企业的税后利润,企业缴纳所得税后的利润额。

净现金流量,是指企业在一定时期内(通常 1 年)现金流入量与现金流出量之间的差额。

(2) 折现或资本化。折现是指通过计算,将未来收入的货币量按一定比率折算成现在的货币量,这种计算过程称为折现(也称贴现),而所采用的比率被称为折现率或贴现率。它反映了在一定时期内的投资收益与相关投资额的比例关系。因此,也可将它理解为投资者所期望的年收益率。

将永续年金折现的过程称为本金化(资本化),它反映了投入资本的回收过程。而本金化率则是指回收投资的速度,即每年按多大比率回收投入资本,它反映了收益与资产之间的比率关系。

(二) 收益现值标准的使用前提和范围

1. 收益现值标准使用前提条件

使用收益现值标准必须具备三个条件:

(1) 具有独立获利能力的资产。资产是能为使用者带来利益的,可以说,这是资产的共性。但是,并不是所有的资产都能够在独立使用的情况下为使用者带来收益。所谓具有独立获利能力的资产,是指这样一类资产,它由组成要素构成一个独立化的有机整体,可以在不追加任何其他资产条件下获取收益。企业资产是这类资产中的典型例子。因为能够独立地获取收益,所以这类资产通常为整体性资产。而不具备独立获利能力的资产就不适宜用收益现值标准来衡量。

(2) 继续使用的资产。获取未来收益是资产被继续使用的结果,只有继续使用这种具有独立获利能力的资产,将其融入生产经营之中,资产获利能力才能发挥出来,才能因生产和提供的产品或服务,满足了市场需要,而获取收益。继续使用资产就是指在未来时期内正常使用和发挥出正常效益的资产。在未来时期内不能正常使用的资产就不适宜用收益现值标准来衡量它的价值。

(3) 可以预测并能货币计量未来收益。对未来收益能否预测和货币计量是采用收益现值标准的第三个条件。由于收益现值标准直接运用未来收益的预测值,并依赖货币计量,才能衡量出资产的现时价值和价格。所以,对那些难以预测和货币计量其未来收益的资产,就难以运用此标准来衡量它的价值。

2. 收益现值标准适用范围

收益现值标准适用范围,即该标准适用的资产业务范围,可分为如下三类资产业务:

(1)企业及整体性资产的产权变动业务。企业产权变动所涉及的资产是某种整体性资产,由于这类资产具有完整的独立获利能力,其经济内涵要比单项生产要素加总更为丰富,也就不能用单项生产要素价值加总来衡量它的价值,其价值只能用收益现值来衡量。

(2)房地产及资源性资产业务。房地产的收益形式是租金,房地产价格与租金的关系,类似本金与利息关系。因此,对房地产评估往往采用收益现值标准,即以租金的收益现值标准来衡量房地产的价值和价格。

各类资源性资产,如矿藏、草原、河流、森林等天然资源,它们的价格以地租为基础,所以,资源性资产评估的实质是对地租本金化价格的估价,适用收益现值标准。

(3)无形资产转让业务。相对有形资产,无形资产具有明显的特殊性,虽然它必须依附于有形资产才能产生它的经济效益,但是,它的运用可以提高有形资产的收益能力,带来额外收益。所以,无形资产可以视作具有独立获利能力的资产,以它产生的额外收益的现值为标准衡量它的价格。

（三）收益法的计算

运用收益现值法进行资产评估的操作程序如下。

1. 确定被评估资产的剩余寿命和未来收益额

确定被评估资产在剩余期间获得的各年份收益,是采用收益现值法保证评估结果科学合理的关键。首先,需要确定资产的剩余寿命,即评估基准日起尚可使用或经营的年限,这需要考察、分析和判断该项资产或企业整体性资产的内部和外部环境变化趋势,如评估对象是企业,不仅需要考虑该企业生产经营状况,持续经营环境状况,而且要考虑到国家、地区的产业、行业政策及产业、行业结构调整的变化趋势,从而预测企业整体性资产的剩余寿命。其次,通过了解被评估资产最近几年的财务和盈利状况,分析、预测未来的经营和市场供需状况以及国家经济财税政策对未来收益的影响,确定未来年份的收益值。

由于在剩余时期内获得的收益值,直接关系到资产的评估值,所以,在估算时必须对影响评估对象收益的各种因素进行充分而深入的调查研究,切忌主观臆测。

2. 确定折现率

确定折现率,需要考虑如下因素:一是安全利率,即无风险利率。它是确定折现率的基础。在我国,一般不应低于银行存款利率或国债利率。二是风险利率,即投资承担风险所应得的报酬。风险利率是社会平均收益率与无风险利率之差。影响风险利率有如下因素:物价指数变动率、资本市场的平均利率、同行业的资金利润率和本企业资金利润率的变动趋势等。

3. 按一定的方式折现或本金化

由于被评估资产的剩余寿命可能是有限的,也可能是无限的,如企业作为评估对象时,通常具有永续经营特征;在未来收益变化上,可能表现出各年份相同,或各年份不同,或按一定规则变化。因此,针对具体情况,需要采用相应的计算方式进行折现或本金化。计算方法包括有期限收益折现法、无限期收益本金化法和混合法。这些均在货币时间价值及其等值运算部分介绍过。

二、成本法

(一)重置成本标准含义及基本要素

1. 重置成本标准

重置成本标准是用重置成本来衡量被评估资产价格的一种价值类型。所谓重置成本,是指以现行市价重新计算购建某项资产所需要支付的全部费用。重置成本不同于原始成本,主要表现在计价所依据的市场物价水平的不同,原始成本是依据当初购建资产时的市场价格水平,而重置成本是依据当前的市价水平,反映的是在当前市价水平条件下该资产购建的费用,有助于弥补按原始成本计价无法反映物价水平和技术水平变动的不足。

2. 重置成本标准的基本要素

重置成本标准主要由两部分组成:一是反映以当前市价水平重置全新资产的成本,也称为重置成本;二是反映被评估资产的贬值,即被评估资产在实体、技术、功能和经济上的贬值,也称为损耗。所以,重置成本标准作为资产计价的模型为:

$$资产评估值 = 重置成本 - 贬损(损耗) \tag{10-1}$$

(1)重置成本。重置成本是指以当前物价水平计算的全新资产费用。重置成本可分为复原重置成本和更新重置成本。

复原重置成本是指在原资产购建的全部成本核算资料基础上(量耗不变),按现行价格和费用标准计算的重置成本,即量耗不变而价格重置,它仅考虑物价变动的影响。

更新重置成本是指利用新材料、新工艺,以现时价格购建相同功能的全新资产所需的成本。它不仅考虑了物价水平变动的影响,而且还考虑了技术进步和劳动生产率提高对重置成本的影响。

(2)贬值。贬值是指被评估资产与全新资产相比,由于在评估基准业已发生的累计有形损耗和无形损耗所引起的资产价格相对降低。贬值分为实体性贬值、技术性贬值、功能性贬值和经济性贬值四种。

实体性贬值是指资产由于自然损耗和使用损耗,使其剩余寿命与功能有所下降而引起价格相对降低的贬值。

技术性贬值是由于科学技术进步使被评估资产与更新资产相比,因设计、结构、用料等技术过时引起的资产购建成本下降。采用复原重置成本时,由于重置成本中未考虑技术性贬值,所以,在评估资产时应予以扣除。而采用更新重置成本时,由于重置成本已经考虑了技术进步带来的影响,就不应在单列扣除技术性贬值,以免重复。

功能性贬值是指由于科学技术进步,在市场上出现了性能更好、运营成本更低的资产,使原有资产的功能指标相对落后而引起的价格贬值。由于采用复原和更新重置成本标准均以资产功能不变为前提,所以,在计算评估值时,都要单列扣除功能性贬值。

经济性贬值是指由于市场、政策等外部环境的变化而引起的资产贬值。

（二）重置成本标准适用范围

重置成本标准有着较为广泛的适用范围，适合于资产重置、补偿为目的的资产业务，如资产抵押、保险、赔偿以及清算核资工作等。由于我国充分发育的资产市场正处于建立和完善过程中，应用其他计价标准的客观条件尚不成熟，所以单项资产买卖的价值评估广泛地采用重置成本标准，即使在企业整体转让业务中，也经常用重置成本标准对分项资产进行评估，提供重做资产负债表的基础价格资料。

（三）成本法的计算

重置成本法是在现有条件下重新购建全新状况被评估资产所需的全部成本扣除被评估资产各种贬值后的余额作为被评估资产现时价格的一种评估方法。可见，重置成本法主要是对被评估资产的重置成本和贬值这两个组成部分的估算，并且在实际运用过程中，根据具体要求和条件，可采用相应的具体计算方法。目前，我国对重置成本估算主要采用直接估算法、价格指数法、功能重置成本法和规模经济效益指数法；对贬值估算主要有成新观测法、使用年限法、系数法和功能指数法等。

1. 重置成本的估算

（1）直接估算法。直接估算法也可称为重置核算法、细节分析法等。该方法是根据被评估资产的成本构成因素重新按照现行市价估算被评估资产的重置成本的一种方法。根据资产重新购建所用的材料、技术的不同，分为复原重置成本直接估算法和更新重置成本直接估算法。

复原重置成本直接估算法是指在功能不变和原资产设计、工艺、材料、人工、劳务等情况下，参照现行价格水平和费用标准估算资产重置成本的方法。其基本计算公式为：

$$重置成本 = \sum（所需某种材料的消耗量 \times 该材料的现行市价）$$
$$+ \sum（所需某项工时量 \times 现行工时费用）$$
$$+ \sum（所需某项劳务 \times 现行计费标准） \tag{10-2}$$

或：
$$重置成本 = \sum（按照现行物价计算的直接成本）$$
$$+ \sum（按照现行物价计算的间接成本） \tag{10-3}$$

直接成本是指直接可以构成某项资产成本的支出部分，如机器设备的购价、安装调试费用、运杂费、人工费等。

间接成本是指为了购建某项资产而发生的管理费、总体设计制图等费用。由于间接成本服务于多项资产管理，需要采用一定的方法进行分摊，最常见的方法为：

$$某项资产承担的间接成本 = 总间接成本 \times 该项资产购建的人工成本占总人工成本的比例$$
$$\tag{10-4}$$

（2）价格指数法。该方法也称物价指数调整法，该法是在被评估资产的历史成本基础上根据被评估资产购建至评估基准日的价格变动指数进行成本调整而计算得出重置成本的一种方法。计算公式为：

$$重置成本 = 资产的原始成本 \times 价格变动指数 \qquad (10-5)$$

所谓价格变动指数,是指被评估资产购建时至评估日的价格指数变化率,它反映了被评估资产的价格变动程度。价格变动指数可通过两种方法求得。

一是根据定基价格变动指数计算法,即：

$$价格变动指数 = \frac{评估基准日定基价格指数}{被评估资产购建日定基价格指数} \times 100\% \qquad (10-6)$$

二是根据环比价格变动指数计算法,即：

$$价格变动指数 = (1 + 被评估资产购建日次年环比指数) \times (1 + 第3年环比指数)$$
$$\times \cdots \times (1 + 评估基准日环比价格指数) \times 100\% \qquad (10-7)$$

【例 10-1】 某被评估资产建于 1999 年,账面原值 180 000 元,该资产建造当年的价格指数为 100%,至评估基准日 2004 年价格指数为 191%,则该设备的重置成本为：

$$重置成本 = 180\,000 \times 191\% \div 100\% = 343\,800(元)$$

或者,经调查得知相同资产的环比价格指数为：2000 年 11.7%,2001 年 17%,2002年 30.5%,2003 年 6.9%,2004 年 4.8%,则有：

$$重置成本 = 180\,000 \times (1 + 11.7\%) \times (1 + 17\%) \times (1 + 30.5\%)$$
$$\times (1 + 6.9\%) \times (1 + 4.8\%) \times 100\%$$
$$= 180\,000 \times 191\%$$
$$= 343\,800(元)$$

价格指数法是根据资产的历史成本和国家公布的价格变动指数来估算资产的重置成本,因其仅考虑价格变动因素,故而比较适合于估算那些在技术性、经济性等方面不易发生变化的资产重置成本,如原材料等。

（3）功能成本法。该方法也称功能价值法、生产能力比例法,即根据参照物资产与被评估资产的生产能力比较而估算被评估资产重置成本的一种方法。其估算步骤为：首先,确定参照物资产的重置成本,也就是选择与被评估资产具有功能相同或类似的全新状态下参照物资产重置成本;其次,确定参照物资产与被评估资产之间的生产能力的比例;最后,估算被评估资产重置成本。计算公式为：

$$重置成本 = 参照资产的重置成本 \times \frac{被评估资产年产量}{参照物资产年产量} \qquad (10-8)$$

【例 10-2】 已确定参照物资产的重置成本为 20 000 元,年产量为 6 000 件。调查得知被评估资产现行年产量 4 000 件。被评估资产的重置成本为：

$$被评估资产的重置成本 = 20\,000 \times 4\,000 \div 6\,000 = 13\,333.33(元)$$

由于该方法依据生产能力大小来估算资产成本,遵循生产能力越大所需成本也就越大的评估原则。因此,该方法比较适合于估算那些成本与生产能力之间形成线性比例关系的资产重置成本。

（4）规模经济效益指数法。该方法是用指数函数来描述资产的成本与功能之间的关系，进而确定被评估资产重置成本的一种方法。其计算公式为：

$$重置成本 = 参照物的重置成本 \times \left(\frac{被评估资产的产量}{参照物资产的产量}\right)^x \qquad (10-9)$$

其中，x 为规模经济效益指数。在国外，经过大量数据测算，该指数一般在 0.4~1 之间，如加工工业一般在 0.6~0.7，房地产行业一般为 0.9。在我国运用这种方法进行评估时，一定要在同类资产中选定若干有代表性的样本进行分析，合理地确定 x 值。

【例 10-3】 对某资产评估，资料如下：被评估资产的年生产能力为 8 000 件，选择的参照物资产的年生产能力为 20 000 件，重置成本 50 000 元，经统计测算得到规模效益指数为 0.6，被评估资产的重置成本为：

$$评估资产的重置成本 = 50\,000 \times (8\,000 \div 20\,000)^{0.6} = 50\,000 \times 0.577 = 28\,850（元）$$

该方法比较适合于那些成本与生产能力高度相关，但又不成为线性关系的资产评估。在评估时，如何确定规模效益指数 x，对评估结果影响很大，因此，必须尽可能多作样本统计分析，合理确定 x 值。

2. 资产贬值的估算

（1）实体性贬值的计算。所谓实体性贬值，是指由于机器、厂房、设备、原材料等资产在使用中的磨损或暴露于自然环境造成的侵蚀而引起的资产价值的损失。影响资产实体性贬值的因素主要有使用时间、使用强度（使用率）、资产本身的质量和维修保养程度。对实体性贬值的计算有如下几种方法：

观察法。该方法也叫成新率法，是指有专业知识和丰富经验的工程技术人员对被评估资产的主要实体部分进行技术鉴定，或通过向资历较深、有经验的工程技术人员或操作人员咨询来确定其损耗程度，再与同类或相似全新资产进行比较，判断被评估资产的成新率，从而估算其实体性贬值。

$$实体性贬值 = 重置成本 \times (1 - 成新率) \qquad (10-10)$$

使用年限法。该方法是通过确定已使用年限数占资产总使用年限数（法定使用年限数）的比值来衡量被评估资产的实体性贬值的一种方法。计算公式为：

$$实体性贬值 = \frac{重置成本 - 预计残值}{总使用年限} \times 实际已使用年限 \qquad (10-11)$$

式中：预计残值是指资产报废时回收的价值；总使用年限也称法定使用年限，公式表达为：

$$总使用年限 = 实际使用年限 + 尚可使用年限 \qquad (10-12)$$

而实际使用年限反映的是在已使用年限中实际使用程度，公式表达为：

$$实际使用年限 = 名义使用年限 \times 资产利用率 \tag{10-13}$$

$$资产利用率 = \frac{截至评估日资产累计实际利用时间}{截至评估日资产累计法定利用时间} \times 100\% \tag{10-14}$$

修复费用法。该方法是将被评估资产修复成全新状况资产所需要的成本费用来确定资产实体性贬值的一种方法。

（2）功能性贬值的计算。所谓功能性贬值，是指由于功能相同但性能更好的资产出现而使被评估资产使用的相对成本增加造成的贬值。计算公式为：

$$被评估资产的功能性贬值 = \sum(在尚可使用年限内各年净超额成本 \times 折现系数) \tag{10-15}$$

$$或：被评估资产的功能性贬值 = 在尚可使用年限内每年净超额成本 \times 年金现值系数 \tag{10-16}$$

【例10-4】　评估某机器设备功能性贬值资料和计算如表10-1所示。

表10-1　某机器设备功能性贬值资料和计算

项　目	技术先进设备	被评估设备
月产量（件）	5 000	5 000
单件工资（元）	1.2	1.8
单件原材料等消耗（元）	12	13.5
月工资和原材料等消耗成本（元）	66 000	76 500
月差异额（元）		76 500－66 000＝10 500
年超支成本额（元）		10 500×12＝126 000
扣除所得税后年净超支额（元）（所得税税率33%）		126 000×（1－33%）＝84 420
被评估资产的尚可使用年限（年）		3
行业平均收益率10%，3年的年金折现系数		2.486 9
功能性贬值额（元）		209 944.1

（3）经济性贬值的计算。所谓经济性贬值是指由于被评估资产所处的经济环境变化导致的损失。原因大致有市场需求的变化、政府对某种资产的限制等导致资产利用率下降造成的经济损失。计算公式为：

$$经济性贬值 = \sum(在尚可使用年限内各年因经济原因导致的损失 \times 折现系数) \tag{10-17}$$

$$或：经济性贬值 = 在尚可使用年限内因经济原因每年导致的损失 \times 年金现值系数 \tag{10-18}$$

【例10-5】　评估某资产的经济性贬值，经调查获知该资产的利用率仅为年生产能力50万件产品的40%，单件产品市场价格为1.2元，该资产尚可使用5年，行业平均收益率10%，所得税33%。被评估资产的经济性贬值为：

$$每年因减少产出而造成的损失 = 50 \times (1－40\%) \times 1.2 \times (1－33\%)$$
$$= 24.12（万元）$$

$$被评估资产的经济性贬值 = 24.12 \times 3.790 8 = 91.434 1（万元）$$

规模经济效益指数法也可以用于经济性贬值的估算。

【例 10-6】 （1）甲生产线，年产量为 A 产品 10 万吨，需要进行评估。评估人员获得乙生产线的信息：年产 A 产品 15 万吨，重置成本 1 000 万元。该类设备的规模经济效益指数为 0.7，请评估甲生产线的重置成本。

（2）乙生产线年产 A 产品 15 万吨，重置成本 1 000 万元。但是由于市场疲软，A 产品年销量仅为 10 万吨，该类设备的规模经济效益指数为 0.7，假设没有实体性和功能性贬值，请评估乙生产线的评估值。

解：

（1）甲生产线重置成本 $= 1\,000 \times (10 \div 15)^{0.7} = 1\,000 \times 0.752\,9 = 753$（万元）

（2）甲乙生产线的价值与甲生产线相同，也是 753 万元，因为甲乙生产线的收益能力相同，所以价值相同。247 万元（1 000 − 753）为乙生产线的经济性贬值。

三、市场法

（一）现行市价法的基本思路

市场法是指在公平竞争市场条件下，通过对被评估资产与市场交易的相同或相似资产的比较，进行适当调整后确定被评估资产价格的一种方法。简单地说，是用市场价格来估算被评估资产价值的一种方法。

现行市价法的评估思路，是在遵循公平市场交易和市场参照对象可比性原则指导下，通过对市场参照资产与被评估资产的对比分析，最后模拟出在现行市场条件下被评估资产的市场价格。因此，该方法是建立在公开的、活跃的市场交易和充分的、可比的市场资料基础上的，它要求从市场角度分析、比较、判断和估算被评估资产价格。在运用该方法时，一是要具备相同或相似资产的公开、活跃的市场，以保证市场价格真实、正常和可靠；二是要求评估人员根据被评估资产与参照对象异同作出合理调整，以保证模拟出的被评估资产市场价格真实、准确。

由于现行市价法注重市场因素对被评估资产价格的影响，资产评估值能够较充分地反映现行市场的特点和要求，因此，它比较适合于那些市场交易十分活跃的资产评估，如通用机器、设备转让业务。

现行市价法的优点，主要在于较现实、较真实地反映被评估资产的重估价格，易被资产业务各方了解和接受，同时其操作相对重置成本法简便，减少了评估工作量；其缺点是，受到资产市场发育程度的制约，在缺乏公平、活跃的市场交易情况下，或者对于那些不具有市场可比性的资产评估，采用此方法，资产评估值的真实可靠程度会受到影响，从而限制了该方法的运用范围。

（二）被评估资产的现行市价构成因素

1. 参照物资产的市场价格

如何选择参照物资产的市场价格，毫无疑问是保证评估值准确、可靠的关键。因此，该方法在实际操作中需要评估人员充分了解市场价格特征，做到正确选择市场价格。所谓市场价格，简单地说，就是在市场交易中产生的价格，根据价格形成特性不同，大致可分为充分竞争的市场价格、垄断的市场价格和政府管制的市场价格等三种类型的市场价格。由于第一种类型的市场价格,充分反映了在无任何干预情况下市场供求实际状况,因此,其价格信号被普遍认为真实地反映了资产的实际价值,是最理想的评估参照价格。但是,必须看到,在现实市场经济中,由于自然垄断因素的普遍存在,政府管制在诸多领域仍然起着重要影响作用,后两种类型的市场价格仍然在市场中占有相当重要的地位。对此,评估人员在采用非充分竞争的市场价格时,必须注意到由于垄断、政府干预等因素的影响而导致市场价格对资产价值的高估或低估现象出现,并作出相应的价格调整。

2. 参照物资产的调整因素

对参照物资产进行必要的调整是现行市价法不可或缺的内容。由于在大多数情况下,参照物资产与被评估资产之间存在着或多或少的差异,如功能性差异、地域差异(对房地产尤其重要)等都是最常见的差异,如果不对这些差异进行调整,就会导致评估值失真,即高估或低估了被评估资产的价值。一般差异因素包括时间因素、地域因素、个别因素(或称功能因素)。所以,在采用市场法时,评估人员首先需要找出参照物资产与被评估资产之间的差异因素,分析这些因素对市场价格的影响程度,估算出合理的调整系数,最后将参照物资产的市场价格调整转化为全新状况下的被评估资产价格。

(三)市场法的评估程序

1. 确定评估指标

通过市场调查,收集和掌握与被评估资产价值有关的数据资料,包括被评估资产的实体特征、地域特征、经济特征等方面的数据,同时收集与被评估资产主要功能特征相同或相似的资产的现行市场价格、交易日期及价格变动趋势等。

2. 整理资料

在采用现行市价法时,不仅仍然需要充分掌握被评估资产的众多特征、数据资料,而且需要掌握参照物相关的特征、数据资料。因此,在调查、收集之后,评估人员必须对大量的评估资料进行整理,并验证资料真实性、准确性,能够如实反映被评估资产价值。

3. 选择参照物资产的市场价格

参照物资产的市场价格是确定被评估资产价值的基本尺度,在整个评估过程中起着重要作用。参照物资产的选择应注意:选择与被评估资产相同或相似的资产;参照物资产与被评估资产之间有内在的可比性;参照物资产的交易时间和地区必须能够准确确定;参照物资产的市场价格具有广泛的市场基础和代表性。

4. 确定调整系数

用定性和定量方法分析参照物资产与被评估资产之间的差异,确定合理的调整系数。

5. 计算评估值

根据参照物资产的市场价格、各自的相应调整系数、被评估资产的成新率,再计算出被评估资产的评估值。并且应当对评估值作必要的检验,如果与实际情况偏差较大,应当进行调整,或采用其他评估方法。

第三节　企业价值评估

在前面,我们介绍了各类资产评估的基本原理和方法,而本节则是从整体资产评估的角度向大家介绍企业整体资产的评估原理和方法。在现实经济生活中,资产业务不仅包括各类单项资产交易业务,而且也包括各种整体资产交易业务,如企业出售、股份改制、兼并、联营等,这就需要从整体性、综合性的思路来评估一个企业的整体价值,需要把评估对象看作是一个获利的有机整体,根据其获利能力来评定估算它的价值,这就是企业价值和整体资产评估的基本思想。

一、整体资产及其评估的含义

所谓企业整体资产是相对于单项资产而言的,其具体含义是,由构成企业的各种要素性资产,包括流动资产、固定资产、长期投资、无形资产等,为从事某种经济活动获得经济收益而有机的组合在一起并发挥各自功能,形成一个完整的生产能力实体,这一有机构成的资产实体就是整体资产。同样,企业中具有独立生产能力或收益能力的某一部分资产,如一个分厂、车间,也可以视为一项整体资产。

所谓整体资产评估,是指把由多个或多种单项资产有机组成的资产综合体所具有的整体获利能力作为评估对象,根据其获利能力来评定估算资产整体价格的一种评估活动。显然,整体资产评估是着眼于各种单项资产组合在一起所形成的整体性、综合性的资产价值的评定估算,即评定估算多种单项资产构成的经济实体在现实市场环境、内部管理和外部影响等条件下的获利能力。正因为如此,在现实评估中,对企业价值或整体资产价值的评估,就不能采用单项资产评估的思路和方法汇总单项资产评估值来反映被评估的企业价值或整体资产价值。

因此,整体资产评估必须同时具备两个条件:

(1) 评估的客体只能是有机构成的资产综合体。

(2) 评估的主要依据只能是资产综合体的整体获利能力。

同时具备上述两个条件的资产评估,才能被称为整体资产评估。

二、整体资产评估与单项资产评估的区别

整体资产评估与单项资产评估最大的差别,在于其评估价值不能简单地被看作所有单项资产评估价值的加总。这也是整体资产评估是单项资产评估所无法取代的主要原因,它们之间的主要区别如下:

(1) 从质的规定性来看,由于两种评估方法的对象不同,因而它们所获得的资产价值的含义是有区别的。对企业各单项资产的价值进行评估,然后利用加总的方法所获得的企业全部资产的重估价值,其经济含义或质的规定性仅仅是指在现行价格水平基础上重新购建此企业所有单项资产所需花费的成本是多少,而并不能真正地反映出现实产权交易市场中的企业价值量。而企业整体资产评估则是将企业作为一个不可分割的、能够带

来一定收益的有机整体资产,通过对其收益能力的分析而获得的企业重估价值。也就是说,从质的规定性上看,两者之间存在着不同的评估对象和经济含义,即表现为单项与整体之间的差别、重建所有单项资产价值与所有单项资产有机组合产生的整体效应的资产价值之间的差别。

(2)从评估的特定目的来看,两者之间区别在于:是为整体资产交易提供价值尺度,还是为各项单项资产交易提供价值尺度。在现实资产业务中,对企业全部资产评估究竟是采用整体资产评估,还是采用单项资产评估,是取决于资产评估特定目的的,并不是因面对的是企业全部资产而就一定采用整体资产评估。从评估的特定目的来看,整体资产评估提供的是企业整体交易的评估价值,单项资产评估企业全部资产,提供的是企业整体资产分散交易的各个单项资产的评估价值。也就是说,前者为企业或整体资产的交易服务,后者为重建或出售企业的各项资产交易服务。如果资产所有者准备把企业的各项资产分别作为交易对象,即按照一般的生产要素来重新组合,那么需要评估的就是企业各项资产的价值,而当企业所有者准备将企业作为一个整体投入市场交易时,需要评估的则是企业的整体价值。

(3)从资产评估的结果来看,由于单项资产评估与整体资产评估在评估对象、评估原则、评估依据和评估方法上都存在很大差别,其结果在价值量上必然存在差异,甚至有时相差悬殊。例如,不同的企业即使其资产组合相同,但是,由于企业的地理位置因素、市场因素、历史因素、管理水平等因素不同,其获利能力也可能大不相同。因此,虽然不同的企业由单项资产评估值加总后得到的企业资产价格总额可能相同,但用以企业整体盈利能力为基础的企业整体资产评估法评估而得到的不同企业的整体价格则一般是不同的,获利能力高的企业其整体资产价格高;而获利能力低的企业其整体资产价格低。

三、整体资产评估的特点

整体资产评估一般具有如下几个基本特点。

1. 整体性

整体资产评估的对象必须是企业的整体资产或某一部分资产有机构成的资产组合,这是企业整体资产评估的一个重要特点,这个特点集中表现在企业整体资产评估的对象和内容上,从对象和内容上看,企业整体资产评估不再是单一的机器、设备、厂房或单项的专门技术,而是由各类资产组合而形成的企业资产整体,整个企业的资产或一部分资产虽由可分割的各单项资产构成,但整个企业的资产价值并不简单等于各单项资产价值之和,若一个企业的各类资产在各个生产、经营环节配置得比较合理,整个企业的价值必然大于各单项资产价值之和;反之,就会低于各单项资产价值之和。

2. 预测性

对整体资产进行评估,是通过对被评估整体资产的未来收益和风险的预测来估算整体资产价格的,因此,预测性是整体资产评估十分突出的特点。由于企业整体的价值是由资产本身的价值和预期收益所决定,而资产的预期收益一般都是根据企业资产的历史运营状况,企业产品所处的生命周期阶段以及企业资产未来经营的外部环境和内部潜力等因素,按一定的程序和方法推算出来的。也正因为如此,在整体资产评估中,要求必须运用科学的方法合理准确地预测企业或整体资产的未来收益和风险,防止高估或低估现象出现。

3. 动态性

整体资产评估的动态性特点,主要表现在对评估对象采用动态的视角和方法,来估算整体资产的价格。所谓动态,就是将被评估对象置于不断变化的现实环境中考察资产的价值,充分预计到在未来期间影响资产价值的因素,并对它们进行货币化处理,以尽可能客观地反映被评估资产的未来收益和风险。整体资产价值的这种动态性主要表现在以下两个方面:

(1) 各年的资产运营条件发生变化,则实现的预期收益也会不断发生变化。

(2) 各年实现的预期收益,由于货币时间价值的不同,反映在资产上的价值也不一样。

4. 增值性

企业价值不仅包括构成企业的各项资产的价值总和,而且包括企业在未来期间创造的各项新增价值总和。所谓整体资产评估的增值性,就是指整体资产的评估值在正常情况下要高于体现企业购建成本的各个单项资产价值的总和,其差额就表现为增值性。企业整体资产的增值性,取决于企业各单项资产的配置效率、企业的内部运行效率和外部市场环境,简单地讲,就是取决于被评估资产的价值创造能力。

5. 持续性

这是指企业整体资产评估的对象必须是能够继续使用的、具有获利能力的资产有机组合体。不具备持续获利能力的企业整体或资产整体是不能依照整体评估的原理进行评估的。

四、整体资产评估的评估客体和内容

(一)整体资产评估的客体

根据整体资产评估的含义及限定条件,在实际资产评估工作中,整体资产评估的客体主要有以下几类:

(1) 企业的整体价值。

(2) 企业具有独立生产能力和获利能力的工厂或生产车间以及其他资产组合的价值。

(二)整体资产评估的内容

具体而言,这里所讨论的整体资产评估,主要包括以下几个方面的内容。

1. 评估企业的现实存量资产

所谓企业现实存量资产,是指企业所拥有的全部可确指的资产,包括固定资产、流动资产、专项资产、可确指的无形资产和自然资源资产等。

2. 评估企业的预期收益资产

所谓预期收益资产,是指将企业现实存量资产作为一个整体,通过生产、经营活动可能带来的预期收益的能力。这是企业整体资产评估所要解决的根本问题,是企业整体资产评估的主要内容,我们把企业能够取得预期收益的资产作为现实资产的原因,是因为企业资产的预期收益同社会上其他物质财富一样具有使用价值。企业预期收益资产是一种不可确指的模糊资产,因为它是由企业内部和外部的多种因素汇集而成的一种获利能力,是看不见而又确实存在的一种资产,它附着于企业的现实资产之上而构成了企业整体价值,对企业整体进行评估的目的之一,就是要把这种资产的价值反映出来,而要反映这种资产的价值只能对企业资产进行整体评估,采取单项评估方法是无法反映出来的。

3. 评估企业所处的经济环境因素和社会环境因素

在具体进行整体资产评估时,还必须对企业所处的经济环境因素和社会环境因素有一个概括性的评估。所谓企业所处的经济环境和社会环境,是指企业外部的客观条件,例如企业及其产品在国民经济中的地位与作用、企业所处产业的产业结构、产业布局的调整以及由此造成的资金流向等方面的变动等。这些因素涉及整个国民经济的发展战略和国家的方针政策,是外部的、客观的因素,因此,在对企业整体资产进行评估时,并不直接计算这部分因素对资产价值的影响。但是,这些因素将最终影响企业产权的交易价格,因为企业整体资产评估是以整个企业的产权变更为目的的,而通过评估所确定的企业整体价值,将被作为交易时的资产底价,资产的实际交易价格作为企业整体价值的货币表现,有时同底价是一致的,更多的时候则存在偏差,这主要是由于产权交易市场调节的结果,而企业所处的经济环境和社会环境,就是影响市场条件的主要因素。因此,在最终确定企业整体的评估价值时,仍然需要考虑企业所处的经济环境和社会环境。

4. 评估企业的商誉

采用收益现值法首先评估出企业的价值,则可在此基础上减去企业各单项有形资产评估的价值总和,就可得到企业所有无形资产价值的总和,如果再把除商誉以外的其他无形资产的单项评估价值之和减去,则可得到企业商誉的评估价值。可见,利用企业整体资产评估的基本方法和原理,采用剔除法来评定估算无形资产的价值总和,特别是评估企业商誉的价值,不失为一种较好的方法,因为商誉的价值在单项评估中是无法触及的。

五、企业整体价值评估时应考虑的因素

由于单项资产评估与企业整体资产的价值评估在评估目的、评估对象以及计价标准方面都存在着很大的差别,因此,在进行企业整体资产价值评估时需要考虑的因素与单项资产评估也很不一样。具体地说,应该考虑以下几个方面的因素。

1. 企业整体的技术情况

技术进步有利于企业提高产品质量,提高生产效率,从而获得较多的竞争优势和利润。企业整体的技术情况主要体现在企业中的可移动长期资产方面,因为社会技术水平进步对不动产的影响相对较小。

2. 企业全部资产价值量的大小

一般而言,随着竞争的加剧,社会资产平均利润率逐渐平均化,在这种情况下,企业资产价值量与企业的获利能力呈正相关变化,即企业资产价值量越大,企业的获利能力越

强。企业全部资产价值量的大小既可以通过单项资产评估价值的加总得到,也可以通过把账面净值利用物价指数调整的方法得到。

3. 企业资产的匹配状况

它指的是企业各类资产通过一定的匹配方式能否最大限度地发挥出生产能力。只有企业各项资源实现了有效配置,才会最大限度地降低生产成本,提高生产效率,使得生产、财务、销售、管理等各部门运转流畅,避免不必要的浪费,从而使企业具有较强的获利能力。资源配置效率是企业经营管理中一个非常重要的问题。企业资产匹配主要包括两方面的含义:一是企业中各类资产的匹配状况,如流动资产、固定资产、无形资产等的匹配状况;二是各类资产内部的匹配状况,如固定资产中机器设备和房屋、建筑物资产的匹配状况,流动资产中库存和流动现金的匹配状况等。这两方面的匹配状况直接影响着企业资源配置效率的高低。

4. 企业经营者及员工的素质

它主要包括企业经营管理者的经营管理思想、策略、领导方式以及员工的思想觉悟、文化修养和技术水平等。由于人是企业中最活跃的因素,也是最为重要的生产要素,所以他们的素质直接关系到企业的竞争能力和获利能力,因此,企业经营者及其员工的素质直接影响企业的竞争能力、应变能力、技术开发能力和扩大再生产能力。

5. 企业文化及企业信誉

企业文化指的是企业长期形成的一系列价值观念和行为规范。良好的企业文化能显著加强企业的凝聚力,极大调动员工的工作积极性,为企业创造出更大的价值。企业信誉是企业生产经营或提供产品、劳务在客户心目中的形象,它是企业商誉的重要来源之一,企业信誉主要包括产品信誉和经营信誉两个方面。企业以优异的产品质量对客户提供周到的服务并恪守与供应商的合同等,都会为企业带来更高的商业利润。

6. 其他因素

其他因素主要包括国家政策、企业所处地理环境、企业所处宏观经济形势等因素的影响。企业所处的地理位置和交通条件直接影响着企业的运输成本和其他额外的成本,而产业政策则直接影响着企业未来的发展潜力和获利能力。

六、整体资产评估的前提

进行整体资产评估的实际工作中,一般具备以下基本前提:

(1)整体资产的未来收益可以预测,而且可以用货币来计量。这也是收益现值法评估原理和方法所应该具备的基本前提。

(2)与整体资产获得未来收益相联系的风险也可以预测,并且可以用风险报酬率来表示。这一前提非常重要,因为任何企业的整体资产在运营中都存在着经营风险,而不同企业的经营风险是不同的,因此不同企业的整体资产的经营风险也是不同的,这一点必须加以考虑。

(3)整体资产能够通过不断自我更新、补偿,使其能继续使用下去并能保证其获利能力。换句话说,能够得到持续不断的收益流现值是企业整体资产评估的必要前提。

（4）被评估整体资产的价值量可以而且必然通过其获利能力反映出来。如果不是这样,采用收益现值法对整体资产的价值进行评估就是没有依据的。

七、整体资产评估的收益法

在资产评估的实际工作中,可以根据不同的评估目的和资本市场的不同发育情况以及被评估企业的商誉状况,分别采用不同的计价标准和评估方法对企业整体资产进行评估。

企业整体资产评估的方法主要有收益法、现行市价法、生产能力法、单项加总近似法、市场类比法、综合评估方法、市盈率乘数法等。

在上面提到的各种方法中,收益现值法是最典型和最重要的一种评估方法。因此下面先重点介绍收益现值法。

所谓整体资产评估的收益法,是根据企业未来的预期收益,通过收益还原(或称资本化处理)来估测企业的整体价格。

收益现值法的关键在于预测和计算企业的获利能力,即企业未来的收益能力。因此,采用收益现值法首先需要对企业财务状况、市场供求状况、发展趋势以及其他情况进行综合分析。

（一）财务分析

对企业财务情况的分析是对企业未来收益能力进行预测的重要步骤。财务分析的主要目的是通过对有关财务数据进行趋势分析,在分析了过去变动情况的基础上,分析和评价企业过去和现在的获利能力、偿债能力和财务状况,进而预测其未来的获利能力、偿债能力和财务状况等,为确定企业资产的整体评估价值提供财务依据。

1. 财务分析的标准

评估人员在进行财务分析时,必须事先设定一个客观标准,并以此标准来衡量企业的有关财务数据,客观地分析企业的财务状况和经营业绩水平。常用的分析标准有几类:一是以企业过去的实际统计数据为标准;二是以财务计划为标准;三是以行业平均水平为标准。三种标准各具优缺点。因此,资产评估人员在进行财务分析时,应根据具体情况,将它们结合起来使用。

2. 财务分析的方法

财务分析的方法主要有趋势分析法、结构分析法、比率分析法等。

趋势分析法是根据企业连续若干期的财务数据,比较各期之间的数额,以求出其金额和百分比增减变动的趋势和幅度。在进行趋势分析中,最经常使用的是财务报表的比较分析和图表分析。

结构分析法是通过计算指标项目及其子项的百分比来分析指标项目的内部结构是否合理。结构分析法常用来分析企业财务报表中资产、负债、权益、收入、费用等内部结构情况。通常,结构分析法主要采用财务报表式结构分析和图表式结构分析两种形式。

比率分析法是通过确定相同年度财务报表的两个不同项目之间的百分比关系来分析企业经营成果和财务状况的一种分析方法。这两个项目可以从同一财务报表(如资产负债表或利润表)中选择,也可以从一个财务报表(如资产负债表)中选择一个项目而从另一财务报表(如利润表)中选择另一个项目。

通常,在整体资产评估的实际工作中使用的比率分析主要分为以下五类:即反映企业资产流动性(即短期偿债能力)的比率(如流动比率、速动比率、现金比率等)、反映企业长期偿债能力的比率(如资产负债比率、已获利息倍数等)、反映企业营运能力的比率(如应收账款周转率、存货周转率等)、反映企业权益状况的比率(如股东权益比率等)以及反映企业经营成果的比率(如总资产收益率、净资产收益率、市盈率等)。

(二)市场供求关系分析

企业作为市场经济的基本单位,其产品通过市场销售出去,经营目的也是为了获取更多的销售利润。因此,对企业的产品进行市场分析,有助于判断企业现有产品是否真正有发展前途。

通常在市场供求关系分析上主要是进行需求预测。需求预测一般有两种方法:一种是主观预测法,即根据经营者和专家们的经验、知识来进行需求预测,如专家意见法、销售人员意见综合法等;另一种是客观预测法,如利用时间顺序排列的一组数据来预测未来需求趋势的时间序列法等。

进行需求预测有两个目的:一是为了确定未来的销售量,二是为了确定产品的生命周期阶段,一般地,任何产品都要经过引入期、成长期、成熟期和衰退期四个阶段。引入期是新产品投入市场的最初时期,也可以说是将新产品的有用性、特点及使用方法等事项向广大消费者进行广泛宣传、开辟企业产品销售市场的时期。这一时期,企业往往是亏损的。成长期的特点是在通过一系列市场营销活动使顾客对新产品的质量、用途及特点等有了进一步的认识以后,企业产品的市场需求急剧增加;同时,生产方法已经定型,生产批量和累计产量都增大,根据规模效应和学习曲线效应,企业产品的单位成本大幅度下降,企业开始扭亏为盈。成熟期的主要特点是,成本最低,利润最大,产品销售虽然还在增加,但增长速度减慢,企业间竞争十分激烈,新的竞争产品开始出现,这时,企业已经收回全部开发投资,并获得可观的盈利。衰退期的基本特点是,产品需求衰退、生产停滞、竞争激化、市场占有率日趋缩小。因此,在产品衰退期到来之前,企业就应制定并开始实施新的产品战略。通过对企业产品生命周期阶段的分析,可以使我们能够更好地把握企业未来的盈利能力。

(三)经济发展趋势分析

在对企业收益的预测过程中,未来收益不仅要受资产自身各种因素的影响,还要受许多外部因素的影响,因而,对未来的宏观经济环境、宏观经济状况等经济趋势的分析就显得十分重要。

经济发展趋势分析主要分析以下几个方面:世界经济和国际贸易的发展趋势及其影响;国民经济的发展趋势及其影响;地区经济的发展趋势及其影响;行业的发展趋势及其影响;人口和就业的发展趋势及其影响;购买力和物价的发展趋势及其影响;供需状况的发展趋势及其影响;技术进步的发展趋势及其影响;生产成本的发展趋势及其影响;换汇成本的发展趋势及其影响;税收和利率的发展趋势及其影响等。

（四）确定折现率或资本化率

收益法是在假定企业继续经营的条件下,按评估企业的全部资产的预期收益能力,选择恰当的折现率或资本化率计算被评估企业资产价值的一种方法。因此,在具体评估前必须先确定折现率或资本化率。

确定折现率的一般方法,是按无风险利率加上风险调整系数。无风险利率可以采用银行存款利率或国库券利率等,但无论采用何种利率,均要满足资本无风险、最安全的原则。风险调整系数则视企业和行业的经营风险而定,一般来说行业经营风险越大,此系数也应越大,因此,对于折现率的确定,应在充分做好调查分析的基础上进行。在国外,通常是在政府长期债券利率的基础上加上一个适当的系数。如美国通常加 5%～10%,作为公开的折现率。

在实际工作中,对于折现率的选择应慎重,尽量选择得比较科学合理。但也要注意不要将折现率选择得太保守,以免影响资产评估价值的合理性。

（五）收益现值法的评估方法

在具体运用收益现值法评估企业整体资产时,主要有两种评估方法,即年金资本化法和分段法。

1. 年金资本化法

年金资本化法是把企业预期收益额直接资本化为现值评估企业整体资产的一种方法。具体运用时,先评估前 5 年的生产、经营、销售成本、收益以及同期的企业外部环境等,对其进行全面分析。在此基础上,预测出整体资产在未来经济寿命即整体资产能够带来预期收益的持续年限内的年平均期望收益,然后再把平均期望收益资本化处理,进而评估得出整体资产的价格。

2. 分段法

此方法与年金资本化法的区别仅在于将预测分为了两个阶段:首先预测企业未来前五年的收益,并假设从第 6 年开始,企业将保持等额收益;然后将两部分收益分别进行折现处理;最后计算出企业整体资产的价格。

【例 10-7】 已知某企业 2004 年底因股份制改建需要进行资产评估,其评估基准日为 2004 年 12 月 31 日。该企业向评估主体提供的近几年来企业生产经营状况资料(主要体现在表 10-2 中);另外,已知该企业自 2002 年以来的财务状况如表10-3中所示。根据企业近几年来经营状况和评估目的,决定采用收益现值法来评估该企业整体资产价值。

表 10-2　被评估企业 2000—2004 年的经营情况　　　　　　单位:千元

年　份	2000	2001	2002	2003	2004
销售收入	7 000	7 500	8 200	8 300	8 500
销售税金	1 050	1 200	1 271	1 311.4	1 351.5
销售成本	2 870	3 150	3 362	3 403.0	3 400

年　份	2000	2001	2002	2003	2004
其中：折旧	630	750	902	954.5	1 020
其他费用	350	450	492	456.5	467.5
营业利润	2 730	2 700	3 075	3 129.1	3 281
营业外支出	91	90	106.6	116.2	127.5
营业外收入	70	75	114.8	116.2	136
利润总额	2 709	2 685	3 083.2	3 129.1	3 289.5
所得税(15%)	406	402.8	462.5	469.4	493.4
净利润	2 302.6	2 282.2	2 620.7	2 659.7	2 796.1
追加投资	200	250	260	270	290
企业净现金流量	2 732.6	2 782.3	3 262.7	3 344.2	3 526.1

注：企业净现金流量＝净利润＋折旧－追加投资

表 10-3　被评估企业近 3 年主要财务分析指标

年　份	2002	2003	2004
销售利润率	37.5%	37.7%	38.6%
资产利润率	36%	37%	38%
流动比率	3∶1	2.5∶1	2.4∶1
速动比率	2∶1	1.8∶1	1.5∶1
存货周转率	25%	26%	26.5%

根据该企业近 3 年来财务分析指标可知,该企业的销售利润率、资产利润率均保持在很高的水平,2002—2004 年,销售利润率分别高达 37.5%、37.7%和 38.6%,资产利润率分别达 36%、37%和 38%。这表明该企业有很强的盈利能力,而且这种盈利能力的趋势呈现稳中略升的走向,进而表明该企业的盈利水平会伴随着销售额规模的扩大而不断扩大,从流动比率与速动比率来看,该企业指标均高于一般的比率,尽管其略呈下降趋势,2004 年仍分别在 2.4∶1 和 1.5∶1,表明企业仍有很强的短期偿债能力。从企业存货周转率来看,2002—2004 年分别高达 25%、26%和 26.5%,并呈现略有加快之势,这表明企业资产利用率高且工作效率高,从企业发展规划来看,未来几年的追加投资明显增多,

该企业在 2005—2012 年的有关收支和净现金流量指标的预测值如下表(表 10-4)所示。经调查分析确定折现率为 18%。

表 10-4 被评估企业 2005—2012 年有关预测指标 单位：千元

年 份	2005	2006	2007	2008	2009	2010	2011	2012
销售收入	8 800	9 100	9 500	10 000	11 000	12 000	12 100	12 180
销售税金	1 372.8	1 419.6	1 491.5	1 550	1 772	1 920	1 899.7	1 900.1
销售成本	3 520.0	3 731.0	3 800	4 100	4 620	5 040	5 082	4 993.8
其中：折旧	1 056	1 183	1 330	1 350	1 650	1 920	1 815	1 559
其他费用	500	520	560	600	650	760	790	820
营业利润	3 407.2	3 429.4	3 648.5	3 750	4 003	4 280	4 328.3	4 466.1
营业外支出	130	150	170	190	195	210	220	230
营业外收入	140	155	172	190	196	200	220	235
利润总额	3 417.2	3 434.4	3 650.5	3 750	4 004	4 270	4 328.3	4 471
所得税	512.6	515.2	547.6	562.5	600.5	642	649.2	670
净利润	2 904.6	2 919.2	3 102.9	3 187.5	3 402.5	3 638	3 679.1	3 800.5
追加投资	420	550	700	800	850	900	950	850
净现金流量	3 540.6	3 552.2	3 732.9	3 737.5	4 202.4	4 658	4 544.1	4 509.5
折现系数	0.847	0.718	0.609	0.516	0.437	0.37	0.314	0.266

注：净现金流量＝净利润＋折旧－资本性支出

从而，用收益现值法评估该企业的整体资产价值为：

$$P = \sum_{i=1}^{n} \frac{R_i}{(1+r)^i} + \frac{R_6}{r(1+r)^5}$$

前 5 年净现金流量折现值之和为：

$$\sum_{i=2005}^{2009} \frac{R_i}{(1+r)^{i-2004}} = 3\,540.6 \times 0.847 + 3\,552.2 \times 0.718 + 3\,732.9 \times 0.609$$
$$+ 3\,737.5 \times 0.516 + 4\,202.4 \times 0.437$$
$$= 1\,158.77(万元)$$

第 6 年后的预期年均收益额，采用最后五年的年金值代替，计算如下：

$$A = \frac{\sum\limits_{i=2008}^{2012} R_i \div (1+r)^{i-2004}}{\sum\limits_{i=2008}^{2012} 1 \div (1+r)^{i-2004}} = 8\,114.859 \div 1.903 = 426.42(万元)$$

年金化和折现：

$$\frac{A}{r(1+r)^5} = 1\,035.25(万元)$$

该企业整体资产的最终评估值为：

$$P = 1\,158.77 + 1\,035.25 = 2\,194.02(万元)$$

（六）运用收益现值方法进行整体资产评估时应注意的问题

1. 企业收益的界定

企业收益是运用收益现值法评估企业价值或整体资产价值的关键数据。在评估中，必须准确界定企业收益范围，做到既不遗漏，也不扩大。通常要注意以下两个问题：一是虽由企业创造的但不归企业权益主体所有的收益，如税收，就不能作为企业价值评估中的企业收益；二是凡属于被评估企业权益主体的任何形式的收入，都必须归入企业收益范围，如营业外收支净额、资产收支净额、投资收益等。

2. 企业收益指标的选择

由于多种指标可用来表示企业收益，在评估中，应根据评估的特定目的和评估中的实际情况，作出合理选择。一般而言，在收益现值法评估中主要采用净利润和净现金流量这两个指标来表示企业收益，而采用最多的是净现金流量指标。因为该指标能较客观地反映企业的价值，企业利润等其他收益指标最终都表现为现金流量，并由现金流量的大小反映收益大小；另外，采用净现金流量指标可信度、可靠性更高，因为企业净现金流量是企业实际收支的差额，不易被更改，而企业利润的计算需要通过一系列复杂的会计程序，而且易受到多种因素的影响，容易失真。

3. 未来收益预测

对企业收益的历史和现实状况的分析和判断，是预测企业未来收益的主要途径，尤其对那些有着悠久历史并且收益稳定的企业，通过对企业的历史资料的分析和判断，可直接得到可信度较高的收益指标。通常对企业收益的预测，可采取三个步骤：首先，对审计后的财务报表进行非正常因素的调整，剔除偶尔发生的收入与支出，计算出评估基准日时点反映企业的正常情况下的收益能力的净现金流量。其次，对企业的内部管理和市场需求状况等因素的分析和判断，把握企业预期收益的变动趋势。要求深入企业现场和市场进行考察调研，了解企业的生产工艺状况、设备性能、生产能力和经营管理水平以及企业产品在市场的需求、价格情况，使预期的企业收益更符合实际发展趋势。最后，运用技术方法和手段，对企业未来收益进行预测。企业未来收益可以用有限年限收益额和无限年限的年金两种形式来表示，或两者结合来表示。在掌握的企业历史收益的平均收益变化趋势的基础上，结合影响企业收益实现的主要因素在未来预期的变化情况，采用适当的方法进行估测，常用方法主要有综合调整法、产品周期法、实践趋势法等。

4. 折现率和本金化率的估测

在运用收益现值法评估整体资产价值时，折现率起着至关重要的作用，它的微小变化都会对评估结果产生较大的影响。因此在选择和确定折现率时，必须注意以下几个方面的问题。

折现率不低于投资的机会成本。在存在着正常的资本市场和产权市场的条件下，任何一项投资的回报率都不应低于该投资的机会成本。在现实生活中，政府发行的国库券利率和银行储蓄利率可以作为投资者进行其他投资的机会成本。由于国库券的发行主体是政府，几乎没有破产或无力偿付的可能，投资的安全系数大。虽然银行属于商业银行，但我国的银行仍然属于国家垄断或严格监控，其信誉也非常高，储蓄也是一种风险极小的投资。因此,国库券和银行储蓄利率可以看成是其他投资的机会成本,相当于无风险投资报酬率。

行业基准收益率不宜直接作为折现率,但行业平均收益率可以作为确定折现率的重要参考指标。我国的行业基准收益率是基本建设投资管理部门为筛选建设项目,从拟建项目对国民经济的净贡献方面,按照行业统一制定的最低收益率标准,凡是投资收益率低于行业基准收益率的拟建项目不得上马。只有投资收益率高于行业基准收益率的拟建项目才有可能得到批准进行建设。行业基准收益率旨在反映拟建项目对国民经济的净贡献的高低,包括拟建项目可能提供的税收收入和利润,而不是对投资者的净贡献。因此不宜直接将其作为企业产权变动时价值评估的折现率。另外,行业基准收益率的高低也体现着国家的产业政策。在一定时期,属于国家鼓励发展的行业,其行业基准收益率可以相对低一些;属于国家控制发展的行业,国家就可以适当调高其行业基准收益率,达到限制项目建设的目的。因此,行业基准收益率不宜直接作为企业评估中的折现率。而随着我国证券市场的发展,行业的平均收益率日益成为衡量行业平均盈利能力的重要指标,可作为确定折现率的重要参考指标。

贴现率不宜直接作为折现率。贴现率是商业银行对未到期票据提前兑现所扣金额(贴现息)与期票票面金额的比率。贴现率虽然也是将未来值换算成现值的比率,但贴现率通常是银行根据市场利率和贴现票据的信用程度来确定的。且票据贴现大多数是短期的,并无固定期间周期。从本质上讲。贴现率接近于市场利率。而折现率是针对具体评估对象的风险而生成的期望投资报酬率。从内容上讲,折现率与贴现率并不一致。简单地把银行贴现率直接作为企业评估的折现率是不妥当的。但也要看到,在有些情况下,如对采矿权评估所使用的贴现现金流量法,正是以贴现率折现评估价值的。但就是在这种场合,所使用的贴现率也包括安全利率和风险溢价两部分,与真正意义的贴现率也不完全一样。

在折现率的测算过程中。无风险报酬率的选择相对比较容易一些,通常是以政府债券利率和银行储蓄利率为参考依据。而风险报酬率的测度和对比较困难。它因评估对象、评估时点的不同而不同。就企业而言,在未来的经营过程中要面临着经营风险、财务风险、行业风险、通货膨胀风险等。从投资者的角度,要投资者承担一定的风险,就要有相对应的风险补偿。风险越大,要求补偿的数额也就越大。风险补偿额相对于风险投资额的比率叫风险报酬率。

八、整体资产评估的其他常用评估方法

（一）市场法

现行市价法主要用于企业间的兼并、合并时的整体资产评估,它是以被兼并或被合并企业整体资产的成交价作为整体资产的评估值。此时,如果被兼并或被合并企业整体资产的账面净资产(资产总额减去负债)小于购价,则将这一差额记入商誉,如果账面净资产大于购价,则要将各项资产进行调整,调整系数统一规定为:

$$调整系数 ＝（购价＋负债－货币资产）÷（资产总额－货币资产）\qquad (10-19)$$

即要将除货币资产以外的各项账面资产统一乘以这一调整系数，如果被评估企业具有相当的潜在获利能力，只是由于某些偶然因素的影响而没有发挥出来时，则采用这种评估方法比较科学合理。

（二）生产能力法

生产能力法是根据行业标准企业的整体资产价值与其产出能力以及被评估企业的产出能力来推算确定企业整体资产价值的一种评估方法，评估公式为：

$$P = Ps \times (C \div Cs)^x \times \alpha \qquad (10-20)$$

式中：P——整体资产的评估值；

$\quad\quad Ps$——同行业标准企业的整体资产价值；

$\quad\quad C$——被评估企业的产出能力；

$\quad\quad Cs$——同行业标准企业的产出能力，用资产收益率表示；

$\quad\quad x$——规模经济效益指数；

$\quad\quad \alpha$——调整系数。

【例10-8】 某企业所在行业的同类企业的标准资产为1 500万元，标准资产的收益率为15％，规模经济效益指数为0.6，调整系数为0.8，该企业的资产收益率为16％，求该企业的整体资产评估值。

$$P = 1\,000 \times (15\% \div 16\%)^{0.6} \times 0.8 = 1\,247.4（万元）$$

（三）单项加总近似法

单项加总近似法是将各单项资产的评估值和商誉相加，最终确定出整体资产的评估值。其评估公式为：

$$P = \sum pi + G \qquad (10-21)$$

式中：P——整体资产的评估值；

$\quad\quad pi$——组成整体资产的各单项资产的评估值；

$\quad\quad G$——整体资产的商誉。

【例10-9】 某企业的单项资产评估值为1 000万元，商誉的评估值为100万元。该企业的整体资产评估值等于：

$$整体资产评估值 ＝ 单项资产评估值＋商誉 ＝ 1\,000＋100 ＝ 1\,100（万元）$$

（四）市场类比法

这种方法适用的前提条件是必须具有健全的产权交易市场和较广泛的可供参考的企业整体资产交易资料，否则，这种方法就无法灵活运用。这种方法主要适用于以下两种情况：一是企业当前没有收益额；二是企业目前的获利能力无法反映其未来潜在的收益。

这种评估方法的运用程序为：首先，调查被评估企业所在行业的同类企业状况；其次，确定评估工作所用的资本化率或折现率；再次，评估被评估企业所在行业同类企业的价值;最后,对评估结果加以适当调整。

(五)综合评估方法

综合评估方法即对各类资产(包括可确指的无形资产)选用适当的评估方法(收益现值法、现行市价法、生产能力法、单项加总近似法、市场类比法等)分别评估其价值,然后加总计算出企业资产的总价值,这种方法适用于被评估企业的商誉为负数或零时的整体资产评估。另外,如果资产评估是以足额补偿为目的的,也可以采用这种方法。

(六)市盈率乘数法

此方法适用于上市公司及一部分非上市公司。市盈率等于上市公司每股股票价格与其年收益额之比。市盈率乘数法正是利用了公司(由若干股份构成)的价格与其收益之间的关系(即市盈率),通过市盈率作为乘数与被评估企业的预期收益相乘得出被评估企业的市场价值,市盈率乘数法的基本方法是:

第一,从证券交易市场上搜集与被评估企业相同或相似的上市公司,包括所在行业、生产产品、生产经营规模等方面的条件要大体接近,把上市公司的股票价格按公司不同口径的收益额计算出不同口径的市盈率,作为评估被评估企业整体价格的乘数。

第二,分别按各口径市盈率相对应口径计算被评估企业的各种收益额。

第三,按相同口径用市盈率乘以被评估企业的收益额得到一组被评估企业的整体价格。

第四,对于一组企业整体价格分别给予权重,权重的大小取决于该口径计算的企业收益及市盈率与企业实际情况的相关程度,然后通过加权平均计算出整体企业的评估值。

当然,运用市盈率乘数法必须有高度发达的证券交易市场作为后盾,要有足够多的上市公司作为备选参照物,否则,该方法将难以被恰当使用。鉴于目前我国证券交易市场的发育程度不够,在短时期内,国内企业整体资产评估尚不宜单独采用市盈率乘数法。不过有条件的企业可利用这种方法作为验证运用其他方法评估企业整体价格时的辅助方法。

巩固 训练与提高

■ 概　　念 ■

重置成本　收益现值　现行市价　清算价格　收益法　成本法　市场法　复原重置成本　更新重置成本　实体性贬值　技术性贬值　功能性贬值　经济性贬值　商誉　市盈率乘数法

■ 课后练习题 ■

1. 资产评估价值类型有哪些?

2. 资产评估基本方法有哪些?

3. 资产评估成本法中,需要核算的要素有哪些?

4. 资产评估收益法中,需要核算的要素有哪些?

5. 资产评估市场法中,需要核算的要素有哪些?

6. 更新重置成本与复原重置成本有何异同?

7. 在成本法中,资产的损耗或者贬值分为哪几种? 它们各是什么原因引起的?

8. 在资产评估市场法中,现行市价的确定有哪些具体方法?

9. 企业价值评估适用什么价值类型? 为什么?

10. 为什么同一项资产,在不同价值类型下,会有不同的评估价值?

第十一章 银行业公司业务

🐌 **学习 目标**

1. 了解各类银行账户及其开设、撤销规定
2. 了解各类存款及其计息、存取规定
3. 了解各类银行支付工具及其特点
4. 了解各类银行贷款业务及其规定

🐌 **能力 目标**

1. 能够正确选择并开设、撤销相关银行账户
2. 能够根据流动性和收益性正确选择银行存款种类并规范存取款
3. 能够根据具体业务选择适当的银行支付工具
4. 能够根据具体业务选择适当的银行信贷业务和银行其他授信业务

🐌 **案例 导入**

供应链金融服务

2001年下半年,深圳发展银行在广州和佛山的两家分行开始试点存活融资业务(全称为"动产及货权质押授信业务"),年底授信余额即达到20亿元人民币。利用特定化质押下的分次赎货模式,并配合银行承兑汇票的运用,结算和保证金存款合计超过了20亿元。之后,从试点到全系统推广,从自偿性贸易融资、"1+N"供应链融资,到系统提炼供应链金融服务,该行于2006年在国内银行业率先推出"供应链金融"品牌,迄今累计授信出账超过8 000亿元。深圳发展银行、招商银行最早开始这方面的信贷制度、风险管理及产品创新的。随后,围绕供应链上中小企业迫切的融资需求,国内多家商业银行开始效仿发展"供应链融资""贸易融资""物流融资"等名异实同的类似服务,包括国有四大行在内的大部分商业银行都推出了各自特色的供应链金融服务。

什么是供应链金融呢?

商业银行的公司业务在银行业也叫做对公业务,包括对公的资产业务、负债业务和中间业务。近年来,这些业务也出现了一些创新。

第一节 单位人民币存款账户管理

一、银行结算账户

银行结算账户是指银行为存款人开立的办理资金收付结算的人民币活期存款账户,分为基本存款账户、一般存款账户、专用存款账户和临时存款账户。

(一)基本存款账户

基本存款账户是存款人因办理日常转账结算和现金收付需要开立的银行结算账户,是存款人的主办账户。存款人日常经营活动的资金收付及其工资、奖金和现金的支取,须通过该账户办理。

可以申请开立基本存款账户的有:企业法人;非法人企业;机关、事业单位;团级(含)以上军队、武警部队及分散执勤的支(分)队;社会团体;民办非企业组织;异地常设机构;外国驻华机构;个体工商户;居民委员会、村民委员会、社区委员会;单位设立的独立核算的附属机构;其他组织。

(二)一般存款账户

一般存款账户是存款人因借款或其他结算需要,在基本存款账户开户银行以外的银行营业机构开立的银行结算账户。该账户可以办理现金缴存,但不得办理现金支取。

(三)专用存款账户

专用存款账户是存款人按照法律、行政法规和规章,对其特定用途资金进行专项管理和使用而开立的银行结算账户。

对下列资金的管理与使用,存款人可以申请开立专用存款账户:基本建设资金;更新改造资金;财政预算外资金;粮、棉、油收购资金;证券交易结算资金;期货交易保证金;信托基金;金融机构存放同业资金;政策性房地产开发资金;单位银行卡备用金;住房基金;社会保障基金;收入汇缴资金和业务支出资金;党、团、工会设在单位的组织机构经费;其他需要专项管理和使用的资金。

(四)临时存款账户

临时存款账户是存款人因临时需要并在规定期限内使用而开立的银行结算账户,用于办理临时机构以及存款人临时经营活动发生的资金收付。

有下列情况的,存款人可以申请开立临时存款账户:设立临时机构;异地临时经营活动;注册验资。

临时存款账户应根据有关开户证明文件确定的期限或存款人的需要确定其有效期限。存款人在账户的使用中需要延长期限的,应在有效期限内向开户银行提出申请,并由开户银行报中国人民银行当地分支行核准后办理展期。临时存款账户的有效期最长不得超过 2 年。

临时存款账户支取现金,应按照国家现金管理的规定办理。

注册验资的临时存款账户在验资期间只收不付,注册验资资金的汇缴人应与出资人的名称一致。

二、在异地开立银行结算账户的规定

存款人有下列情形之一的,可以在异地开立有关银行结算账户:

(1)营业执照注册地与经营地不在同一行政区域(跨省、市、县)需要开立基本存款账户的。

(2)办理异地借款和其他结算需要开立一般存款账户的。

(3)存款人因附属的非独立核算单位或派出机构发生的收入汇缴或业务支出需要开立专用存款账户的。

(4)异地临时经营活动需要开立临时存款账户的。

三、人民结算账户的使用规定

单位银行结算账户向个人银行结算账户支付款项,凡单笔超过 5 万元人民币、付款单位在付款用途栏或备注栏注明事由的,可不用另行出具付款依据,但付款单位须对支付款项事由的真实性、合法性负责。

银行应按规定与银行结算账户的存款人核对账务,存款人收到对账单或对账信息后,应及时核对账务并在规定期限内向银行发出对账回单或确认信息。

存款人不得出租、出借银行结算账户,不得利用银行结算账户套取银行信用。

四、开立人民币结算账户的操作程序

(一)存款人申请开立基本存款账户

存款人申请开立基本存款账户,应向银行出具下列证明文件:

(1)企业法人,应出具企业法人营业执照正本。

(2)非法人企业,应出具企业营业执照正本。

(3)机关和实行预算管理的事业单位,应出具政府人事部门或编制委员会的批文或登记证书和财政部门同意其开户的证明;非预算管理的事业单位,应出具政府人事部门或编制委员会的批文或登记证书。

(4)军队、武警团级(含)以上单位以及分散执勤的支(分)队,应出具军队军级以上单位财务部门、武警总队财务部门的开户证明。

(5)社会团体,应出具社会团体登记证书,宗教组织还应出具宗教事务管理部门的批文或证明。

(6)民办非企业组织,应出具民办非企业登记证书。

(7)外地常设机构,应出具其驻在地政府主管部门的批文。

(8)外国驻华机构,应出具国家有关主管部门的批文或证明;外资企业驻华代表处、

办事处应出具国家登记机关颁发的登记证。

(9) 个体工商户,应出具个体工商户营业执照正本。

(10) 居民委员会、村民委员会、社区委员会,应出具其主管部门的批文或证明。

(11) 独立核算的附属机构,应出具其主管部门的基本存款账户开户登记证和批文。

(12) 其他组织,应出具政府主管部门的批文或证明。存款人为从事生产、经营活动纳税人的,还应出具税务部门颁发的税务登记证。

(二) 存款人申请开立一般存款账户

存款人申请开立一般存款账户,应向银行出具其开立基本存款账户规定的证明文件、基本存款账户开户登记证和下列证明文件:

(1) 存款人因向银行借款需要,应出具借款合同。

(2) 存款人因其他结算需要,应出具有关证明。

(三) 存款人申请开立专用存款账户

存款人申请开立专用存款账户,应向银行出具其开立基本存款账户规定的证明文件、基本存款账户开户登记证和下列证明文件:

(1) 基本建设资金、更新改造资金、政策性房地产开发资金、住房基金、社会保障基金,应出具主管部门批文。

(2) 财政预算外资金,应出具财政部门的证明。

(3) 粮、棉、油收购资金,应出具主管部门批文。

(4) 单位银行卡备用金,应按照中国人民银行批准的银行卡章程的规定出具有关证明和资料。

(5) 证券交易结算资金,应出具证券公司或证券管理部门的证明。

(6) 期货交易保证金,应出具期货公司或期货管理部门的证明。

(7) 金融机构存放同业资金,应出具其证明。

(8) 收入汇缴资金和业务支出资金,应出具基本存款账户存款人有关的证明。

(9) 党、团、工会设在单位的组织机构经费,应出具该单位或有关部门的批文或证明。

(10) 其他按规定需要专项管理和使用的资金,应出具有关法规、规章或政府部门的有关文件。

合格境外机构投资者在境内从事证券投资开立的人民币特殊账户和人民币结算资金账户纳入专用存款账户管理。其开立人民币特殊账户时应出具国家外汇管理部门的批复文件,开立人民币结算资金账户时应出具证券管理部门的证券投资业务许可证。

(四) 存款人申请开立临时存款账户

存款人申请开立临时存款账户,应向银行出具下列证明文件:

(1) 临时机构,应出具其驻在地主管部门同意设立临时机构的批文。

(2) 异地建筑施工及安装单位,应出具其营业执照正本或其隶属单位的营业执照正本,以及施工及安装地建设主管部门核发的许可证或建筑施工及安装合同。

(3) 异地从事临时经营活动的单位,应出具其营业执照正本以及临时经营地工商行政管理部门的批文。

（4）注册验资资金，应出具工商行政管理部门核发的企业名称预先核准通知书或有关部门的批文。

异地建筑施工及安装单位、异地从事临时经营活动的单位申请开立临时存款账户，还应出具其基本存款账户开户登记证。

单位开立银行结算账户的名称应与其提供的申请开户的证明文件的名称全称相一致。有字号的个体工商户开立银行结算账户的名称应与其营业执照的字号相一致；无字号的个体工商户开立银行结算账户的名称，由"个体户"字样和营业执照记载的经营者姓名组成。自然人开立银行结算账户的名称应与其提供的有效身份证件中的名称全称相一致。

银行为存款人开立一般存款账户、专用存款账户和临时存款账户的，应自开户之日起3个工作日内书面通知基本存款账户开户银行。

存款人申请开立单位银行结算账户时，可由法定代表人或单位负责人直接办理，也可授权他人办理。

法定代表人或单位负责人直接办理的，除出具相应的证明文件外，还应出具法定代表人或单位负责人的身份证件；授权他人办理的，除出具相应的证明文件外，还应出具其法定代表人或单位负责人的授权书及其身份证件，以及被授权人的身份证件。

银行应对存款人的开户申请书填写的事项和证明文件的真实性、完整性、合规性进行认真审查。

银行为存款人开立银行结算账户，应与存款人签订银行结算账户管理协议，明确双方的权利与义务。除中国人民银行另有规定的以外，应建立存款人预留签章卡片，并将签章式样和有关证明文件的原件或复印件留存归档。

五、撤销结算账户的操作程序

存款人撤销银行结算账户，必须与开户银行核对银行结算账户存款余额，交回各种重要空白票据及结算凭证和开户登记证，银行核对无误后方可办理销户手续。存款人未按规定交回各种重要空白票据及结算凭证的，应出具有关证明，造成损失的，由其自行承担。存款人尚未清偿其开户银行债务的，不得申请撤销该账户。

银行对1年未发生收付活动且未欠开户银行债务的单位银行结算账户，应通知单位自发出通知之日起30日内办理销户手续，逾期视同自愿销户，未划转款项列入久悬未取专户管理。

第二节 单位人民币存款

一、单位活期存款

单位活期存款是一种随时可以存取、按结息期计算利息的存款，其存取主要通过现金或转账办理;单位活期存款按结息日挂牌公告的活期存款利率计息,遇利率调整不分段计息。

二、单位定期存款

定期存款是银行与存款人双方在存款时事先约定期限、利率,到期后支取本息的存款。单位定期存款起存金额1万元,多存不限,期限分3个月、半年、1年、2年、3年和5年六个档次,按存款存入日挂牌公告的定期存款利率计付利息,遇利率调整,不分段计息。单位定期存款到期不取,逾期部分按支取日挂牌公告的活期存款利率计付利息。单位定期存款可以全部或部分提前支取,但只能提前支取一次。全部提前支取的,按支取日挂牌公告的活期存款利率计息;部分提前支取的,提前支取的部分按支取日挂牌公告的活期存款利率计息,其余部分如不低于起存金额由金融机构按原存期开具新的证实书,按原存款开户日挂牌公告的同档次定期存款利率计息;不足起存金额则予以清户。

金融机构对单位定期存款实行账户管理。存款时单位须提交开户申请书、营业执照正本等,并预留印鉴。印鉴应包括单位财务专用章、单位法定代表人章(或主要负责人印章)和财会人员章。由接受存款的金融机构给存款单位开出"单位定期存款开户证实书"(以下简称"证实书"),证实书仅对存款单位开户证实,不得作为质押的权利凭证。

存款单位支取定期存款只能以转账方式将存款转入其基本存款账户,不得将定期存款用于结算或从定期存款账户中提取现金。支取定期存款时,须出具证实书并提供预留印鉴,存款所在金融机构审核无误后为其办理支取手续,同时收回证实书。

三、单位通知存款

通知存款是指存款人在存入款项时不约定存期,支取时需提前通知金融机构,约定支取存款日期和金额方能支取的存款。

通知存款不论实际存期多长,按存款人提前通知的期限长短划分为1天通知存款和7天通知存款两个品种;通知存款存入时,存款人自由选择通知存款品种,但存单或存款凭证上不注明存期和利率,约定支取存款时,1天通知存款必须提前1天通知,7天通知存款必须提前7天通知;金融机构按支取日挂牌公告的相应利率水平和实际存期计息,利随本清;存款人提前通知金融机构约定支取通知存款的方式由金融机构与存款人自行约定。

单位通知存款的最低起存金额为50万元,最低支取金额为10万元;存款人需一次性存入,可以一次或分次支取;单位通知存款采用记名存款凭证形式,存单或存款凭证须注明"通知存款"字样。

通知存款如遇以下情况,按活期存款利率计息:

(1) 实际存期不足通知期限的,按活期存款利率计息。

(2) 未提前通知而支取的,支取部分按活期存款利率计息。

(3) 已办理通知手续而提前支取或逾期支取的,支取部分按活期存款利率计息。

(4) 支取金额不足或超过约定金额的,不足或超过部分按活期存款利率计息。

（5）支取金额不足最低支取金额的，按活期存款利率计息。

通知存款如已办理通知手续而不支取或在通知期限内取消通知的，通知期限内不计息。

四、单位协定存款

协定存款是指可以开立基本存款账户或一般存款账户的中华人民共和国境内的法人及其他组织与商业银行签订《人民币单位协定存款合同》，在基本存款账户或一般存款账户之上开立具有结算和协定存款双重功能的协定存款账户，并约定基本存款额度，由银行将协定存款账户中超过该额度的部分按协定存款利率单独计息的一种存款方式。

中国人民银行银发〔2005〕129 号《关于人民币存贷款计结息问题的通知》规定，除活期存款和定期整存整取存款外，通知存款、协定存款、定活两便、存本取息、零存整取和整存零取等其他存款种类的计、结息规则，由开办业务的金融机构法人（农村信用社以县联社为单位），以不超过中国人民银行同期限档次存款利率上限为原则，自行制定并提前告知客户。银行机构法人制定的计、结息规则和存贷款业务的计息方法，报中国人民银行备案并告知客户。

第三节 人民币支付工具

支付工具是资金转移的载体，方便、快捷、安全的支付工具是加快资金周转、提高资金使用效率的保障。

一、支票

支票是出票人签发的，委托办理支票存款业务的银行在见票时无条件支付确定的金额给收款人或者持票人的票据，分为现金支票和转发支票。支票的基本当事人有三个：出票人、付款人和收款人。支票结算具有简便、灵活、迅速和在全国范围内流通的特点。单位的各项结算款项均可以使用支票办理，如商品交易、劳务供应、清偿债务等。

支票的提示付款期限自出票之日起 10 日。

为加强支票的风险管理，中国人民银行规定：对出票人签发空头支票、签章与预留银行签章不符的支票，银行应予以退票，并按票面金额处以 5％但不低于 1 000 元的罚款；持票人有权要求出票人赔偿支票金额 2％的赔偿金；对屡次签发的，银行应停止其签发支票。

异地使用支票的金额不能超过中国人民银行规定的金额上限，该上限目前暂定为 50 万元。对于超过金额上限的异地使用支票，收款人开户银行可能拒绝受理。

二、贷记凭证

贷记凭证是同城区域内银行结算的票据，是付款人委托其开户行从付款人账户上付款给对方的票据。贷记凭证不能支取现金，不能流通转让。贷记凭证的签发日期是指付款人向开户银行提交贷记凭证的当日。适用于付款人因劳务供应、商品交易或资金调拨而产生的主动支付。

三、银行本票

银行本票是申请人将款项交存银行,由银行签发的,承诺自己在见票时无条件支付确定金额给收款人或者持票人的票据。本票的基本当事人有两个,即出票人和收款人。费用低、适用范围广、无金额起点限制、结算快捷、见票即付。单位和个人在同一票据交换区域的款项结算均可以使用银行本票。特别适用个人买车、购房、购买基金等交易支付。银行本票的提示付款期限自出票之日起最长不超过 2 个月。本票是出票人签发的,承诺自己在见票时无条件支付确定的金额给收款人或者持票人的票据。

四、银行汇票

银行汇票是由企业单位或个人将款项交存银行,由银行签发给其持往异地办理转账结算或支取现金的票据。银行汇票具有使用灵活、票随人到、兑现性强等特点。银行汇票的当事人只有两个,即出票银行和收款人,银行既是出票人,又是付款人。适用于先收款后发货或者钱货两清的商品交易。企事业单位、个体经济户向异地支付各种款项均可使用。因使用范围广泛,使用量大,对方便异地采购起到了积极的作用,银行汇票已成为使用最广泛的支付工具之一。银行汇票的提示付款期限自出票之日起 1 个月。

五、华东三省一市银行汇票

华东三省一市银行汇票是华东三省一市区域内的政策性银行、商业银行、城市信用合作社、农村信用合作社等银行业金融机构签发的,由其或代理付款行在见票时按照实际结算金额无条件支付资金给收款人或持票人的票据。以直联方式接入小额支付系统的代理付款行受理银行汇票提示付款时应见票即付。见票即付是指代理付款行或出票银行在受理收款人或持票人提交的银行汇票时,审核无误后按实际结算金额将票款即时解付给收款人或持票人的行为。未以直联方式参加小额支付系统的银行受理跨系统银行汇票的提示付款业务,应通过票据交换系统或其他方式将银行汇票提交给出票银行审核支付后抵用。依托小额支付系统办理的银行汇票业务不受金额限制。

在华东三省一市区域内使用。跨系统银行汇票原则上应依托小额支付系统办理,系统内银行汇票也可通过小额支付系统办理。依托小额支付系统办理银行汇票业务是指代理付款行与出票银行通过小额支付系统办理银行汇票信息的实时核对和资金清算的业务。

六、商业汇票

商业汇票是出票人签发的,委托付款人在指定日期无条件支付确定金额给收款人或者持票人的票据。按照承兑人的不同,商业汇票分为商业承兑汇票和银行承兑汇票。

由银行承兑的汇票为银行承兑汇票,由银行以外的企事业单位等承兑的汇票为商业承兑汇票。商业汇票是建立在商业信用或者银行信用基础上的支付工具,这种汇票经过购货单位或银行承诺付款,承兑人负有到期无条件支付票款的责任,对付款人具有较强的约束力。商业汇票有三个当事人,即出票人、付款人和收款人。商业汇票具有可转让、可申请贴现等特点。

商业汇票适用于企事业单位先发货后付款或双方约定延期付款的商品交易。购销双方根据需要可以商定不超过 6 个月的付款期限,购货单位在资金暂时不足的情况下,可以凭承兑的汇票购买商品。销货单位急需资金,可持承兑的汇票以及增值税发票和发运单据复印件向银行申请贴现,也可以在汇票背面背书后转让给第三者,以支付货款。商业汇票的提示付款期限自汇票到期之日起 10 日。

七、委托收款

委托收款是收款人委托银行向付款人收取款项的结算方式。委托收款结算在同城、异地都可以办理,没有金额起点和最高限额;收款人办理委托收款应向银行提交委托收款凭证和有关的债务证明。委托收款是收款人委托银行向付款人收取款项的结算方式。单位或个人凭已承兑的商业汇票(商业承兑汇票、银行承兑汇票)、国内信用证、储蓄存单、债券等付款人债务证明办理款项结算的,均可使用委托收款结算。

八、汇兑

汇兑是汇款人委托银行将其款项支付给收款人的结算方式。汇兑分为信汇和电汇两种,由汇款人选择使用。单位和个人的各种款项均可使用汇兑结算方式。

九、定期借记

定期借记业务是指当事各方按照事先签订的协议,定期发生的批量扣款业务。其业务特点是单个收款人向多个付款人同时收款;办理定期借记业务须由付款行、付款人、收款人签订办理代扣某类费用的三方借记协议;定期借记业务是小额支付系统的核心业务之一。定期借记业务适用于收款单位委托其开户银行向公用事业的用户收取水电煤气等公用事业费用。

十、电子商业汇票系统及电子商业汇票

2009 年 10 月,中国人民银行建设运行的电子商业汇票系统是指依托网络和计算机技术,接收、存储、发送电子商业汇票数据电文,提供与电子商业汇票货币给付、资金清算行为相关服务并提供纸质商业汇票登记、查询和商业汇票(含纸质、电子商业汇票)公开报价服务的综合性业务处理平台。

电子商业汇票是指出票人依托电子商业汇票系统,以数据电文形式制作的,委托付款人在指定日期无条件支付确定金额给收款人或者持票人的票据。电子商业汇票分为电子银行承兑汇票和电子商业承兑汇票。电子银行承兑汇票由银行业金融机构、财务公司承兑;电子商业承兑汇票由金融机构以外的法人或其他组织承兑。电子商业汇票的付款人为承兑人。与纸质商业汇票相比,电子商业汇票具有以数据电文形式签发、流转,并以电子签名取代实体签章的两个突出特点。

电子商业汇票系统实现商业汇票签发、流转和结算等业务的电子化处理,将进一步推动全国统一的、规范的、效率更高的票据市场形成,有利于票据市场的进一步繁荣;电子商业汇票的付款期最长至 1 年,将增加票据市场中可交易的票据数量,大大活跃票据市场;电子商业汇票系统对未来票据业务和票据市场的发展有着深远的影响,电子商业汇票系统的建成将推动相关法律法规的完善;将有利降低票据市场利率系统性风险;有利于票据资金价格发现,并对基准利率形成机制产生积极影响;将增强商业银行票据资产配置的主动性和灵活性,对丰富票据市场产品品种也将提供技术保障。

第四节　单位贷款业务

一、银行信贷业务

指机构或个人在保留资金或货币所有权的条件下,以不可流通的借款凭证或类似凭证为依据,暂时让渡或接受资金使用权所形成的债权或债务。

(一)贷款种类

1. 按贷款合同期限分类

按贷款合同期限分为:短期贷款,指贷款期限在 1 年以内(含 1 年)的贷款中期贷款,指贷款期限在 1 年以上(不含 1 年)5 年以下(含 5 年)的贷款;长期贷款,指贷款期限在 5 年(不含 5 年)以上的贷款。

2. 按贷款担保形式分类

按贷款担保形式分为:信用贷款,指没有担保、仅依据借款人的信用状况发放的贷款;担保贷款,指贷款人接受由借款人或第三方依照《中华人民共和国担保法》提供的担保方式而发放的贷款。担保贷款包括保证贷款、抵押贷款、质押贷款。

3. 按贷款经营类型分类

(1) 自营贷款。自营贷款是指贷款人以合法方式筹集的资金自主发放的贷款,其风险由贷款人承担,并由贷款人收回本金和利息。

(2) 委托贷款。委托贷款是指由政府部门、企事业单位及个人等委托人提供资金,由贷款人(即受托人)根据委托人确定的贷款对象、用途、金额期限、利率等代为发放、监督使用并协助收回的贷款。贷款人(受托人)只收取手续费,不承担贷款风险。

在委托贷款中,所涉及的委托贷款利率是由委托双方自行商定,但是最高不能超过人民银行规定的同期贷款利率和上浮幅度。自 2004 年起,商业银行贷款利率浮动区间扩大到了 0.9～1.7 倍,即商业银行对客户的贷款利率的下限为基准利率乘以下限系数 0.9,上限为基准利率乘以上限系数 1.7,金融机构可以根据中国人民银行的有关规定在人行规定的范围内自行确定浮动利率。

委托贷款实际上相当于企业之间资金的拆借,但是由于我国《贷款通则》中明令禁止在没有实际贸易背景下不同法人实体账户之间的资金进行转移,因此可以通过委托贷款的融资途径来实现企业间资金的相互融通。

（3）银团贷款。银团贷款又称为辛迪加贷款，是指由一家或数家银行牵头，多家银行参与组成的银行集团，由两位或以上贷款人按相同的贷款条件、以不同的分工，共同向一位或以上借款人提供贷款，并签署同一贷款协议的贷款业务。通常会选定一家银行作为代理行代表银团成员负责管理贷款事宜。采用同一贷款协议，按商定的期限和条件向同一借款人提供融资的贷款方式。银团贷款是国际银行业中一种重要的信贷模式。

按银团贷款的组织方式不同，分为直接银团贷款和间接银团贷款。① 直接银团贷款：由银团各成员行委托代理行向借款人发放、收回和统一管理贷款。国际银团贷款以直接银团贷款方式为主。② 间接银团贷款：由牵头行直接向借款人发放贷款，然后再由牵头行将参加贷款权（即贷款份额）分别转售给其他银行，全部的贷款管理、放款及收款由牵头行负责。

银团贷款的特点：

其一，贷款金额大、期限长。可以满足借款人长期、大额的资金需求。一般用于交通、石化、电信、电力等行业新建项目贷款、大型设备租赁、企业并购融资等。

其二，融资所花费的时间和精力较少。借款人与安排行商定贷款条件后，由安排行负责银团的组建。在贷款的执行阶段，借款人无需面对所有的银团成员，相关的提款、还本付息等贷款管理工作由代理行完成。

其三，银团贷款叙做形式多样。在同一银团贷款内，可根据借款人需要提供多种形式贷款，如定期贷款、周转贷款、备用信用证额度等。同时，还可根据借款人需要，选择人民币、美元、欧元、英镑等不同的货币或货币组合。

其四，有利于借款人树立良好的市场形象。银团成功的组建是基于各参与行对借款人财务和经营情况的充分认可，借款人可以借此业务机会扩大声誉。

（4）特定贷款。特定贷款是指经国务院批准并对贷款可能造成的损失采取相应补救措施后责成国有独资商业银行发放的贷款。

4. 按贷款属性分类

（1）票据贴现。票据贴现是指票据持有人在资金不足时，将商业汇票转让给银行，银行按票面金额扣除贴现利息后将余额支付给持票人的一项银行融资业务，是企业为加快资金周转促进商品交易而向银行提出的金融需求。商业汇票经贴现后便归贴现银行所有，贴现银行到期可凭票直接向商业汇票承兑人收取票款。

（2）外汇贷款。外汇贷款是银行以外币为计算单位向企业发放的贷款。

外汇贷款有广义和狭义之分，狭义的外汇贷款，仅指我国银行运用从境内企业、个人吸收的外汇资金，贷放于境内企业的贷款；广义的外汇贷款，还包括国际融资转贷款，即包括我国从国外借入，通过国内外汇指定银行转贷于境内企业的贷款。

（二）贷款计息的相关规定

中国人民银行银发〔2003〕251 号《关于人民币贷款利率有关问题的通知》规定：

（1）关于人民币贷款计息和结息问题。人民币各项贷款（不含个人住房贷款）的计息和结息方式，由借贷双方协商确定。

（2）关于在合同期内贷款利率的调整问题。人民币中、长期贷款利率由原来的 1 年一定,改为由借贷双方按商业原则确定,可在合同期间按月、按季、按年调整,也可采用固定利率的确定方式。

5 年期以上档次贷款利率,由金融机构参照人民银行公布的 5 年期以上贷款利率自主确定。

(3) 关于罚息利率问题。逾期贷款(借款人未按合同约定日期还款的借款)罚息利率由现行按日 2.1‰计收利息,改为在借款合同载明的贷款利率水平上加收 30%～50%;借款人未按合同约定用途使用借款的罚息利率,由现行按日 5‰计收利息,改为在借款合同载明的贷款利率水平上加收 50%～100%。

对逾期或未按合同约定用途使用借款的贷款,从逾期或未按合同约定用途使用贷款之日起,按罚息利率计收利息,直至清偿本息为止。对不能按时支付的利息,按罚息利率计收复利。

(三) 借款人条件

1. 借款人的基本条件

(1) 法人或其他组织,具有相应的证、照。

(2) 有合法稳定的收入或收入来源,具备按期还本付息能力。

(3) 已开立基本账户、结算账户或一般存款账户。

(4) 持有中国人民银行核准的贷款卡(号)。

2. 不得作为借款人的对象

机关法人及其分支机构不得申请贷款;商业银行不得对以下用途的业务进行授信:国家明令禁止的产品或项目;违反国家有关规定从事股本权益性投资,以授信作为注册资本金、注册验资和增资扩股;违反国家有关规定从事股票、期货、金融衍生产品等投资;其他违反国家法律法规和政策的项目。

客户未按国家规定取得以下有效批准文件之一的,或虽然取得,但属于化整为零、越权或变相越权和超授权批准的:① 项目批准文件;② 环保批准文件;③ 土地批准文件;④ 其他按国家规定需具备的批准文件。

二、银行其他授信业务

(一) 综合授信业务

综合授信是指商业银行在对客户的财务状况和信用风险进行综合评估的基础上,确定能够和愿意承担的风险总量,即最高综合授信额度,并加以集中统一控制的信用风险管理制度。

综合授信的范围包括对商业银行资产负债表的表内业务和表外业务,表内授信包括贷款、项目融资、贸易融资、贴现、透支、保理、拆借和回购等;表外授信包括贷款承诺、保证、信用证、票据承兑等。

(二) 应收账款质押融资

应收账款质押融资是指企业用它的应收账款作为质押,向银行或者其他企业申请贷款或其他融资形式,以解决临时性的资金短缺,满足企业生产经营的需要。

应收账款质押登记公示系统是中国人民银行征信中心根据《物权法》授权建设的一类物权登记公示平台。登记系统于 2007 年 10 月《物权法》实施时同步上线运行,为全国范围内的应收账款质押提供物权登记服务。应收账款质押登记可以起到保护质权以对抗第三人的法律效力,并确立同一财产之上的多个债权的优先受偿顺序。

(三)银行承兑汇票的承兑

银行对出票人签发的银行承兑汇票予以承兑,银行作为付款人到期无条件付款,是一种以银行信用为基础的支付工具,因此具有较高的信用度,容易被销货方所接受。对于出票人而言,使用银行承兑汇票无须付现,即完成了货款的支付,等于从银行获得一笔成本较低的资金,这就是银行承兑汇票的融资功能;对销货方而言,在银行承兑汇票到期前,也可通过向银行申请贴现的方式,获得资金。

银行承兑汇票的出票人必须具备的条件包括:在承兑银行开立存款账户的法人以及其他组织;与承兑银行具有真实的委托付款关系;资信状况良好,具有支付汇票金额的可靠资金来源。

(四)票据贴现

票据贴现是持票人在需要资金时,将其持有的未到期的商业汇票,经过背书转让给银行,向银行支付贴现利息,银行以票面余额扣除贴现利息后的票款付给收款人;汇票到期时,银行凭票向承兑人收取现款。

向金融机构申请票据贴现的商业汇票持票人,必须具备下列条件包括:为企业法人和其他经济组织,并依法从事经营活动;与出票人或其前手之间具有真实的商品交易关系;持票人申请贴现时,须提交贴现申请书,经其背书的未到期商业汇票,持票人与出票人或其前手之间的增值税发票和商品交易合同复印件。

(五)供应链融资

供应链融资是商业银行信贷业务的一个专业领域,也是中小企业的一种融资渠道;供应链融资是指银行向客户(核心企业)提供融资和其他结算、理财服务,同时向这些客户的供应商提供贷款及时收达的便利,或者向其分销商提供预付款代付及存活融资服务,即银行围绕核心企业,管理上下游中小企业的资金流和物流,变把握单个企业的不可控风险为供应链企业整体的可控风险,通过供应链获取各类信息,将风险控制在最低的金融服务,就是供应链融资。供应链融资是银行将核心企业和上下游企业联系在一起提供灵活运用的金融产品和服务的一种融资模式。

供应链融资与传统的保理业务及货押业务(动产及货权抵/质押授信)的区别在于,保理和货押只是简单的贸易融资产品,而供应链融资是核心企业与银行间达成的,一种面向供应链上下游企业的系统性融资安排。

(六)保理业务

保理业务是指银行等保理商通过对应收账款进行审核和购买,向卖方在基于买方信用条件下,提供短期并可循环使用的贸易融资、账款催收、坏账担保等服务。

保理业务有多种不同的操作方式,一般可以分为:有追索权的保理和无追索权的保理;明保理和暗保理;折扣保理和到期保理。

1. 有追索权的保理和无追索权的保理

有追索权的保理是指供应商将应收账款的债权转让银行(即保理商),供应商在得到款项之后,如果购货商拒绝付款或无力付款,保理商有权向供应商进行追索,要求偿还预付的货币资金。

无追索权保理是指保理商对供应商所提供的债务人核准信用额度,在信用额度内承购供应商对该债务人的应收账款并提供坏账担保责任,在保理商因发生债务人信用风险(即债务人清偿能力不足或破产等情形而无法收回应收账款时),不能再向供应商追索已发放的融资款,或在未发放融资款时,对于额度内的应收账款仍须在到期后一定期间内未收回时向供应商作出担保付款。

2. 明保理和暗保理

明保理和暗保理是按照是否将保理业务通知购货商来区分的。

明保理是指供货商在债权转让的时候应立即将保理情况告知购货商,并指示购货商将货款直接付给保理商。

暗保理是将购货商排除在保理业务之外,由银行和供货商单独进行保理业务,在到期后供货商出面进行款项的催讨,收回之后再交给保理商。供货商通过开展暗保理可以隐瞒自己资金状况不佳的状况。

需要注意的是,我国《合同法》有明确的规定,供应商在对自有应收账款转让时,须在购销合同中约定,且必须通知买方。因此这就决定了目前在国内银行所开展的保理业务都是明保理。

3. 折扣保理和到期保理

折扣保理又称为融资保理,是指当出口商将代表应收账款的票据交给保理商时,保理商立即以预付款方式向出口商提供不超过应收账款80%的融资,剩余20%的应收账款待保理商向债务人(进口商)收取全部货款后,再行清算。这是比较典型的保理方式。

到期保理是指保理商在收到出口商提交的、代表应收账款的销售发票等单据时并不向出口商提供融资,而是在单据到期后,向出口商支付货款。无论到时候货款是否能够收到,保理商都必须支付货款。

(七)国内信用证

国内信用证是指开证银行依照申请人(购货方)的申请向受益人(销货方)开出的有一定金额、在一定期限内凭信用证约定的单据支付款项的书面承诺。

国内信用证为不可撤销、不可转让的跟单信用证。不可撤销信用证是指信用证开具后在有效期内,未经信用证各有关当事人(即开证银行、开证申请人和受益人)的同意,开证银行不得修改或者撤销的信用证;不可转让信用证是指受益人不能将信用证的权利转让给他人的信用证。

国内信用证结算方式只适用于国内企业之间商品交易产生的货款结算,且只能用于转款结算,不得支取现金。

（八）出口退税账户托管贷款

出口退税账户托管贷款(亦称出口退税质押贷款),是指商业银行为解决出口企业退税未能及时到账而出现短期资金困难,在对企业出口退税账户进行托管的前提下,向出口企业提供的以退税应收款作为还款保证的短期流动资金贷款。

出口退税账户托管贷款是商业性贷款,由商业银行自主审查、自主决定。商业银行应当与借款人约定:自银行发放贷款之日起至该笔贷款全部清偿完毕之日止,借款人同意由贷款人监控该账户,未经贷款人同意,借款人不得擅自转移该账户内的款项。出口退税专用账户的退税款是出口企业偿还贷款的保证,商业银行应要求企业在退税款到位后归还该贷款的本息,必要时商业银行可根据贷款风险程度要求出口企业提供其他担保。

（九）法人账户透支

法人账户透支业务是指在企业获得银行授信额度后,银行为企业在约定的账户、约定的限额内以透支的形式提供的短期融资和结算便利的业务。当企业有临时资金需求而存款账户余额不足以对外支付时,法人账户透支为企业提供主动融资便利。

法人账户透支的特点有:与一般流动资金贷款相比,法人账户透支业务最大的特点是简化了客户获得银行短期融资手续,满足客户临时性资金周转的要求;加强企业财务管理水平;减少企业资金的无效闲置,提高资金使用效率。

三、商业银行对公中间业务

（一）银行保函

投标保函是指工程项目进行招标时,银行应投标人(担保申请人)的请求而向招标人开立的书面保证书,保证投标人在开标前不中途撤标,中标后不拒绝签约和不拒绝交付履约金。否则,银行负责赔偿招标人的损失或在保函范围内向其支付规定的金额。

履约保函是指银行应申请人的请求出具给受益人的书面保证书,保证申请人履行与受益人签订的合同中所规定的义务,否则,由银行向受益人支付保函中所规定的金额。

预付款保函是指银行根据出口方或承包人的申请向进口方或业主出具的书面承诺:一旦委托人未能履行基础合约,担保行在收到进口方或业主提出的索赔后向其返还与预付金等值款项,或相当于合约尚未履行部分相应比例的预付金的款项。

质量/维修保函是指银行应申请人的请求出具给受益人的书面保证书,保证申请人履行与受益人签订的合同中所规定的义务,否则,由银行向受益人支付保函中所规定的金额。

（二）提货担保与提单背书

提货担保是指进口商已在银行办理了进口开证业务,且该笔信用证项下货物已先于货运单据到达目的地,为避免高额的滞港费用或价格波动,进口商可向银行申请办理担保提货,银行可在未收到正本提单的情况担保进口商先行提货。

提单背书。如进口商在银行开立的信用证中规定的运输单据是以开证银行为抬头,则需要由开证银行对正本运输单据进行背书授权,进口商方可提取货物。此时进口商可以到开证银行申请办理提单背书业务。

（三）结售汇业务

由外汇指定银行为客户办理的结汇、售汇与付汇业务统称为结售汇业务。境内机构、居民个人和非居民个人可以根据国家有关规定到外汇指定银行将外汇出售或到银行购买外汇。银行根据客户持有的结售汇有关凭证为其办理买卖外汇业务。目前,结售汇业务范围已扩大至全部经常项目和部分资本与金融项目。

（四）短期融资券

短期融资券又称商业票据或短期债券,是由企业发行的无担保短期本票。在我国短期融资是指企业依照《银行间债券市场非金融企业债务融资工具管理办法》《银行间债券市场非金融企业短期融资券业务指引》《银行间债券市场非金融企业债务融资工具发行注册规则》《银行间债券市场非金融企业债务融资工具中介服务规则》等规定和程序在银行间债券市场发行和交易,并约定在一定期限内还本付息的有价证券,是企业筹措短期(1年以内)资金的直接融资方式。商业银行可为短期融资券发行担任承销商。

（五）中期票据

中期票据是指具有法人资格的非金融企业在银行间债券市场按照计划分期发行的,约定在一定期限还本付息的债务融资工具。期限通常在5～10年之间。是银行间债券市场一项创新性债务融资工具。商业银行可为中期票据发行担任承销商。

（六）夹层融资

夹层融资是一种介于优先债务和股本之间的融资方式,收益和风险都介于企业债务资本和股权资本之间,本质是一种长期无担保的债权类风险资本。当企业进行破产清算时,银行及其他一般债权人作为优先债务提供者首先得到清偿,其次是夹层资本提供者,最后是公司的股东。典型的夹层融资产品包括附认股权的贷款、可转换为股票的债券、优先股等。

夹层融资产品结构通常包括两部分,分别有以下特点:

(1) 贷款部分。长期贷款,年期为5～8年,通常为次级贷款;固定利率或浮动利率;利息安排与银行贷款类似,但利率较一般银行贷款利率为高,年息通常为8%～12%;条款与银行贷款条款类似,有固定的还款期。

(2) 股权部分。股票衍生类工具,如股票转换权,认股证权,股票期权或利润分红;股东权益,包括任命董事会代表(通常以观察者身份出席董事会);不要求控股。

（七）现金管理

面对复杂多变的竞争环境,企业需要对包括库存现金、银行存款及应收账款和票据等广义现金资源进行有效管理。银行的现金管理平台是为集团企业客户提供资金集中化服务的银行系统。它主要提供了资金归集、资金的调拨和支付、提供授信额度管理和透支服务、账务通知和对账服务等功能。通过对现金流入、流出及存量的统筹规划,提高资金配置效率,在确保流动性的前提下,力争将企业持有的现金控制在合理的水平,在现金流动性、安全性和收益性之间寻求最佳平衡。

概 念

基本存款账户 一般存款账户 专用存款账户 临时存款账户 活期存款 定期存款 通知存款 协定存款 支票 银行本票 银行汇票 商业汇票 华东三省一市汇票 贷记凭证 委托收款 汇兑 定期借记 电子商业汇票 信用贷款 担保贷款 自营贷款 委托贷款 银团贷款 贴现 外汇贷款 综合授信 应收账款质押融资 汇票承兑 供应链融资 保理 国内信用证 出口退税账户托管贷款 法人账户透支 银行保函 提货担保与提单背书 结售汇业务 短期融资券 中期票据 夹层融资

课后练习题

1. 在什么情况下,公司可以在异地开立银行结算账户?

2. 公司申请开立基本存款账户应该出示哪些文件?

3. 在什么情况下,公司可以申请开立临时存款账户?

4. 公司撤销结算账户,应该注意哪些问题?

5. 单位活期存款、定期存款、协定存款和通知存款在流动性和收益性方面有何异同?

6. 银行提供给公司用于支付的业务有哪些?

7. 银行提供给公司用于短期融资的业务有哪些?

8. 银行提供给公司的贷款业务有哪些?

9. 银行提供给公司的担保业务有哪些?

10. 什么是供应链金融?

11. 什么是银行对公司的综合授信?

第十二章 保险业公司业务

学习 目标

1. 了解可保风险的特点及投保对公司的功能和意义
2. 了解保险合同的特点及其解释原则、争议处理
3. 了解财产险的特征及其主要险种
4. 了解责任险的特征及其主要险种

能力 目标

1. 能够特定风险的特征及保险功能确定是否需要保险
2. 能够读懂保险合同并能合法进行合同的设立、终止、变更、解释、争议处理等行为
3. 能够根据具体业务选择适当的财产保险险种
4. 能够根据具体业务选择适当的责任保险险种

案例 导入

2016 年国内十大财产险理赔案(摘选)

1. 船舶拖航南海海域沉没理赔案

涉及险种:交通工具险(船舶险);风险类别:大风浪;赔付金额:15 455 万元。

案件摘要:中交航道局下属某企业为响应国家南海岛礁填海建岛号召,2015 年 1 月相继调派多艘大功率工程船赴南海海域执行任务。被派遣的 T 轮在广州接受中国船级社的适拖检验后,拖带起航,至近南海海域附近,遭遇持续大风浪,船体进水致沉没,沉没海域水深达 4 000 米。事故导致船舶实际全损,无人员伤亡。

2. 新疆生产建设兵团特大雹灾理赔案

涉及险种:农业保险;风险类别:冰雹;赔付金额:11 241.13 万元。

案件摘要:2016 年 6 月 19 日,新疆博州地区遭受 50 年未遇的特大冰雹灾害,中华联合财险承保的 32.8 万亩农作物遭受严重损失。根据采集数据及农作物受灾实际情况,最终支付赔款 11 241.13 万元,为及时恢复当地农业生产、维护农户切身利益发挥了积极

作用。

3. 宁波某控股公司重大火灾事故案

涉及险种：财产综合险；风险类别：火灾；赔付金额：6 850 万元。

案件摘要：2016 年 1 月 9 日，宁波某控股有限公司租用的 2 个仓库发生火灾，过火面积近 2 万平米，消防动用 20 余辆消防车连续作业 7 个小时才将火扑灭，火灾造成大量存货服装烧毁。

4. 某贸易有限公司国内贸易短期信用险案

涉及险种：信用险；风险类别：违约；赔付金额：6 000 万元。

案例摘要：某投保国内贸易短期信用保险客户报案称其贸易合同发生逾期欠款事件，涉案金额高达 8 000 余万元。信用保险融合法律、贸易、财务等多领域专业知识，而且该案涉及的关系复杂、调查取证难度大，保险公司抽调系统内专家，并先后聘请会计师事务所、律师事务所介入案件处理。经梳理贸易关系、明确保险责任、核定实际损失，最终与客户达成一致，赔付 6 000 万元。此案为信用险的典型案例，体现了信用保险在现代贸易中的保障功能。

在第七章我们介绍了风险管理，风险管理最基本的两种方式是套期保值和保险，它们各自的适用范围我们已经在第七章做了介绍。在此我们将具体介绍保险业务，特别是与公司业务相关的财产保险和责任保险业务。

第一节　保险概述

一、可保风险

可保风险也称为可保危险，是指可被保险公司接受的风险，或可以转嫁给保险公司的风险。可保风险必须是纯粹风险，即危险。但也并非任何危险均可向保险公司转嫁，也就是说保险公司所承保的危险是有条件的。

可保风险一般具有以下要件。

（一）纯粹风险，而非投机风险

保险人承保的风险，一般是纯粹风险，即仅有损失机会并无获利可能的风险。例如，火灾风险，只给人的生命财产带来损害的可能，而不像股票投资既有带来损失的可能也有带来利益的可能。因此后者称为投机风险，它既有损失的可能，又有获利的机会。对于这类投机风险，保险人是不承保的。

（二）风险必须是未来的、不确定的

风险总是客观存在的，风险的偶然性是对个体而言的，比如对某个公司等。偶然性包含两层意思：一是发生的可能性，不可能发生的危险是不存在的。二是发生的不确定性，即发生的对象、时间、地点、原因和损失程度等，都是不确定的。如果是确定的风险，那么就是必然要发生的风险。对个体标的必然发生的风险，保险人是不予承保的。同样，对于

已经发生的风险,保险人也是不予承保的。

(三)风险必须是意外的

风险的意外性包含两层意思:一是风险的发生或风险损害后果的扩展都不是投保人的故意行为导致的,投保人故意行为引发的风险事件或扩大损害后果均为道德风险,构成欺诈,甚至犯罪,保险人是不予赔偿的。二是风险的发生是不可预知的,因为可预知的风险往往带有必然性,因此,保险人就不予承保。若投保人欺瞒保险人投保了,出险时一经查出,保险人也不负赔偿责任。

(四)风险具有发生重大损失的可能性

风险的发生会导致重大或比较重大的损失可能性,才会有对保险的需求。如果导致损失的可能性只局限于轻微损失的范围,就不需要通过保险来获取保障,而应该自承,因为这样的保险在经济上是不合算的。

二、保险的职能

保险的职能可以分为基本职能和派生职能两种。

(一)基本职能

保险具有分散风险、补偿损失的基本职能。

1. 分散风险职能

为了确保经济生活的正常运转和分散危险,保险将一定时间内集中在某一单位或个人身上的因偶发的灾害事故或人身事件所致经济损失,通过收取保费的办法平均分摊给所有被保险人,这就是保险的分散风险职能。通过该职能的作用,风险可以在空间和时间上达到充分分散,如保险公司可以用长期积累的保费支付像"9·11"造成的那样突发的、损失巨大的风险。

2. 补偿损失职能

保险把集中起来的保险费用于补偿被保险人由于合同约定的保险事故或人身事件所导致的经济损失,保险所具有的这种补偿能力就是保险的补偿损失职能。

分散风险和补偿损失是手段和目的的统一,是保险本质特征的最基本反映,最能表现和说明保险分配关系的内涵。因此,它们是保险的两个基本职能。

(二)保险的派生职能

保险的派生职能是在保险固有的基本职能基础上发展的,归根到底,是伴随着保险分配关系的发展而产生的职能。

1. 积蓄基金职能

现代保险运用概率论的方法计算保险费率要求有足够的空间容量和时间跨度。因此,保险分散风险就包含了两层意思,即空间上分散和时间上分散。从时间上分散来看,分摊经济损失就带有预提分担资金的因素,否则,不能满足时间上分散的要求。预提而尚未赔偿或给付出去的分摊资金则必然形成积蓄。保险这种以保险费的形式预提分摊资金并把它积蓄下来,实现时间上分散危险的职能,就是保险的积蓄保险基金职能。可以说,现代保险如果没有这一职能,就不能正常维持和发展保险分配关系。

积蓄的大量保险基金,必然进入金融市场进行交易。

2. 监督危险职能

该职能也是保险分配关系对保险提出的要求。分散危险的经济性质表现为保险费的分担,而参加保险者必然要求尽可能减轻保费负担而获得同样的保险保障。因此,两者之间会发生相互间的危险监督,以期尽量消除导致危险发生的不利因素,达到减少损失和减轻负担的目的。保险的这种功能,就是监督危险职能。

监督危险是为了减少损失补偿,所以该职能是保险基本职能之中的补偿损失职能的派生职能,也是使保险分配关系处于良性循环的客观要求。保险的作用和保险的职能是两个既有区别又有联系的不同概念。保险的作用是指保险在国民经济中执行其职能时所产生的社会效应。

三、保险在微观经济中的作用

保险在微观经济中的作用主要是指保险作为经济单位或个人风险管理的财务手段所产生的经济效应。其作用具体表现在以下几个方面。

(一)有利于受灾企业及时恢复生产

在物质资料生产过程中,自然灾害和意外事故是不可避免的,但是发生的时间、地点、损失大小都是不确定的,保险赔偿具有合理、及时、有效的特点。投保企业一旦遭遇灾害事故损失,就能够按照保险合同约定的条件及时得到保险赔偿,获得资金,重新购置资产,恢复生产经营。同时,由于企业恢复生产及时,还可减少受灾企业的利润和费用等间接经营损失。

(二)有利于企业加强经济核算

保险作为企业风险管理的财务手段之一,能够把企业不确定的巨额灾害损失,化为固定的少量的保险费支出,并摊入企业的生产成本或期间费用,这是完全符合企业经营核算制度的。因为企业通过缴付保险费,把风险损失(甚至可以包括由营业中断造成的利润损失和费用损失)转嫁给保险公司,不仅不会因灾损而影响企业经营成本的均衡,而且还保证了企业财务成果的稳定。如果企业不参加保险,为了不因灾损而使生产经营中断、萎缩或破产,就需要另外准备一笔风险准备金,即预防性货币需求,这种方法,对单个企业来说不仅降低了资金的使用效率,提高了资金成本,而且由于数目巨大,公司也很难筹措。

(三)有利于企业加强危险管理

保险补偿固然可以在短时间内迅速消除或减轻灾害事故的影响因素,但是,就物质净损失而言,仍旧是一种损失。而且,保险企业也不可能从风险损失中获得额外的利益。因此,防范危险于未然是企业和保险公司利益一致的行为。保险公司常年与各种灾害事故打交道,积累了丰富的危险管理经验,不仅可以向企业提供各种危险管理经验,而且通过承保时的危险调查与分析、承保期内的危险检查与监督等活动,尽可能消除危险的潜在因素,达到防灾防损的目的。此外,保险公司还可以通过保险合同的约束和保险费率杠杆调动企业防灾、防损的积极性，共同搞好危险管理工作。

（四）有利于民事赔偿责任的履行

人们在日常生产活动和社会活动中不可能完全排除由于民事侵权等而发生民事赔偿责任或民事索赔事件。具有民事赔偿责任风险的单位或个人可以通过交保险费的办法将此风险转嫁给保险公司，为维护被侵权人的合法权益顺利获得民事赔偿。有些民事赔偿责任由政府采取立法的形式强制实施，如雇主责任险、机动车第三者责任险等。

第二节　保险合同

一、保险合同的订立

保险合同的订立是投保人与保险人之间基于意思表示一致而作出的法律行为。保险合同的订立须经过投保人提出要求和保险人同意两个阶段，这两个阶段即合同实践中的要约与承诺。

（一）要约

要约(offer)亦称"提议"，它是指当事人一方以订立合同为目的而向对方作出的意思表示。一个有效的要约应具备三个条件：

（1）要约须明确表示订约愿望。

（2）要约须具备合同的主要内容。

（3）要约在其有效期内对要约人具有约束力。

保险合同的要约通常由投保人提出。虽然在许多场合，看起来是保险公司或其代理人在积极主动地向投保人"推销"保险，但这些行为的本质是要约邀请，其实质仍然是投保人提出要约，即投保人是要约方。

（二）承诺

承诺(acceptance)是指当事人另一方就要约方的提议而作出的意思表示。作出承诺的人即为承诺人或受约人。合同当事人一方一经作出承诺，合同即告成立。需要注意的是，承诺需由受约人本人或其合法代理人作出，并且承诺必须在要约的有效期内作出。

保险合同的承诺也叫承保，它是由保险人作出的。由于保险合同要约通常采用投保单形式，而投保单又是保险人事先印就的，因此，当投保人按投保单所列事项逐一填好后，经保险人审查，认为符合要求的，将予以接受，经签章后，即作出承保，保险合同随之成立。

二、保险合同的生效

保险合同的成立是指投保人与保险人就保险合同条款达成协议。保险合同的生效是指保险合同对当事人双方发生约束力，即合同条款产生法律效力。一般来说，合同一经依法成立，即发生法律效力。换句话说，合同成立即生效。但是，许多保险合同约定，在其成立后的某一时间内生效，因此，在合同成立以后并不立即生效的情况下，保险人的责任是不同的。保险合同成立后、但尚未生效前发生保险事故的,保险人不承担保险责任;保险合同生效后发生保险事故的,保险人应按约定承担保险责任。

当然,投保人与保险人也可在保险合同中约定,合同一经成立即发生法律效力。此时,保险合同成立即生效。

在某些情况下,即使保险合同尚未签订,但是保险人或其代理人接受了保费,也会导致保险的权力义务关系成立。

三、保险合同的履行

保险合同一经成立,投保人与保险人都必须各自承担自己的义务。保险合同的权利和义务是对等的,只有一方履行其义务,他方才得以享受其权利。

（一）投保人的义务

1. 缴纳保费的义务

缴纳保险费是投保人最重要的义务。投保人必须按照约定的时间、地点和方式缴纳保费。根据保险通例,保险费的缴纳可以由投保人为之,也可以由有利害关系的第三人为之。无利害关系的第三人也可以代投保人缴纳保险费,但他们并不因此而享有保险合同上的利益,保险人也不能在其缴纳第一次保险费后,请求其继续给付,而只能向投保人作出请求。

缴纳保险费与合同效力的关系通常由当事人约定。一般来说,财产保险合同采用一次缴纳保费的形式。保险合同可以从投保人履行保险费缴纳义务之后生效,也可以在缴纳保险费之前就生效。在人身保险合同中,通常采用分期缴纳保险费的方式。如果投保人未能依照合同规定履行缴纳保险费的义务,将产生下列法律后果:第一,在约定保费按时缴纳为保险合同生效要件的条件下,保险合同不生效;第二,在财产保险合同中,保险人可以请求投保人缴纳保险费及迟延利息,也可以终止保险合同;第三,在人身保险合同中,如果投保人未按约定期限(包括宽限期在内)缴纳保费,保险人可进行催告。投保人应在一定期限内缴纳保险费,否则保险合同自动终止。

2. 通知义务

投保人的通知义务包括保险事故"危险增加"的通知义务和保险事故发生的通知义务。

(1)"危险增加"的通知义务。在保险合同中,危险增加是有特定含义的,它是指在订立保险合同时,当事人双方未曾估计到的保险事故危险程度的增加。保险事故危险增加的原因一般有两个:一是由投保人或被保险人的行为所致。二是由投保人或被保险人以外的原因所致,与投保人个人无关。但即使这样,投保人也应当在知道危险增加后,立即通知保险人。保险人在接到通知后,通常会采取提高费率或解除保险合同两种做法。在采取提高费率的情况下,如果投保人不同意,则保险合同自动终止。在保险人接到"危险增加"的通知,或虽未接到通知但已经知晓的情况下,应在一定期限内作出增加保费或解除合同的意思表示。如果不作任何表示,则可视为默认,以后不得再主张提高费率或解除保险合同。

投保人履行"危险增加"的通知义务,对于保险人正确估价风险具有重要意义。因此,各国的保险立法均对此加以明确规定。

(2)保险事故发生的通知义务。保险合同订立以后,如果保险事故发生,投保人、被保险人或受益人应及时通知保险人。这一点是非常重要的。因为,保险事故的发生,意味着保险人承担保险责任,履行保险义务的条件已经产生。保险人如果能够及时得知情况,一方面可以采取适当的措施防止损失的扩大;另一方面可以迅速查明事实,确定损失,明确责任,不致因调查的拖延而丧失证据。关于通知的期限,各国法律规定有所不同,有的是几天,有的是几周,有的无明确的时间限定,只是在合同中使用"及时通知""立即通知"等字样。

如果投保人未履行保险事故发生的通知义务,则有可能产生两种后果:一是保险人不解除保险合同,但可以请求投保人(被保险人)赔偿因此而遭受的损失;二是保险人免除保险合同上的责任。

3. 避免损失扩大的义务

在保险事故发生后,投保人不仅应及时通知保险人,还应当采取各种必要的措施,进行积极的施救,以避免损失的扩大。我国的《保险法》第 57 条规定:"保险事故发生时,被保险人有责任尽力采取必要的措施,防止或者减少损失。"为鼓励被保险人积极履行施救义务,《保险法》还规定,被保险人为防止或者减少保险标的的损失所支付的必要的、合理的费用,由保险人承担。因投保人、被保险人未履行施救义务而扩大的损失,应当由其承担责任。

(二)保险人的义务

保险合同成立后,一旦保险事故发生,保险人即要按照保险合同的规定赔偿或给付保险金。这是保险人的义务,一般通过下列程序。

1. 确定损失赔偿责任

保险人对保险事故导致的损失赔偿责任,仅限于保险合同规定的责任范围内。险种不同,保险人的责任范围也不同。对责任范围的确定一般是从三个方面来作出的:基本责任、附加责任和除外责任。

(1)基本责任。基本责任即保险人依据保险合同的基本条款对被保险人所承担的赔偿或给付的责任。

(2)附加责任。附加责任即附加于保险人基本责任范围之上的责任。这部分责任是由投保人或被保险人提出要求并经保险人同意而增加的承保责任范围。附加责任一般不能单独承保,它们大多数是附加在基本责任之上的。

(3)除外责任。除外责任即保险标的的损失不属于由保险责任范围内的保险事故所导致的结果,因而保险人不予承担赔偿的责任。对保险人来说,除正面规定其应当承担的责任以外,又明确规定不应承担的责任,其目的是为了使保险人承担责任的范围更为明确,防止发生法律纠纷。

保险人之所以作出除外责任的规定,是与可保风险的条件联系在一起的。其理由在于:

第一,避免保险人遭受巨额损失。对于保险人来说,如果它承保了许多相互有关联的保险标的,或者单个的,但价值很高的保险标的,就很容易遭受特大灾难。

第二,限制对非偶然事故的赔偿。非偶然的事故损失是很难预测的,补偿也非常昂贵。

第三,避免逆向选择。在保险领域中,逆向选择是指这样一种倾向:遭受风险损失可能性大的人比一般的人更希望购买保险。通常来说,保险人是通过一些特殊的合同来限制逆向选择行为的。

除外责任通常要就地点、风险、财产和损失等方面作出明确的限制。

其一,除外地点。有一些合同要对承保风险的地点作出特殊的规定,例如不动产的地点、汽车驾驶的地域等。

其二,除外风险。保险合同之所以排除一些风险事故是因为它们或者被其他的合同所包括,或者是差异较大的,因此需要分别定价。

其三,除外财产。在有些合同中,某些财产是被除外的。这样做的理由主要是在其他的合同中通常已经包含有这类财产。

其四,除外损失。有一些由法令和法规所引起的损失是不包括在财产保险合同中的。

需要说明的是,有些合同也可用附加责任的办法,将原来属于除外责任的内容扩大为承保责任。

2. 履行赔偿给付义务

在责任范围内的保险事故发生后,保险人应向被保险人或受益人赔偿或给付保险金,这是保险方履行赔偿责任的行为。保险人承担赔偿责任的行为主要包括赔偿金的内容和赔偿金的支付方式。赔偿金的主要内容是:

(1)赔偿或给付金额。在财产保险中,根据保险财产的实际损失而定,但最高以保险标的的保险金额为限。如有分项保险金额的,以该分项保险标的的保险金额为最高限;在人身保险中,则以约定保险金额为最高限额。

(2)施救费用。在发生保险责任范围内的保险事故时,被保险人为了抢救以及保护、整理保险财产而承担的合理费用。

(3)为了确定保险责任范围内的损失所支付的受损标的的检验、估价、出售的合理费用。

赔偿金的支付方式在原则上,以现金的形式赔付损失和费用,而不负责以实物补偿或恢复原状。但双方在合同中有约定的除外,如在财产保险中,保险人按约定负责重建或修理;在伤害或健康保险中,保险人按约定负责医疗;在工程保险中,保险人按约定重置受损项目或予以修理等。

四、保险合同的变更

保险合同的变更是指在保险合同的存续期间,其主体、内容及效力的改变。保险合同依法成立,即具有法律约束力,当事人双方都必须全面履行合同规定的义务,不得擅自变更或解除合同。但有些长期性保险合同,需要随着主观和客观情况的变化而变化,保险合同的变更主要表现在以下几个方面。

(一) 保险合同主体的变更

主体的变更是指保险合同当事人的变更。一般来说,这主要是指投保人、被保险人的变更,而不是保险人的变更。

保险合同主体的变更通常又叫做保险合同的转让。由于保险合同的主要形式是保单,因此,这种变更在习惯上又叫做保单的转让。

在财产保险中,保单的转让往往因保险标的的所有权发生转移(包括买卖、让与和继承等)而发生。关于保单转让的程序,有两种国际惯例。一种是转让必须得到保险人的同意。如果要想继续保持保险合同关系,被保险人必须在保险标的的所有权(或管理权)转让时,事先书面通知保险人,经保险人同意,并对保单批注后方才有效,否则的话,保险合同从保险标的所有权(或管理权)转移时即告终止。另一种是允许保单随着保险标的的转让而自动转移,不需要征得保险人的同意。货物运输的保险合同一般属于这种情况。这样规定的理由在于,货物运输,特别是海洋运输路途遥远,流动性大。在货物从起运到目的地的整个过程中,物权可能几经易手,可保利益也会随之转移。如果每次被保险人的变更都需征得保险人的同意,必然影响商品流转。有鉴于此,各国保险立法一般都规定:除另有明文规定的以外,凡运输保险,其可保利益可随意转移。换句话说,凡运输保险,其保单可随货权的转移而背书转让。

(二) 保险合同内容的变更

保险合同内容的变更是指在主体不变的情况下,改变合同中约定的事项,它包括被保险人地址的变更;保险标的数量的增减;品种、价值或存放地点的变化;保险期限、保险金额的变更;保险责任范围的变更;货物运输保险合同中的航程变更、船期的变化等。这些变化都会影响到保险人所承担的风险大小的变化。

保险合同的主体不变更而内容变更的情况是经常发生的。各国保险立法一般都规定,保险合同订立以后,投保人可以提出变更合同内容的请求,但须经保险人同意,办理变更手续,有时还需增缴保费,合同方才有效。

(三) 保险合同效力的变更

1. 合同的无效

合同的无效是指合同虽已订立,但在法律上不发生任何效力。按照不同的因素来划分,合同的无效有以下几种形式:

(1) 约定无效与法定无效。根据不同的原因来划分,无效有约定无效与法定无效两种。约定无效由合同的当事人任意约定。只要约定的理由出现,则合同无效。法定无效由法律明文规定。法律规定的无效原因一旦出现,则合同无效。各国的保险法通常都规定,符合下列情况之一者,保险合同无效。① 合同系代理他人订立而不作申明;② 恶意的重复保险;③ 人身保险中未经被保险人同意的死亡保险;④ 人身保险中被保险人的真实年龄已超过保险人所规定的年龄限额。

(2) 全部无效与部分无效。根据不同的范围来划分,无效有全部无效与部分无效两种。全部无效是指保险合同全部不发生效力，以上讲的那几种情况就属于全部无效；部分无效是指保险合同中仅有一部分无效，其余部分仍然有效。例如，善意的超额保险，保险金额超过保险价值的部分无效，但在保险价值限额以内的部分仍然有效。又如，在人身保险中，被保险人的年龄与保单所填写的不符（只要没有超过保险人所规定的保险年龄的限度），保险人按照被保险人的实际年龄给付保险金额，这也是部分无效。

（3）自始无效与失效。根据时间来划分，无效有自始无效和失效两种。自始无效是指合同自成立起就不具备生效的条件，合同从一开始就不生效；失效是指合同成立后，因某种原因而导致合同无效。如被保险人因对保险标的失去可保利益，保险合同即失去效力。失效不需要当事人作意思表示，只要失效的原因一出现，合同即失去效力。

2. 合同的解除

保险合同的解除是指当事人基于合同成立后所发生的情况，使合同无效的一种单方面的行为。即当事人一方行使解除权（或法律赋予，或合同中约定），使合同的一切效果消失并回复到合同订立前的状态。

合同的解除与合同的无效是不同的。前者是行使解除权而效力溯及既往；后者则是根本不发生效力。解除权有时效规定，可因时效而丧失解除权；而无效合同则并不会因时效而成为有效合同。

行使解除权的法律效力是，双方都负有回复到合同订立以前状态的义务。因此，已受领的给付应返还给对方；责任方对他方所造成的损失，需承担损害赔偿的责任。但如果保险合同的解除系由投保人的不当行为所致，在这种情况下，要求保险人返还保费，显然不利于行使解除权的保险人。因此，有时在法律或合同条款上明确规定，在上述情况下，保险人不需要返还保费。

3. 合同的复效

保险合同的复效是指保险合同的效力在中止以后又重新开始。保险合同生效后，由于某种原因，合同的效力中止。如人身保险中投保人未能按时缴纳保险费，保险合同的效力由此中断。在此期间，如果发生保险事故，保险人不负支付保险金的责任。但保险合同效力的中止并非终止。投保人可以在一定的条件下，提出恢复保险合同的效力；经保险人的同意，合同的效力即可恢复，即合同复效。已恢复效力的保险合同应视为自始未失效的原保险合同。

五、保险合同的终止

保险合同的终止是指当事人之间由合同所确定的权利义务因法律规定的原因出现而不复存在。导致保险合同终止的原因很多，主要有以下几种。

（一）合同因期限届满而终止

保险合同关系是一种债权、债务关系。任何债权、债务都是有时间性的。保险合同订立后，虽然未发生保险事故，但如果合同的有效期已届满，则保险人的保险责任即自然终止。这种自然终止，是保险合同终止的最普遍、最基本的原因。保险合同终止，保险人的保险责任亦告终止。当然，保险合同到期以后还可以续保。但是，续保不是原保险合同的继续,而是一个新的保险合同的成立。

(二)因解除而终止

解除是较为常见的保险合同终止的另一类原因。在实践中,保险合同的解除分为法定解除、约定解除和任意解除三种。

1. 法定解除

法定解除是指法律规定的原因出现时,保险合同当事人一方(一般是保险人)依法行使解除权,消灭已经生效的保险合同关系。法定解除是一种单方面的法律行为。从程序上来说,依法有解除权的当事人向对方作出解除合同的意思表示,即可发生解除合同的效力,而不需要征得对方的同意。

2. 约定解除

约定解除是双方当事人可以约定解除合同的条件。一旦出现了所约定的条件时,一方或双方即有权利解除保险合同。约定解除习惯上又称做"协议注销"。保险合同一经注销,保险人的责任亦告终止。

从解除的条件来看,以约定方式解除保险合同对于合同的双方均作了限制性的规定,尤其是对于保险人的限制更严格。

3. 任意解除

任意解除是指法律允许双方当事人都有权根据自己的意愿解除合同。但是,并非所有的保险合同都是可以由当事人任意解除和终止的,它一般有着严格的条件限制。

(三)合同因违约失效而终止

因被保险人的某些违约行为,保险人有权使合同无效。例如,终身保险合同的保费缴纳一般有按季度、半年、一年等方式。如果投保人不能如期(包括在宽限期内)缴纳保险费,则保险人可以使正在生效的合同中途失效。但在一定条件下,中途失效的合同经被保险人履约并为保险人所接受,还可以恢复效力。然而,并不是所有的保险合同在失效后都可以复效。不能如期缴纳保险费而被中止的合同,其后果也可能不同。一般来说,人寿保险和简易人身保险,因不能如期缴纳保险费而被暂时中止效力的,被保险人可以争取合同复效;但财产保险合同因不能如期缴纳保费而被终止合同的,则不能恢复合同效力。

(四)合同因履行而终止

保险事故发生后,保险人完成全部保险金额的赔偿或给付义务之后,保险责任即告终止。最常见的如终身人寿保险中的被保险人死亡,保险人给付受益人全部保险金额后;或被保险财产被火灾焚毁,被保险人领取了全部保险赔偿后,合同即告终止,保险人的保险责任即自然终止。这种自然终止,是保险合同终止的最普遍、最基本的原因。保险合同终止,保险人的保险责任亦告终止。当然,保险合同到期以后还可以续保。但是,续保不是原保险合同的继续,而是一个新的保险合同的成立。

六、保险合同争议的处理

保险合同争议是指在保险合同成立后,合同主体就合同履行时的具体做法产生的意见分歧或纠纷。这种意见分歧或纠纷有些是由于合同双方对合同条款的理解互异造成的,有些则是由于违约造成的。不管是什么原因,发生争议以后都需要按照一定的程序处理和解决。

(一)保险合同的解释原则

保险合同的解释是指当保险当事人由于对合同内容的用语理解不同发生争议时,依照法律规定的方式或者约定俗成的方式,对保险合同的内容或文字的含义予以确定或说明。保险合同的解释原则通常有以下几种。

1. 文义解释原则

文义解释即按合同条款通常的文字含义并结合上下文来解释,既不超出也不缩小合同用语的含义。文义解释是解释保险合同条款的最主要的方法。

文义解释必须要求被解释的合同字句本身具有单一的且明确的含义。如果有关术语本来就只具有唯一的一种意思,或联系上下文只能具有某种特定含义,或根据商业习惯通常仅指某种意思,那就必须按照它们的本意去理解。

2. 意图解释原则

意图解释是指在无法运用文字解释方式时,通过其他背景材料进行逻辑分析来判断合同当事人订约时的真实意图,由此解释保险合同条款的内容。保险合同的真实内容应是当事人通过协商后形成的一致意思表示。因此,解释时必须要尊重双方当时的真实意图。意图解释只适用于合同的条款不精当、语义混乱,不同的当事人对同一条款所表达的实际意思理解有分歧的情况。如果文字表达清楚,没有含糊不清之处,就必须按照字面解释,不得任意推测。

3. 有利于被保险人的解释原则

有利于被保险人的解释原则,是指当保险合同的当事人对合同条款有争议时,法院或仲裁机关要作出有利于被保险人的解释。例如,我国的《保险法》第 30 条规定:"对于保险合同的条款,保险人与投保人、被保险人或者受益人有争议时,人民法院或者仲裁机关应当作出有利于被保险人和受益人的解释。"之所以如此规定,是因为保险合同是附和性合同,有很强的专业性。在订立保险合同时,一般来说,投保方只能表示接受或不接受保险人事先已经拟定好的条款。有些专业性的术语不是一般人能够完全理解的。为了避免保险人利用其有利地位,侵害投保方的利益,各国普遍使用这一原则来解决保险合同当事人之间的争议。鉴于此,保险人在拟定合同条款时应尽量使用语言明确的表述,在订立合同时向投保方准确地说明合同的主要内容。

需要指出的是,这一原则不能滥用。如果条款意图清楚,语言文字没有产生歧义,即使发生争议,也应当依据有效的保险合同约定作出合理、公平的解释。

4. 批注优于正文、后加的批注优于先加的批注的解释原则

为了满足不同的投保人的需要,有时保险人要在统一印制的保险单上加批注,或增减条款或进行修改。无论以什么方式更改条款,如果前后条款内容有矛盾或互相抵触,后加的批注、条款应当优于原有的条款。保险合同更改后应写明批改日期。如果由于未写明日期而使条款发生矛盾,手写的批注应当优于打印的批注,加贴的批注应当优于正文的

批注。

5. 补充解释原则

补充解释原则是指当保险合同条款约定内容有遗漏或不完整时,借助商业习惯、国际惯例、公平原则等对保险合同的内容进行务实、合理的补充解释,以便合同的继续执行。

（二）保险合同争议的解决方式

按照我国法律的有关规定,保险合同争议的解决方式主要有以下几种。

1. 协商

协商是指合同双方当事人在自愿互谅的基础上,按照法律、政策的规定,通过摆事实、讲道理、求大同、存小异来解决纠纷。自行协商解决方式简便,有助于增进双方的进一步信任与合作,并且有利于合同的继续执行。

2. 调解

调解是指在合同管理机关或法院的参与下,通过说服教育,使双方自愿达成协议、平息争端。调解解决争议必须查清纠纷的事实,分清是非责任,这是达成合理的调解协议的前提。调解必须遵循法律、政策与平等自愿原则。只有依法调解,才能保证调解工作的顺利进行。如果一方当事人不愿意调解,就不能进行调解。如调解不成立或调解后又反悔,可以申请仲裁或直接向法院起诉。

3. 仲裁

仲裁是指争议双方依照仲裁协议,自愿将彼此间的争议交由双方共同信任、法律认可的仲裁机构的仲裁员作出裁决。仲裁方式具有法律效力,当事人必须予以执行,不可以再次提起诉讼或者仲裁。

保险合同的仲裁通常可以分为以下三种:

（1）保险人与国内工商企业以及机关事业单位之间的合同纠纷,可以向仲裁机关提出仲裁申请书。

（2）涉及进出口贸易、来料加工及补偿贸易、外资企业、合资企业等所发生的争议,当事人要求在我国仲裁的,由中国国际贸易促进委员会对外经济贸易仲裁委员会受理。

（3）涉及海上货物运输保险和海上船舶保险的合同纠纷,由中国对外经济贸易促进委员会海事仲裁委员会受理。

4. 诉讼

诉讼是指争议双方当事人通过法院进行裁决的一种方式,它是解决争议时最激烈的一种方式。当事人双方因保险合同发生纠纷时,有权以自己的名义直接请求法院通过审判给予法律上的保护。当事人提起诉讼应当在法律规定的时效以内。

《中华人民共和国民事诉讼法》第24条对保险合同纠纷的管辖法院作了明确的规定:"因保险合同纠纷提起诉讼,通常由被告住所或者保险标的物所在地人民法院管辖。"最高人民法院关于适用《中华人民共和国民事诉讼法》若干问题的意见中规定:"因保险合同纠纷提起的诉讼,如果保险标的物是运输工具或者运输中的货物,由被告住所地或者运输工具登记注册地、运输目的地、保险事故发生地的人民法院管辖。"

第三节 财 产 保 险

一、财产保险概念及分类

财产保险也称为财产损失保险,是专指以财产物资为保险标的的各种保险业务。财产损失保险具有以下特征:

(1)保险标的是有形财产,即财产损失保险承保的标的均是实际存在的、可以计量的物质财富,不包括无形资产。

(2)投保人、被保险人与受益人高度一致。在财产损失保险中,投保人必须对投保标的具有可保利益,在依法订立保险合同后直接转化为被保险人,当保险事故发生后享受赔款的受益人也就是被保险人。

(3)防灾防损特别重要。责任保险与人身保险对风险的控制,重在承保前控制和承保时控制,在承保期间往往无法控制风险。而各种财产损失保险不仅需要保前控制风险,而且尤其需要重视保险期间对风险的控制,这样,就使防灾防损成为狭义财产保险业务中的重要内容。保险公司一般需要设置防灾防损机构,以专门从事防灾防损工作。

财产损失保险可以分为火灾保险、运输保险、工程保险和农业保险四大类。

二、火灾保险

火灾保险简称火险,是指以存放在固定场所并处于相对静止状态的财产物资为保险标的,由保险人承担保险财产遭受保险事故损失的经济赔偿责任的一种财产保险。因为早期的火灾保险仅承保火灾,所以得名火灾保险。现在的火灾保险承保的风险范围不仅限于火灾,已经扩展到其他各种自然灾害,乃至意外事故损失;承保的标的包括各种不动产与动产,在承保形式上既有主险,亦有附加险。

作为传统的一类财产保险业务,火灾保险的独特之处:一是火灾保险的保险标的只能是存放在固定场所并处于相对静止状态下的各种财产物资。这一限制实际上将处于流动状态的货物、运输工具以及处于生长期的各种农作物、养殖对象排除在外,从而在标的范围上局限于各种固定资产、流动资产和生活资料等。如果投保人的投保标的不符合这一规定,不可能从保险人处获得火灾保险的保障。二是火灾保险承保的财产必须存放在保险合同约定的固定地址范围内,在保险期间不得随意变动,否则,保险人可以不负责任。如果被保险人确实需要变动保险财产存放地点,亦须征得保险人的同意。三是火灾保险的保险标的十分繁杂,既有土地、房屋、机器、设备,又有各种各样的原材料、燃料、在产品、商品及生活消费资料,每一张保单承保的内容显然包括多项标的。

(一)火灾保险的一般内容

1. 火灾保险的适用范围

火灾保险是适用范围最广泛的一种保险业务,因为任何组织或家庭、个人均有着自己的财产物资或代替他人管理着财产物资,并均会遇到各种风险,从而需要向保险公司转嫁自己的风险,因此,各种企业、团体及机关单位均可以投保团体火灾保险。

火灾保险的可保财产包括:房屋及其他建筑物和附属装修设备;各种机器设备、工具、仪器及生产用具;管理用具及低值易耗品、原材料、半成品、在产品、产成品或库存商品和特种储备商品;以及各种生活消费资料等。对于某些市场价格变化大、保险金额难以确定、风险较特别的财产物资,如古物、艺术品等,则需要经过特别约定的程序才能承保。对不能用货币衡量其价值的财产或利益、非实际的物资(如货币等)、非法财产以及应当投保其他险种的财产物资,均不在火灾保险的承保范围内。其他险种指运输保险、工程保险和农业保险。

2. 火灾保险的保险责任

火灾保险承保的保险责任通常包括如下四个部分:

(1) 火灾及相关危险,包括火灾、爆炸、雷电。

(2) 各种自然灾害,包括洪水、台风、龙卷风、暴风、暴雨、泥石流、海啸、雪灾、冰雹、冰凌、崖崩、滑坡等。地震亦是可以承保的风险,但许多国家的保险公司往往将其单列出来承保,以便控制这类特殊风险。

(3) 有关意外事故,包括飞行物体及空中运行物体的坠落、被保险人的电、气、水设备因火灾发生的意外等。

(4) 施救费用,即采取必要的、合理的施救措施造成保险财产的损失和进行施救、整理所支付的合理费用。

每一财产保险单所承担的风险责任通常是上述风险中的一部分或大部分,还可以根据被保险人的需要扩展承保盗窃风险等。

保险人在经营火灾保险时,也有如下除外不保的风险:战争、军事行动或暴动行为;核污染;被保险人的故意行为;各种间接损失;保险标的本身缺陷、保管不善而致的损失,以及变质、霉烂、受潮及自然磨损等。

火灾保险业务的具体责任范围,仍然需要由各具体的保险条款规定,有关扩展责任亦必须在保险合同中予以明确注明。

3. 火灾保险的费率

火灾保险的费率,通常以每千元保额为计算单位,费率的表达形式为千分率。

在火灾保险中,基于保险标的存放在固定处所,其费率的确定通常需要综合考虑如下因素:

(1) 建筑结构及建筑等级。根据建筑行业的有关规章,其质量与抗风险能力从高到低,建筑物通常被划分为一等、二等、三等,它是保险人制定火灾保险费率的首要依据。

(2) 占用性质。即建筑物的使用性质、用途不同,风险也不同。风险大的,保险费率亦应相应地提高。

(3) 承保风险的种类及多少。承保风险的种类越多,则保险人承担的责任越大,反之越小。

(4) 地理位置。由于火灾保险承保的标的必须存放在固定处所,该处所的地理位置是否适宜,周围有无特定的风险,对保险财产的影响甚大。

（5）投保人的防灾设备及防灾措施。在同样的条件下，投保人的防灾设备与防灾措施越健全，则风险越不易发生，损失越易控制，保险人对此往往给予相应的费率优惠；反之，则风险会因投保人的防灾不当或忽视防灾而放大，从而导致保险损失的扩大。

4. 火灾保险的保险金额

火灾保险的保险金额，通常根据投保标的分项确定。其中团体火灾保险的保险金额划分为固定资产与流动资产两大类，其中固定资产还要进一步按照固定资产的分类进行分项，每项固定资产仅适用于该项固定资产的保险金额；流动资产则不再分项确定。因此，尽管一张保险单只有一个总的保险金额，但在赔偿时却还需要根据受损财产的具体价值来计算赔款，并受该项财产的实际价值或保险金额的约束。

确定团体火灾保险的固定资产保险金额时，既可以按照账面原值确定，也可以按照重置价值确定，还可以依据公估机构或评估机构评估后的价值确定；对于流动资产的保险金额，既可以按照最近账面 12 个月的平均余额确定，也可以由被保险人自行确定。保险金额一旦确定，即是保险人承担经济赔偿责任的最高限额，它同时表明被保险人转嫁责任和保险人承担责任的大小。

5. 火灾保险的赔偿

发生火灾保险赔案时，保险人得依循财产保险一般理赔程序和赔偿原则开展赔偿工作。同时注意下列事项：

（1）对固定资产分项计赔，每项固定资产仅适用于自身的赔偿限额。例如，某公司投保财产保险基本险，载于保险合同保险金额是 1 000 万元，其中房屋建筑物为 500 万元，机器设备为 300 万元，其他财产为 200 万元，保险期间发生火灾，造成损失 600 万元，其中机器设备一项的损失即达到 400 万元。尽管经保险人查勘、审核后确认系保险事故所致，但对被保险人机器设备一项的损失赔偿最高仍然不得超过 300 万元。

（2）注意扣除残值和免赔额，即火灾保险中的赔案，往往存在着损余物资，保险人在赔偿时会当作价抵充赔款，同时扣除免赔额。

（二）火灾保险的主要险种

1. 财产保险基本险

财产保险基本险，是以企事业单位、机关团体等的财产物资为保险标的，由保险人承担被保险人财产所面临的基本风险责任的财产保险，它是团体火灾保险的主要险种之一。

根据我国现行财产保险基本险条款，该险种承担的保险责任如下：

（1）火灾，指在时间或空间上由失去控制的燃烧所造成的灾害。

（2）雷击，指由雷电造成的灾害，包括直接雷击和感应雷击两种。

（3）爆炸，包括物理性爆炸和化学性爆炸。

（4）飞行物体和空中运行物体的坠落。如果该项责任涉及第三者的责任，则保险人可以先赔后追，即依法行使代位追偿权。

（5）被保险人拥有财产所有权的自用的供电、供水、供气设备因保险事故遭受破坏，引起停电、停水、停气以及造成保险标的的直接损失，保险人亦予以负责。

（6）必要且合理的施救费用。

除上述责任外,其他均属于财产保险基本险的除外责任。

2. 财产保险综合险

财产保险综合险与财产保险基本险一样,也是团体火灾保险业务的主要险种之一,它在适用范围、保险对象、保险金额的确定和保险赔偿处理等内容上,与财产保险基本险相同,不同的只是保险责任较财产保险基本险有扩展。根据现行财产保险综合险条款规定,保险人承保该种业务时所承担的责任包括:

(1) 火灾、爆炸、雷击。

(2) 暴雨。每小时降雨量达 16 毫米以上,或连续 12 小时降雨量达 30 毫米以上,或连续 24 小时降雨量达 50 毫米以上的降雨所造成的保险标的的损失,均属于暴雨责任。

(3) 洪水。但规律性的涨潮、设施漏水、水管爆裂等造成的保险标的的损失,不属于洪水责任。

(4) 台风。是否构成台风应以当地气象机构的认定为准。

(5) 暴风。即风速在八级以上才构成暴风责任。

(6) 龙卷风。范围小而时间短的猛烈旋风,其平均最大风速一般在 79～103 米/秒,极端最大风速一般在 100 米/秒以上。

(7) 雪灾。雪灾的标准是每平方米雪压超过建筑结构荷载规范规定的荷载标准,以致造成保险标的的损失。

(8) 雹灾。即冰雹降落造成的损失。

(9) 冰凌。即气象部门称的凌汛。

(10) 泥石流。即突然爆发的大量夹带泥沙、石块等的洪流,它随大暴雨或大量水流流出。

(11) 崖崩。即土崖、石崖等受自然风化、雨水浸泡等原因而发生崩塌。

(12) 突发性滑坡。

(13) 地面突然塌陷。

(14) 飞行物体及其他空中运行物体坠落。

由上可见,财产保险综合险承保的责任范围较财产保险基本险的责任范围要广泛得多。其除外责任即是火灾保险的一般除外责任。

需要指出的是,目前中国的财产保险将地震风险列为除外不保的风险。

三、运输保险

(一) 运输保险及其特征

运输保险是以处于流动状态下的财产为保险标的的一种保险,包括运输货物保险和运输工具保险。这种保险的共同特点是,保险标的处于运输状态或经常处于运行状态,从而与火灾保险的保险标的要求存放在固定场所和处于相对静止状态是有区别的,并因此而不能被火灾保险包容。

运输保险业务的内容,包括运输货物保险、机动车辆保险、船舶保险、航空保险、摩托车保险等。在中国,机动车辆保险是第一大财产保险险种。

运输保险具有如下总体特征：

第一，保险标的具有流动性。无论是运输货物还是运输工具，总是处于流动过程中或经常处于流动过程中，这一特点决定了保险标的及其风险很难为保险人所控制，货物运输中的风险甚至连被保险人也无法控制。

第二，保险风险大而复杂。保险人在承保运输保险时，不仅需要承担该项标的在固定场所时可能遇到的风险，更需要承担运行过程中的风险，从而扩大了相应的风险责任。

第三，异地出险现象。由于保险标的的流动性，许多运输保险事故往往发生在异地，即远离保险合同签订地或被保险人所在地。运输保险异地出险的现象，给保险人处理赔案增添了麻烦。

（二）运输货物保险

1. 运输货物保险的适用范围

运输货物保险是以运输过程中的各种货物为保险标的，以运行过程中可能发生的有关风险为保险责任的一种财产保险。因为无论是对内贸易，还是对外贸易，商品的转移均离不开运输。在运输过程中，货物遭受自然灾害或意外事故的损失总是难免的，而根据各国有关运输法律、法规的规定，承运人仅对因为自己的过错造成的货物损失负责，对于不可抗力造成的货物损失则不负责任。因此，对货物的所有者而言，无论其选择的是信誉多么好的承运人，均有投保货物保险的必要。

基于运输货物保险保障的是运输过程中货物的安全，该险种就仅适用于收货人和发货人；在国际上，货物运输保险是由收货人投保还是由发货人投保，通常由贸易合同明确规定，并往往包含在货物价格中。在中国，发货人与收货人均可投保。

2. 运输货物保险的一般内容

货物运输分为海上、内河、航空、陆上和多式联运等多种方式，据此，运输货物保险亦可以被划分为水路运输货物保险、陆上运输货物保险和航空运输货物保险及联运险等。在此，联运险是指运输货物需要经过两种或两种以上的主要运输工具联运，才能将其从起点地运送到目的地的保险。根据运输货物保险的承保范围，它又可以分为国内运输货物保险和涉外运输货物保险，前者系货物运输在国内进行，后者则是货物运输超越了一国国境。按照保险人承担责任的方式，运输货物保险还可以划分为基本保险、综合保险和附加险三类。附加险险别十分发达是运输货物保险的特色之一，多种附加险由保险客户根据需要自主选择。

对于货物运输保险的保险责任，基本险和综合险是不同的，后者较前者的责任范围要宽。一般而言，运输货物保险基本险的责任通常包括如下项目：一是因火灾、爆炸及相关自然灾害所导致的货物损失；二是因运输工具发生意外事故而导致的货物损失；三是在货物装卸过程中的意外损失；四是按照国家规定或一般惯例应当分摊的共同海损费用；五是合理的、必要的施救费用等。运输货物保险综合险则不仅承保上述责任，而且还承保盗窃、雨淋等原因造成货物损失。无论是基本险还是综合险，保险人对下列原因导致的损失均不负责：战争或军事行动，被保险货物本身的缺陷或自然损耗，被保险人的故意行为或过失，核事件或核爆炸，其他不属于保险责任范围内的损失等。

运输货物保险采用定值保险方式,即确定的保险金额是保险人承担赔偿责任的最后价值,从而避免了受市场价格变动的影响。国内运输货物保险的保险金额的确定依据包括起运地成本价、目的地成本价、目的地市场价等,由被保险人任选一种;涉外运输货物保险的保险金额的确定依据包括离岸价(FOB)、成本加运费价(CFR)、到岸价(CIF)等,由投保人根据贸易合同确定。

运输货物的保险费率制定,通常要考虑所选用的运输工具、运输路径、运输方式和所经区域,以及货物本身的性质与风险等,保险人据此综合评估风险,并根据费率规章确定费率。如果投保人同时选择了附加险,则还需要另行计收保险费。

当运输货物发生损失时,需要对受损货物进行检验,检验时保险人或保险人的代理人与被保险人均应同时在场,以避免正式处理赔案时发生纠纷。被保险人索赔必须提供符合保险合同规范的各种单证,并接受保险人的审核。如果损失是由承运人的原因造成的,则保险人还会依法行使追偿权。

3. 运输货物保险的险种

目前,在中国保险市场上,涉外运输货物保险的险种主要有海洋运输货物保险、陆上运输货物保险、航空运输货物保险和邮包险等险种。其中,海洋运输货物保险是涉外运输货物保险的主要业务,它又分为平安险、水渍险、一切险及海洋运输冷藏货物保险和海洋运输散装桐油保险等;陆上运输货物保险则以承保火车、汽车运输为主,分为陆运险和陆运一切险;航空运输货物保险则分为空运险和空运一切险;邮包险专门承保邮局递送的涉外货物,它需要兼顾海、陆、空三种运输工具的责任,亦分为邮包险和邮包一切险。上述险种与险别均依国际惯例制定相应的条款,不同险种之间的区别主要在于因运输工具的差异而在风险责任上有差别。

国内运输货物保险险种主要有水路、铁路运输货物保险,公路运输货物保险,航空运输货物保险。其中水、陆运输货物保险又被分为基本险与综合险。

(三)运输工具保险

1. 运输工具保险的适用范围

运输工具保险专门承保各种机动运输工具,包括机动车辆、船舶、飞机、摩托车等各种以机器为动力的运载工具。由于各种运输工具在运行过程中会经常遇到各种自然风险与意外事故风险,参加保险即成为其拥有者转嫁风险和稳定经营的必要手段。因此,运输工具保险的适用范围亦相当广泛,包括客运公司、货运公司、航空公司、航运公司以及拥有上述运输工具和摩托车、拖拉机等机动运输工具的家庭或个人,均可以投保运输工具保险类的不同险种,并通过相应的保险获得风险保障。

2. 机动车辆保险

机动车辆保险是运输工具保险中的主要业务,它以各种以机器为动力的陆上运输工具为保险标的,包括各种汽车、摩托车、拖拉机等。由于机动车辆本身所具有的特点,机动车辆保险亦具有陆上运行、流动性大、行程不固定、业务量大、投保率高、第三者责任风险大等特点。在财产保险经营实践中,机动车辆保险实际上是以机动车辆及与之密切关联的有关利益为保险标的的多项保险业务的统称。按照保险标的来划分,机动车辆保险往往被分为汽车(或一般机动车辆)保险、摩托车保险、拖拉机保险等;按照保险责任划分,机动车辆保险又被分为车辆损失保险和第三者责任保险,其中车辆损失保险属于狭义财产保险范围,第三者责任保险属于责任保险范畴。在多数国家,均对机动车辆第三者责任保险采取强制保险的措施,以利于维护公众的安全。

车辆损失保险承保的是车辆本身因各种自然灾害、碰撞及其他意外事故所造成的损失,以及施救费用,其保险金额通常根据投保车辆的重置价值确定,也可以由保险双方协商确定。车辆损失险的保险费则由基本保险费加上保额保费两部分组成,保额保费是保险金额与相应的保险费率之积,其中基本保险费是统一的,保额保险费则因投保车辆价值的不同而有较大差别。当保险车辆发生保险损失时,保险人根据其受损情况进行赔偿,全损时按照保险金额赔偿,但以不超过重置价值为限;部分损失时,则按照实际修理费用赔偿。

机动车辆第三者责任保险属于责任保险范畴,它承保被保险车辆因意外事故造成第三者的人身伤害或财产损失,依法应由被保险人承担经济赔偿责任的风险。当保险事故发生时,保险人在保险责任范围内按约承担致害人的损害赔偿责任。在绝大多数国家,机动车辆第三者责任保险均是强制性保险。机动车辆第三者责任保险的经营原则与赔偿处理均类同于其他责任保险。在承保第三者责任保险业务时,因承保的风险是法律风险,承担的责任是不确定的民事损害赔偿责任,保险人通常以赔偿限额的方式来控制自己的风险,即保险人规定若干等级的每次责任事故的赔偿限额或累计赔偿限额,投保人可以选择,其保险费按不同的赔偿限额收取。

根据中国现行机动车辆保险条款,原来属于机动车辆保险一般责任范围的盗窃风险被单独列为附加险;此外,一些保险公司还可以根据保险客户的需要开办驾驶员意外责任保险、乘客意外责任保险等附加险。

3. 船舶保险

船舶保险是指以各种船舶、水上装置及其碰撞责任为保险标的的一种运输工具保险。

船舶保险适用于各种团体单位、个人所有或与他人共有的机动船舶与非机动船舶,以及水上装置等,一切船东或船舶使用人都可以利用船舶保险来转嫁自己可能遭遇的风险。不过,投保船舶保险者必须有港务监督部门签发的适航证明和营业执照等。对于建造或拆除中的船舶则要求另行投保船舶建造保险或船舶拆除保险,并按照工程保险原则来经营;对于石油钻井船、渔船等,一般另有专门的险种承保。

船舶保险的可保标的,包括运输船舶、渔业船舶、工程船舶、工作船舶、特种船舶及其附属设备,以及各种水上装置。同时,船舶保险的承保人往往将保险上述保险标的的碰撞责任亦作为船舶保险的基本责任予以承保。

船舶保险的保险责任可以划分为碰撞责任与非碰撞责任,前者系指保险标的与其他物体碰撞并造成对方损失且依法应由被保险人承担经济赔偿责任的责任;后者则包括有关自然灾害(主要是海洋灾害)、火灾、爆炸等,以及共同海损分摊、施救费用、救助费用等。船舶保险的不保责任主要包括战争、军事行动和政府征用;不具备适航条件;被保险人及其代理人的故意行为;正常维修;因保险事故导致停航、停业的间接损失;超载、浪损等引起的损失。

船舶保险的保险金额通常采取一张保险单一个保险金额，但承保船舶本身的损失、碰撞责任和费用损失等，即上述三项损失均分别以船舶保险的保险金额为最高赔偿限额，从而属于高度综合的险种。

当发生保险事故后，被保险人应当及时通知港务监督部门进行事故调查处理，保险人亦得及时参与。在赔偿时需要注意的事项包括：严格审核事故的性质，区分保险责任与除外责任；对碰撞事故要严格区分碰撞双方或多方的责任，按责论处；对船舶本身损失、碰撞责任的赔偿以保险金额为最高限额分别计算赔款，对有关费用则需要根据情况在保险人与被保险人之间或有关各方之间进行分摊。

4. 飞机保险

飞机保险亦称航空保险，它是20世纪初期产生的一种运输工具保险。作为运输工具保险中的主要类别，飞机保险实际上是以飞机及其相关责任风险为保险对象的一类保险，它主要包括机身保险、战争及劫持保险、第三者责任保险、旅客责任保险、货物责任保险等若干业务，其中机身保险是最主要的业务。

机身保险以各种飞机本身作为保险标的，它适用于任何航空公司、飞机拥有者、有利益关系者以及看管、控制飞机的人。保险人对飞机机身的承保责任通常以一切险方式承保，即除外责任以外的任何原因造成的损失或损坏，保险人均负责赔偿。机身险的保险金额通常采取不定值方式承保，但也有保险公司另有专门的险种承保。

四、工程保险

（一）工程保险及其特征

工程保险是指以各种工程项目为主要承保对象的一种财产保险。

工程保险的意义在于，一方面，它有利于保护建筑业主或项目所有人的利益；另一方面，它也是完善工程承包责任制并有效协调各方利益关系的必要手段。通过保险人的保险，项目所有人的利益因此而得到保护，承包人可以用少量的费用来换取稳定的风险保障，当事各方可能因事故责任而导致的纠纷亦因保险而得到化解。因此，工程保险通常构成现代工程建设合同中的必要内容。与传统的财产保险相比较，工程保险具有如下特征。

1. 承保风险责任广泛而集中

在各种工程保险合同中，保险人列明不保的风险责任往往属于少数，承担的风险责任则是除外责任之外的一切风险责任，从而通常采取一切险的方式承保。换言之，保险人不仅承担着火灾保险的风险，也承担着工程建设本身所具有的各种风险，还承担着相关责任风险。因此，工程保险的风险责任是相当广泛的，也是十分集中的。

2. 涉及较多的利益关系人

在工程保险中，保险标的涉及多个利益关系人，如项目所有人、承包人、分承包人、技术顾问甚至贷款银行等，各方均对保险标的具有可保利益，从而使保险关系较其他财产保险更为复杂化，保险人对此需要采取交叉责任条款来进行规范与制约。

3. 不同工程保险险种的内容相互交叉

如建筑工程中往往包含有安装工程项目,安装工程中也通常有建筑工程项目,科技工程中既有建筑工程也有安装工程,这一现象使各种工程保险具有一定程度的相通性。

4. 工程保险承担的主要是技术风险

现代工程建设的技术含量很高,专业性极强,它们对于一般的自然风险通常具备相应的抵御能力,许多工程事故的发生往往是技术不良或未按照技术规程操作所导致的。

(二)建筑工程保险

1. 建筑工程保险的适用范围

建筑工程保险承保的是各类建筑工程,即适用于各种民用、工业用和公共事业用的建筑工程,如房屋、道路、桥梁、港口、机场、水坝、道路、娱乐场所、隧道、管道以及各种市政工程项目等,均可以投保建筑工程保险。建筑工程保险的被保险人大致包括以下几个方面:一是工程所有人,即建筑工程的最后所有者;二是工程承包人,即负责该建筑工程项目施工的单位,它又可以分为主承包人和分承包人;三是技术顾问,即由工程所有人聘请的建筑师、设计师、工程师和其他专业技术顾问等。当存在多个被保险人时,一般由一方出面投保,并负责支付保险费,申报保险期间的风险变化情况,提出原始索赔等。

2. 建筑工程保险的保险标的与保险金额

建筑工程保险的保险标的范围广泛,既有物质财产部分,也有第三者责任部分。为方便确定保险金额,在建筑工程保险单明细表中列出的保险项目通常包括如下几个部分:

(1)物质损失部分。它包括建筑工程本身,工程所有人提供的物料和项目,安装工程项目,建筑用机器、装置及设备、工地内现成的建筑物,场地清理费,以及所有人或承包人在工地上的其他财产等七项。每一项均须独自确定保险金额,七项保险金额之和构成建筑工程险物质损失项目的总保险金额。

(2)第三者责任。它是指被保险人在工程保险期间,因意外事故造成工地及工地附近的第三者人身伤亡或财产损失依法应负的赔偿责任,保险人对该项责任采用赔偿限额制。

(3)特种风险赔偿。它是对保险单上列明的地震、洪水等特种风险造成的各项物质损失的赔偿。一般而言,保险人通常对保单中列明的特种风险单独规定赔偿限额。无论保险期间发生一次或多次保险事故,保险人的赔偿均不得超过该限额。

3. 建筑工程保险的责任范围

建筑工程保险的保险责任可以分为物质部分的保险责任和第三者责任两大部分。其中物质部分的保险责任主要有保险单上列明的各种自然灾害和意外事故,如洪水、风暴、水灾、暴雨、地陷、冰雹、雷电、火灾、爆炸等多项,同时还承保盗窃、工人或技术人员过失等人为风险,并可以在基本保险责任项下附加特别保险条款,以利被保险人全面转嫁自己的风险。不过,对于错误设计引起的损失、费用或责任,换置、修理或矫正标的本身原材料缺陷或工艺不善所支付的费用,引起的机械或电器装置的损坏或建筑用机器、设备损坏,以及停工引起的损失等,保险人不负责任。对于被保险人所有或使用的车辆、船舶、飞机、摩托车等交通运输工具,亦需要另行投保相关运输工具保险。

与一般财产保险不同的是,建筑工程保险采用的是工期保险单,即保险责任的起讫通常以建筑工程的开工到竣工为期。

保险人承担的赔偿责任则根据受损项目分项处理,并适用于各项目的保险金额或赔偿限额。

(三)安装工程保险

1. 安装工程保险的适用范围

安装工程保险是指以各种大型机器、设备的安装工程项目为保险标的的工程保险,保险人承保安装期间因自然灾害或意外事故造成的物质损失及有关法律赔偿责任。安装工程保险是同建筑工程保险一起发展起来的保险业务,与建筑工程保险不仅存在着业务内容上的交叉,而且在业务经营方式上亦具相通性。

安装工程保险的适用范围亦包括安装工程项目的所有人、承包人、分承包人、供货人、制造商等,即上述各方均可成为安装工程保险的投保人。但实际情形往往是一方投保,其他各方可以通过交叉责任条款获得相应的保险保障。

2. 安装工程保险的主要特点

安装工程保险的主要特点,可以概括为以下几点:

(1)以安装项目为主要承保对象,其中亦可包括附属建筑项目。

(2)安装工程的风险分布具有明显的阶段性,即安装工程在试车、考核和保证阶段的风险最集中,造成损失的可能性更大。

(3)承保风险主要是人为风险。

3. 安装工程保险的保险标的与费率

安装工程保险的可保标的,通常也包括物质损失、特种危险赔偿和第三者责任三个部分,其中物质损失部分即分为安装项目、土木建筑工程项目、场地清理费、承包人的机器设备、所有人或承包人在安装工地上的其他财产等五项,各项标的均需明确保险金额;特种危险赔偿和第三者责任保险项目与建筑工程保险相似。

安装工程保险的费率,主要由以下几项组成:安装项目,对土木建筑工程、所有人或承包人在工地上的其他财产及清理费为一个总的费率,整个工期实行一次性费率;试车为一个单独费率,是一次性费率;保证期费率,实行整个保证期一次性费率;各种附加保障增收费率,实行整个工期一次性费率;安装、建筑用机器、装置及设备为单独的年费率;第三者责任保险,实行整个工期一次性费率。

(四)科技工程保险

科技工程保险业务,主要有海洋石油开发保险、卫星保险和核电站保险等。海洋石油开发保险面向的是现代海洋石油工业,它承保从勘探到建成、生产整个开发过程中的风险,海洋石油开发工程的所有人或承包人均可投保该险种。该险种一般被划分为四个阶段:普查勘探阶段,钻探阶段,建设阶段,生产阶段。每一阶段均有若干具体的险种供投保人选择投保。每一阶段均以工期为保险责任起讫期。当前一阶段完成,并证明有石油或有开采价值时,后一阶段才得以延续,被保险人亦需要投保后一阶段的保险。因此,海洋石油开发保险作为一项工程保险业务,是分阶段进行的。其主要的险种有勘探作业工具保险、钻探设备保险、费用保险、责任保险、建筑安装工程保险。在承保、防损和理赔方面,均与其他工程保险业务具有相通性。

卫星保险是以卫星为保险标的的科技工程保险,它属于航天工程保险范畴,包括发射前保险、发射保险和寿命保险,主要业务是卫星发射保险,即保险人承保卫星发射阶段的各种风险。卫星保险的投保与承保手续与其他工程保险并无区别。

核电站保险以核电站及其责任风险为保险对象,是核能民用工业发展的必要风险保障措施,也是对其他各种保险均将核子风险除外不保的一种补充。作为一类新兴的科技工程保险业务,核电站保险起源于 20 世纪 50 年代,其特点是因风险具有特殊性而需要有政府作为后盾。核电站保险的险种主要有财产损毁保险、核电站安装工程保险、核责任保险和核原料运输保险等,其中财产损毁保险与核责任保险是主要业务。在保险经营方面,保险人一般按照核电站的选址勘测、建设、生产等不同阶段提供相应的保险,从而在总体上仍然具有工期性。当核电站正常运转后,则可以采用定期保险单承保。

五、农业保险

(一)农业保险及其特征

农业保险承保的主要是种植业、养殖业,所以也被称为两业保险。种植业保险包括农作物保险、收获期农作物保险、森林保险、园林苗圃保险等。养殖业保险包括牲畜保险、畜禽保险、水产养殖保险、特种养殖保险等。

按照保险责任划分,农业保险可以分为单一责任保险、混合责任保险和一切险。其中,单一责任保险一般仅承保一项风险责任,如水灾、火灾等;混合责任则采取列举方式明示承保的多项风险责任;一切险虽然也采取列举方式,但实质上除列示的不保责任外均属于可保责任,因此,一切险所承保的风险责任最大。

农业保险所具有的特点,可以概括为以下几个方面。

1. 农业保险面广量大

农业生产在野外进行,生产场所非一般保险中的保险地址范围可比,其数量亦非一般财产保险中的保险标的那样有限,种植业保险往往是大面积成片投保,养殖业保险往往是大规模成批投保。

2. 农业保险受自然风险和经济风险的双重制约

农业生产的最大特点是自然再生产与经济再生产相互交织在一起,农业保险也必然要受到自然风险与经济风险的双重制约。

3. 农业保险的风险结构具有特殊性

它面对的主要是各种气象灾害和生物灾害,尤其是水灾、冰雹、低温灾害、干热风、病虫害等,多数灾害只对农业生产构成严重威胁,从而与其他财产保险所面临的风险的结构具有较大的差异性。

4. 高风险与高赔付率并存

由于农业生产面临的风险大、损失率高,保险赔付率通常也很高。

（二）农业保险的基本内容

1. 农业保险的险种结构

农业保险分为种植业保险与养殖业保险两类。

2. 农业保险的保险金额

由于农业保险的保险标的具有自然再生产与经济再生产相结合、风险大、损失率高的特点，在保险金额的确定方面亦与其他财产保险存在着区别，一般是实行低保额制，以利承保人控制风险。在经营实践中，农业保险主要采取以下方式来确定保险金额：

（1）保成本。保险人按照各地同类标的投入的平均成本作为计算保险金额的依据，据此确定的保险金额即是保险人承担责任的最高赔偿限额。它适用于生长期农作物保险、森林保险和水产养殖保险。在保险标的全损的情况下，保险人得按照保险金额全额赔偿；在部分损失的情况下，保险人的赔偿责任则是被保险人的收益与保险金额之间的差额。

（2）保产量。保险人按照各地同类标的的产量确定保险金额，它适用于农作物保险、林木保险和水产养殖保险。生长期农作物可以农作物的预期收益量作为保险标的的价值，按照一定成数确定保险金额；林木保险的保险金额则可以按照单位面积林木蓄积量确定；水产养殖保险则可以按照水产产品的养殖产量一定成数确定保险金额。

（3）估价确定。即由保险人与被保险人双方协商确定投保标的的保险金额。如大牲畜保险，就可以根据投保牲畜的年龄、用途、价值等进行估价后按照一定成数确定保险金额。此外，在农业保险中还有定额承保方式，或者根据投保标的的不同生长阶段来确定保险金额。

第四节 责 任 保 险

一、责任保险概述

（一）责任保险及其分类

责任保险是指以保险客户的法律赔偿风险为承保对象的一类保险。根据业务内容的不同，责任保险可以分为公众责任保险、产品责任保险、雇主责任保险、职业责任保险和第三者责任保险五类业务，其中每一类业务又由若干具体的险种构成。如公众责任保险就包括了场所责任保险、电梯责任保险、车库责任保险等等。这种分类是责任保险最常见的分类方法，也是责任保险业务经营的基本依据。

（二）责任保险的基本特征

责任保险在产生与发展基础、补偿对象、承保标的、赔偿处理等方面具有如下特征。

1. 责任保险产生与发展基础的特征

责任保险产生与发展的基础不仅是各种民事法律风险的客观存在和社会生产力达到了一定的阶段，而且由于人类社会的进步带来了法律制度的不断完善，其中法制的健全与完善是责任保险产生与发展的最为直接的基础。

正是由于人们在社会中的行为都在法律制度的一定规范之内，所以才可能因触犯法律而造成他人的财产损失或人身伤害时必须承担起经济赔偿责任。因此，只有存在着对某种行为以法律形式确认为应负经济上的赔偿责任时，有关单位或个人才会想到通过保险来转嫁这种风险，责任保险的必要性才会被人们所认识、所接受；只有规定对各种责任事故中的致害人进行严厉处罚的法律原则，才会促使可能发生民事责任事故的有关各方自觉地参加各种责任保险。

2. 责任保险补偿对象的特征

在一般财产保险与各种人身保险的经营实践中，保险人的补偿对象都是被保险人或其受益人，其赔款或保险金也是完全归被保险人或其受益人所有，均不会涉及第三者。而各种责任保险却与此不同，其直接补偿对象虽然也是与保险人签订责任保险合同的被保险人，但被保险人无损失则保险人亦无需补偿；被保险人的利益损失又首先表现为因被保险人的行为导致第三方的利益损失为基础的，即第三方利益损失的客观存在并依法应由被保险人负责赔偿时才会产生被保险人的利益损失。因此，尽管责任保险中承保人的赔款是支付给被保险人，但这种赔款实质上是对被保险人之外的受害方即第三者的补偿，从而是直接保障被保险人利益、间接保障受害人利益的一种双重保障机制。

3. 责任保险承保标的的特征

一般财产保险承保的均是有实体的各种财产物资，而责任保险承保的却是各种民事法律风险，是没有实体的标的。

对每一个投保责任保险的人而言，其责任风险在事先是无法预料的，保险人对所保的各种责任风险及其可能导致的经济赔偿责任大小也无法采用保险金额的方式来确定。因此，保险人在承保责任保险时，通常对每一种责任保险业务要规定若干等级的赔偿限额，由被保险人自己选择，被保险人选定的赔偿限额便是保险人承担赔偿责任的最高限额，超过限额的经济赔偿责任只能由被保险人自行承担。可见，责任保险承保的标的是没有实体的各种民事法律风险，保险人承担的责任只能采用赔偿限额的方式进行确定。

4. 责任保险承保方式的特征

责任保险的承保方式具有多样化的特征。从责任保险的经营实践来看，它在承保时一般根据业务种类或被保险人的要求，可以采用独立承保、附加承保或与其他保险业务组合承保的方式承保业务。

在独立承保方式下，保险人签发专门的责任保险单，它与特定的物没有保险意义上的直接联系，而是完全独立操作的保险业务。如公众责任保险、产品责任保险等。

在附加承保方式下，保险人签发责任保险单的前提是被保险人必须参加了一般的财产保险，即一般财产保险是主险，责任保险则是没有独立地位的附加险。如建筑工程保险中的第三者责任保险，就一般被称为建筑工程保险附加第三者责任保险。附加承保的责任保险在业务性质和业务处理方面，与独立承保的各种责任保险是完全一致的，不同的只是承保的形式不同而已。

在组合承保方式下，责任保险的内容既不必签订单独的责任保险合同，也无须签发附加或特约条款,只需要参加该财产保险便使相应的责任风险得到了保险保障。如船舶的责任保险承保就是与船舶财产保险承保相组合而成的,即仅作为综合型的舰艇保险中的一类保险责任而承担下来即可。

5. 责任保险赔偿处理中的特征

与一般的财产保险与人身保险业务相比,责任保险的赔偿要复杂得多。一是每一起责任保险赔案的出现,均以被保险人对第三方的损害并依法应承担经济赔偿责任为前提条件,必然要涉及受害的第三者,从而表明责任保险的赔偿处理并非像一般财产保险或人身保险赔案一样只是保险双方的事情;二是责任保险的承保以法律制度的规范为基础,责任保险赔案的处理也是以法院的判决或执法部门的裁决为依据,从而需要更全面地运用法律制度;三是责任保险中因是保险人代替致害人承担对受害人的赔偿责任,被保险人对各种责任事故处理的态度往往关系到保险人的利益,从而使保险人具有参与处理责任事故的权力;四是责任保险赔款最后并非归被保险人所有,而是实质上支付给了受害方。可见,责任保险的赔偿处理具有自己明显的特色。

(三)责任保险的承保与赔偿

1. 责任保险的承保

作为一类独成体系的保险业务,责任保险的适用范围是十分广泛的,即适用于一切可能造成他人财产损失与人身伤亡的各种单位、家庭或个人。具体而言,责任保险的适用范围包括如下几部分:一是各种公众活动场所的所有者、经营管理者;二是各种产品的生产者、销售者、维修者;三是各种运输工具的所有者、经营管理者或驾驶员;四是各种需要雇用员工的单位;五是各种提供职业技术服务的单位;六是城乡居民家庭或个人。此外,在各种工程项目的建设过程中也存在着民事责任事故风险,建设工程的所有者、承包者等亦对相关责任事故风险具有可保利益;各单位场所(即非公众活动场所)也存在着公众责任风险,如企业等单位亦有着投保公众责任保险的必要性。可见,责任保险的适用范围几乎覆盖了所有的团体组织和所有的社会成员。

在承保责任保险业务时,保险人有必要对投保人的资信、风险状况等进行调查,并作出相应的风险评估,根据不同业务采取相应的承保方式,确保业务素质良好。

2. 责任保险的一般责任范围

人们一般认为,责任保险的保险责任就是民事损害赔偿责任,事实上这两者既有联系又有区别,是不能完全等同的。对责任保险而言,一方面,其承保的责任主要是被保险人的过失行为所致的责任事故风险,即被保险人的故意行为通常是绝对除外不保的风险责任,这一经营特点决定了责任保险承保的责任范围明显地小于民事损害赔偿责任的范围。另一方面,在被保险人的要求下并经过保险人的同意,责任保险又可以承保着超越民事损害赔偿责任范围的风险,如在航空事故中,即使民航公司无任何过错,只要旅客在飞行中遭受了人身伤害或财产损失,航空公司也会承担起经济上的赔偿责任。这种无过错责任即超出了一般民事损害赔偿责任的范围,但保险人通常将其纳入承保责任范围,可见,责任保险在某些情况下承担的保险责任又超越了民事损害赔偿责任的范围。根据前述分析和责任保险的国际惯例,责任保险的保险责任,一般包括以下两项内容:

（1）被保险人依法对造成他人财产损失或人身伤亡应承担的经济赔偿责任。这一项责任是基本的保险责任，以受害人的损害程度及索赔金额为依据，以保险单上的赔偿限额为最高赔付额，由责任保险人予以赔偿。

（2）因赔偿纠纷引起的由被保险人支付的诉讼、律师费用及其他事先经过保险人同意支付的费用。

在承担上述赔偿责任的同时，保险人在责任保险合同中一般规定若干除外责任。

3. 责任保险的赔偿

责任保险承保的是被保险人的赔偿责任，并不是有固定价值的标的，且赔偿责任因损害责任事故大小而异，很难准确预计。因此，不论何种责任保险，均无保险金额的规定，而是采用在承保时由保险双方约定赔偿限额的方式来确定保险人承担的责任限额。凡超过赔偿限额的索赔，仍须由被保险人自行承担。

从责任保险的发展实践来看，赔偿限额作为保险人承担赔偿责任的最高限额，通常有以下几种类型：

（1）每次责任事故或同一原因引起的一系列责任事故的赔偿限额，它又可以分为财产损失赔偿限额和人身伤亡赔偿限额两项。

（2）保险期内累计的赔偿限额，它也可以分为累计的财产损失赔偿限额和累计的人身伤害赔偿限额。

（3）在某些情况下，保险人也将财产损失和人身伤亡两者合成一个限额，或者只规定每次事故和同一原因引起的一系列责任事故的赔偿限额而不规定累计赔偿限额。

从国际责任保险的发展趋势来看，越来越多国家的责任保险承保人对人身伤亡不再规定赔偿限额，或者仅规定一个综合性的赔偿限额。

在责任保险经营实践中，保险人除通过确定赔偿限额来明确自己的承保责任外，还通常有免赔额的规定，以此达到促使被保险人小心谨慎、防止发生事故和减少小额、零星赔款支出的目的。责任保险的免赔额，通常是绝对免赔额，即无论受害人的财产是否全部损失或死亡，免赔额内的损失均由被保险人自己负责赔偿。免赔额的确定，一般以具体金额数字表示，也可以规定赔偿限额或赔偿金额的一定比率。因此，责任保险人承担的赔偿责任是超过免赔额之上且在赔偿限额之内的赔偿金额。

二、公众责任保险

（一）公众责任保险与公众责任

公众责任保险又称普通责任保险或综合责任保险，它以被保险人的公众责任为承保对象，是责任保险中独立的、适用范围最为广泛的保险类别。

所谓公众责任，是指致害人在公众活动场所的过错行为致使他人的人身或财产遭受损害，依法应由致害人承担的对受害人的经济赔偿责任。公众责任的构成，以在法律上负有经济赔偿责任为前提，其法律依据是各国的民法及各种有关的单行法规制度。

此外，在一些并非公众活动的场所，如果公众在该场所受到了应当由致害人负责的损害，亦可以归属于公众责任。因此，各种公共设施、工厂、办公楼、学校、医院、商店、展览馆、动物园、宾馆、旅店、影剧院、运动场所,以及工程建设工地等,均存在着公众责任事故风险。这些场所的所有者、经营管理者等均需要通过投保公众责任保险来转嫁其责任风险。

(二)公众责任保险的一般内容

1. 公众责任保险的责任范围

公众责任保险的保险责任,包括被保险人在保险期内、在保险地点发生的依法应承担的经济赔偿责任和有关的法律诉讼费用等。公众责任保险的除外责任则包括:被保险人故意行为引起的损害事故;战争、内战、叛乱、暴动、骚乱、罢工或封闭工厂引起的任何损害事故;人力不可抗拒的原因引起的损害事故;核事故引起的损害事故;有缺陷的卫生装置及除一般食物中毒以外的任何中毒;由于震动、移动或减弱支撑引起的任何土地、财产或房屋的损坏责任;被保险人的雇员或正在为被保险人服务的任何人所受到的伤害或其财产损失,他们通常在其他保险单下获得保险;各种运输工具的第三者或公众责任事故,由专门的第三者责任保险或其他责任保险险种承保;公众责任保险单上列明的其他除外责任等。对于有些除外责任,经过保险双方的约定,可以作为特别条款予以承保。

2. 公众责任保险的保费计算

保险人在经营公众责任保险业务时,一般不像其他保险业务那样有固定的保险费率表,而是通常视每一被保险人的风险情况逐笔议订费率,以便确保保险人承担的风险责任与所收取的保险费相适应。按照国际保险界的习惯做法,保险人对公众责任保险一般按每次事故的基本赔偿限额和免赔额分别制定人身伤害和财产损失两项保险费率,如果基本赔偿限额和免赔额需要增减时,保险费率也应适当增减,但又非按比例增减。公众责任保险费的计算方式包括如下两种情况:一是以赔偿限额(累计或每次事故赔偿限额)为计算依据;二是对某些业务按场所面积大小计算保险费。

无论何种方式计算保险费,保险人原则上均应在签发保险单时一次收清。

3. 公众责任保险的赔偿

公众责任保险的赔偿限额的确定,通常采用规定每次事故赔偿限额的方式,既无分项限额,又无累计限额,仅规定每次公众责任事故的混合赔偿限额。它只能制约每次事故的赔偿责任,对整个保险期内的总的赔偿责任不起作用。

当发生公众责任保险事故时,保险人的理赔以受害人向被保险人提出有效索赔并为法律认可为前提,以赔偿限额为保险人承担责任的最高限额,并根据规范化的程序对赔案进行处理。公众责任保险的理赔程序,包括七个基本的步骤:一是保险人接到出险通知或索赔要求时,应立即记录出险的被保险人的名称、保险单号码、出险原因、出险时间与地点、造成第三者损害程度及受害方的索赔要求等;二是进行现场查勘,调查核实责任事故的相关情况,并协助现场施救;三是根据现场查勘写出查勘报告,作为判定赔偿责任和计算赔款的依据;四是进行责任审核,看事故是否发生在保险期限内,是否在保险责任范围,受害人是否向被保险人提出索赔要求或起诉;五是保险人会做好应诉准备的,必要时可以以被保险人的名义或被保险人同保险人一起出面应诉;六是以法院判决或多方协商确定的赔偿额为依据,计算保险人的赔款;七是支付保险赔款。

（三）公众责任保险的主要险种

公众责任保险又可以分为综合公共责任保险、场所责任保险、承包人责任保险和承运人责任保险等四类,每一类又包括若干保险险种,它们共同构成了公众责任保险业务体系。

1. 综合公共责任保险

综合公共责任保险是一种综合性的责任保险业务,它承保被保险人在任何地点因非故意行为或活动所造成的他人人身伤害或财产损失依法应负的经济赔偿责任。从国外类似业务的经营实践来看,保险人在该种保险中除一般公众责任外还承担着包括合同责任、产品责任、业主及工程承包人的预防责任、完工责任及个人伤害责任等风险。因此,它是一种以公众责任为主要保险风险的综合性的公共责任保险。

2. 场所责任保险

场所责任保险是公众责任保险最具代表性的业务,它承保固定场所因存在着结构上的缺陷或管理不善,或被保险人在被保险场所进行生产经营活动时因疏忽发生意外事故,造成他人人身伤害或财产损失且依法应由被保险人承担的经济赔偿责任。

场所责任保险是公众责任保险中业务量最大的险别,场所责任保险的险种主要有宾馆责任保险、展览会责任保险、电梯责任保险、车库责任保险、机场责任保险以及各种公众活动场所的责任保险。

3. 承包人责任保险

承包人责任保险专门承保承包人的损害赔偿责任,它主要适用于承包各种建筑工程、安装工程、修理工程施工任务的承包人,包括土木工程师、建筑工、公路及下水道承包人以及油漆工等。

在承包人责任保险中,保险人通常对承包人租用或自有的设备以及对委托人的赔偿、合同责任、对分承包人应承担的责任等负责,但对被保险人看管或控制的财产、施工的对象、退换或重置的工程材料或提供的货物及安装了的货物等不负责任。

4. 承运人责任保险

承运人责任保险专门承保承担各种客、货运输任务的单位或个人在运输过程中可能发生的损害赔偿责任,主要包括旅客责任保险、货物运输责任保险等险种。依照有关法律,承运人对委托给他的货物运输和旅客运送的安全负有严格责任,除非损害货物或伤害旅客的原因是不可抗力、军事行动及客户自己的过失等,否则,承运人均须对被损害的货物或被伤害的旅客负经济赔偿责任。

与一般公众责任保险不同的是,承运人责任保险保障的责任风险实际上是处于流动状态中的责任风险,但因运行途径是固定的,从而亦可以视为固定场所的责任保险业务。

三、产品责任保险

（一）产品责任保险与产品责任

产品责任保险是指以产品制造者、销售者、维修者等的产品责任为承保风险的一种责任保险。早期的产品责任保险,主要承保一些直接与人体健康有关的产品,如食品、饮料、药品、化妆品等；后来，承保范围逐渐扩展，各种日用品、轻纺、机械、石油、化工、电子工业产品甚至大型飞机、船舶、成套设备、钻井船、核电站、各种航天产品等均可以投保产品责任保险，即只要投保人有投保要求，其任何产品均可以从保险人处获得产品责任风险的保险保障。武器、弹药以及残次品等，保险人是不予承保的。

产品责任保险以产品责任为保险风险，而产品责任又以各国的产品责任法律制度为基础。所谓产品责任，是指产品在使用过程中因其缺陷而造成用户、消费者或公众的人身伤亡或财产损失时，依法应当由产品供给方（包括制造者、销售者、修理者等）承担的民事损害赔偿责任。产品的制造者、销售者、修理者等均应依法承担起相应的产品责任。在此，产品的制造者包括产品生产者、加工者、装配者；产品修理者指被损坏产品或陈旧产品或有缺陷的产品的修理者；产品销售者包括批发商、零售商、出口商、进口商等各种商业机构，如批发站、商店、进出口公司等。此外，承运人如果在运输过程中损坏了产品并因此导致产品责任事故时，亦应当承担起相应的产品责任。由此可见，产品责任保险承保的产品责任，是以产品为具体指向物，以产品可能造成对他人的财产损害或人身伤害为具体承保风险，以制造或能够影响产品责任事故发生的有关各方为被保险人的一种责任保险。

（二）产品责任保险的一般内容

1. 产品责任保险的责任范围

保险人承保的产品责任风险，是承保产品造成的对消费者或用户及其他任何人的财产损失、人身伤亡所导致的经济赔偿责任，以及由此而导致的有关法律费用等。不过，保险人承担的上述责任也有一些限制性的条件，如造成产品责任事故的产品必须是供给他人使用即用于销售的商品，产品责任事故的发生必须是在制造、销售该产品的场所范围之外的地点，如果不符合这两个条件，保险人就不能承担责任；对于餐厅、宾馆等单位自制、自用的食品、饮料等，一般均作为公众责任保险的附加责任扩展承保。产品责任保险的除外责任，一般包括如下几项：一是根据合同或协议应由被保险人承担的其他人的责任；二是根据劳工法律制度或雇佣合同等应由被保险人承担的对其雇员及有关人员的损害赔偿责任；三是被保险人所有、照管或控制的财产的损失除外不保；四是产品仍在制造或销售场所，其所有权仍未转移至用户或消费者手中时的责任事故除外不保；五是被保险人故意违法生产、出售或分配的产品造成的损害事故；六是被保险产品本身的损失不保；七是不按照被保险产品说明去安装、使用或在非正常状态下使用时造成的损害事故等。

2. 产品责任保险的费率

产品责任保险的费率的拟订，主要考虑如下因素：一是产品的特点和可能对人体或财产造成损害的风险大小，如药品、烟花、爆竹等产品的责任事故风险就比农副产品的责任事故风险要大得多；二是产品数量和产品的价格，它与保险费呈正相关关系，与保险费率呈负相关关系；三是承保的区域范围，如出口产品的责任事故风险就较国内销售的产品的责任事故风险要大；四是产品制造者的技术水平和质量管理情况；五是赔偿限额的高低。综合上述因素，即可以比较全面把握承保产品的责任事故风险。

3. 产品责任保险的赔偿

在产品责任保险的理赔过程中，保险人的责任通常以产品在保险期限内发生事故为基础,而不论产品是否在保险期内生产或销售。如在保险生效前生产或销售的产品,只要在保险有效期内发生保险责任事故并导致用户、消费者或其他任何人的财产损失和人身伤亡,保险人均予负责;反之,即使是保险有效期内生产或销售的产品,如果不是在保险有效期内发生的责任事故,保险人也不会承担责任。对于赔偿标准的掌握,仍然以保险双方在签订保险合同时确定的赔偿限额为最高额度,它既可以每次事故赔偿限额为标准,也可以累计的赔偿限额为标准。在此,生产、销售、分配的同批产品由于同样原因造成多人的人身伤害、疾病、死亡或多人的财产损失均被视为一次事故造成的损失,并且适用于每次事故的赔偿限额。

四、雇主责任保险

(一)雇主责任保险与雇主责任

雇主责任保险是指以被保险人即雇主的雇员在受雇期间从事业务时因遭受意外导致伤、残、死亡或患有与职业有关的职业性疾病而依法或根据雇佣合同应由被保险人承担的经济赔偿责任为承保风险的一种责任保险。在许多国家,雇主责任保险既是一种普遍性的责任保险业务,也是一种强制实施的保险业务。雇主所承担的对雇员的责任,包括雇主自身的故意行为、过失行为乃至无过失行为所致的雇员人身伤害赔偿责任。但保险人所承担的责任风险并非与此相一致,即均将被保险人的故意行为列为除外责任,而主要承保被保险人的过失行为所致的损害赔偿,或者将无过失风险一起纳入保险责任范围。构成雇主责任的前提条件是雇主与雇员之间存在着直接的雇佣合同关系,即只有雇主才有解雇该雇员的权利,雇员有义务听从雇主的管理从事业务工作,这种权利与义务关系均通过书面形式的雇佣或劳动合同来进行规范。下列情况通常被视为雇主的过失或疏忽责任:① 雇主提供危险的工作地点、机器工具或工作程序;② 雇主提供的是不称职的管理人员;③ 雇主本人直接的疏忽或过失行为,如对有害工种未提供相应的合格的劳动保护用品等即为过失。

凡属于上述情形且不存在故意意图的均属于雇主的过失责任,由此而造成的雇员人身伤害,雇主应负经济赔偿责任。此外,许多国家还规定雇主应当对雇员承担无过失责任,即只要雇员在工作中受到的伤害不是其自己故意行为所导致的,雇主就必须承担起对雇员的经济赔偿责任。因此,雇主责任相对于其他民事责任而言是较为严厉的,雇主责任保险所承保的责任范围亦超出了过失责任的范围。

(二)雇主责任保险的一般内容

1. 雇主责任保险的责任范围

雇主责任保险的保险责任,包括在责任事故中雇主对雇员依法应负的经济赔偿责任和有关法律费用等,导致这种赔偿的原因主要是各种意外的工伤事故和职业病。

但下列原因导致的责任事故通常除外不保:一是战争、暴动、罢工、核风险等引起雇员的人身伤害;二是被保险人的故意行为或重大过失;三是被保险人对其承包人的雇员所负的经济赔偿责任;四是被保险人的合同项下的责任;五是被保险人的雇员因自己的故意行为导致的伤害;六是被保险人的雇员由于疾病、传染病、分娩、流产以及由此而施行的内、外科手术所致的伤害等。

2. 雇主责任保险的费率

雇主责任保险的保险费率，一般根据一定的风险归类确定不同行业或不同工种的不同费率标准，同一行业基本上采用同一费率，但对于某些工作性质比较复杂、工种较多的行业，则还须规定每一工种的适用费率。

如果有扩展责任，还应另行计算缴纳附加责任的保险费。

3. 雇主责任保险的赔偿

在处理雇主责任保险索赔时，保险人首先会确认受害人与致害人之间是否存在雇佣关系。根据国际上流行的做法，确定雇佣关系的标准包括：一是雇主具有选择受雇人的权力；二是由雇主支付工资或其他报酬；三是雇主掌握工作方法的控制权；四是雇主具有中止或解雇受雇人的权力。受害人与被保险人的雇佣关系的认定，是雇主责任保险承保人承担赔偿责任的基础。

雇主责任保险的赔偿限额，通常是规定若干个月的工资收入，即以每一雇员若干个月的工资收入作为其发生雇主责任保险时的保险赔偿额度，每一雇员只适用于自己的赔偿额度。在一些国家的雇主责任保险中，保险人对雇员的死亡赔偿额度与永久完全残废赔偿额度是有区别的，后者往往比前者的标准要高。但对于部分残废或一般性伤害，则严格按照事先规定的赔偿额度表进行计算。

（三）雇主责任保险的附加险

在雇主责任保险经营中，为满足不同保险客户的需要，保险人一般还会推出若干附加险种。它们的共同特点就是超越了雇主责任保险的范围。

雇主责任保险主要的附加险种包括如下几种。

1. 附加第三者责任保险

该项附加险承保被保险人（雇主）因其疏忽或过失行为导致雇员以外的他人人身伤害或财产损失的法律赔偿责任，它实质上属于公众责任保险范围，但如果雇主在投保雇主责任保险时要求加保，保险人可以扩展承保。

2. 附加雇员第三者责任保险

该项附加保险承保雇员在执行公务时因其过失或疏忽行为造成的对第三者的伤害且依法应由雇主承担的经济赔偿责任。

3. 附加医药费保险

该项附加险种承保被保险人的雇员在保险期限内，因患有疾病等所需的医疗费用的保险，它实质上属于普通人身保险或健康医疗保险的范畴。

此外，雇主责任保险还可以附加战争等危险的保险和附加疾病引起的雇员人身伤亡的保险。

五、职业责任保险

（一）职业责任保险与职业责任

职业责任保险是指以各种专业技术人员在从事职业技术工作时因疏忽或过失造成合

同对方或他人的人身伤害或财产损失所导致的经济赔偿责任为承保风险的责任保险。由于职业责任保险与特定的职业及其技术性工作密切相关，在国外又被称为职业赔偿保险或业务过失责任保险，是由提供各种专业技术服务的单位（如医院、会计师事务所等）投保的团体业务，个体职业技术工作的职业责任保险通常由专门的个人责任保险来承保。

职业责任保险所承保的职业责任风险，是从事各种专业技术工作的单位或个人因工作上的失误导致的损害赔偿责任风险，它是职业责任保险存在和发展的基础。职业责任的特点在于：第一，它属于技术性较强的工作导致的责任事故；第二，它不仅与人的因素有关，同时也与知识、技术水平及原材料等的欠缺有关；第三，它限于技术工作者从事本职工作中出现的责任事故。

在当代社会，医生、会计师、律师、设计师、经纪人、代理人、工程师等技术工作者均存在着职业责任风险，从而均应当通过职业责任保险的方式来转嫁其风险。

（二）职业责任保险的一般内容

1. 职业责任保险的承保方式

职业责任保险的承保方式有如下两种：

（1）以索赔为基础的承保方式。由于从职业责任事故的产生或起因到受害方提出索赔，往往可能间隔一个相当长的时期，如医生的不当治疗造成的后遗症，工程设计错误在施工后或竣工验收或交付使用后才能发现等。因此，各国保险人在经营职业责任保险业务时，通常采用以索赔为基础的条件承保。所谓以索赔为基础的承保方式，是保险人仅对在保险期内受害人向被保险人提出的有效索赔负赔偿责任，而不论导致该索赔案的事故是否发生在保险有效期内。这种承保方式实质上是使保险时间前置了，从而使职业责任保险的风险较其他责任保险的风险更大。采用上述方式承保，可使保险人能够确切地把握该保险单项下应支付的赔款，即使赔款数额在当年不能准确确定，至少可以使保险人了解全部索赔的情况，对自己应承担的风险责任或可能支付的赔款数额作出较切合实际的估计。同时，为了控制保险人承担的风险责任无限地前置，各国保险人在经营实践中，又通常规定一个责任追溯日期作为限制性条款，保险人仅对于追溯日以后、保险期满日前发生的职业责任事故且在保险有效期内提出索赔的法律赔偿责任负责。

（2）以事故发生为基础的承保方式。该承保方式是保险人仅对在保险有效期内发生的职业责任事故而引起的索赔负责，而不论受害方是否在保险有效期内提出索赔，它实质上是将保险责任期限延长了。它的优点在于，保险人支付的赔款与其保险期内实际承担的风险责任相适应，缺点是保险人在该保险单项下承担的赔偿责任往往要经过很长时间才能确定，而且因为货币贬值等因素，受害方最终索赔的金额可能大大超过职业责任保险事故发生当时的水平或标准。在这种情况下，保险人通常规定赔偿责任限额，同时明确一个后延截止日期。

从一些国家经营职业保险业务的惯例来看，采用以索赔为基础的承保方式的职业责任保险业务较多些，采用以事故发生为基础的承保方式的职业责任保险业务要少些。保险人规定的追溯日期或后延日期一般以前置3年或后延3年为限。

在承保职业责任保险业务时，保险人通常只接受提供职业技术服务的团体投保，并要求投保人如实告知其职业性质、从业人数、技术或设备情况、主要风险以及历史损失情况、投保要求等,并根据需要进行职业技术风险的调查与评估,以此作为是否承保的客观依据。在承保时,需要明确承保方式并合理确定赔偿限额、免赔额、保险追溯日期或后延日期等事项。

需要特别指出的是,职业责任承保的对象不仅包括被保险人及其雇员,而且包括被保险人的前任与雇员的前任。这是其他责任保险所不具备的特色,它表明了职业技术服务的连续性和保险服务的连续性。

2. 职业责任保险的费率

职业责任保险费率的确定,是职业责任保险中较为复杂且关键的问题。各种职业均有其自身特定的风险,从而也需要有不同的保险费率。

从总体而言,制定职业责任保险的费率时,需要着重考虑下列因素:一是投保人的职业种类;二是投保人的工作场所;三是投保人工作单位的性质;四是该笔投保业务的数量;五是被保险人及其雇员的专业技术水平与工作责任心;六是赔偿限额、免赔额和其他承保条件;七是被保险人职业责任事故的历史损失资料以及同类业务的职业责任事故情况。根据上述因素,综合考察各具体的投保对象,能够较为合理地确定投保业务的保险费率。

3. 职业责任保险的赔偿

当职业责任事故发生并由此导致被保险人的索赔后,保险人应当严格按照承保方式的不同基础进行审查,确属保险人应当承担的职业责任赔偿应按保险合同规定进行赔偿。在赔偿方面,保险人承担的仍然是赔偿金与有关费用两项,其中保险人对赔偿金通常规定一个累计的赔偿限额;法律诉讼费用则在赔偿金之外另行计算,但如果保险人的赔偿金仅为被保险人应付给受害方的总赔偿金的一部分,则该项费用应当根据各自所占的比例进行分摊。

(三)职业责任保险的主要险种

在西方工业化国家,职业责任保险的险种多达 70 多种,但职业责任保险业务不外乎以下几种。

1. 医疗职业责任保险

医疗职业责任保险也叫医生失职保险,它承保医务人员或其前任由于医疗责任事故而致病人死亡或伤残、病情加剧、痛苦增加等,受害者或其家属要求赔偿且依法应当由医疗方负责的经济赔偿责任。在西方国家,医疗职业责任保险是职业责任保险中最主要的业务,它几乎覆盖了整个医疗、健康领域及其一切医疗服务团体。医疗职业责任保险以医院为投保对象,普遍采用以索赔为基础的承保方式,是从事医疗技术服务工作的医生、护士、药员等开业过程中必不可少的转移风险的工具。

2. 律师责任保险

律师责任保险承保被保险人或其前任作为一个律师在自己的能力范围内在职业服务中发生的一切疏忽行为、错误或遗漏过失行为所导致的法律赔偿责任,包括一切侮辱、诽谤,以及赔偿被保险人在工作中发生的或造成的对第三者的人身伤害或财产损失。律师责任保险的承保基础可以以事故发生或索赔为依据确定,它通常采用主保单——法律过失责任保险和额外责任保险单——扩展限额相结合的承保办法。此外,还有免赔额的规定,其除外责任一般包括被保险人的不诚实、欺诈犯罪、居心不良等行为责任。

3. 会计师责任保险

会计师责任保险承保因被保险人或其前任或被保险人对其负有法律责任的那些人,因违反会计业务上应尽的责任及义务,而造成他人遭受损失,依法应负的经济赔偿责任,但不包括身体伤害、死亡及实质财产的损毁。

4. 建筑、工程技术人员责任保险

建筑、工程技术人员责任保险承保因建筑师、工程技术人员的过失而造成合同对方或他人的财产损失与人身伤害并由此导致经济赔偿责任的职业技术风险。建筑、安装以及其他工种技术人员、检验员、工程管理人员等均可以投保该险种。

此外,还有美容师责任保险、保险经纪人和保险代理人责任保险、情报处理者责任保险等多种职业责任保险业务,它们在发达的保险市场上同样是受到欢迎的险种。

六、出口信用保险

出口信用保险也叫出口信贷保险,是指各国政府为提高本国产品的国际竞争力,推动本国的出口贸易,保障出口商的收汇安全和银行的信贷安全,促进经济发展,以国家财政为后盾,为企业在出口贸易、对外投资和对外工程承包等经济活动中提供风险保障的一项政策性支持措施,属于非营利性的保险业务。它是政府对市场经济的一种间接调控手段和补充,是世界贸易组织(WTO)补贴和反补贴协议原则上允许的支持出口的政策手段。目前,全球贸易额的 $12\%\sim15\%$ 是在出口信用保险的支持下实现的,有的国家的出口信用保险机构提供的各种出口信用保险保额甚至超过其本国当年出口总额的 1/3。

中国出口信用保险公司("中国信保")是我国唯一承办政策性信用保险业务的金融机构,通过政策性出口信用保险手段,支持货物、技术和服务等出口,特别是高科技、附加值大的机电产品等资本性货物出口,支持中国企业向海外投资,为企业开拓海外市场提供收汇风险保障,并在出口融资、信息咨询和应收账款管理等方面为企业提供快捷、便利的服务。

中国信保的主要产品包括短期出口信用保险、国内贸易信用保险、中长期出口信用保险、投资保险、担保业务;新产品包括中小企业综合保险、外派劳务信用保险、出口票据保险、农产品出口特别保险、义乌中国小商品城贸易信用保险和进口预付款保险;主要服务有融资便利、国际商账追收、资信评估服务以及国家风险、买家风险和行业风险评估分析等。

巩固 训练与提高

概　念

可保风险　投保人　保险人　文义解释　意图解释　财产保险　火灾保险　财产保

险基本险 财产保险综合险 运输保险 运输工具保险 工程保险 建筑工程保险 安装工程保险 科技工程保险 农业保险 责任保险 公众责任保险 综合公共责任保险 场所责任保险 承包人责任保险 承运人责任保险 产品责任保险 雇主责任保险 职业责任保险 医疗职业责任保险 律师责任保险 会计师责任保险 建筑、工程技术人员责任保险 出口信用保险

课后练习题

1. 公司的可保风险具有哪些特征?

2. 对公司而言,通过投保可以获得哪些职能和作用?

3. 投保人具有哪些义务?

4. 保险合同变更有哪几种情况?

5. 保险合同争议处理有哪些原则?

6. 有利于被保险人的解释原则含义是什么?

7. 财产保险具有哪些特征?

8. 财产保险主要包含哪些种类的保险?

9. 责任保险赔偿处理具有哪些特征?

10. 责任保险主要包含哪些种类的保险?

Excel 在公司金融中的应用

1. 了解 Excel 计算技术和函数功能
2. 掌握 Excel 常用的财务金融函数
3. 掌握滚动条在动态调整的作用

能力 目标

1. 能够利用 Excel 计算技术和函数功能解决常见的 NPV、IRR、PMT 等函数解决投资决策、贷款偿还等问题
2. 能够模拟出资本市场线
3. 能够计算固定资产的经济寿命
4. 能够利用 Excel 计算技术和函数功能进行其他财务金融计算

案例 导入

财务金融的好帮手——Excel

公司金融涉及大量计算,最初,这些计算结果做成表格,汇编成手册,供财务金融人员使用时通过查表方式解决;后来有了计算器,特别是财务金融计算器的出现,解决了很多比较复杂的计算问题;但是随着公司金融理论的发展,涉及的计算越来越复杂。有些复杂的运算是计算器无法解决的,这时候出现了专门的财务金融计算机软件系统。实际上,一个非常有效的工具就是 Excel 软件,该软件具有非常强大的计算功能,不仅自带了强大的函数功能,而且可以根据实际需要进行函数编辑,利用计算机技术实现动态分析、数据更新等。

公司金融中的很多模型分析、模型优化和决策都涉及大量的运算,虽然我们尽量不涉及高等数学的内容,但是一些初等数学的问题在大运算量的情况下,仍然非常繁杂。Excel 为我们提供了解决此类问题的非常有效的方法。虽然可用于模型分析、模型优化和

决策的计算机软件很多,但是 Excel 是普及程度最高,而且应用比较简单的一个计算机软件,因此本书选择了这个软件。本章我们将介绍 Excel 在公司金融模型分析、模型优化和决策中的应用。

第一节 常用的 Excel 分析方法

Excel 是一个常用的软件,很多人都掌握了 Excel 软件的基本知识,因此我们在此不再重复,本节将介绍 Excel 的函数、动态调整和可调图形等公司金融模型分析、模型优化和决策中常用的知识。

一、函数

函数在公司金融分析中非常重要,许多模型本身就是一个函数或者几个函数的综合,如 NPV、IRR、经济订货量模型等都是由函数构成的。Excel 具有强大的函数功能。

Excel 的函数功能可以分为两种:一种是 Excel 自带的函数;另一种是 Excel 的编程功能。

Excel 自带的函数有几百个。单击常用工具栏上的"fx"函数按钮,或者打开"插入"控制菜单,点击"fx"函数命令就会弹出"粘贴函数"对话框,如图 13-1 所示。

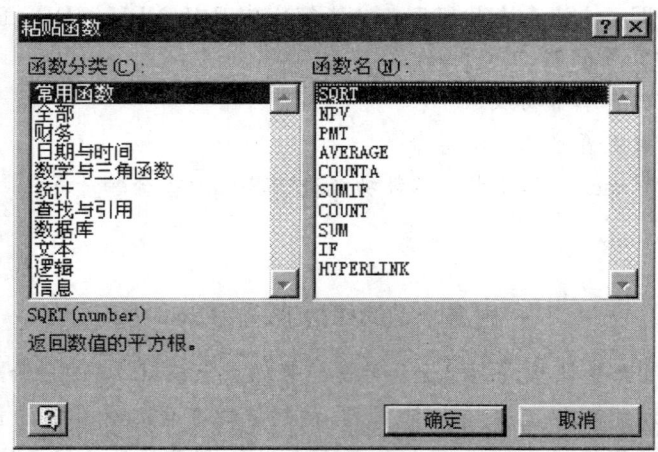

图 13-1 "粘贴函数"对话框

在该对话框左边是函数分类,右边是函数名。每一类函数都包含几个到几十个具体的函数。通过函数分类,我们可以在函数名中找到需要的函数。需要注意的是,有些函数名称的缩写与日常通用的缩写并不一致,因此在"函数分类"表的下方,会出现被选择的函数的用途。选中需要的函数,单击确定,然后在其后出现的对话框中输入该函数的各个参数,在单击确定或者回车键,在相应的 Excel 单元格中就会出现该函数的运行结果。

Excel 的编程也很简单。只需在需要插入函数的单元格中输入"=",并在其后按照数学运算公式输入函数后,单击回车键就会出现该函数的运行结果。

（一）NPV 函数

Excel 定义的 NPV 函数是发生在每期期末的一系列现金流量的现值之和，而不包括第一期期初的现金流量，通常此时的现金流量是负值，即现金流出。因此，需要在运用 NPV 函数的同时减去第一期期初的现金流量才是一个投资项目的净现值。

【例 13-1】　某投资项目的现金流量如表 13-1 所示，折现率为 10％，计算该项目的净现值。

表 13-1　现 金 流 量 表　　　　　　　　单位：万元

年　　份	0	1	2	3	4
现金流量	−100	30	40	50	40

解：

（1）运用 Excel 自带函数计算。

如图 13-2 所示，在需要计算净现值的 C6 单元格中输入"＝C4＋"，在选中"＋"所在的单元格的状态下，点击插入－函数，在粘贴函数对话框中找到并选中"NPV"，单击确定，会出现图 13-3 所示的对话框，在 rate 中输入折现率参数 10％，或其所在的 C5 单元格，或者在光标在 rate 后空格中的状态下，点击 C5 单元格即可；在 value1 中，当光标在其后空格中的情况下选中 D4 单元格，按住左键不放并拖曳至 G4 单元格放开即可输入数据区域。然后单击确定，即可出现运算结果，如图 13-4 所示。

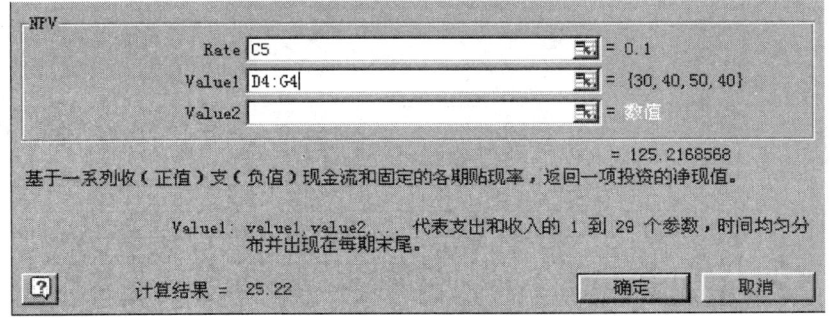

图 13-2　财务金融 NPV 函数计算步骤 1

图 13-3　财务金融 NPV 函数计算步骤 2

图 13-4　财务金融 NPV 函数计算步骤 3

（2）运用函数编程计算。

首先计算折现系数，第 0 年折现系数为 1，直接输入；第 1 年折现系数为 1/（1 ＋10％），如图 13-5，输入 D4 单元格，按回车键即可得到该折现系数；因为每一年的折现系数都等于前一年的折现系数乘以一年期的折现系数，因此第 2 年折现系数函数的输入如图 13-6 中单元格 E6 所示，其中 D6 表示该单元格是固定的，不会随鼠标的拖曳而移动，是在 D6 被选中的情况下，按 F4 得到的；D6 会随鼠标的水平拖曳而在以后的单元格依次变为 D7、D8、D9…而 D6 不会随着鼠标的拖曳而发生变化。将鼠标靠近 E6 单元格右下角的黑色方块，光标会变成实心的黑色"十"形，此时按住左键并拖曳至 G6，放开，即可得到图 13-7 所示的各年的折现系数。

图 13-5　编程计算 NPV 函数步骤 1

图 13-6　编程计算 NPV 函数步骤 2

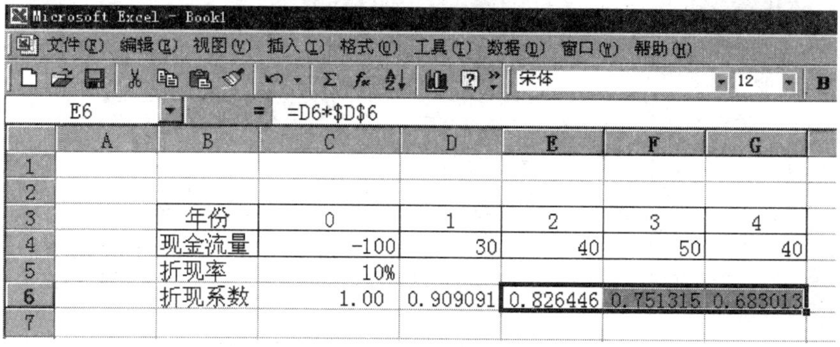

	A	B	C	D	E	F	G
1							
2							
3		年份	0	1	2	3	4
4		现金流量	-100	30	40	50	40
5		折现率	10%				
6		折现系数	1.00	0.909091	0.826446	0.751315	0.683013
7							

图 13-7　编程计算 NPV 函数步骤 3

如图 13-8 所示，在单元格 C7 中输入"＝C4＊C6"，即可计算出第 0 年的现值；这个值计算出后，同样用实心黑色"十"形鼠标箭头拖曳 C7 右下角黑色小方块到 G7，即可得到各年现金流量的现值，如图13-9所示；选中 C7～ G7 单元格，如图 13-9 所示，单击工具栏上的"∑"求和按钮，即可得到该项目的净现值，如图 13-10 所示。

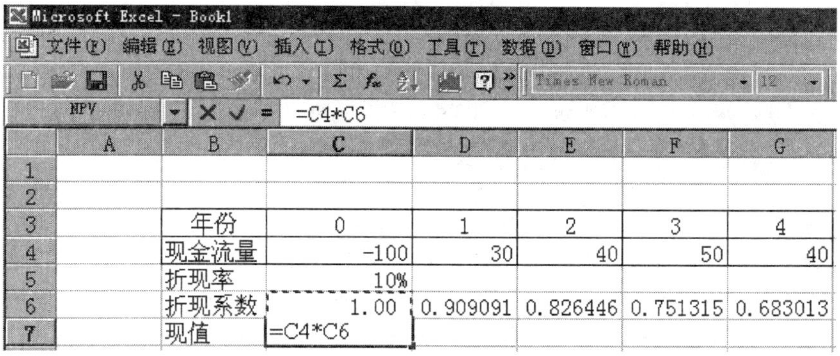

	A	B	C	D	E	F	G
1							
2							
3		年份	0	1	2	3	4
4		现金流量	-100	30	40	50	40
5		折现率	10%				
6		折现系数	1.00	0.909091	0.826446	0.751315	0.683013
7		现值	=C4*C6				

图 13-8　编程计算 NPV 函数步骤 4

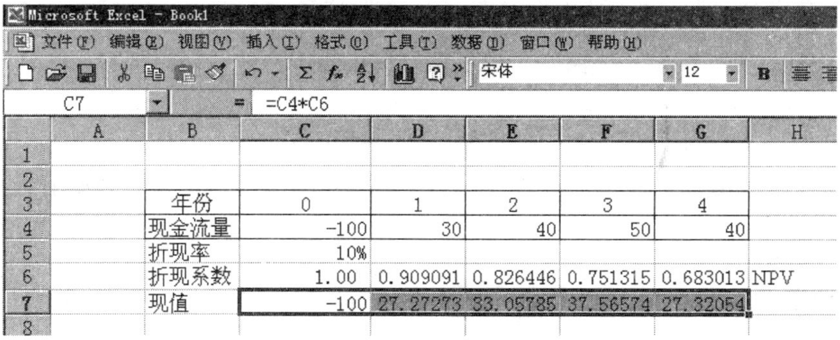

	A	B	C	D	E	F	G	H
1								
2								
3		年份	0	1	2	3	4	
4		现金流量	-100	30	40	50	40	
5		折现率	10%					
6		折现系数	1.00	0.909091	0.826446	0.751315	0.683013	NPV
7		现值	-100	27.27273	33.05785	37.56574	27.32054	
8								

图 13-9　编程计算 NPV 函数步骤 5

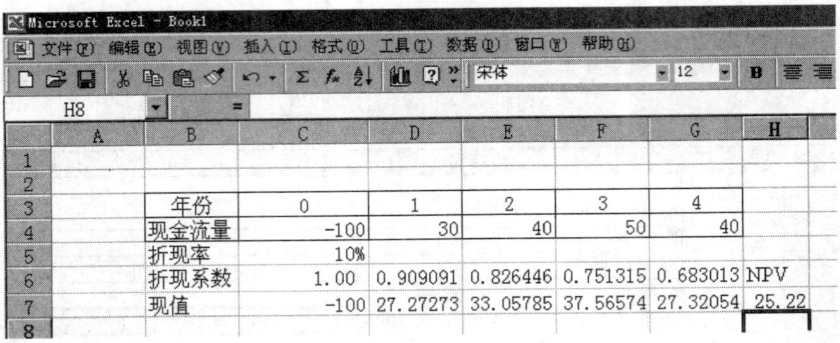

图 13-10　编程计算 NPV 函数步骤 6

（二）IRR 函数

Excel 的 IRR 定义是 IRR(values,guess)，其中 values 表示现金流量，guess 在只有一个内部收益率的情况下是不用的。

【例 13-2】承[例 13-1]，计算该项目的内部收益率。

解：在光标在 C5 单元格中的状态下，点击插入－fx 函数，在对话框中的财务函数分类中找到并选中 IRR，单击确定，在 values 输入现金流量所在的单元格，如图13-11所示。再单击确定即可得到内部收益率，为 20％。

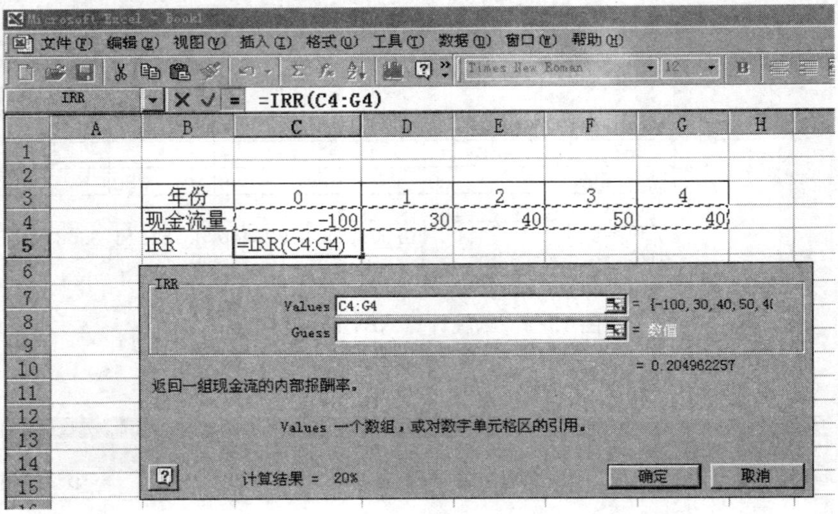

图 13-11　IRR 函数计算

Excel 提供的函数多达数百个，在此不再一一介绍，可以根据需要摸索其使用方法，都比较简单。

二、动态调整

前面介绍的函数都是静态的，即所有参数都是固定的。现实中，当一个参数发生变化时，整个函数的值也会发生变化，如折现率发生变化了，净现值必然会变动。动态调整就是把这种变化表示出来的方法。动态调整通过调整函数中的一个或者几个参数的变化，使函数结果的变化表现出来。

把 Excel 命令栏中的"视图—工具栏"中的"窗体"打开，便会出现如图 13-12 所示的工具栏。最常用的工具是窗体第六行的两个按钮，单击第六行左边一个按钮，可以在 Excel 工作簿上画出如图 13-13 中上面的那种滚动条；单击第六行右边一个按钮，可以在 Excel 工作簿上画出如图 13-13 中上面的那种调节按钮。这种滚动条和调节按钮可以控制函数中一个参数的变化，使其在设定的范围内按设定的变动值变化。拖动滚动条或点击调节按钮，这个参数会发生变化，每次最小变化量为 1，参数的变化导致整个函数的值发生变化。当参数的最小变动值小于 1 时，就需要设置控制格，让控制格的最小变动值为 1，而参数设置为变动格的 $1/n$，从而实现该参数以 $1/n$ 的幅度变化。

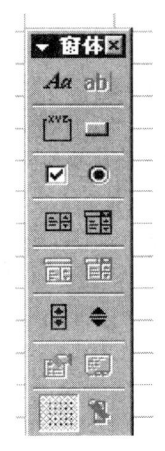

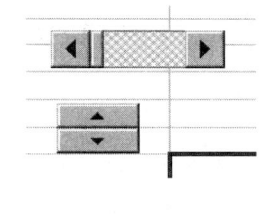

图 13-12　窗体　　　　图 13-13　滚动条和调节按钮

【**例 13-3**】　承［例 13-1］，计算当折现率为 1%～50%之间变动时，每变动 1‰，该项目的净现值如何变化。

解：控制按钮每次可以使被控制参数发生量为 1 的整数倍的变化。该题要求每变动 1‰，故被控制的量为折现率的 10 000 倍，即折现率等于该被控制量除以 10 000，该被控制量的最大值为 5 000，最小值为 100。

如图 13-14 所示，C5 单元格为被控制单元格，C6 中的折现率是 C5 的函数。利用窗体画出滚动条和调节按钮。

点右键选中滚动条或调节按钮，在弹出的对话框中选择"设置控制件格式"，弹出如图 13-15 所示对话框，在单元格连接中输入被控制单元格 C4，在最大值、最小值和步长中分别输入 5 000、100 和 1。单击确定完成设置。这样当我们拖动滚动条或点击调节按钮时，折现率就会变化，净现值也会相应变化。比如，我们需要折现率为 12%的净现值时，拖动滚动条或点击调节按钮直到折现率为 12%，此时出现的净现值就是折现率为 12%时的净现值，如图 13-16 所示，为 19.68。

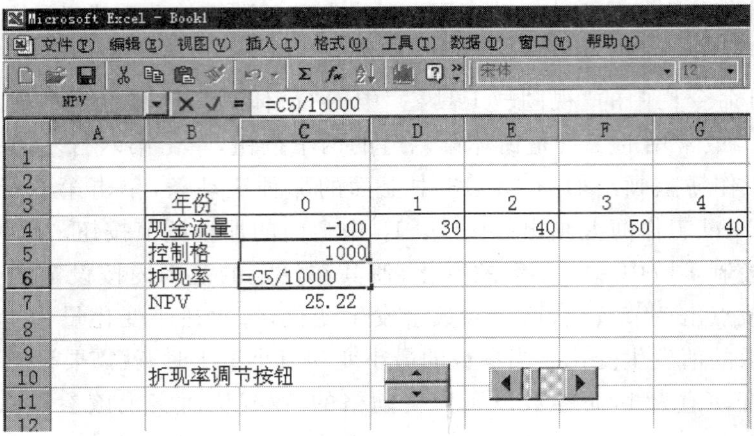

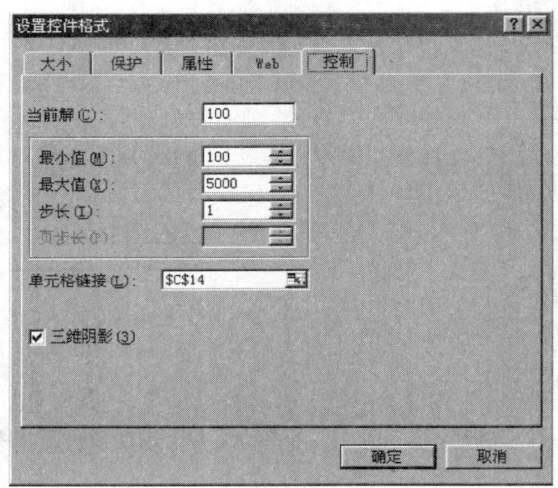

图 13-14　1‰调整示意

图 13-15　滚动条等控制件格式设置

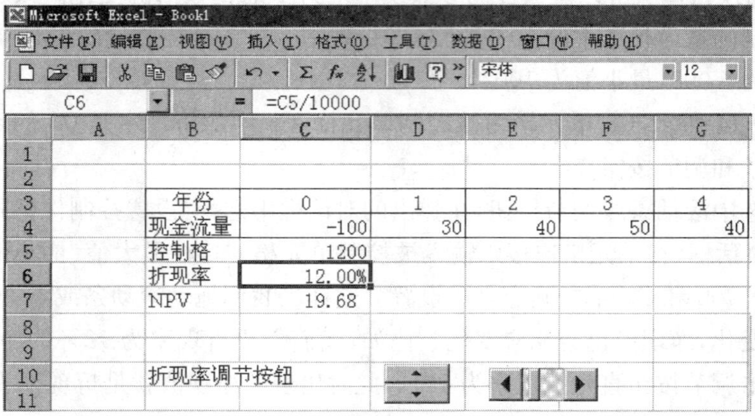

图 13-16　可调整折现率的 NPV 计算

三、可调图形

Excel 可以把函数运行的结果或者模型的结果用图形表示出来,如柱状图、折线图、饼状图等。如果在这些普通的图形旁安置一个用来控制函数或者模型中某个参数的滚动条或者调节按钮,则可以通过控制参数的变化使函数或者模型的结果发生变化,这种变化可以通过图形非常直观的表现出来,这样的图形就是可调图形。下面我们通过[例 13-4]来介绍可调图形的运用。

【**例 13-4**】　有三个投资项目,现金流量如表 13-2 所示,要求表示出当折现率在 1%～30% 变化的情况下,对于任意一个折现率,哪个项目是最具有投资价值的。

表 13-2　项目现金流量表　　　　　　　　　　单位:万元

现 金 流 量	0	1	2	3
项目 A	−1 800	1 300	900	500
项目 B	−1 800	1 200	1 000	1 000
项目 C	−400	600	400	200

解:

(1) 用净现值指标来解决这个问题,净现值计算如图 13-17 所示。

图 13-17　净现值计算表

(2) 把三个项目的净现值计算结果用柱状图表示出来,如图 13-18 所示。

(3) 安装滚动条,对控制格进行控制,并对滚动条进行格式设置,具体操作同[例 13-3]。

这样,通过滚动条调节折现率,表中的净现值数值和图形中的柱状图就都会变化了,如图 13-19 所示。当折现率为 10% 时,项目 B 最具有投资价值;当折现率为 23% 时,项目 C 最具有投资价值。可以通过用鼠标调整滚动条而直接看到在各种折现率下净现值最大的项目是哪个。

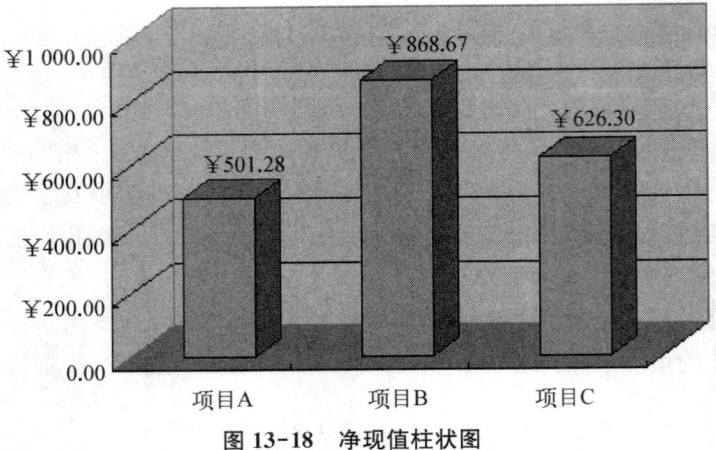

图 13-18　净现值柱状图

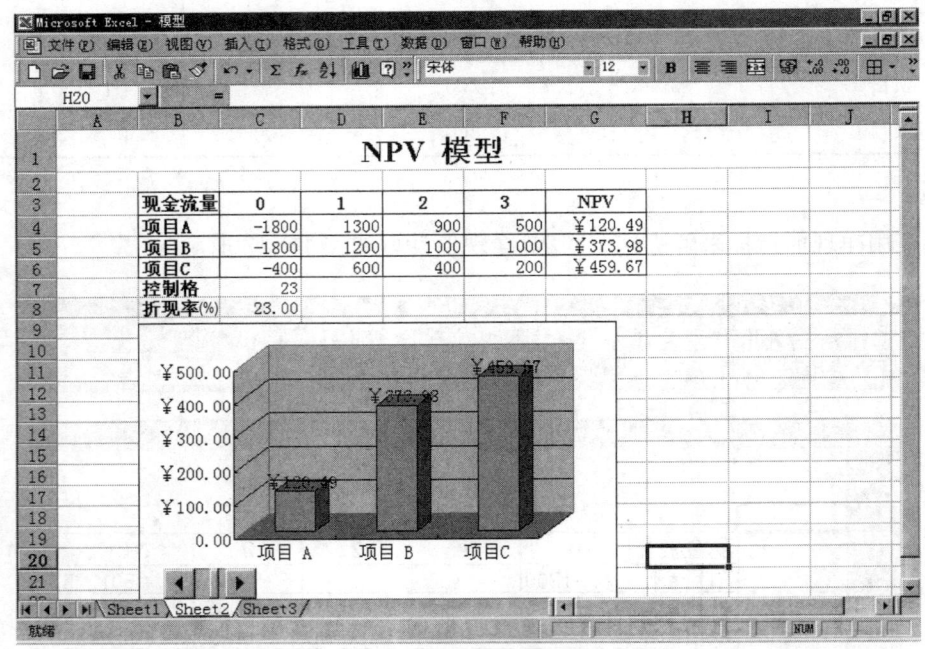

图 13-19　可调整净现值柱状图

第二节　贷款偿还模型

本节介绍在等额还款法下每期还款额以及各期偿还本金和利息金额的计算。

一、每期还款额计算

在 Excel 中,PMT 函数是对固定利率、等额分期还款的贷款每期还款金额进行计算的函数。

【例 13-5】　某公司从银行贷款 100 万元,年利率 10%,分 5 年等额还款,请计算每年的还款金额以及各年的本金和利息金额。

解：

利用函数 PMT 可以方便的算出每期还款金额，如图 13-20 所示，只需单击确定，就可以得到每期还款金额，￥－26.38，因为是支出，所以显示有负号，在计算机上显示为红色，如果希望是正号，只需在函数前加上负号就可以了。

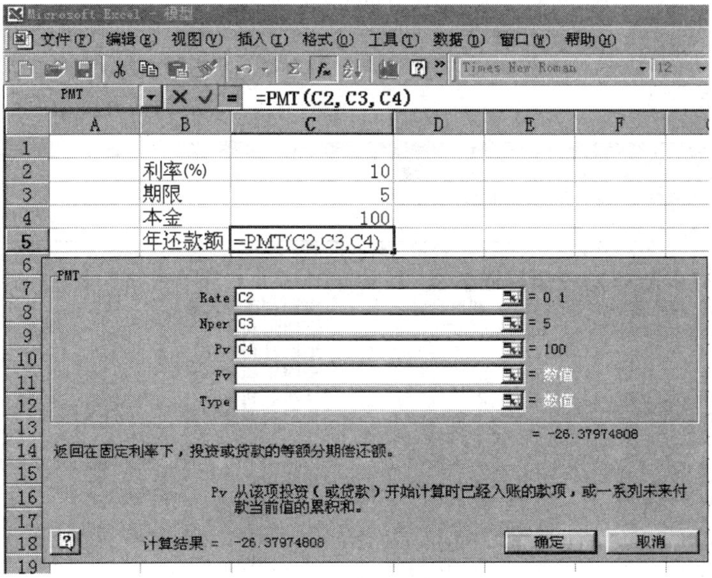

图 13-20 PMT 函数设置

如图 13-21 所示，在 C9 单元格输入起初本金 100，在 D10～D14 单元格输入每期还款额 26.38 后，在 E10 单元格输入函数"＝C9 ＊ ＄C＄2"，回车；在 F10 单元格输入函数"＝D10－E10"，回车；在 C10 单元格输入函数"＝C9－F10"，回车。然后选中 C10～ F10，用实心"十"形鼠标箭头拖曳 F10 右下角的黑色小方块至 F14，即可得到如图 13-21 所示的计算结果。

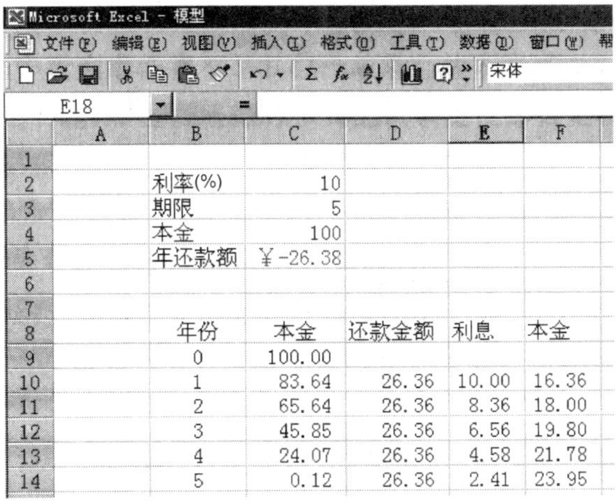

	B	C	D	E	F
2	利率(%)	10			
3	期限	5			
4	本金	100			
5	年还款额	￥-26.38			
8	年份	本金	还款金额	利息	本金
9	0	100.00			
10	1	83.64	26.36	10.00	16.36
11	2	65.64	26.36	8.36	18.00
12	3	45.85	26.36	6.56	19.80
13	4	24.07	26.36	4.58	21.78
14	5	0.12	26.36	2.41	23.95

图 13-21 等额还款本息分割表

二、贷款还款表的计算

贷款还款表是以 10 000 元本金为单位，以月利率计息，计算不同期限的贷款在每月等额还款法下的月还款额。如图 13-22 就是银行贷款万元等额月还款表。

银行贷款还款规则为，1 年期贷款到期一次还本付息，按年计息；1 年期以上贷款按月等额还款，按月计息，其中 5 年以下适用短期贷款利率，5 年以上（含 5 年）适用长期贷款利率。贷款最长期限为 30 年。

这张表的做法如下：

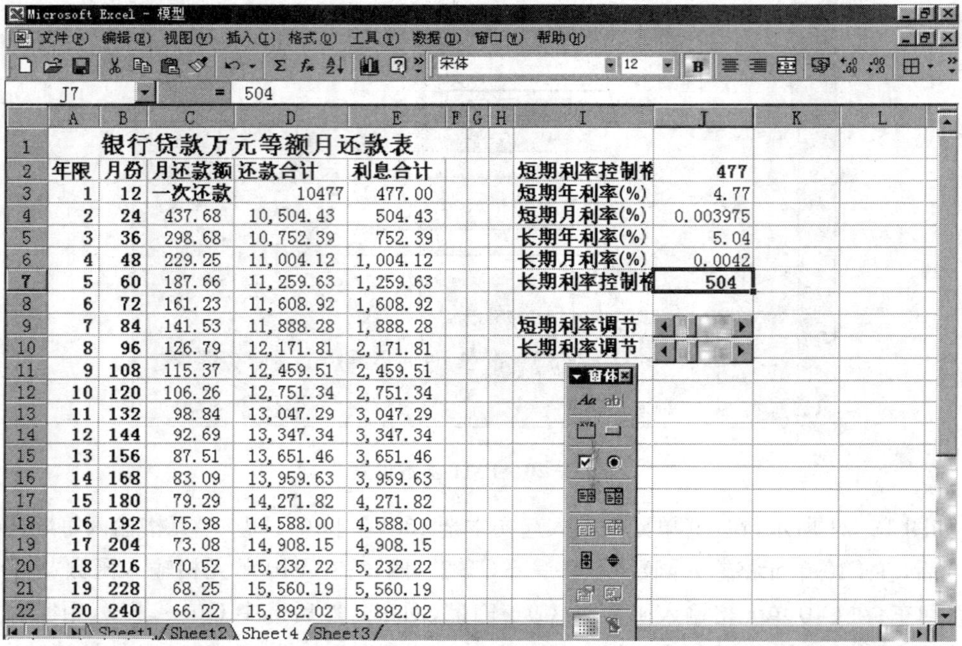

银行贷款万元等额月还款表

年限	月份	月还款额	还款合计	利息合计		
1	12	一次还款	10477	477.00	短期利率控制框	477
2	24	437.68	10,504.43	504.43	短期年利率(%)	4.77
3	36	298.68	10,752.39	752.39	短期月利率(%)	0.003975
4	48	229.25	11,004.12	1,004.12	长期年利率(%)	5.04
5	60	187.66	11,259.63	1,259.63	长期月利率(%)	0.0042
6	72	161.23	11,608.92	1,608.92	长期利率控制框	504
7	84	141.53	11,888.28	1,888.28		
8	96	126.79	12,171.81	2,171.81	短期利率调节	
9	108	115.37	12,459.51	2,459.51	长期利率调节	
10	120	106.26	12,751.34	2,751.34		
11	132	98.84	13,047.29	3,047.29		
12	144	92.69	13,347.34	3,347.34		
13	156	87.51	13,651.46	3,651.46		
14	168	83.09	13,959.63	3,959.63		
15	180	79.29	14,271.82	4,271.82		
16	192	75.98	14,588.00	4,588.00		
17	204	73.08	14,908.15	4,908.15		
18	216	70.52	15,232.22	5,232.22		
19	228	68.25	15,560.19	5,560.19		
20	240	66.22	15,892.02	5,892.02		

图 13-22　可调整利率货款还款表

（1）将表中所有的黑体字输入，并利用窗体画出滚动条。

（2）在短期年利率后输入函数“＝J2 /10 000”；在长期年利率后输入函数“＝J7 / 10 000”；在短期月利率后输入函数“＝J3 /12”；在长期月利率后输入函数“＝J5 /12”。

（3）在 1 年期还款合计下输入函数“＝10 000 ∗（1＋J3）”；在一年期利息合计下输入函数“＝D3－10 000”。

（4）在 2 年期月还款额下输入函数“＝－PMT（J4，B4，10 000）”；在 2 年期还款合计下输入函数“＝C4 ∗ B4”；在 2 年期利息合计下输入函数“＝D4－10 000”。

（5）选中 C4～E4，用实心“十”形鼠标箭头拖曳 E4 右下角的黑色小方块至 E6，即可显示前四年的数据。

（6）在第 5 年重复上述 4～5 步步骤，只是利率改用长期利率，最后用实心“十”形鼠标箭头拖曳至第 30 年，即可显示该表所有数据。

（7）设置滚动条格式,短期利率调节滚动条控制 J2;长期利率调节滚动条控制 J7,使它们在 0~2 000 之间按照步长为 1 进行变动。

拖动滚动条,即可显示在不同利率水平下万元贷款相应期限的月还款额,本息合计还款额和共负担的利息额等数据。

第三节　盈亏平衡模型

前面在第七章我们介绍了盈亏平衡分析。这个模型是分析固定成本、变动成本、产量和利润之间关系的。如图 13-23 所示。

该模型的做法为:

（1）将图 13-23 所有的黑体字输入。

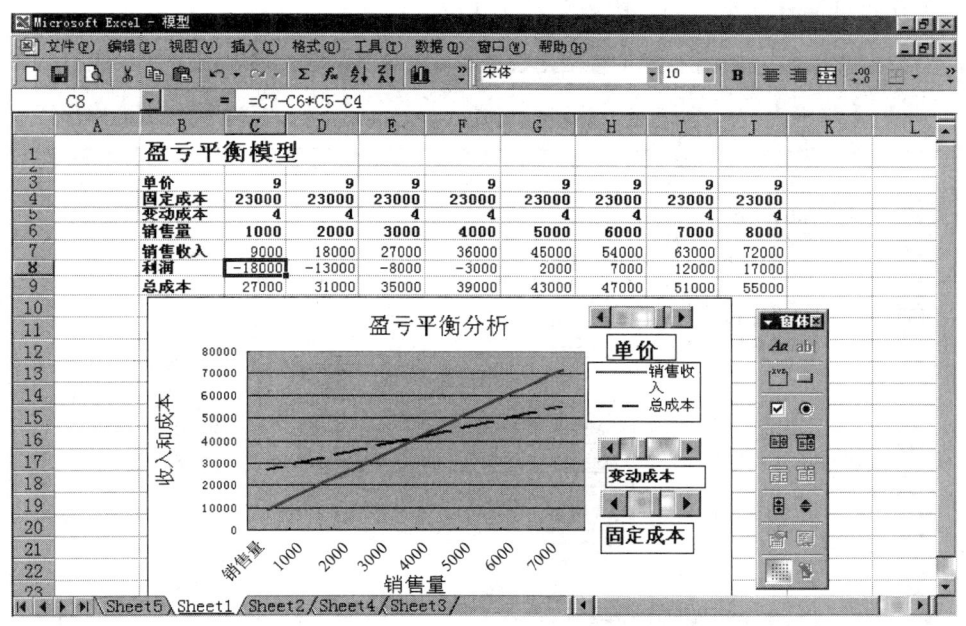

图 13-23　可调整盈亏平衡模型

（2）在单元格 C7 中输入函数“=C3 * C6”,并拖曳至 J,这样所有的销售收入都会计算出来;在单元格 C8 中输入函数“=C7－C6 * C5－C4”,并拖曳至 J,这样所有的利润都会显示出来;在单元格 C9 中输入函数“=C4＋C6 * C5”并拖曳至 J,这样所有的总成本都会显示出来。

（3）以销售量为横轴,做销售收入和总成本的折线图,它们的交点就是盈亏平衡点。

（4）用滚动条控制单价、变动成本和固定成本,拖曳滚动条可以使三个变量发生改变。

（5）这样拖曳滚动条就可以显示在任意单价、变动成本和固定成本情况下的盈亏平衡状况了。

第四节　经济订货量模型

经济订货量的确定我们已经在前面介绍过了。经济订货量取决于年总需求量、每次订货成本、每件存货每年的储存成本三个因素。我们利用 Excel 可以如图13-24所示，将经济订货量直观的表示出来。总成本的最低点，也就是每年储存成本与年订货成本的交点对应的订货量就是经济订货量。当三个参数中某个发生变动时，只需利用滚动条调整，即可显示出经济订货量的变化。

经济订货量模型的制作步骤为：

（1）输入如图 13-24 所示中所有黑体字。因为滚动条调整的最小步长为1，所以年储存成本需要设置控制格。

（2）在每件储存成本后输入函数"＝E5/100"。

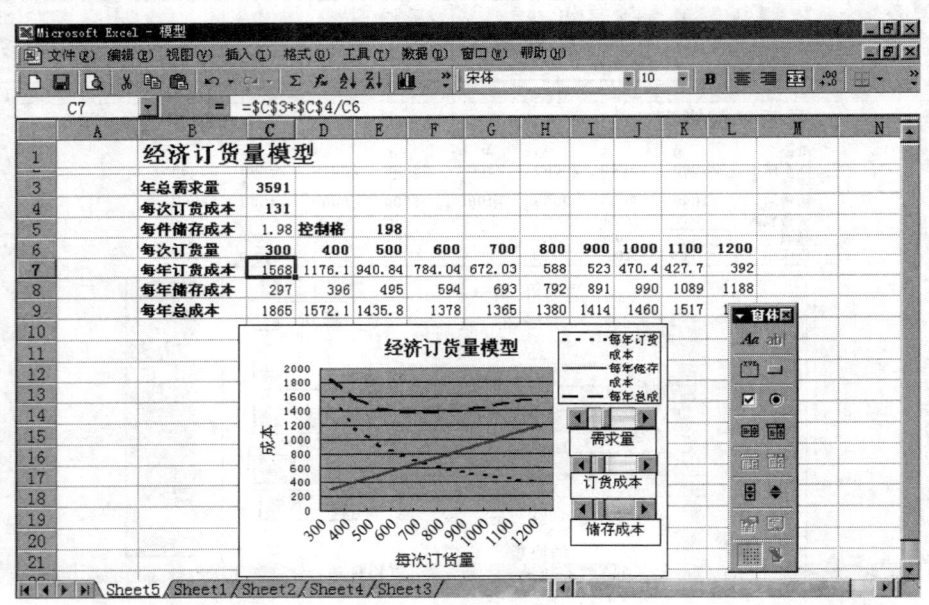

图 13-24　可调整经济订货量模型

（3）在每年订货成本后输入函数"＝＄C＄3＊＄C＄4/C6"。

（4）在每年储存成本后输入函数"＝＄C＄5＊C6/2"。

（5）在每年总成本后输入函数"＝C7＋C8"。

（6）将 C7、C8、C9 分别拖曳至 L，则所有数据会计算出来。

（7）插入图表。

（8）设置滚动条分别控制年总需求量、每次订货成本、每件存货每年的储存成本三个参数。

这时，只需利用滚动条调整，即可显示出在相应的年需求量、每次订货成本和储存成本下的经济订货量了。

第五节　[例 3-6]和[例 6-15]的计算机处理

一、[例 3-6]的计算机处理

[例 3-6]是计算证券组合的收益率和标准差，如图 13-25 所示，该证券组合收益率和标准差(表 3-7)的计算步骤如下：

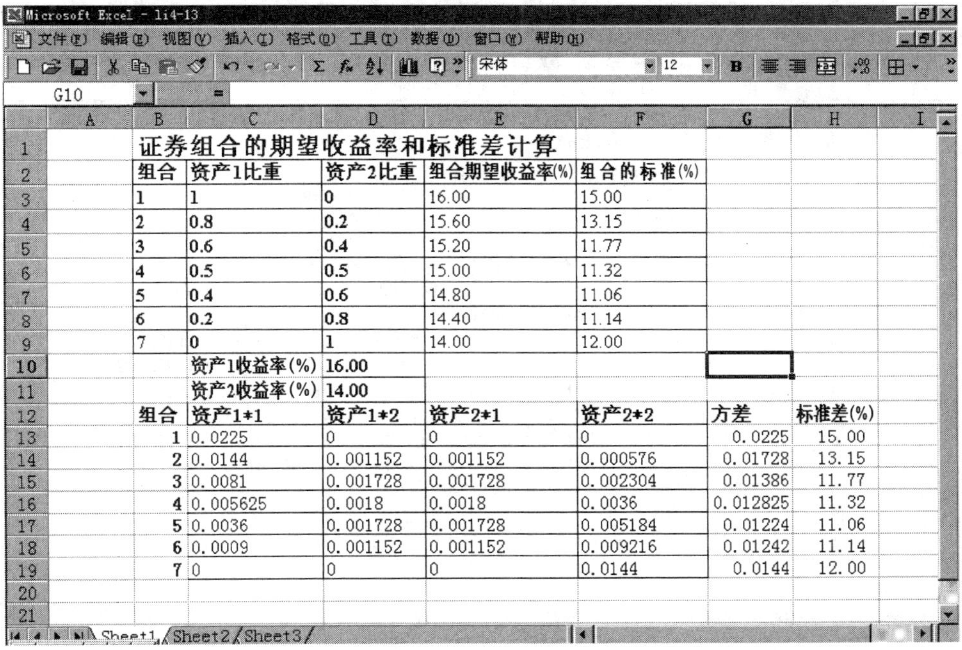

	A	B	C	D	E	F	G	H
1		证券组合的期望收益率和标准差计算						
2		组合	资产1比重	资产2比重	组合期望收益率(%)	组合的标准(%)		
3		1	1	0	16.00	15.00		
4		2	0.8	0.2	15.60	13.15		
5		3	0.6	0.4	15.20	11.77		
6		4	0.5	0.5	15.00	11.32		
7		5	0.4	0.6	14.80	11.06		
8		6	0.2	0.8	14.40	11.14		
9		7	0	1	14.00	12.00		
10			资产1收益率(%)	16.00				
11			资产2收益率(%)	14.00				
12		组合	资产1*1	资产1*2	资产2*1	资产2*2	方差	标准差(%)
13		1	0.0225	0	0	0	0.0225	15.00
14		2	0.0144	0.001152	0.001152	0.000576	0.01728	13.15
15		3	0.0081	0.001728	0.001728	0.002304	0.01386	11.77
16		4	0.005625	0.0018	0.0018	0.0036	0.012825	11.32
17		5	0.0036	0.001728	0.001728	0.005184	0.01224	11.06
18		6	0.0009	0.001152	0.001152	0.009216	0.01242	11.14
19		7	0	0	0	0.0144	0.0144	12.00

图 13-25　证券组合的期望收益率和标准差计算

(1) 将表中所有黑体字输入。

(2) 在单元格 E3 中输入函数“=C3 * D10+D3 * D11”，回车。

(3) 将单元格 E3 右下角的黑色小方块拖曳至 E9，则每个证券组合的期望收益率就计算出来了。

(4) 在单元格 C13 中输入函数“=C3 * C3 * 1 * 0.15 * 0.15”，回车。

(5) 在单元格 D13 中输入函数“=D3 * C3 * 0.4 * 0.12 * 0.15”，回车。

(6) 在单元格 E13 中输入函数“=D3 * C3 * 0.4 * 0.12 * 0.15”，回车。

(7) 在单元格 F13 中输入函数“=D3 * D3 * 1 * 0.12 * 0.12”，回车。

(8) 在单元格 G13 中输入函数“=SUM(C13：F13)”，回车。

(9) 在单元格 H13 中输入函数“=SQRT(G13)”，回车，这是求平方根的函数。

(10) 将单元格 C13、D13、E13、F13、G13、H13 分别拖曳其右下角的黑色小方块至第 19 行，则每个证券组合的标准差就计算出来了。

(11) 在单元格 F3 中输入函数"＝H13",回车,并将其拖曳至第 9 行。

这样,这个证券组合的标准差和期望值就都计算出来了。

二、[例 6-15]的计算机处理

[例 6-15]是计算固定资产经济寿命的,使用的指标是净年值,净年值最低对应的年限就是该固定资产的经济寿命。

如图 13-26 所示,固定资产经济寿命计算的步骤如下:

I4 = =36000+H4-C4*F4-(E4-C4)*0.3*F4-900*G4

	A	B	C	D	E	F	G	H	I	J	K
1		固定资产经济寿命的确定									
2			10% 1 年折现系数			0.9091					
3		年限	年末残值	维修操作成本	折余价值	现值系数	年金现值系数	各年维修操作成本的税后现值	NPV	NAV	
4		1	30000	1000	33000	0.9091	0.9091	636.37	7726.99	8499.604	
5		2	24600	1200	30000	0.82646	1.73556	1330.599	14098.7	8123.438	
6		3	19800	1500	27000	0.75134	2.4869	2119.503	19381.9	7793.608	
7		4	15600	2000	24000	0.68304	3.16994	3075.76	23846.1	7522.574	
8		5	12000	2700	21000	0.62095	3.79089	4249.36	27709.6	7309.506	
9		6	9000	3500	18000	0.56451	4.3554	5632.404	31107.8	7142.351	
10		7	6600	4500	15000	0.51319	4.8686	7248.965	34186.9	7021.923	
11		8	4800	5800	12000	0.46654	5.33514	9143.137	37094.4	6952.837	
12		9	3600	7300	9000	0.42414	5.75928	11310.47	39913.1	6930.235	
13		10	3000	9000	6000	0.38558	6.14486	13739.64	42705.5	6949.794	

图 13-26 固定资产经济寿命计算

(1) 将表中所有黑体字输入。

(2) 在单元格 F5 中输入函数"＝F4 ＊ F2",回车,并拖曳至 F13,则各年的现值系数就计算出来了。

(3) 在单元格 G5 中输入函数"＝G4＋F5",回车,并拖曳至 G13,则各年的年金现值系数就计算出来了。

(4) 在单元格 H4 中输入函数"＝D4 ＊ 0.7 ＊ F4",回车,并拖曳至 H13。企业所得税率取 30%。

(5) 在单元格 I4 中输入函数"＝36 000＋H4－C4 ＊ F4－(E4－C4) ＊ 0.3 ＊ F4－900 ＊ G4",并拖曳至 I13。

(6) 在单元格 J4 中输入函数"＝I4 /G4",并拖曳至 J13。

这样,该固定资产的各年对应的净年值就都计算出来了,净年值最低对应的年份就是该固定资产的经济寿命。

巩固 训练与提高

◆ 概 念 ◆

函数　NPV 函数　绝对引用　相对引用　IRR 函数　PMT 函数　动态盈亏平衡模型　经济订货量模型　有效资产组合　资本市场线　经济寿命

◆ 课后练习题 ◆

1. Excel 自带的 NPV 函数在具体应用中,应该注意进行怎样的调整? 具体调整方法是什么?

2. 绝对引用和相对引用有什么不同?

3. 滚动条和微调项可以进行动态调整,如何使之实现万分之一的精确调整?

4. 可以用哪些办法,实现资本市场线与有效资产组合线的相切?

附 录　复利系数公式

复利系数名称	符 号	条 件	公 式
复利终值系数	$(F/P, i, n)$	已知现值求终值	$(1+i)^n$
复利现值系数	$(P/F, i, n)$	已知终值求现值	$\dfrac{1}{(1+i)^n}$
年金现值系数	$(P/A, i, n)$	已知年金求现值	$\dfrac{(1+i)^n-1}{i(1+i)^n}$ $\dfrac{1}{i}\left(1-\dfrac{1}{(1+i)^n}\right)$
年金终值系数	$(F/A, i, n)$	已知年金求终值	$\dfrac{(1+i)^n-1}{i}$
投资回收系数	$(A/P, i, n)$	已知现值求年金	$\dfrac{i(1+i)^n}{(1+i)^n-1}$
偿债基金系数	$(A/F, i, n)$	已知终值求年金	$\dfrac{i}{(1+i)^n-1}$

参考文献

[1] 周洛华. 金融工程学[M]. 上海：上海财经大学出版社, 2004.

[2] 高鸿业. 西方经济学[M]. 2版. 北京：中国人民大学出版社, 2000.

[3] 黄泽民. 货币银行学[M]. 上海：立信会计出版社, 2001.

[4] 盛松成, 施兵超, 陈建安. 现代货币经济学[M]. 2版. 北京：中国金融出版社, 2001.

[5] 易刚, 张磊. 国际金融[M]. 上海：上海人民出版社, 1999.

[6] 唐元虎. 资产经营[M]. 北京：高等教育出版社, 上海：上海社会科学出版社, 2001.

[7] 朱叶. 国际金融管理学[M]. 上海：复旦大学出版社, 2003.

[8] 米什金. 货币金融学[M]. 4版. 北京：中国人民大学出版社, 1998.

[9] 斯蒂格利茨. 经济学[M]. 2版. 北京：中国人民大学出版社, 2000.

[10] 本杰明·M·弗里德曼, 弗兰克·H·哈恩. 货币经济学手册[M]. 1卷, 2卷. 北京：经济科学出版社, 2002.

[11] 程兴华. 现代企业投资决策管理[M]. 上海：立信会计出版社, 1997.

[12] 简德三. 投资项目评估[M]. 上海：上海财经大学出版社, 1999.

[13] 李光洲, 徐爱农. 资产评估教程[M]. 上海：立信会计出版社, 2010.

[14] 廖理. 公司治理与独立董事[M]. 北京：中国计划出版社, 2002.

[15] 裴企阳. 融资租赁——理论探讨与实务操作[M]. 北京：中国财政经济出版社, 2001.

[16] 刘伟华. 风险管理[M]. 北京：中信出版社, 2002.

[17] Simon Benninga. 财务金融建模——用Excel工具[M]. 邵建利, 等, 译. 上海：上海财经大学出版社, 2003.

[18] 王兴德. 财经管理计算机应用[M]. 上海：上海财经大学出版社, 1997.

[19] 李维安. 公司治理理论与实务前沿[M]. 北京：中国财政经济出版社, 2003.

[20] 陈琦伟. 公司金融[M]. 2版. 北京：中国金融出版社, 2003.

[21] 魏华林, 林宝清. 保险学[M]. 北京：高等教育出版社, 1999.

[22] 吴志攀. 金融法概论[M]. 4版. 北京：北京大学出版社, 2000.

[23] 张鸣, 陈文浩. 财务管理[M]. 北京：高等教育出版社, 上海：上海社会科学出版社, 2000.